神侃唐朝三百年之

大唐崛起

草军书 著

华夏出版社
HUAXIA PUBLISHING HOUSE

图书在版编目(CIP)数据

大唐崛起 / 草军书著. —北京:华夏出版社,2012.6
(神侃唐朝三百年)
ISBN 978-7-5080-7046-9

Ⅰ.①大… Ⅱ.①草… Ⅲ.①中国历史-唐代-通俗读物 Ⅳ.①K242.09

中国版本图书馆 CIP 数据核字(2012)第 127039 号

大唐崛起

作　　者	草军书
责任编辑	贾洪宝　张　毅　霍本科
封面设计	李春林　李　霞
出版发行	华夏出版社
经　　销	新华书店
印　　装	三河市李旗庄少明印装厂
版　　次	2012 年 6 月北京第 1 版　2012 年 8 月北京第 1 次印刷
开　　本	720×1030　1/16 开本
印　　张	19
字　　数	393 千字
定　　价	32.00 元

华夏出版社 社址:北京市东直门外香河园北里 4 号　邮编:100028
网址:www.hxph.com.cn　电话:010-64663331(转)
投稿:hxkwyd@yahoo.com.cn　互动:010-64672903
若发现本版图书有印装质量问题,请与我社营销中心联系调换。

让幽默的阳光照进历史

中国是一个历史绵长的国家,我们从小就开始学习历史,然而,你我他一样,在面无表情的历史面前,我们也都是面无表情的。可是,历史曾经多么热火朝天,多么万马奔腾和多姿多彩,我们不能总是板着面孔去敲历史的大门。历史是可以带着感觉去看的,是具备让我们开怀畅笑的魅力的。在历史的客厅里,我们可以戴着有色眼镜,用轻松的心情、随意的姿势、独特的理解去体味过往的历史云烟。

作为一个写史者,我一直在思考这样一个问题:怎样才能让读者爽快地掏银子购买自己的著作,飞快地一口气看完,最后痛快地说:嗯,一包香烟的钱没有白花!

我想,使读者达到爽快、飞快、痛快这"三快"境界是每一个作者的梦想。历史是遥远的、枯燥的、古板的,怎样让历史变得有趣生动、活色生香,并让历史映照当下现实,让读者饶有兴致、甘之如饴地体会"悦读"之美,是我一直以来孜孜追求的目标。

归纳起来,如果要一个读者掏钱买一本书,不外乎两个要件:一是这书很有趣,能带来轻松快乐的阅读感受;二是这书很实用,能增长某方面的知识。《神侃唐朝三百年》这个系列就是本着这两个宗旨去写的,趣味性和知识性并重,小品化的语言、散文化的叙述、杂文化的评论,读者阅读时会有趣开心,开心之后也会有所思考,有所裨益,如此,也不枉苗条了自己的钱包。

你是读者,我是作者;你是顾客,我是小二;其实也可以说,你是我的衣食父母。所以,我必须让你开心,必须真诚和无条件地获得你的好感。因为没有了读者,就没有了作者存在的意义。

所以,请不必怀疑我的虔诚,不必怀疑我的真心,一切尽在阅读过程中。虽然全书语言有点调侃,但绝非"戏说"、"胡说",所有情节均建立在权威古籍史料之上。我希望我的文字能让读者朋友感受到历史的温度,感受到"悦读"的魅力!

身处当下社会,我们芸芸众生恰如一粒粒尘埃,被裹挟在奔腾万变的时代激流中,脚步是如此匆忙,生活是如此多"焦",面对美酒佳肴却无心大快朵颐,虽有广厦万间却无处安放灵魂。真诚希望这个系列能让读者朋友们在万丈红尘中听一听自己灵魂的惬意呼吸,找回自己纯净清澈的笑声。

无论我们怎样奔波忙碌,笑容和知识都不应该离我们远去。

草军书
二〇一二年六月

目 录

第一卷 贞观之治

一、太子"李不美" (2)
二、美人如剑 (6)
三、扑朔迷离的杨文幹谋反 (10)
四、兄弟相煎 (15)
五、猎头谍战 (19)
六、不宁静的夏天 (21)
七、玄武门政变 (24)
八、李世民的心病 (29)
九、玄武门后遗症 (33)
十、"三农皇帝"李世民 (36)
十一、遵纪守法的皇帝楷模 (40)
十二、唐太宗的魔镜 (44)
十三、谏臣辈出 (56)
十四、皇后当如长孙氏 (66)
十五、房谋杜断 (73)
十六、"功、得"圆满 (81)
十七、平灭东突厥 (90)
十八、兵指吐谷浑 (95)
十九、西域变通途 (100)
二十、储位风波 (103)
二十一、东征高丽 (119)
二十二、大帝谢幕 (133)

第二卷　武周大帝

- 一、永徽之治 …………………………………………………… (146)
- 二、"非常6+1" …………………………………………………… (154)
- 三、才人苦旅 …………………………………………………… (159)
- 四、目标：皇后，皇后！ …………………………………………… (164)
- 五、顺我者昌，逆我者亡 ………………………………………… (175)
- 六、生命不息，杀亲不止 ………………………………………… (182)
- 七、一山能容二虎 ………………………………………………… (192)
- 八、马踏半岛 …………………………………………………… (198)
- 九、扬州兵变 …………………………………………………… (207)
- 十、裴炎之死 …………………………………………………… (217)
- 十一、滴血特产之告密 …………………………………………… (223)
- 十二、滴血特产之酷吏 …………………………………………… (234)
- 十三、"后来居上" ………………………………………………… (246)
- 十四、武则天的"喜之郎" ………………………………………… (261)
- 十五、有这样一位老人 …………………………………………… (289)

第一卷

贞观之治

一、太子"李不美"

刘黑闼和辅公祏的叛乱被平定以后,李渊已经坐稳了天下,中原和南方的广大区域均被他写在了自家的土地证上,只有北方的突厥和位于关西、受突厥保护的梁师都割据政权还在力撑。不过,此时的突厥已是日薄西山,整体实力由引体向上变成了俯卧撑,面对生机盎然的李唐政权也不再像以前那样咄咄逼人。

对于北方这个暂时不影响大局的突厥政权,李唐政府没有采取强硬政策,而是本着求同存异、打防结合的原则,与其展开了来来回回、难分胜负的拉锯战。李唐政府的工作重点已经转移到对国内事务的处理和国家建设上。在皇帝生涯的后期,唐高祖李渊干了不少大事:颁布了唐朝第一部"宪法"——《武德律》,制定官制,改革军队,实行租庸调法……然而,与在国家大事上的得心应手不同的是,三个儿子,尤其是大儿子李建成和二儿子李世民之间的家务事把他搞得焦头烂额、应接不暇。

这俩"犬子"互相争斗不为其他,只为了一个位置,或者说一个"点"——把"犬"字肩上的那一点挪到"大"字脚下。这一点可是名副其实的"金点子",位置一变,"犬子"就变"太子"了。

太子是什么?太子就是储君,手里拿着皇家银行保值增值的活期存单。这张存单没有到期之说,只要储君他爸两腿一蹬,两眼一闭,鼻孔不通气了,存单立刻无条件兑现,想怎么花随储君的便,高兴了买个UFO来玩儿都行。古往今来,多少人盯着这个位置,盯得双眼血红,李建成和李世民当然也不例外。两个"李子"为这事打得头破血流,直至一方殒命。

唐高祖李渊是个"高产者",共有四十一个子女,实打实的一个加强排。其中儿子二十二个,是李渊与十八个后妃生的。别看皇子公主多得跟冰糖葫芦似的,在皇位继承权方面,除了李建成、李世民和李元吉,其他三十多个子女都得靠边站,基本没机会。因为那时候,皇位传承讲究嫡出,也就是说只有皇帝和皇后生出的儿子才有第一继承权。李渊和他的原配,就是后来被追封为太穆皇后的窦氏共生了四个儿子,虽然三小子李玄霸十六岁就因病夭折,但还有李建成、李世民、李元吉三个嫡子在,正常情况下,庶出儿子是永远没有机会坐上龙椅的。

在中国历史上,嫡庶之间有着一道不可逾越的鸿沟,嫡子之间也同样界限分明。自西周开始,中国最高政治权力继承法就明文规定:"立嫡以长。"即正妻的长子是第一法定继承人。具体到唐朝,继承皇位的条件是"双大":大老婆的大儿子。李建成就是这个幸运的"大大泡泡唐",大唐的美女、温泉他可以随便泡。

长子的身份是纯天然的,谁先从妈妈的肚子里出来,这个强求不来,不服不行。按照正常程序,拥有太子身份的李建成是唐王朝的合法储君,接替父职成为下一任皇帝是顺理成章、天经地义的事。但是，事情往往不是一帆风顺的，在权力交接的问题上，"但是"更是个常客。在唐初太子之争中，李渊的二儿子李世民就是"但是"的当事人。

李世民虽然没有太子之尊，不是皇位的第一继承人，但他功勋卓著，在唐初攘边安内的军事行动中，是不可替代的顶梁柱。李唐政府在国内统一战争时期，为了剪除群雄，进行过五次具有重大意义的战役，李世民领衔主战了其中的四次，成功铲除了薛举父子、刘武周、王世充、窦建德和刘黑闼五大割据势力，歼灭了当时威胁李唐政权的绝大部分武装力量，为唐朝最终平定天下起到了决定性作用。当时的李世民好比现在的一种饮料：红牛——又红又牛。

这里先来比较一下二人的"三龄一功"，论年龄，李建成比李世民大十岁；工龄一样，二人一道参加革命工作；军龄也不分上下，他们同一年入伍，同一年受提拔；但若论起军功，李建成是无法望李世民项背的。于是出现问题了：一个是太子，一个是功高震太子的嫡子；一个是大大泡泡糖，一个想把泡泡糖吹爆。黄金盆碰上了白金盘，太子李建成和秦王李世民两人之间的暗战开始了。

这场兄弟之争的结果地球人都知道，弟弟李世民通过玄武门之变杀死了太子哥哥李建成，自己成功上位为太子，最后登上大宝之位。其过程回环曲折，两人身后政治团体中的纵横家、阴谋家、文学家、武术家轮番登场，施展浑身解数，钩心斗角，情报、卧底、诬告、嫁祸、收买……各种手段无所不用其极，比同样描写宫廷阴谋的《哈姆雷特》的情节复杂多了。他们兄弟之间的这场太子之争，深刻影响了中国历史的进程。

下面我们先来看一下太子李建成的个人情况。

武德元年（618年）五月，李渊在长安称帝。六月初，李建成被立为太子，确立了自己在皇子中无与伦比的地位。此后，他一直跟随在李渊身边，帮助父亲打理朝廷事务，充当着见习皇帝的角色。"帝欲其习事，乃敕非军国大务听裁决之。"从这句话可以看出，李渊在着力培养李建成，把"非军国大务"的所有事情都交给他去处理。这期间，李建成的政务工作干得怎么样，是否尽职尽责，是有功劳还是有苦劳，这些在现存史料中都看不到任何直接记载。可以说，李建成当太子那几年是白干了，没有鉴定，没有评语，干得不明不白。

出现这种情况也很容易理解，因为他在与弟弟李世民的政治斗争中落败身亡。按照"成王败寇"的铁律，失败一方的成绩都是零或者负数。根据权威唐史的记载，李建成的形象是很负面的。

《新唐书·李建成传》中说这位太子"不治常检，荒色嗜酒，畋猎无度，所从皆博徒大侠"。这个评语糟糕透了，行为不检、作风放荡、酗酒赌博、好色贪淫、打猎奢靡……所有的坏毛病，李建成几乎占全了，简直是个集缺点之"大成者"。心灵不美、行为不美、品德不美、交友不美，完全可以称其为"李不美"。

不过，我认为现存的唐史资料对李建成的记载可信度不高，存在着对其妖魔化的倾向。这当然和唐太宗李世民有关系。唐代史官在修史时,理所当然地要照顾自己的最高领导李世民,如果把政敌李建成写得完美无缺,那李世民杀兄登基算怎么一回事呢?想把李世民对李建成的斗争变成正义对非正义,就必须把李建成"处理"成一个反动、反社会、反朝廷的人。至于李建成是否真的那么一无是处,由于缺乏直接资料,千年后的我们也无从得知了。

但是反推一下,还是可以略知一二的。李建成的老爹李渊可是个少有的明白人,倘若李建成果真那么没心没肺,李渊肯定会拿掉他太子的帽子的。对于李建成来说,太子称号既是准皇冠,又是紧箍咒,在没有真正成为天子之前,他是不可能无所顾忌、为所欲为的,因为还有个如来佛爸爸管着他呢!他爸废掉他的太子之位就像老师在学生的作业本上划个红叉那么简单。从这点看,李建成应该不会是那种无德无品的混蛋,不然,李渊不可能让他在太子的位置上一坐就是九年。

虽然李建成不像史料上写得那么坏,他少有战功却是千真万确的事实。登上太子之位后,李建成一共只执行了四次军事行动。

第一次战斗特别简单,《旧唐书》记载如下:"司竹群盗祝山海有众一千,自称护乡公,诏建成率将军桑显和进击山海,平之。"《新唐书》的记载甚至只有十四个字:"诏率将军桑显和击司竹群盗,平之。"司竹在今陕西周至境内。一场仅有千余人的小规模聚众造反活动,居然派太子亲征,真有点大炮打蚊子的感觉。

与第一次圆满完成任务不同,李太子的第二次军事行动比较差劲。那是武德二年(619年)四月,李渊称帝一周年的时候,凉州人安兴贵给唐高祖来了一个周年献礼:他擒住了在河西走廊一带自称大凉王的军阀李轨,并带着部众归顺唐朝。这个李轨曾经让李渊头昏脑涨过一阵子,为了让他投降,减轻国都长安西北部的军事压力,李渊曾主动向这个本家示好,又是写信又是许愿,一口一个弟弟喊得那叫一个亲啊,目的就是希望李轨可以与自己合作,共图天下。可他想把李轨当从弟,李轨却不愿认他做堂哥,而是想单干独飞。现在听说这个冤家被擒,李渊特别高兴,立即命令李建成率军到原州(今宁夏固原)迎接安兴贵。

这趟差事,李建成得了负分。他把处理军务当成了去西部旅游,不顾天热路远,不管士兵死活,"昼夜驰猎,众不堪其劳,亡者过半"。一半士兵都开了小差,非战斗减员情况也太严重了点,可见李建成是不大体恤士兵的。

李建成第三次上战场是在武德四年(621年)。这年,"稽胡刘仚成寇边"。"稽胡"是当时活跃在山西、甘肃一带的少数民族。由于他们所处的地区偏僻,自然条件恶劣,生存环境艰难,这些少数民族造反跟嗑瓜子一样平常。整个唐朝,这样的少数民族地区时不时就因为缺吃少穿闹那么一下子。这次起来闹事的稽胡酋长,名叫刘仚成,他领着好几万部落士卒在唐政府边境杀人抢掠。

像这种安边之事本来是秦王李世民的活儿,但那时候他正带着唐军主力攻打洛阳的王世充,于是李渊命令李建成出兵进讨。这次李建成大显神威,将稽胡部落联兵打得很惨,"斩房千计"。打垮稽胡兵后,李建成使了个阴招,"引渠长悉官之,使还招群胡"。他把那些大大小小的渠长,也就是部落里的头儿全部封了官,让他们回去替大唐朝廷做统战工作。这些人出来打战的时候还是流寇小头目,战败被俘后反而衣锦还乡,成了在编的乡长、镇长、村委会主任了。其他人一看投降之后有机会成为国家干部,都不愿与朝廷拧劲了,纷纷缴械投降,连酋长刘仚成也转身投入李唐的怀抱。他们哪里知道这其实是李建成下的套呀!

为了将稽胡彻底剿灭,李建成又忽悠他们说:朝廷准备特意为你们增置州县,实行"胡人治胡",你们快组织人手来建堡筑城。等到六千多名胡人兴奋地聚集到一起商量如何建设新家园时,李建成突然原形毕露,命令早已磨刀霍霍的唐军将这些手无寸铁的胡人全部杀死,六千多条鲜活的生命转眼间消失了。

那时候还没有《日内瓦公约》,如何处理战俘完全凭长官的个人意志,是杀是留就看战胜方首长的意思了。这种惨无人道的大屠杀若是发生在现在,绝对犯了反人类罪,谁下的命令谁就得上绞刑架。就算在当时,把杀死俘虏作为消灭对手的方法也是愚蠢的、得不偿失的,因为这无异于告诉对手,绝不能当唐军的俘虏,与其悲惨地死去,不如拼命抵抗,或许还有生的机会。敌人的这种想法只会给唐军增加伤亡,带来麻烦。因此,在李建成回朝后,李渊狠狠地把他训了一顿,责备他不该滥杀。

但是李建成虐待俘虏的毛病并没有从此改掉。有一次他巡行北方,"遇贼四百出降,悉馘其耳纵之"。这四百名降卒本应从宽发落,他却残忍地割去每个人的左耳。耳朵不像蘑菇,割了还能长出来,哪能随便在上面动刀子?

在战场上把对方的耳朵割下来是中国古代战争中的传统做法,军士割下耳朵是为了拿回去报功,而且还不能乱割,必须割左耳,要是割个右耳朵回去会被当成冒功领赏。历史典籍中的"献馘万计",翻译出来就是献上了数以万计的敌人的左耳。太让人毛骨悚然了,几万只耳朵堆在一起,看的人不被吓死也得被恶心死。唉,战争是魔鬼,割耳朵的人是魔兽!

总结太子李建成前三次的战场考卷,勉勉强强算个及格。而且这三次战斗的规模很小,三次兵力加一起也不一定超过十万人。比起弟弟李世民一次就指挥几十万军队驰骋疆场、披靡敌阵的"国家级"规模,哥哥太小儿科了。

正是因为没有战功,才有了李建成第四次出征。

为了巩固太子地位,在魏徵等人的建议下,李建成主动提出率军东进,打击刘黑闼的叛乱。李建成成功了,为他的军事生涯画上了一个圆满的句号。这一次,他站在李世民的肩膀上,平定了这场唐初最劲爆的农民大起义,为自己赢得一个A。

李建成曾经真真切切地为唐朝的革命事业出过力、流过汗、冲过锋、立过功,作为左军总指挥的他和李世民一起撑起了唐朝草创时的帐篷。在攻打长安的关键战役中,李建成的部下雷永吉竟抢了李世民的风头,率先攻上长安城头,勇立破城首功。由此可见,李建成在治兵方面有他自己的一套,并非史书所说的"庸劣"之徒。只是,他的人生不像他的战斗经历那样有一个完美的结束,他的政治生涯是笑着开始,哭着结束的。

二、美人如剑

在太子之位争夺战中,李世民不占优势。随着国内和平的氛围越来越浓,李世民的劣势也越来越明显。其中很大一个因素来自宫廷内部——李渊的嫔妃们。

唐高祖李渊"晚年多内宠,小王且二十人"。五十多岁的李渊,在成为皇帝的几年内,跟变魔术一样,光儿子就爆炸似地生了将近二十个。有这么多儿子,老婆的数目自然不会少。这一打多儿子的妈都是年轻漂亮的姑娘们,和李渊是"忘年恋",相差个三四十岁是很正常的。因此,她们一边受着李渊的宠爱,一边不得不为自己的将来做打算:老皇帝驾崩之后怎么办?下一任皇帝不喜欢自己怎么办?日后没有靠山怎么办?基于这些现实的"十万个怎么办",她们"竞交结诸长子以自固"。

"诸长子"就是皇帝的三个嫡子,因为下一届皇帝肯定会是他们三人中的一个。当然,三人的机会绝不是单纯的33.33%的简单平均,原则上太子李建成继任的机会是百分之百,李世民和李元吉则是零。但既然有"原则上",就可能有"原则下",不能排除有朝一日会发生什么意外之事。所以,那些嫔妃们轻易都不会得罪这哥儿仨。

到了太子之争的后期,李建成和李元吉是站在一条战线上的,两人齐心协力对付李世民。这哥儿俩有想法,有手段,有措施,他们知道"枕边风"的威力,对老爸身边的女人极力拉拢:"建成与元吉曲意事诸妃嫔,谄谀赂遗,无所不至,以求媚于上。"看来"夫人路线"在中国果然历史悠久,源远流长啊。

老大和老四拼命巴结老爸的小老婆们,老二李世民的做法却截然相反,他不但不主动赔笑,还对那些笑嘻嘻上门来的庶母们板着脸。刚打下洛阳那会儿,李渊这老头吃着锅里的瞟着碗里的,"使贵妃等数人诣洛阳选阅隋宫人及收府库珍物",他的目标很明确:漂亮的女人带回来,好玩的珍宝拿回来。

在唐朝皇帝的老婆群中,贵妃是地位仅次于皇后的高级老婆,级别属于从一品。别看朝堂上站满了文武大臣,但论级别待遇比贵妃高的,扳着指头都能数过来。所以说,陪皇帝睡觉是一项高高上的好工种。但长期陪皇帝睡觉是件高难度的工作,因为皇帝的"性趣"转变太快了,他看上哪个美女,随时可以与其未婚同居。既然能被李渊派往洛阳选秀,肯定是后宫当红角色,谁不卖点面子?

可李世民就是敢对贵妃说不,敢不卖贵妃面子的牛人。贵妃娘娘从中央来到地方,"私从世民求宝货及为其亲属求官"。贵妃之所以敢跟李世民开口,当然是依仗着自己和皇帝的亲密关系。她以为李世民一定会给这个面子的,哪知李二郎不吃这一套,当面硬邦邦地顶了回去:"宝货皆已籍奏,官当授贤才有功者。"

这碗闭门羹真够麻辣的,拒贵妃于千里之外,明显是把床上功夫不当功夫嘛。贵妃原以为自己是面子好大的"面霸",结果被李世民当成了不值一提的"面疙瘩",她的气愤程度可想而知。自此,这个梁子李世民是结下了。

李世民坚持原则,避免了国有资产流失,杜绝了跑官要官,这个事例来自正史记载,也就是说确有其事,但这似乎和他精明透顶的处事之道有点冲突。

洛阳是隋朝东都,宫殿府库内珍宝无数,皇帝身边的红人屈下身子向他讨点要点,他完全可以在职权范围内意思一下。这个顺水人情,作为久浸政坛的秦王,怎么可能不会做、不去做呢?他再傻再耿,也不至于拿贵妃不当干部吧!纵观唐史,特别是在玄武门事变前后,李世民的形象是正面的,一尘不染的,简直像一瓶蒸馏水,没有丝毫杂质,用一个现代词汇来形容,就是"高大全",史书上的记载都是老爸如何偏袒大哥,大哥小弟如何设计陷害自己,自己如何顾全大局被迫出手,等等。面对这样一边倒的历史现象,几乎所有后世人都认为是李世民利用职务之变,授意史官篡改了历史事实。这应该是李世民作为一代明主的人生败笔。

兄弟三人中,李世民"独不奉事诸妃嫔",便造成了"诸妃嫔争誉建成、元吉而短世民"的局面。在政治斗争中,枕边风的作用是不容小觑的。香风熏得李渊醉,醉意朦胧的唐高祖在左右宠妃的搬弄中让李世民吃了不少苦、受了不少气。

有一次,李世民"以淮安王神通有功,给田数十顷"。根据《新唐书·食货志》记载,唐时一亩田的面积是"其阔一步,其长二百四十步"。"步"是中国古代的长度单位,那时一亩地的面积大约是560平方米,合今天的0.8亩多。但"顷"的面积可比今天大多了,现在的一顷等于十五亩,唐时则规定"百亩为顷"。即使"给田数十顷"中的"数十"是五十,这块地也有四千多亩。拥有这么大一块地皮的人,那是真正的"地主"啊。

李神通这几千亩良田的风水和收成大概都不错,不然也不会被皇帝的老丈人——张婕妤之父看上。当然,这个老丈人的含金量不高,因为这样的老丈人,李渊有成百上千个。张婕妤之父很想要这块地,便通过女儿向李渊讨要。婕妤也是皇帝众多老婆的称号中的一种,是二十七世妇之一。李渊哪里经得住美人的软磨娇乞,于是写了一张条子,把这块地批给了张婕妤他爸。李渊比李世民更大方,李世民好歹把土地当成奖品,李渊则把数十顷土地当成小费了。张爸爸把李渊的批条递给李神通,要求以白条换土地时,李神通却"以教给在先,不与"。

"教"是李世民发文专用字。秦王府、齐王府、太子府和皇帝颁发文件、下达命令时都有专用词,秦王府、齐王府的称"教",太子府的叫"令",李渊的级别最高,为"诏"。"诏"字为皇帝专用字,是"中国皇帝之父"秦始皇定下来的。这三个字其实代表着皇权,"见字如见人",以这三个字打头的文件必须无条件执行。但是当时政出多门,"太子令,秦、齐王教与诏敕并行,有司莫知所从"。看着满天飞的"教、令、诏",办事人员无所适从,这四个人不是大爷就是小爷,谁都得罪不起,最后,他们想出了一个好方法:"唯据得之先后为定。"

这下可好,大老板李渊的"诏"迟到了,他批的那块地早已名田有主了。现在向李神通要地,就等于从他家的金库往外搬银子,这不是剜他的肉吗?李神通当然不干。他也不是一般人,他是淮安王,他爸爸和李渊的爸爸是亲哥儿俩。

李神通不拿张婕妤求来的条子当回事,张婕妤他爸也不敢拿李神通怎么样,只能跑到女儿那里告状。张婕妤又跑到老公李渊那里告状。张婕妤恨得咬牙切齿,添油加醋地骗李渊:"敕赐妾父田,秦王夺之以与神通。"

这个御状一告,性质就严重了。儿子把皇上爸爸赏赐给老丈人的田地抢过来送给别人了,追究起来,绝对是不忠不孝的罪名,就算给他扣顶想篡位夺权的帽子也能说通。其实这种不符合常理的事,只要李渊稍微冷静一点,仔细想一想,就会知道其中必有隐情。但他没有。看来领导确实不能搞终身制,聪明一世的李渊居深宫没几年,就开始犯傻了。张婕妤的这句话好比烈火烹油,让李渊怒气冲天,他当即把李世民招来,当面责骂说:"我诏敕不行,尔之教命,州县即受。"

李世民被训得耳朵起茧还无法解释,因为李渊的条子确实不管用,那块地确实在李神通手上。他是茶壶煮饺子——有口说不出,无缘无故地当了一次冤大头。

不知道李渊冷静下来后是否能想明白,自己这种不分青红皂白就暴跳如雷的做法确实是一叶障目,错怪儿子了。由于功高,李世民被封了许多虚虚实实的职衔:太尉、尚书令、上柱国、陕东道行台、凉州总管……就跟一个亿万富翁能把一个连的人都"武装"成百万富翁一样,李世民的每一个职衔都是顶级权位,拿出任何一个加到别人身上,那个人就会非常显赫。在他任行台、总管一类的实职时,李渊还特别加上一句:"诏属内得专处决。"有了这句话,李世民就可以在自己的职权范围内处理一切事务,不须上报朝廷。李世民奖给李神通的那块田地,位于自己担任党政一把手的陕东道境内,并没有越权。这次李渊怒发冲冠,完全是受了张婕妤的蛊惑,当了一回不明真相的领导。

一直被蒙在鼓里的李渊却自以为明白儿子缘何变坏,他深有感触地对自己的一号宠臣、左仆射裴寂说:"此儿久典兵在外,为书生所教,非复昔日子也。"他觉得,以前那个老实听话的乖儿子,由于长期在外面带兵打仗,被书生们教坏了。唉,"书生们"比李世民还冤,秦始皇要活埋他们;刘邦拿他们的帽子当夜壶;元朝将他们的地位搁在娼妓和乞丐之间,全民十等分,书生居第九("臭老九"一词就来源于此);明清两代,书生们因文字狱而冤死者更是不计其数。然而,仔细梳理历史进步的脉络,我们会发现,与"百无一用是书生"的观点恰恰相反,推动社会文明发展的主流力量正是那些屡屡被统治者轻视的书生们。

不知张婕妤是不是那次到洛阳考察的贵妃团成员之一,反正李世民是被那帮记仇的宫廷美女们盯上了。发生"批地门"风波后不久,宫廷美眉们又整出了一个"打人门"。这次事件是李渊的另一个老丈人引起的。老婆多醋足,丈人多事频,李渊晚年也就净忙着给老婆和老丈人收拾残局了。

当时李渊很喜欢一个姓尹的妃子,将她封为德妃。德妃的地位仅次于皇后和贵妃,是很受皇帝宠爱的。尹德妃的父亲阿鼠仗着女儿在宫内为妃,十分骄横霸道,比阿狼阿狮还凶,谁都敢惹,连秦王府的官员都敢打。有一天,秦王府属官杜如晦骑马从阿鼠家门口经过,阿鼠却指使家奴将其从马上拖拽下来一顿暴打,打得杜如晦"折一指"。

一根手指被打折,打人的够到号子里免费食宿半个月了。阿鼠打断杜如晦的手指后,才说出打他的原因:"汝何人,敢过我门而不下马!"这里的"汝何人"并非是他不知道杜如晦是谁,而是轻蔑的质问,跟时下人吵架时嘴里蹦出的"你丫算什么东西"类似。

这阿鼠也太嚣张了,俗话说"打狗还得看主人",何况打人,更何况打的还是秦王府的人!杜如晦可是中国历史上著名的宰相,"房谋杜断"中的"房杜"指的就是房玄龄和杜如晦。被阿鼠的家奴毒打那会儿,杜如晦还在秦王府任兵曹参军,从事军事参谋工作。李世民十分信任他,打刘武周、宋金刚、王世充等军事寡头时,杜如晦都是随军参谋,其地位相当于李世民智囊团的副团长,时任团长正是房玄龄。

阿鼠无缘无故把全国第三号人物身边的红人暴打一顿后,感觉有点后怕,怕李世民找他麻烦,便来了个恶人先告状,要女儿在李渊面前倒打李世民一耙。于是尹德妃哭哭啼啼地跑到李渊那里说:"秦王左右陵暴妾家。"这句话再次引爆了李渊的怒火,他把李世民骂得眼睛都睁不开了:"尔之左右,欺我妃嫔之家一至于此,况凡人百姓乎!"

这句话的潜台词是:你竟然已经无法无天到这种程度了!这口气已经很严厉了,说明李渊当时对李世民已经是严重不满了。当然,李渊想的也没错,假如李世民真的连老爸的嫔妃的家属都敢欺凌,那这个儿子肯定没把老子放在眼里、搁在心里。

如果以上这些历史记载属实,那么作为皇帝的李渊当时确实太脱离群众、脱离基层了。对于嫔妃的话,不加调查,不去了解,说什么就听什么,听什么就信什么;而对于李世民就这次"打人门"的"深自辩明",李渊则始终不信。美人是宝,儿子是草,沉醉在温柔乡中的李渊已经听不进去儿子的任何辩解了。

李渊的宠妃们不少是亲太子派的,对李世民很有敌意,她们在李建成和李元吉的财物打点下,几乎将嘴巴架到了李世民的身上,利用一切机会贬恶他。

李渊是一个家庭观念比较浓的人,即使当了皇帝,他还经常招三个宝贝儿子到宫中侍宴,陪自己吃饭喝酒。每次在饭桌上见到被美女簇拥的老爸,李世民都"歔欷流涕",这当然不是李世民有忧郁症,而是触景伤情,想到了他妈妈。他妈妈就是李渊的原配,窦美眉窦氏。窦氏和李渊可谓举案齐眉、比翼齐飞,是李渊学习、生活和工作中的好助手、好参谋,可惜她没赶上丈夫发达的好日子,在李渊主宰天下前就溘然长逝。很显然,李世民是为母亲没能享受到革命胜利的果实而心痛难过。这当然没什么不对,甚至是有孝心、有良心的表现,颇有点"子欲孝而亲不待"的遗憾,可李渊看到了却

二 美人如剑

很不快活:"上顾之不乐。"

李渊要能高兴才怪呢,李世民这样的表现,不是说老子比儿子薄情寡义吗?老爸在美女中间不亦乐乎,儿子却因为想妈妈在边上唉声叹气、抽抽搭搭,这父子俩不成了一对反义词嘛!

老子对儿子有意见不算什么,毕竟血浓于水。不怕有意见,就怕有成见。那些一直对李世民抱有成见的嫔妃们可是抓住这点,对李世民发起了猛烈攻击。据史书记载,这似乎是一次大规模的、有组织的群体诬陷事件:"诸妃嫔因密共谮世民。"

这次"共谮"事件让我们领略到,这些宫廷美女们的智商和情商都非同寻常,这是一帮名副其实的"四有女人",不但有胸有臀有脸蛋,还很有脑子。她们没说李世民在宴席上涕泪交加是故意破坏欢乐祥和的气氛,而是巧妙地将他这一行为升华到了政治高度——她们说"秦王每独涕泣,正是憎疾妾等"。美女们很巧妙地把矛盾引到了李渊身上,说李世民是厌恶你的老婆们,等"陛下万岁后,妾母子必不为秦王所容,无子遗矣"。儿子残杀庶母和弟弟,这不是政变是什么?

在把恐吓抬出来的同时,美人们一个个哭得梨花带雨、楚楚可怜,好像世界末日就要来临。她们的目的只有一个:为太子李建成说好话。她们告诉李渊,在集体讨论后,她们一致认为,何以解忧?唯有太子!嫔妃们都说:"皇太子仁孝,陛下以妾母子属之,必能保全。"这意思已经很明白了,就是要李渊在临死那一刻拉着李建成的手说:孩子,俺把皇位交给你,你要替俺好好照顾她们啊!

对男人而言,女人的眼泪是很有杀伤力的,美女的眼泪更是无坚不摧,再硬的哥们儿最终都会被它洗成棉花糖,更何况李渊这个半老的爷们。李渊听到众嫔妃的哭诉哀求后,"为之怆然"。

老大和老四实施的"由内制外"策略,效果明显,经过多次内宫事件,李渊对三个嫡出皇子的态度有了变化:"待世民浸疏,而建成、元吉日亲矣。"

都说美人如玉,可对李世民来说,美人如剑。美人们漂亮的容颜、温软的舌头就是锋利的剑刃,将他刺得伤痕累累。

三、扑朔迷离的杨文幹谋反

从起兵到平定天下再到建国之初的十年时间里,李唐经历了两场不同形式的战争。一场是军阀混战,李氏家族团结一致,和众多武装力量殊死拼斗;一场则是在天下归一之后,李唐内部的太子之位争夺战。前一场腥风血雨,明枪真刀;后一场暗流涌动,杀机四伏。

以李建成为首的太子党和以李世民为首的秦王集团,在太子之争中各不相让,都欲置对方于死地。在权力面前,亲情是多么脆弱,简直是不堪一击!一母同胞的兄弟为了登上权力之巅,都不择手段,不惜一切代价。

共患难易,同幸福难。唐高祖的几个宝贝儿子为这句话作了最生动确切的注解。哥儿仨最终兵刃相向,血溅史册,李渊有着难以推卸的重大责任。在这场关系到国家未来的皇位之争中,李渊优柔暧昧、左右摇摆的模糊态度是悲剧发生的总根源。

南方萧铣政权被平定以后,唐朝一统天下的形势已然形成,攻城略地不再是主要工作。大唐战神李世民在战斗业务量减少之后,便将所有精力都用到了与哥哥李建成的太子攻防战中。

不能否认,李世民是有取代太子的渴望和野心的。他利用四处征讨的有利条件,将众多优秀人才网罗到自己手下。他同时开府置官,广招人才,当时的秦王府聚集了"十八学士"及秦叔宝、尉迟敬德等一大批具有绝世之才的文臣武将。李世民说他之所以这么做,是为了和这些"特长生"们交流切磋,共同提高,以便更好地为国家效力。

说的有道理啊,把自身素质提高了,把杀敌本领练强了,将来保家卫国不是更顺溜吗?这当然只是冠冕堂皇的外衣,李世民真实的目的是为自己做长远投资。现实逼得他不得不早为自己打算——如果父皇驾崩,哥哥继位,岂能容得下一个战功比自己多、声望比自己高的弟弟?为了确保自己将来能够立于不败之地,他必须未雨绸缪,力求在以后的政治较量中占据先机、拔得头筹。

李世民不愧为一个目光远大的战略家,他后来之所以能够夺权成功,应归功于精心组织的人才班子。他登基之后,这个人才班子就成了大唐的"官窑",许多促成贞观之治的重要官员都出自秦王府。可见,李世民早就有图天下的准备和打算。

李建成虽然贵为太子,是皇帝的不二人选,但弟弟李世民的战功实在太大,风头完全盖过了他,所以他一直惶惶不安,时刻担心自己的太子地位被李世民抢了去。瞧瞧权力让这哥儿俩之间产生的隔阂,哥哥怕弟弟抢自己的位置,弟弟怕哥哥要自己的性命。权力这东西果然不是什么好东西。

李建成和李世民这两个政治集团间或明或暗的斗法,是唐初政坛的一场大戏,这场戏在武德七年(624年)掀起了第一个高潮。

这年六月,李渊离开气温越来越高的长安,带着李世民和李元吉到宜君(今陕西宜君)的仁智宫去避暑消夏。避暑是皇家固定的公费度假项目。皇帝们比候鸟还娇贵,冷了热了他们都要挪挪地儿,家里没空调,就自己调温度。不料这次"调温之行"不但没有使李渊找到凉爽的感觉,反而将他吓得大汗淋漓,浑身燥热。因为在这期间发生了一起谋反事件,谋反者是庆州(今甘肃庆阳)都督杨文幹。

杨文幹早年曾做过李建成的警卫员,"建成与之亲厚",是李建成的嫡系。他由警卫员升为庆州都督,一定有李建成的因素。太子想在朝堂中腰板硬朗起来,必须有枪杆子作支撑,光玩儿文绉绉的"子曰""诗云"可不行。而把自己的亲信安排到边境领军,正是培植军事势力的好机会。杨文幹也投桃报李,经常私下募集勇士,送往太子府,以备太子"不时之需"。

私藏武器和私养军队在当时都是死罪,因为这会让皇帝觉得是图谋不轨。唐高宗时,太子李贤在马厩里偷藏了几百件武器,败露之后被废为庶人,流放巴州,后来被逼死于贬所。李建成弄的动静可比他的后辈李贤大多了,他瞒着老爸招募了两千多名骁勇之士充当东宫卫士,就驻扎在太子宫长林门左右两侧,号称长林兵。这样他犹嫌不足,又暗中让自己的部属可达志从驻守幽州的燕王李艺那里"发幽州突骑三百"。

把如狼似虎的野战骑兵招入国都皇城,李建成的做法显然是过分了点儿。他冒险引进这些野战军,是"欲以补东宫长上"——他准备安排这三百人担任自己警卫团的低级军官。这个军官大换血计划如果落实到位,长林兵的整体战斗力将大大提升。可惜李建成的如意算盘刚一拨拉,就惊动了老爸——有人将他的事给捅了出去。

李渊知道后,气不打一处来,立即"召建成责之"。李渊对三个嫡子一向是比较宽容的,这么大的政治事件他也只是"责之"而已。对家里人可以睁只眼闭只眼,对外人可不行,最终倒霉的可达志被流放到巂州。巂州在现在的四川越西,离西昌卫星发射中心很近。那地方和长安相比,是实实在在的山高路远坑深。这个心腹可达志到大西南"徒步旅游"去了,那个在大西北的心腹杨文幹却趁李渊度假旅游的时候,突然树起反旗,这两个哥们儿算是遥相呼应了一回。

对于这次谋反事件,从流传下来的权威正史看,总策划是李建成。李渊去仁智宫的时候,李世民和李元吉伴驾同行,李建成留守长安。临行前,李建成要求李元吉在途中对李世民下狠手,并用八个字鼓励他:"安危之计,决在今岁。"瞧这口气,似乎是必须得做掉李世民。同时,李建成还派郎将尔朱焕、校尉桥公山将事先准备好的铠甲运往庆州杨文幹处。尔朱焕、桥公山觉得事关灭族,越想越害怕,于是两人来到豳州(今陕西旬邑)这个十字路口,没有左转向西前往庆州,而是右转朝东跑到了仁智宫,向李渊告发李建成想和杨文幹里应外合起兵谋反。

李渊听后当然是怒不可遏,马上"托他事,手诏召建成"。也不知道李渊托的是什么事,总之,李建成接到手诏后,差点吓得动脉血管破裂,迟迟不敢启程,他当然能猜到是怎么回事。这时候,他的秘书侍从徐师谟劝他"据城举兵",一步到位,把事挑明。

李建成当时如果听从了这个建议,关闭长安城门,宣布自立,那么不出几天就会进鬼门关。当年太子刘据也是趁老爸汉武帝刘彻外出时,据长安城自守,结果仅五天就被老辣的武帝收拾了。李建成如果走"复古"之路,只会变成"刘据第二"。好在李建成采纳了属下赵弘智"贬损车服,屏从者,诣上谢罪"的劝告。

拿定主意后,李建成战战兢兢地去向父皇请罪。他表现得极其真诚,轻装简服,免去了一切车驾仪仗。长安离仁智宫至少有两三百里路程,李建成还没走到六十里,就把随行的下属官员留在一个古堡内,仅带十几名侍卫骑马前往仁智宫。

见到老爸时,李建成"叩头谢罪,奋身自掷,几至于绝"。寥寥十二个字,便将这位太子的紧张、惊恐勾勒得纤毫毕现。儿子把头撞得眼冒金星,老子并没有原谅他。也难怪李渊"怒不解",皇帝天不怕地不怕,就怕有人惦记他的宝座,即使是儿子也不行。也许在皇帝看来,儿子一大把,皇冠就一顶;儿子没了可以再生,皇位没了找谁要去?当天夜里,李渊命人将李建成看管起来,只"饲以麦饭"。既然成了犯罪嫌疑人,就只能吃粗粮充饥了。

逮住了李建成后,李渊又命司农卿(管理国家粮库的长官)宇文颖快马驰召杨文幹速来面圣,当然还是"托他事"。宇文颖到达庆州后,却将实情告诉了杨文幹。没想到皇帝身边的这些人,个个都玩儿无间道。晚年的李渊真是失败,他的女人利用他,他的臣下背叛他,他的儿子算计他,怎一个衰字了得!

杨文幹得知李渊想诓他入瓮,索性来了个破釜沉舟,举起反旗,作最后一搏。杨文幹肯定这样想:去了是找死,还不如让死来找我吧,虽然是九死一生,但总归还有一丝希望。不过这种先天不足的造反,结局从开始就已注定会失败。

杨文幹宣布脱离中央政府的第三天,李渊就找李世民商量平叛的办法。李世民说,杨文幹这小子干这种狂逆的勾当,他的部下是不会服从的,也许他已经被部下擒获或者杀掉了,"若不尔,正应遣一将讨之耳"。李世民委婉地表明了自己不愿亲自征讨叛军,"遣一将讨之"的"一将"当然也不包括自己。

其实在他们谈话的之前,已经有两位将领去征讨杨文幹了。得知事变后,李渊已先期命令左武卫将军钱九陇与灵州(今宁夏灵武)都督杨师道进击杨文幹。靠造反起家的李渊对部下造反自然格外重视,况且事关太子,李渊担心响应者众多,所以很希望能征善战的二儿子率兵西进,彻底消灭叛军。为了让李世民高高兴兴地去平叛,李渊开出了任何人都无法抵挡的价码:"还,立汝为太子。"

平定一场叛乱,就是将来的天子,这才是真正的天价出场费。李渊明确告诉李世民,等他凯旋,就将太子降为蜀王。李渊把李建成安排到蜀地也是为李世民着想,他对李世民说:"蜀兵脆弱,他日苟能事汝,汝宜全之;不能事汝,汝取之易耳!"李渊想得真周到,连大儿子将来服不服、反不反的问题都考虑到了。

终于,李世民披挂上阵了。迫于李世民的威名和强大的军事压力,杨文幹军不战自溃,部下跑的跑,散的散,没跑没散的并不是想给杨文幹殉葬,而是要借他的头颅一用。七月初五,杨文幹被哗变的部下杀死,头颅被割下送到了长安。这场谋反只持续了十一天,可见杨文幹实力之不堪、头脑之不智、目光之不远。

李世民顺顺利利地凯旋了,可是,回到京城的他无法像出征时那样高高兴兴,因为老爸答应的事泡汤了。原来李世民点兵出发不久,就有一大帮人跑来为关禁闭的李建成说情:"元吉与妃嫔更迭为建成请,封德彝复为之营解于外。"

李元吉和妃嫔们已经与太子结为利益共同体,太子被废,他们会跟着倒霉,为太子求情是可以理解的。但封德彝也在朝廷四处活动,为"捞出"李建成而不遗余力地忙前忙后,这让很多人迷惑不解。

封德彝一直跟着李世民,照理应该是秦王系,而且也一直被李世民当成心腹,贞观年间官至尚书右仆射,有生之年都备受唐太宗的关照。不过这件事说明,他极有可能是被李建成收买后安插在天策府的卧底。为了扳倒弟弟,李建成曾想收买李世民手下的尉迟敬德、段志玄等名将,都被拒绝了。虽然史书上没有李建成收买封德彝的记录,但如果他不是李建成的间谍,那他的言行就与常理不符。从权力斗争的角度来看,自己领导的竞争对手获罪,封德彝应该欣喜若狂或者趁机落井下石,哪还会求爷爷告奶奶地去营救呢?

封德彝做的这件事并非个案。由于李世民功劳太大,对于是否应该更换太子,李渊确实有过一段时间的摇摆。当他因为倾向于李世民而去征求封德彝的意见时,封德彝马上打消了他易嫡的念头:"时高祖将行废立,犹豫未决,谋之于伦(封德彝),伦固谏而止。"天下有这样的傻子吗?封德彝明显是在维护李建成的利益。在李氏两兄弟的斗争进入白热化之时,深得李世民信任的封德彝却对李建成说:"为四海不顾其亲,乞羹者谓何?"劝李建成抛开亲情,早谋李世民。这足以说明封德彝的真正身份了。

由于封德彝和众嫔妃的多方活动,原本准备严惩李建成的李渊突然来了一个一百八十度大转弯,赦免了李建成,"复遣建成还京师居守"。这种处理结果当然让一心盯着太子之位的李世民非常不满意,他不仅没有得到李渊早先承诺的"出场费",还有部下受到了处罚。

杨文幹的谋反没有规模,不成气候,在初唐发生的众多历史事件中显得微不足道,但李渊对此事特殊的处理方式,让人觉得意味深长。

杨文幹死后,李渊以"兄弟不睦"的名义将老大、老二各打五十大板,并把"兄弟不睦"归罪于太子府的王珪、韦挺和天策府的杜淹,下令把他们流放到千里之外的巴蜀。这三个人其实是替罪羊。杜淹是名相杜如晦的叔叔,李世民知道杜淹冤枉,偷偷派人给他送去了三百两黄金,相当于为他颁发了一个"委屈奖"。不过,杜淹也没有白背黑锅,李世民登基后,提拔他为吏部尚书并参议朝政。

太子串通边将谋反,这在任何朝代都是死罪,皇帝处理起来都不会手软。然而,李渊对这场谋反的幕后总指挥李建成,却没有任何处罚措施,甚至连无关痛痒的警告、记过处分都没有。更让后世称奇的是,这一事件最终被主审法官李渊定性为"兄弟不睦"。报案是谋反,结案却是"兄弟不睦",这种莫名其妙的"跑题",其原因是什么?尽管今天我们已无法拨云见日,完全了解事实真相,但历史的缝隙里总会留下一些真实的碎片。从李渊轻描淡写地处理这一事件可以推断,太子谋反应该是无中生有。

李建成当时是皇帝的法定继承人,他只要按部就班地等待就行了,在皇储地位和自己的生命安全没有受到直接威胁的情况下,他不可能铤而走险。而唐初的宫廷政治,在玄武门事变发生之前,是没有多少血腥味的,李渊对三个嫡子都疼爱有加,绝没有施以斧钺的念头。在这种顺风顺水的形势下,太子有什么理由谋反呢?

对于不可能谋反的李建成被告有谋反行为这件事,后世亦有持怀疑态度者,《隋唐嘉话》的作者刘𫗧就提出"人妄告东宫"的观点。而这个"妄告"之人,笔者认为李世民有很大嫌疑。除非与太子有利害冲突,否则谁没事会举报他造反啊?我想,李渊不是糊涂蛋,他很可能也这样分析过,个中缘由曲折他心里一定清楚,不然也不可能同时责怪他们兄弟两个了。

杨文幹事件之后,太子和秦王已是水火难容。双方暗自较劲,特别是太子一方,利用各种机会和手段,朝李世民步步紧逼,将他逼到了退无可退的墙角。双方的战争一触即发。

四、兄弟相煎

跟汉初饱受匈奴扰袭之苦一样,唐朝初年北方的突厥就像是大唐挥不去的梦魇。以游牧为生的突厥国仗着兵强马壮,经常越境南下,到唐朝州县烧杀抢劫,不仅让边境人民吃尽了苦头,而且威胁到国都长安的安全,把李渊整得头大如斗。

不是李渊不想搞定突厥,安定边境,而是他实在没有能力,也没有办法。突厥人喝羊奶,吃马肉,成天赶着牲畜在山间草原漂泊不定,哪里有水,哪里草盛,哪里就是他们的家。他们的日常生活跟打野战差不多,一个个人高马大、剽悍异常,不好对付。最重要的是,唐政权刚刚建立,国内事务纷繁复杂,百废待兴,所以,面对突厥欺人太甚的侵略挑衅,李渊也不敢与其正面硬抗,一直以避让为主。

武德后期,突厥屡次进犯,不堪其扰的李唐朝廷准备放弃长安,将国都东迁到今天的河南邓州和湖北襄樊一带。当时有些大臣认为,突厥之所以屡寇关中,是因为"子女玉帛皆在长安故也"——财富是突厥出来绑票的主要动因。他们觉得,如果长安一贫如洗、一无所有,突厥就不会催马寇城了:"若焚长安而不都,则胡寇自息矣。"

李渊也觉得迁都是个好办法,便欣然同意,还派中书侍郎宇文士及东进,实地勘察合适的地方。李建成、李元吉以及李渊的一号宠臣裴寂"皆赞成其策",李世民却唱起了反调,强烈反对迁都。

为了让父亲打消迁都的念头,李世民运用"三言二拍"法给他做起了思想工作。"三言"就是寥寥的三言两语,具体内容可以总结为"二拍":拍马屁和拍胸脯。李世民一上来就把老爸吹得飘飘然,他说:"陛下以圣武龙兴,光宅中夏,精兵百万,所征无敌。"就在李渊高兴得晕晕乎乎的时候,李世民话锋一转说:"奈何以胡寇扰边,遽迁都以避之,贻四海之羞,为百世之笑乎!"如此英明无敌的李渊,怎么能因害怕胡人而逃之夭夭呢?这不是贻笑后世吗?拍完老爸的马屁,李世民又拍起了自己的胸脯,他向父亲保证:"愿假数年之期,请系颉利之颈,致之阙下。"正是这一段话打动了李渊,于是他采纳了李世民的建议，放弃了迁都的想法。

李世民确实是个天才，他总是在最关键的时刻力挽狂澜。退一步来说，如果迁都，从长远来看，唐政权不但不能避开突厥，而且会将自己置于更加不利的地位。因为关中的战略意义十分明显，秦始皇、汉高祖两位大帝都是从这里走向全国的。安史之乱后，代宗李豫被入侵的吐蕃赶得到处避难，也生出迁都之心。名将郭子仪上奏力谏，详细分析了定都长安的重要性，说关中地区"秦汉因之，卒成帝业。其后或处之而泰，去之而亡"，最终使李豫放弃了另立都城的打算。可以想象，迁都的想法错得有多远！

不过，李建成不同意李世民的意见。他觉得，李世民活捉突厥可汗的许诺是吹牛，还拿李世民与八百年前的樊哙相提并论，说："昔樊哙欲以十万众横行匈奴中，秦王之言得无似之！"话说汉高祖刘邦死后，他的老对手冒顿单于骄横地给刘邦的遗孀吕后写了一封信，说：我没有老婆，你死了老公，"孤偾独居，两主不乐，无以自虞，愿以所有，易其所无"。吕后的妹夫樊哙听说后，说要教训一下匈奴，让朝廷给他十万人马，他去把匈奴灭了，结果所有人都嗤之以鼻。当年刘邦率领三十万精锐汉军进攻匈奴，却被匈奴围困在白登七天七夜，差点没命，这个樊哙想用十万人马踏平匈奴，无异于痴人说梦。李建成把樊哙搬出来，就是嘲笑李世民不自量力。李世民却说："樊哙小竖，何足道乎！不出十年，必定漠北，非虚言也！"看不起樊哙、看不起突厥的李世民后来果真兑现了自己诺言：贞观四年，李靖、李绩大破突厥，生擒了颉利可汗。

李建成见父亲听从了李世民的建议，有点不甘心，他联合李渊的妃嫔们一起鼓捣出了另一个理由，说李世民"外托御寇之名，内欲总兵权，成其篡夺之谋耳！"不过李渊没有因此动摇。

迁都之议以李世民胜利而告终，但李建成在失落之后很快就扳回了一局。

某日，闲来无事的李渊组织三个儿子到城南郊外搞了一次活动——围猎。围猎是皇家的一种时尚娱乐活动，就是利用人海战术把一大片山林围起来，然后不断收缩包围圈，将野兽赶到一个相对集中的地方射杀。

李渊兴致很高，还给三个儿子布置了一道考试题，命他们"驰射角胜"——看谁射的猎物多。李建成有一匹从突厥得来的宝马，膘肥体壮，但性子暴烈，喜欢尥蹶子。他趁机将这匹马送给李世民，并且装着友爱的样子说："此马甚骏，能超数丈涧，弟善骑，试乘之。"表面上送马，实际上是想让弟弟送命。

李世民骑上这匹胡马，马上就感觉到它的桀骜。胡马见有人骑在自己背上，突然尥起了蹶子。这要是搁一般人，肯定会被摔个倒栽葱、嘴啃泥什么的，说不定从此就残疾了，李世民却机警地"跃立于数步之外"，毫发无伤。胡马安静之后，李世民又骑了上去，那马又开始尥蹶子抗议，李世民只得再练跳远。这样反复了好几次。显然，李世民是被哥哥以关心的名义给算计了。中招后的李世民对身边的宇文士及说："彼欲以此见杀，死生有命，庸何伤乎！"

李建成和他的妃嫔战友们听到这话,将这番话加工后,传送到李渊耳朵里。他们讲,秦王说:"我有天命,方为天下主,岂有浪死!"李渊一直觉得自己是受命于天的天下之主,没想到二儿子竟然也这么想,心想如果不给他点儿颜色看看,恐怕他要把自己弄下野了。于是李渊派人把李世民招来,当着李建成和李元吉的面,将李世民一顿好骂:"天子自有天命,非智力可求,汝求之何急邪!"

李世民觉得自己很冤枉,他摘下王冠,朝父亲磕头不止,请求老爸将自己交给执法部门查办。这当然不是李世民自愿认罪伏法,要去接受劳动改造,而是想以退为进,自证清白,希望司法介入,给自己平反。但李渊先入为主,不相信李世民的辩解,仍然余怒未消。正在这时,有官员前来奏报:突厥犯境。

对李世民来说,突厥来得正是时候。李世民就是李渊手中打突厥的猎枪,李渊先前之所以大发雷霆,是因为害怕这杆猎枪对准自己,而到需要枪口朝外的时候,他马上玩儿起了快速变脸:"上乃改容劳勉世民,命之冠带,与谋突厥。"李渊果然是一条真龙,一条真的"变色龙"!

就这样,三个儿子间的煎斗风波愈演愈烈,一直向纵深发展,最后终于到了你死我活的地步。

武德九年(626年),六月初一夜,李建成请李世民到太子宫赴宴。根据李世民的酒后反应,可以断定太子请秦王和项羽请刘邦一样,是场不怀好意的"红"门宴——李世民回府后吐了很多血。新旧《唐书》、《资治通鉴》的立场一致,都认为李建成在李世民的酒里下了毒。但从主观方面分析,李建成不可能傻到在自己家里给李世民下毒,让政敌直挺挺地死在自己家中。而且他当时还不能为所欲为,一个有所忌惮的人不敢也不可能干出肆无忌惮的事。他有置李世民于死地的想法,但这一切只能静悄悄地在水面下进行。所以,李建成给李世民下药的可能性不大。

得知儿子喝酒吐血后,李渊亲临秦王府探望慰问,了解病情。之后,李渊给李建成下达了"禁酒令",说"秦王素不能饮,自今无得复夜饮"。李渊真是一个用心良苦的好爸爸,他希望以阻止儿子们一起喝酒来阻止他们互相伤害。可惜他不知道,就在两天后,他的唐朝再也不是原来的唐朝,他最疼爱的三个儿子,别说在一块儿喝酒了,连在一块儿对视的机会都没了。

两个儿子斗到这个份上,李渊当然知道是为了他屁股底下那把椅子。他不想让情况继续恶化,便想了一个自以为两全齐美的办法,想让两个儿子皆大欢喜。他先是语重心长地和李世民进行了一次谈话。他说:我看你们兄弟似乎难以相容,如果大家一起住在京城,将来肯定会发生纷争,现在我让你去洛阳,"自陕以东皆主之"。

洛阳是陕东道大行台所在地,而李世民自平定王世充之后就被封为陕东道大行台尚书令。可以说,洛阳是他的大本营,是他为自己准备的在遭遇政治危机时的避风港。虽然他身在长安,但是几年来,他精心经营着洛阳,"以洛阳形胜之地,恐一朝有变,欲出保之"。他还派自己的亲信温大雅(《大唐创业起居注》的作者)镇守洛阳,同时让秦王府车骑将军张亮率领一千多名精兵常驻洛阳,"阴结纳山东豪杰以俟变"。张亮用李世民批拨的大量军费,结交各路英雄,有意识地进行人才储备。陕东道的面积可不小,包括今天的河南、河北、山东等地。李渊把这些地方的军政大权全部交给李世民,其实就与汉以前的封建制没多大差别了。李渊此时确实是想让李世民成为一个高度自治的诸侯国国王,他还特批了一个会让任何臣子感到无上荣光的补充条款:"命汝建天子旌旗,如汉梁孝王故事。"梁孝王是汉景帝刘启的弟弟刘武,因为特别受母亲窦太后的宠爱以及在平定七国之乱中立下的战功,景帝特赐他在自己的封国内建天子旌旗,出行时的仪仗卫队和皇帝一样。

对于这个提议,李世民心里是愿意的,虽然没有谋到太子之位,但自己后半生的安全也算有保障了。然而作为一个成熟的政治家,李世民知道,面对砸向自己的馅饼,决不能张口就咬。像梁孝王推辞哥哥的特殊赏赐一样,李世民也以不愿远离父亲膝下为由,拒绝去洛阳另立门户。

估计李渊听后很感动,谈话的口气也由语重心长变成了苦口婆心。他说:"东西两都,道路甚迩,吾思汝即往,毋烦悲也。"他劝儿子放下亲情包袱,去东都洛阳当家做主,并且承诺以后会随时去看望儿子,可见他生怕儿子不答应。可以想象,李世民当时应该是内心狂喜却装作依依不舍地听从了老爸的劝说。更可以想象,如果李世民真的去了洛阳,那么在此后的日子里,无论是为了自我发展还是为了自保,他必将会在暗中积聚力量。因为李建成接管大唐权杖后,一定不能容忍自己的眼皮底下存在着一个强大的国中国,他会效法前朝的削藩政策。按照李世民的个性,他绝不可能"束手就削",这么一来,西汉吴王刘濞的起兵事件必然重演。以李世民的英勇善战和在唐朝军队中的崇高威望,中央政府很难在战场上讨到便宜,李建成变成建文帝也不是没有可能。所以,太子李建成的悲剧结局似乎早已注定。

李建成知道,这个牛弟弟要是去了洛阳,拥有了土地和军队,将来他肯定是罩不住的。他和李元吉商量说,洛阳是唐朝的创业板,如果李世民去了那里,那么这个二板市场迟早会取代长安的主板市场。

他想的很对,经济可以搞二板,政权可以有二把手,但政治绝不允许有二心。经过密谋,两人达成一致——阻止李世民去洛阳。他们认为"不如留之长安,则一匹夫耳,取之易矣"。

他们还是用老办法:谮。他们找了好几个人向皇帝上奏,说:"秦王左右闻往洛阳,无不喜跃,观其志趣,恐不复来。"这不是简单的诬陷,而是大规模的组团诬陷。李渊听了之后特别来气,便取消了先前的决定。也许李世民当时有些失望,但对历史来说,这一决定未尝不是件好事,因为它避免了极有可能出现的连绵战争和残酷杀戮;对于李建成和李元吉而言,他们的诬陷行为是得不偿失——被他们强留在长安的李世民发动了一场政治事变,使他们双双命丧黄泉。

　　李渊当政晚期,唐政权已进入稳定的发展轨道,除了突厥不时南下抄掠,其他地区已经无仗可打。在这种政治环境下,以军功成就一切的天策上将李世民在大唐政府中的重要性开始下降。

　　战争时期,李渊最看重的是能够帮他攘外的儿子;和平年代,李渊最喜欢的是可以让他沉醉的美人。而那些美人多半是拽着李建成的衣角的,她们坚定地站在太子一边,利用一切可以利用的机会在李渊面前贬低秦王,褒扬太子。久而久之,李渊对二儿子的印象越来越差。

　　有史料说,在建成、元吉和后宫美女们长期持久的"混合双说"下,"上信之,将罪世民",而"将罪"的动作竟然大到了要"废黜"他的程度!大臣陈叔达赶紧进谏,阻止了李渊的处罚行动。他说,秦王为朝廷立下了巨大功劳,是不能废黜的。——要知道,李世民对唐朝的贡献可比韩信对西汉还大,在他没有犯罪的情况下,李渊竟无端生出废黜之心。这只能让人感叹:无上的权力是没有开关的"热得快",一旦拥有了它,无一例外地会被烧成短路!

　　或许是担心皇上不重视他的建议,陈叔达进一步警告李渊说,秦王"性刚烈,若加挫抑,恐不胜忧愤,或有不测之疾,陛下悔之何及"。他这是在婉转地提示李渊悠着点,别把李世民逼反了。

　　在陈叔达的劝说下,李渊打消了这个过度、过分的想法。因为这次谏阻,李世民后来对陈叔达以官相报——贞观年间,他被拜为礼部尚书,并直截了当地说:"武德时,危难潜构,知公有谠言,今之此拜,有以相答。"晚年的陈叔达因"闺薄污慢",遭到御史弹劾,李世民因其有功于己,没有降罪,而是授了个散官,让他提前退休回家养老。

　　陈叔达"不测之疾"的劝谏效果显著,后来李元吉要老爸杀死李世民,李渊拒绝说:"彼有定天下之功,罪状未著,何以为辞?"李元吉说:"但应速杀,何患无辞!"李渊还是不答应。

五、猎头谍战

　　电影《天下无贼》里有一句很火的台词:"21世纪最缺的是什么?人才!"其实在任何时候,人才都是"紧俏商品",公元7世纪的唐朝最缺的同样是人才。太子李建成就在到处搜寻,最终他将目光转向了二弟李世民的人才库。秦王府可谓人才济济、精英云集,文官方面有房玄龄、杜如晦领衔的"十八学士",武将方面更是众星闪耀:尉迟敬德、秦叔宝、程知节(即程咬金)、侯君集、张公谨……李建成很眼红,他手下也不是没有人才,但缺少特别拔尖的。于是他就想当一回猎头,挖倒秦王府的墙脚。李建成最中意尉迟敬德。为了达到"诱之使为己用"的目的,他"密以金银器一车"赠给尉迟敬德,并随车附了一封亲笔信,说希望交个朋友。

五年前,李世民在洛阳北邙山遭遇王世充手下大将单雄信,在危急关头,尉迟敬德横槊而出,将单雄信刺落马下,救了李世民一命。李世民十分高兴,赏赐尉迟敬德"金银一箧",作为奖励与报答。同样是金银,李建成竟然舍箧从车!可见老大比老二出手阔绰多了。但是李建成没有想到,有些人是收买不了的,尉迟敬德正是这样的人。尉迟敬德在拒收金银的同时回了一封信,婉拒了太子"交朋友"的要求,说自己是秦王李世民的铁杆粉丝,并表明秦王对自己有知遇之恩,今生"唯当杀身以为报"。他还说:"若私交殿下,乃是二心,徇利忘忠,殿下亦何所用!"也不知道他这话到底是安慰规劝还是讽刺挖苦,不过,李建成的这次"挖墙脚"行动,确实挖得很苦,还没有成功。

尉迟敬德的谢绝让李建成羞怒交加,李元吉给他出了个主意:派杀手去行刺。他们都没想过,刺杀尉迟敬德跟叫猎狗去咬死狮子一样,连陪练都算不上,怎么下手呀!尉迟敬德得知消息后,每天"洞开重门,安卧不动"。谁敢跟这么横的人去舞刀耍剑呀,怎么比都是个输。那个可怜的刺客"屡至其庭,终不敢入"。

贿赂不行,暗杀失败,李建成和李元吉便使出了杀手锏:诬陷。这个诬陷项目具体由李元吉负责实施。不知道他以什么罪名到李渊那儿告了一状,反正效果非常好,李渊听后十分生气,"下诏狱讯治,将杀之"。

"诏狱"里关押的都是朝廷钦犯,按照皇帝的意思,这里的犯人是严重危害国家和社会安定的重大刑事犯。尉迟敬德没进刑部大理寺而进了诏狱,足见案情重大。但在李世民的再三请求下,尉迟敬德被免于死罪。

在处理三个儿子的问题时,李渊显得非常优柔寡断。他明知道三个儿子为争夺权力分成两派互相攻击,却没有采取正确的策略,扶持一方,以避免双方因力量对等产生火拼,导致两败俱伤,而是在两边和稀泥,大儿子说造反就抓,二儿子说不反就放。在张亮和尉迟敬德事件中,如果李渊果断扬太子、抑秦王,就势杀掉这两人,就会对秦王集团造成重大打击,接下来的玄武门事变能否发生、能否胜利就要另说了。但糊涂宽容、儿女心过重的李渊光打草惊蛇而不敲山震虎,最后将李世民这只猛虎逼出山林,震天一啸。而那时的李渊,只能在李世民的啸声中苦笑了。

拉拢尉迟敬德失败后,李建成又将目标对准了勇将段志玄。段志玄多次跟随李世民征战,英勇事迹很多。他的原则性非常强。贞观十年,长孙皇后去世,段志玄带领士兵护灵。夜里,李世民派遣使者到段志玄那里,段志玄以"军门不可夜开"为由拒绝使者进入。使者说:"此有手敕。"段志玄答:"夜间不辨真伪。"李世民知道此事后,不但没有怪罪他,反而夸奖道:"此真将军也,周亚夫无以加焉。"

原则性这么强的人,怎么可能轻易被挖走?李建成派人送金帛给段志玄,向他抛去示好的橄榄枝,不料又是抱着香炉打喷嚏——喷了一鼻子灰。

李建成在秦王阵营发展特务的工作交了白卷,李世民针对太子集团开展的间谍工作却收获颇多，尉迟敬德开门待客就是一个明显的例子。在任何朝代，恐怖暗杀都属于绝密行动，而尉迟敬德作为被暗杀对象，在杀手还没热身时，就知道杀手要来。如果没有卧底，怎能知道这种核心机密？至于是谁向尉迟敬德通风报信，就不得而知了，不过可以肯定，提供情报的"地下党"潜伏在太子集团的心脏部位。

李世民对地下工作是很在意的。尉迟敬德在退回李建成的金银财物后，马上向李世民作了汇报。李世民虽然对尉迟敬德的忠心大加赞赏，但他认为尉迟敬德处理得不够完美。李世民觉得尉迟敬德应该爽快地收下财物，假装归顺，将计就计打入太子集团内部，"得以知其阴计，岂非良策"。

李世民对间谍工作不仅在意，而且在行。他是个出众的猎头，成功猎获了太子集团的太子率更丞王晊和玄武门守将常何。王晊和常何处在太子集团的中下层，却是至关重要的人物。王晊专门负责掌管东宫礼乐、漏刻、刑狱，每次太子出行，都是王晊乘着马车在前面清道开路，他和太子接触的机会很多，东宫的机密消息都瞒不过他。常何更重要，他是把守玄武门的军官，控制着通往皇宫大内的必经之地。在玄武门事件中，这两个不被重视的小人物起到了举足轻重的作用。

六、不宁静的夏天

随着李渊对太子集团支持力度的加大，李建成和李元吉组成的"兄弟连"对秦王集团的打击程度也不断加码。他们假李渊之手，对李世民发起了最猛烈的一轮攻击，将李世民手下重要的文臣武将一个个调离。

这项"调虎计划"进行得很顺利。他们诬陷大将程知节，李渊很快将程知节贬为康州刺史。从陕西西安调到广东德庆，这一脚踢得可真够远的。程知节很强硬地拒绝赴任，他忧心忡忡地对李世民说："大王股肱羽翼尽矣，身何能久！知节以死不去，愿早决计。"他提醒李世民早做决断，表示自己就算被杀头也不去康州赴任。这当然不是因为他想死，而是因为他知道，老领导不可能眼睁睁地看着自己的爱将被杀。事情是明摆着的，杀光了李世民的手下，李世民也就命不久矣了。

在李世民的人才库中，李建成最忌惮的是房玄龄和杜如晦这两个运筹帷幄的高精尖人才。李建成曾经对李元吉说："秦府智略之士，可惜者独房玄龄、杜如晦耳。"于是在一番"运作"之后，房杜二人被逐出秦王府。

形势如山雨欲来，危险已迫在眉睫。秦王府那些谋臣都催促李世民马上采取武力措施，诛杀李建成和李元吉，以解除太子集团的威胁。房杜二人在被逐出秦王府之前，都曾苦劝李世民及早动手。李世民最亲近的妻兄长孙无忌和妻舅高士廉也力挺他先发制人，争取主动。两人和秦王府大将侯君集、尉迟敬德一起，"日夜劝世民诛建成、元吉"。这个时候，李世民已经处在一片喊杀的旋涡中，助手们争着往他手上递刀子、斧子,急切地盼望着他白刀子进去,红刀子出来。

在险恶的宫廷政治斗争中,秦王府那些催促李世民动手的文武大臣的心情是可以理解的。他们排队站在李世民的身后,可不是等着打酱油的,而是等着捞油的。可以把李建成和李世民的斗争比作一场赌局,跟在两人身后的那些人就是下注者,他们的筹码不是金钱,而是生命,哪一方输了,哪一方就得死。李世民的智囊们当然不愿去死,所以,为了前程富贵,为了不被灭族,他们必须劝自己的庄家赶快"出老千",将对手干掉。

此时的李世民已经被左右推得快要腾空离地了,尽管他还在犹豫,但也不得不考虑横亘在面前的严峻现实了。于是,他决定试探性地征求一下两个军方实力派人物——李靖和李世勣的意见。这两人并称"二李",是唐初最负盛名的军事家。当时李靖任灵州(今宁夏灵武)大都督,李世勣是行军总管,都是指挥千军万马的军区司令。如果夺嫡行动得到他们的支持,成功的机会就非常大了。但二李均表示不愿意参与此事。史书明确记载了这次微妙的投石问路:"问于灵州大都督李靖,靖辞;问于行军总管李世勣,世勣辞。"

这两个人虽然不是秦王集团的"本部"亲信,但都与李世民有着很深的渊源。李世民是李靖的救命恩人,如果不是李世民求情,在唐军攻破长安城的当日李靖就被李渊斩首了;李世勣多次随同李世民出征,在秦王麾下立功无数,和李世民的关系很好。

总结这次李世民的试探行动,至少可以得出一个结论:李世民觉得自己没有绝对的把握,李靖和李世勣也这么觉得。事实上,李世民当时确实不具备操控全局的实力,他身边虽然有不少专家级人才,但最重要的军队指挥权还掌控在李渊手上,而军队是决定生死成败的关键。没有军队,李靖和李世勣当然不愿意跟李世民合作了。

不支持并不代表反对,李靖和李世勣的态度类似于弃权,谁都不得罪。从实际效果看,二李是偏向李世民一方的。假如他们偏向李建成,只要到李渊那儿说那么一声,李世民就永无翻身之日了。李世民非常清楚,他们说不愿意帮忙,其实是帮了大忙。从此,李世民对他们多了一分好感,"由是重二人"。

李靖和李世勣的表现让李世民吃了一颗定心丸,他的态度由犹豫趋向坚定。此后不久,北方边境就出事了——数万突厥军队渡过黄河,在唐朝境内烧杀抢掠,并包围了乌城。乌城位于今天的甘肃武威,是唐朝西北方的后花园,地理位置十分重要,万万不能落入突厥之手。

打! 李渊虽然从不主动招惹突厥,但对于突厥的这次侵略,他的反应就一个字:打! 可是,打不是问题,派谁去打才是问题;方针没变,统帅却变了。

以往北方边境战事吃紧,需要中央军北上增援时,领兵统帅的基本上都是李世民。这次好几万突厥兵围困乌城,李渊却采纳了李建成的建议,派齐王李元吉"代世民督诸军北征"。人家李世民胃又没痛脚又没崴,身体倍儿棒吃嘛嘛香,为什么让弟弟"代"呢? 明摆着里面有猫腻。论布阵排兵,李元吉只配给李世民拎拎公文包、递递名片盒。

很显然,李建成推荐他率军北征,是醉翁之意不在敌,在于李世民也——他想借这次军事行动达到一箭双雕的目的:一是削弱李世民的力量,二是结果李世民的性命。

李渊命令李元吉率右武卫大将军李艺、天纪将军张瑾等人救援乌城,李元吉向父皇哭穷,说他兵力薄弱,希望去人才济济的秦王府挑选一批精悍勇猛的将士随军北上,以增强军队的整体实力,确保战斗胜利。在得到李渊的批准后,李元吉将秦王府的看家大将尉迟敬德、程知节、段志玄、秦叔宝等人以及一大批精锐士卒编入北征军。对太子集团来说,这真是个含金量超高的金点子,一下子把秦王集团的猛将悍卒一锅端了,真可谓釜底抽薪。

"端锅计划"成功后,李建成和李元吉立即着手策划更大胆的"拆灶工程"——商量如何将李世民置于死地。李建成嘱咐李元吉提前做好准备,在出征前的宴会上,"使壮士拉杀之于幕下",然后上奏李渊说秦王"暴卒"。接下来,李建成的打算是"吾当使人进说,令授吾国事"。对于那些被编入军中的秦王府猛将,李建成说:"敬德等既入汝手,宜悉坑之,孰敢不服!"

这个"拆灶工程"的"三部曲"是先斩、后奏、要权,简直是玄武门事变的翻版,有意思,有意味。这时候,李世民的间谍网再一次发挥了重大作用,"拆灶工程"的情报被王晊透露给了李世民。这条情报让秦王集团站到了绝对优势的位置:李世民蹲在暗处,李建成站在明处。明暗对比还不算是最坏的,最坏的是,明明站在明处,还觉得自己蹲在暗处。在事变前关键的十几个时辰中,连底裤的颜色都让人一览无余的太子集团,竟不知道自己在李世民眼里已经变成了透明人。

王晊送来的情报让秦王府炸了锅,长孙无忌和尉迟敬德的反应尤为激烈,在李世民摇摆不定时,两人以辞职相要挟。尉迟敬德说:"大王不用敬德之言,敬德将窜身草泽,不能留居大王左右,交手受戮也!"长孙无忌也跟着大声嚷嚷,他鼎力支持尉迟敬德,也主张马上向太子集团发起攻击,说如若不然,"敬德等必不为王有,无忌亦当相随而去,不能复事大王矣"。听了二人的劝说,李世民还是犹豫不决。面对磨磨叽叽的上司,尉迟敬德亮出了最后一招,他对李世民说:"大王素所畜养勇士八百余人,在外者今已入宫,擐甲执兵,事势已成,大王安得已乎!"这就等于是政治绑架了。他的意思是,八百名亮甲雪刃的武士躲在你家客厅里,你反也得反,不反也得反!

在部下的一致推动下,李世民不得不同意了,他命人占卜吉凶。这时候,幕僚张公瑾一把抓起龟甲甩在地上,说:"卜以决疑,今事在不疑,尚何卜乎!卜而不吉,庸得已乎!"张公瑾这几句话和他甩到地上的龟甲一样掷地有声,李世民被他逻辑严密的设问给问倒了,终于下定了政变决心。

决心已定,李世民便开始准备研究制订详细的行动计划,他派大舅哥长孙无忌秘召房玄龄和杜如晦到秦王府议事。这两人此时已被李渊调出秦王府,李渊不但不准他们给李世民打工,而且不许他们和秦王私下交往。房、杜二人异口同声地拒绝了李世民的召唤,他们说:皇上不允许我们再跟从秦王,"今若私谒,必坐死,不敢奉教"。李世民听后顿时火冒三丈,解下佩刀交给尉迟敬德,明确指示说:"公往观之,若无来心,可断其首以来。"其实房玄龄、杜如晦这两个李世民的铁杆粉丝怎么可能会不来呢?他们应该是担心李世民还像以前一样犹豫不决,错失时机,故意用了激将法。所以当长孙无忌和尉迟敬德再次来找他们时,两人立即满口答应,并化装成道士进入秦王府。

一切准备妥当,秦王府已处于待机而发的一级临战状态。一场令历史河流转向的政变呼之欲出,这个六月的夏天,唐王朝注定不会宁静,繁星点点中透着杀气腾腾。

七、玄武门政变

李世民和他的合作团队已经做好了超越梦想一起飞的战斗准备,他们等待的只是起飞的时间。

武德九年六月初三,太白金星出现在白天的天空中。负责观察天象的太史令傅奕给唐高祖李渊写了一封密奏说:"太白见秦分,秦王当有天下。"这封密奏成了玄武门事变的导火索,成了推动秦王集团起飞的滑翔机。

星隐星现、潮起潮落,在现代人看来是再平常不过的自然现象,我们的先民却把它们与国家政治紧密联系起来:日食是阴气太盛,地震是上天震怒……而太白金星,这颗充满了二氧化碳和浓硫酸的绝命星球,频频引起中国古代王朝的政治骚动。

在太子和秦王的斗法过程中,傅奕没有加入任何派系,所以不能把他的行为看成是在帮助李建成。但在客观上,这封奏报把李世民推到了风口浪尖上。在当时的情况下,如果说李世民将拥有天下,那岂不是说现任皇帝要退位,太子准皇帝没有机会上台了吗?如果刨根究底地问下去,这个问题会让现任皇帝后背冒汗的。

李渊把这封与李世民有关的绝密内参,直接交给了李世民。没有人知道他的真实目的,但可以推断,他心里肯定是很不爽。有人认为,李渊把密奏交给李世民,是暗示李世民自杀。这种说法似乎有点过头了。就算李渊感觉到了来自李世民的威胁,他也没有必要这样曲里拐弯地表达。而事实上,以李世民当时的实力,如果不发动突然袭击,连李建成都难以搞定,怎么可能威胁到大唐的三军总司令李渊呢?

李渊当时的目的应该是想提醒、警告李世民,要他清楚自己的名分。在太子和秦王暗战后期,李渊明显偏向大儿子。他不想因接班人问题而引起政局动荡,有意打压锋芒毕露的秦王,希望借此避免两个儿子之间的流血冲突。而他把这样敏感的奏章给李世民看,一方面是在实力上看轻李世民,一方面是想告诉李世民"一切皆无可能"。

我们可以想象,一直相信"一切皆有可能"的李世民看到这封奏章时的慌乱、恐惧与绝望。登基之后,他曾以责备的口吻对傅奕说:"汝前所奏,几累于我。"的确,这种来自天意的奏报,绝大多数封建帝王是宁可信其有的。碰到视皇位如生命的残忍皇帝,将当事人或偷偷摸摸或光明正大地给"结果"了，也是正常的。

李世民在看完老爸转给他的密奏后，当机立断，立即制订了反击太子集团的全盘措施。经过一番紧急磋商，李世民决定也给李渊呈上一封密奏。奏折上的内容极具爆炸性，即使放在一千多年后的今天，同样能成为媒体娱乐版的头条："建成、元吉淫乱后宫。"这可不是一般的绯闻和生活作风问题，而是大逆不道的乱伦。李渊的嫔妃就是李建成、李元吉的庶母，儿子竟和庶母私通，这比戏剧《雷雨》里的情节还雷人！

不过，对于这件事，后世少有人信，史学巨匠司马光的看法是："宫禁深秘，莫能明也。"在官方言之凿凿的记载面前，司马光还坚持说他搞不清楚事情的真假，显然不相信这是真的。

李渊听说儿子竟和自己的女人有不正当关系，惊怒中带着半信半疑。他对爆料者李世民说："明当鞫问，汝宜早参。"李渊决定在第二天早朝的时候，让三个儿子当面对质，以确定这件事的真假。

李世民告密的事很快被张婕妤探知，她马上把这十万火急的情报传给了李建成。李建成马上找李元吉商量对策，李元吉主张控制好东宫和齐王府的军队严阵以待，并打算以身体有病为由，不参加朝会，观察局势变化，以静制动。但自我感觉良好的李建成拒绝了这一建议，他胸有成竹地说："兵备已严，当与弟入参，自问消息。"

胸有成竹不如胸有城府。李建成觉得自己已经布置得万无一失了，可以和李元吉一起大摇大摆地去朝堂进行三方对质，当场戳穿李世民的阴谋，然后再控诉对方的诬告陷害，将他彻底击倒。

李世民选择的是一条"不归路"——在这条路上，不是他不归，就是李建成不归。这是一场不折不扣的政治豪赌，胜了就可以控制天下，化险为夷，前程似锦；败了，毫无疑问会人头落地。求胜心切的李世民偷偷地为哥哥、弟弟挖了一条沟，而本来处于上风的李建成和李元吉由于缺心眼儿和没准备，竟真的在阴沟里翻了船。

六月初四，李渊一家分别忙着三件事。原告李世民指挥秦王府的猛将精兵埋伏在玄武门附近，被告李建成和李元吉心情愉悦地梳洗打扮等待上朝，主审法官李渊则召来了裴寂、萧瑀、陈叔达等高级陪审团成员，准备在小范围内公开审理这件桃色案。

李世民并没有把这事当成案件，而是当成了案板，他要在案板上把对手像鱼肉那样给剁了。他的父亲、哥哥和弟弟都没有想到，这是李世民的引蛇出洞之计。

李建成和李元吉相伴着出门了。东宫和皇宫大内紧挨着，就隔着一堵宫墙。李建成只要向西北拐个弯，穿过玄武门，就可以见到主审官爸爸了。但这个弯，兄弟俩永远都没拐过去，因为他们一出门就拐进了一条"死胡同"。

太子和齐王走到玄武门旁时，感觉到了将要发生的危险。两人立即勒马后转，不顾一切地向东宫跑去。李世民见他们突然往回跑，急忙在后面大声呼喊，估计是喊"大哥，请留步"、"三弟，等等我"一类的废话。

李元吉听后不理不睬，拿出弓箭，对着李世民张弓就射，结果却是"再三不彀"——三次都没拉开弓弦。电光火石间，三次挽救自己的机会都被李元吉生生错过了。在这一刻，他和李建成的命运已经注定，再也没有任何力量、任何机会能使之回天。此时，李世民的眼里只有哥哥李建成。他撇开弟弟，朝着正在拼命奔跑的李建成弯弓搭箭。

一箭。仅仅一箭，李建成便翻身落马，死于箭下。李建成死得十分平淡，没有跟李世民面对面搏斗，也没有"英勇负伤"，就在李世民的手起箭落间，唐朝首任太子就这样无声无息地死去了。不知道他在中箭落马的那一刻，有没有一种锥心的疼痛？不知道他死前有没有和亲手射杀他的弟弟有过哪怕半秒的对视？如果有的话，他的眼里会有泪水吗？会流露出乞求的目光吗……

一切的一切，我们无从知晓。这一段历史，由于大家可以理解又难以理解的原因，千年之后的我们，看到的也许只是历史飘飘衣袂的碎片。

随着李世民一箭射出，秦王集团这座核反应堆正式爆发了！

尉迟敬德率领七十名骑兵，风驰电掣般地冲出来，将李元吉射下马。在李元吉带伤狂奔的时候，李世民出现了一点意外，他在树林中催马急追，冷不防被浓密的树枝刮下马背，摔倒在地。李元吉见状，冲到李世民面前，夺过他手上的弓，想把他掐死。这时，李世民的救星尉迟敬德来了，"跃马叱之"。

尉迟敬德的叱骂对李元吉有很大的震慑作用，因为在洛阳之战时，李元吉就领教过他空手夺长槊的神功，知道这家伙不好惹。听到他的狂吼，李元吉吓得放开了李世民，转身向自己居住的武德殿跑去。但是两条腿的人怎能跑得过四条腿的马？更何况还有破空而至的箭镞！尉迟敬德很快就追上他，将他杀死。

李渊的三个嫡子中，李元吉是最顽劣、最没有影响力的。尽管前面有两座高不可攀的大山阻挡，但是权力的巨大诱惑还是让他觊觎皇位。他的部下也鼓励他做一个有理想的青年，还说他的名字"元吉"两个字合起来就是"唐"字，说他有主唐气象。这让李元吉有了野心，他希望两个哥哥鹬蚌相争，两败俱伤，自己坐收渔翁之利。史书记载，他曾对手下说："但除秦王，取东宫如反掌耳。"他觉得自己可以分两步走，先帮助大哥干掉最难对付的二哥，再反手干掉大哥，使自己成为皇位继承人。可惜他机关算尽，最后还是被李世民做掉了。

秦王集团核裂变的蘑菇云向四周扩散开来，立即引起了东宫和齐王府的连锁反应。在突如其来的变故面前，东宫和齐王府的将士们表现得十分忠勇，他们集合了两千多人前来救援。李建成的警卫官冯立在得知李建成已死后，仍决定率兵为太子报仇，行动之前，他感慨地说："岂有生受其恩，而死逃其难乎！"冯立的部下薛万彻、谢叔方等人也和冯立一起杀向玄武门。

当两千多名太子集团的精兵潮水一般冲过来的时候，秦王集团的人全部退到玄武门内。这时，张公谨再一次起了重要作用，膂力过人的他在复仇的精卒即将冲进玄武门的关键时刻，独自关闭了城门，将红了眼的东宫和齐王府的士兵挡在了门外。如果这群暴怒的士兵冲进了玄武门，李世民一定会当场毙命。幸运的是，在李世民的革命生涯中，每一次危险迫近时，总有手下挺身而出，化险为夷。他的经历告诉我们：一个成功男人的背后必定站着一群帮助他成功的人。

李世民为什么能退到安全地带呢？这就要归功于他的间谍工作。那天的玄武门守将常何原本是李建成的心腹，不过此时已经被李世民拉拢了。常何这个人在历史上默默无闻，但他的立场转变改变了历史。李世民将伏击地点定在玄武门，最重要的一个原因就是当天常何当班；而李建成之所以敢大摇大摆地上朝，也是因为常何当班，他觉得自己的亲信就在城楼上看着自己呢，有什么危险啊！因为常何，李建成失去了应有的警惕。常何也是李世民身后那群帮助他成功的人中的一个，他不是一个超级有才的人，却是一个拥有超级重要岗位的人。常何的风险投资后来也得到了丰厚的回报，贞观年间，他被封为右屯卫将军、中郎将。

冯立、薛万彻、谢叔方等人率众向玄武门发起了猛烈攻击，城内守军据城反击。双方拼杀激烈，玄武门守将敬君弘和吕世衡在短兵交接中战死。冯立等人虽然英勇，但没有重型攻城装备，想攻进玄武门是不可能的。见忙活了半天没有效果，他们鼓噪呼喊着，说要去攻打秦王府。

这可了不得了，秦王集团"将士大惧"。尉迟敬德很及时地向在城下官府的士兵出示了李建成和李元吉的头颅。这对那些正在激战的士卒是个绝望的打击，好像往沸腾的开水中泼入了一瓢冷水，水面霎时平静。冯立、薛万彻等人见大势已去，也随部下散去。部分士卒不肯收手，还在玄武门旁厮杀。

玄武门的重要性在于，它是通往内宫的必经之地，关紧了这道门，里面就是一个封闭的世界，除了空气和飞鸟，没有什么东西可以进去。李世民控制了这道门，就相当于控制了李渊。换句话说，唐朝此时已经在李世民的掌控之中。从这时起，唐朝已进入"后李渊时代"，"李世民时代"提前到来。

李建成、李元吉已死的消息，李渊终究会知道的，于是李世民便派尉迟敬德前往内宫。尉迟敬德是怎么去见驾的呢？"敬德擐甲持矛，直至上所。"他还把皇帝当皇帝吗？竟然拿着锋利的武器去见皇帝。谁都知道，臣下拜见君王是禁止携带武器的。荆轲刺秦王的时候，为什么文武大臣满朝堂，秦始皇还被一把匕首逼得围着柱子团团转？就是因为秦朝法律规定"群臣、使臣侍殿上者，不得持尺兵"，谁都没有武器能为他解围。

尉迟敬德没有经过特批就手持利刃来到皇帝身边，依照大唐律令，是要处以绞刑的。他要么是想让皇帝死，要么是确信皇帝不敢动自己。很显然，尉迟敬德属于后者。

一身戎装的尉迟敬德来到李渊身边的时候，李渊正带着一群美女在湖中划船游玩。见到铁塔似的尉迟敬德，他惊颤颤地问道："今日之乱为谁？尔来何邪？"尉迟敬德回答："秦王以太子、齐王作乱，举兵诛之，恐陛下不安，遣臣宿卫。"

这是《新唐书·尉迟敬德传》中的原文，紧接其后的是类似"编者按"的三个字："帝意悦。"

尉迟敬德的回答很切题。李渊给了他两个问号，他就简单明了地将两个问号一一拽直：一是告诉李渊，你的大儿子和三儿子因为谋反作乱，已被秦王诛杀了；二是安慰李渊，秦王担心有人伤害你，特地派我来担任警卫保护你。

从李渊的角度看，这两条消息无一不是惊雷般的噩耗。和原配窦美眉生的三个儿子一下子就死了俩，而杀人凶手还是死者的同胞兄弟。况且，尉迟敬德所说的保护，就是以"外面危险，你别乱跑"为由，将他软禁在宫内。其实，李渊跑出去才安全呢，只要离开政变中心，他就可以以皇帝的名义调集军队前来平叛。李世民当然知道这一点，所以他才派有万夫不当之勇的尉迟敬德前去"保护"自己的皇帝老爸。

在这种情况下，"帝意悦"让人觉得颇费思量。只要脑子正常，遇到这种事，都不大可能"意悦"吧？这三个字不大靠谱。

在寒光闪闪的长矛面前，李渊有点不知所措，他向身边的宠臣询问该怎样处理此事。萧瑀、陈叔达等人都开始数落李建成的坏，夸李世民的好。反正老虎已经死了，完全可以放心大胆地上去踹几脚。这时候，拍下打虎英雄武松的马屁，是件只好不坏的事。他们说，太子和齐王没什么功劳，因为嫉妒秦王功高望重，屡次策划阴谋，陷害秦王，危害国家。这帮被李渊喊来的陪审团成员现在自动变成了李世民的说客团成员。他们一致劝说李渊，既然两大奸恶已经被正义的秦王诛杀，秦王又"功盖宇宙，率土归心，陛下若处以元良，委之国事，无复事矣"。"元良"即太子之意，李世民想说还没来得及说的话都被他们抢先说出来了！

李渊是个明白人，他在李世民缺席的情况下，仍然做了一个很高姿态的表态："善！此吾之夙心也。"拿言不由衷、心口不一这两个成语来形容此时的李渊最贴切了，不过他还能怎么说呢？

但是让权不是当务之急，玄武门外双方还在拼杀呢，对李世民来说，尽快让太子和齐王的警卫部队放下武器才是最迫切的。尉迟敬德直接向李渊提出要求，请他下诏，命令全国各军一律接受秦王的指挥领导。

李世民这个部下真不一般，胃口真大，竟然为自己的上司要全国三军总司令的职务。李渊一切照准，马上派人出去宣读最新的人事任免决定。这下两宫警卫们彻底停手了，自己拼命要杀的人成总司令了，再打下去性质就变了，赶快向后转，一起闪吧！

这场发生在玄武门外的流血冲突，最终在李渊的诏令下自然平息。事变过程中，李渊是很识时务的，他在最高权力被剥夺的情况下，没有拒绝秦王集团的过分要求，使自己的生命安全得到了充分保障。他平静地接受了现实，交出了权杖，避免了权力非正常交接可能带来的政局动荡。所以说，唐高祖李渊是一个明君——明智的君王。

就个人来看，"玄武门政变"是一场真正的政变，而不是我们很熟悉的"玄武门之变"或"玄武门事变"。自此以后,具有绝对权力的唐高祖李渊失去了权力,彻底成了一个摆设,国内一切重大事务的决定权都转移到了李世民的手上,李世民成了大唐朝廷的实际控制者。

这场政变使李渊的政治生命戛然而止。对于李世民而言,这是一场完美的政治风暴。李世民通过周密的策划,使这场政变成功软着陆,没有对自己的力量造成一丝损害。但是,风暴尚未结束,余波还在蔓延……

八、李世民的心病

李世民取得玄武门政变的全面胜利后,就开始对李建成和李元吉两家进行斩草除根式的绝杀。这是一次冷酷到底的屠杀,李建成的五个儿子和李元吉的五个儿子"皆坐诛,仍绝属籍"——不但把他们全部处死,而且从宗室的花名册上将他们除名。从此以后,这些人就和老李家没啥关系了。

在宗族观念盛行的年代,除籍是一种严厉的处罚。被除籍的人就相当于黑户,连个身份证都办不了。不过,李建成和李元吉家的人都已经被李世民永久"格式化"了,也无所谓有没有什么身份证了。李世民给十个亲侄子大肆派发死亡证的行为,使他在历史上的正面形象大打折扣。

在骨肉相残这件事上,英明的唐太宗跟秦始皇那个混蛋儿子秦二世有一拼。作为始皇帝的第十八个儿子,胡亥逼死了太子哥哥扶苏后,又相继残杀了二十多个兄弟姐妹。虽然胡亥和李世民都是大一统王朝的第二个皇帝,但将这两个"权二代"相提并论,相信有很多人会反感和抵触,因为李世民文治武功的光芒耀眼到让每一个国人晕眩。然而,如果实事求是地看,李世民和胡亥的杀亲行为如出一辙,都是担心失去权力,不惜以亲人的血浮载起自己欲望的舟。

李世民使中国封建社会走向了辉煌的顶峰,但毋庸讳言,玄武门政变在他身上留下了永远也抹不掉的污点。尽管他用各种方法为自己开脱,想洗刷滥杀的恶名,但几乎没有人相信他牵强的解释。唐朝以降,很多史学家对他这一恃权杀戮行为进行了强烈批评。明末大思想家王夫之在《读通鉴论》中说:"太宗亲执弓以射杀其兄,疾呼以加刃其弟,斯时也,穷凶极惨,而人之心无毫发之存者也。"清代史学家赵翼也指出,秦汉以来,谋反者族诛之法一直相循,但玄武门政变时,李世民的身份还是秦王,于理于法都不应该对侄子们采取极端手段。

李建成和李元吉被杀后,秦王府的将领欲对两人的部下进行清洗,他们逮捕了东宫和齐王府的一百多名亲信,准备将其全部斩首。尉迟敬德坚决反对这一将杀戮扩大化的残酷行为,他向李世民进谏道:"罪在二凶,既伏其诛,若及支党,非所以求安也!"这个"严惩首犯,宽宥从犯"的合理化建议得到了李世民的批准,一次大规模屠杀事件得以避免。这条建议对迅速安定局面起到了不小的作用,如果不是尉迟敬德,后来名闻遐迩的宰相魏徵及王珪、韦挺等在贞观年间颇具影响力的大臣都将身首异处。如果没有了魏徵,唐初历史发展的方向虽然不会改变,但主题将会不太突出,也不可能产生那么多我们耳熟能详的经典言论。唐太宗时期难能可贵的直谏之风,一定程度上也是在魏徵的带动和影响下形成的。面对无上的君权,魏徵敢于坚持正义,他冒死犯颜进谏的行为为其他谏臣树立了榜样。

就在尉迟敬德进谏当天,唐高祖李渊颁诏特赦天下,将两宫将士的前尘往事一笔勾销,不予追究。这当然是李世民的意思,因为此时的李渊大概只剩下在诏书上盖章的权力。听说警报解除了,先前在玄武门前要为太子报仇的积极分子冯立、谢叔方等人战战兢兢地从藏身之处跑了出来,藏在终南山中的薛万彻担心李世民秋后算账,一直不肯露头。李世民多次派人带话,答应保证他的生命安全,他才不再躲藏。薛万彻等人出来后,李世民果然没有食言,不但没杀他们,反而对这些不久前的对手们赞不绝口,说他们"皆忠于所事,义士也"。

从另一个角度看,这些宿卫将领确实是忠于职守,很有职业道德的,他们在主帅危难之际奋身而起的行为是值得提倡的。善于从对方的立场看问题,这是李世民的又一英明之处。

六月初七,玄武门政变后的第四天,李世民被立为皇太子。梦想终于成为现实,他的夙愿实现了。李世民也许没有兴奋的感觉,因为他此时已经开始行使皇帝的权力,李渊成了他"挟天子以令诸侯"的工具。与此同时,李渊还下了一道"自宫"权力的诏书:"自今军国庶事,无大小悉委太子处决,然后闻奏。"李渊彻底放手不管了,无论是种西瓜还是收芝麻,一切都由太子做主,完了跟皇帝老子吱一声就行了。

这不禁让人想起了当年隋恭帝杨侑特意为李渊下的那封诏书。那时,攻破长安的李渊立杨侑为帝,这个十三岁的少年下了一道诏书,将一切权力免费下放给丞相李渊:"军国机务,事无大小,文武设官,位无贵贱,宪章赏罚,咸归相府。"彼时李渊的地位恰如此时李世民的地位。李渊曾经逼别人这样做,后来也被别人逼着这样做,历史的轮回无处不在。

八月初八,李渊向全国发布了最后一道诏书,宣布将皇位传给太子李世民。但是李世民再三推辞,不肯顶替父职。这跟汉魏南北朝时期那些受禅权臣们的表现差不多,没啥奇怪的,如果老爸一说让位,儿子就迫不及待地坐上龙椅,那才奇怪呢。在推辞了一天之后,八月初九,李世民登基,成为唐朝的第二任皇帝。此后,李世民带领他的工作团队,精心治理国家,开创了中国封建史上空前的繁荣盛世——贞观之治。

"贞观"是李世民在位二十三年中唯一的年号。在新老皇帝交替之时,年号的启用有一个基本原则,就是第二年才能更新年号,就算新皇帝正月继位,剩下的十一个月也得继续使用老皇帝的年号。李世民遵循惯例,在第二年即公元627年将年号改为贞观。

第一卷 贞观之治

李渊从公元618年五月登基称帝,到公元626年八月下诏退位,总共做了八年皇帝。出生于公元566年的李渊,在六十一岁时让出了皇帝宝座,开始了他的太上皇生活。他做太上皇的时间比他做皇帝的时间还多一年。

"太上皇"这个称号是秦始皇发明的。秦始皇统一天下之后,追尊自己的父亲庄襄王为太上皇。"太上"就是"无上"之意,表示极其尊贵。汉高祖刘邦登基后,也给父亲封了个太上皇的职称,所以农民刘太公有幸成为中国第一个在活着时就拥有了这个称号的人。唐高祖李渊也创造了一项"太上皇"界的纪录——他是中国所有开国之君中唯一一个成为太上皇的人。李渊的太上皇生涯还是比较安稳的,除了没有政治权力,在其他方面儿子李世民挺关照他的。

安顿好了父亲,李世民也没有忘记他的哥哥、弟弟。十月,他下诏"追封建成为息王,谥曰隐","追封元吉为海陵郡王,谥曰刺,以礼改葬"。"隐"和"刺"都不是好的谥号,"隐"的意思是"违拂不成、怀情不尽","刺"的意思是"不思忘爱、暴戾无亲",和"炀、厉、丑"等恶谥不相上下。

李世民给哥哥、弟弟封王加谥是有着强烈的政治内涵的,这些谥号代表着朝廷对他们的定性,也是李世民在以另一种形式向全国宣布,自己与兄弟的斗争是正义与非正义的斗争。但是亲情是与生俱来的,不可能彻底消除。在改葬当日,李世民"哭之甚哀",可见他内心确实是很悲痛的,他的号啕与眼泪应该是一种难以自禁的真情流露。离歌响起,斯人永逝,血缘之亲,总有不舍。毕竟是一母同胞的兄弟,在天人永隔的情形下,深植于心的亲情回归是自然而且正常的。

通过现存的历史资料,我们可以知道,玄武门政变成了李世民一个很大的心理包袱。作为一个封建王朝的皇帝,他是接近完美的明君,却因为害怕背上弑兄杀弟的恶名而寝食难安,如芒在背。君临天下之后,李世民一直很想知道史官是怎么记录玄武门事件的,那心情就像一个小学生在领成绩报告单时,急切地想知道班主任给自己写了哪些评语一样。于是李世民对起居郎褚遂良动起了心思。

褚遂良就是我们很熟悉的那个大书法家,他当时的官职是谏议大夫兼起居郎。谏议大夫的职责是"掌谏谕得失",简单地说,就是专给皇帝挑刺儿的。一般情况下,当这个官的人身上到处都是刺,皇帝一有不对的地方,他们就出场进谏制止,天王老子都不怕。这样耿直的人做起居郎是再合适不过了,什么都敢记。起居郎是专门记录皇帝言行的史官,皇帝某月某日做了什么事,说了什么话,他都要像记流水账一样记下来,然后汇编为《起居注》,留为编修实录和正史之用。这些记载是要传之后世的,所以皇帝十分在意记录的内容。像《起居注》、《今上实录》之类的史书,在皇帝死后,他的子孙是可以调阅的,但皇帝本人绝对不允许看自己的实录。原因很简单,史官是给皇帝打工的,工资卡里的奖金津贴都是皇帝发的,要是写了什么内容皇帝都知道,那他们在记录那些错误言行的时候,怎么着也得考虑给自己留条后路吧?所以为了使记录尽量保持客观,当朝皇帝是不可以观阅自己的实录的。但李世民心里急得跟猫抓似的,必欲一睹实录而心安。

下面是李世民和褚遂良的一段对话。

李世民问:"卿记起居,大抵人君得观之否?"

褚遂良答:"今之起居,古左右史也,善恶必记,戒人主不为非法。未闻天子自观史也。"

李世民再问:"朕有不善,卿必记邪?"

褚遂良再答:"守道不如守官,臣职当载笔,君举必书。"

李世民小心翼翼地以隐晦的方式向褚遂良要《起居注》,褚遂良则毫无回旋余地地拒绝了他,还毫无商量余地地对他说:您就死心吧,您的所作所为将被原封不动地载入史册!

这更让李世民心惊肉跳了,玄武门事变到底被记成了怎样的面目?他窥视的欲望更加强烈了。既然在褚遂良这里碰了钉子,就到房玄龄那里去要。于是他又找到监修国史的宰相房玄龄,向他讨要。

他先假装不懂地问房玄龄:"前世史官所记,皆不令人主见之,何也?"

房玄龄告诉他:"史官不虚美,不隐恶,若人主见之必怒,故不敢献也。"

唐太宗说:"朕之为心,异于前世帝王。欲自观国史,知前日之恶,为后来之戒,公可撰次以闻。"

这个理由貌似很充分,好像房玄龄不给他看就是不支持他改善工作作风、修正工作方向似的。

这当然只是个借口,但皇帝不依不饶,一定要看,房玄龄顶不住压力,又怕原汁原味的《起居注》会刺激李世民,只好和许敬宗等人突击加班,将许多敏感词语删除,编成《高祖实录》和《今上实录》呈送给李世民。李世民首开帝王私观国史的恶例,这一点一直为后人诟病。后来,唐文宗也想看《起居注》,当时是魏徵的五世孙魏谟担任起居舍人,他说:"陛下一见,则后来所书必有讳屈,善恶不实,不可以为史。"唐文宗才作罢。

与魏谟相比,房玄龄在原则问题上做了无原则的让步,李世民如愿以偿地看到了他本不应该看到的历史档案。这一看,果然看出问题来了——《实录》上记载玄武门事件时"语多微隐"。李世民见史官记载得含含糊糊、语焉不详,觉得自己很有必要给这件事定个调子。他对房玄龄说,自己那天的所作所为是大义灭亲、为国忘私的正义行为。他还搬出了两条论据:"周公诛管、蔡以安周,季友鸩叔牙以存鲁。"他说:我和周公、季友一样,是与邪恶做斗争,你们不必有什么隐讳,就写人是我杀的。

李世民搜肠刮肚找来的为自己开脱的证据有点牵强,不具备理论上的说服力。周公杀死了管叔、蔡叔,但他是代表朝廷平定叛乱的;季友也确实毒死了哥哥叔牙,但他这样做是为了让侄子登上王位,并不是为了自己。他们的所作所为跟李世民是有本质区别的,不能相提并论。王夫之就不认同李世民的论调,他说:"周公之诛管、蔡,周公不夺管、蔡之封也;季友鸩叔牙,季友不攘叔牙之位也。"

玄武门事件是李世民一生中的重大污点,不是拿橡皮擦就能擦掉的。尽管在一段时间内,皇帝能改变某些史料的内容,但历史总归要还原它的本来面目。唐朝以后,当人们可以自由讨论这个问题时,李世民便因弑兄杀弟、逼父让位而被钉到了不孝不悌的耻辱柱上。司马光就曾为他因"推刃同气"的行为而被"贻讥千古",发出了"惜哉"的深沉叹息。

李世民私览国史是在贞观十七年,这时离玄武门事件已经有十八年之久了,可见这块心病让他挂怀了多久!李世民在玄武门事件中显然属于"肇事者"一方,但如果不用穷究原罪的眼光去审视,我们可以说,他是一个能考虑身后名誉、在乎后世声名的君王,是一个理智且充满人性道德关怀的君王。

纵观李世民的帝王生涯,他确实是一位明君。在封建君主制社会中,人民能遇到这样一位君王,运气不亚于现在的中彩。要知道,在中国历史上,唯我独狂、只顾生前享乐、不管死后名声的魔鬼皇帝几卡车都装不下。

九、玄武门后遗症

玄武门政变在中国历史上是一次重要事件,它直接引出了贞观盛世;在当时,它像一枚重磅炸弹,激起了巨大的冲击波,使很多高层人士患上了政变后遗症。像李世民一天到晚吵吵着要看国史,就是后遗症的一种。但他毕竟是甩炸弹的人,受到的影响较小,后遗症最严重有两个人,一个是幽州大都督、庐江王李瑗,另一个是天节将军、燕郡王李艺。他们共同的症状是焦虑、害怕、失眠、疑神疑鬼,怕皇帝给自己打电话。

李瑗是唐高祖李渊的堂兄弟,他没有本领,没有功劳,被封为庐江王,靠的是血缘。

给亲戚封王是李渊的一大爱好,他在位期间册封了好几十个郡王。只要和李家沾点边,就算是好几代的远亲,离李渊家比火星还远,只要李渊高兴,一律王爵伺候。不过,李世民认为这些郡王尸位素餐,是不劳而获的坏典型,所以在登基当年就将他们中的绝大多数都降为县公。从郡王到县公,就跟现在从中央部委领导到地厅级似的,这改革力度挺大。

李渊也知道李瑗是个豆腐渣,所以在外放他为幽州大都督的时候,特地派猛将王君廓辅佐他。王君廓这人我们已经介绍过,他作战勇敢,一往无前,但"勇悍险诈",有才无德,年轻时偷窃、诬陷这类下三滥的坏事都干过,不是什么好鸟。李渊让李瑗和他"结对子",是将李瑗送进了虎口

李瑗对王君廓特别信任,不但引之为心腹,还"许为婚姻"。到了谈婚论嫁的程度,说明两人快好成一个人了。但是江山易改,本性难移,奸诈者永远改不了奸诈的本性。

玄武门政变后，王君廓打起了李瑗的主意。

在太子李建成和秦王李世民明争暗斗的时候，李瑗是站在李建成一边的，所以，李建成被杀后，李瑗就患上了后遗症，生怕李世民会和他秋后算账。就在他日夜焦心的时候，李渊派来的召他入朝的使臣到了。李瑗再傻，也知道这时候李渊的意思其实是李世民的意思。他吓得要死，赶紧去找王君廓。

此时的王君廓是白骨精送饭——没安好心。他已经吃定了李瑗，"欲取瑗以为功"，具体步骤是先劝李瑗谋反，再趁机将其拿下，向朝廷邀功。王君廓把李瑗往死路上忽悠，恐吓他说："大王若入，必无全理。"在李瑗吓得不知所措的时候，王君廓劝他造反，说他现在作为镇守要地的将领，"拥兵数万，奈何受单使之召，自投罔罟乎"！

李瑗对王君廓言听计从，决心举兵，并立即逮捕了朝廷使者，将其囚禁起来，还拉来燕州刺史王诜共同起事。就在大家加紧谋划的时候，李瑗手下的兵曹参军王利涉提醒他不要让王君廓担任副总指挥，说："王君廓反覆，不可委以机柄，宜早除去，以王诜代之。"这个军事参谋还真有眼光，可惜他的领导没有眼光，听到这个建议后，犹犹豫豫，不能决断。

王君廓得知这一消息后，决定先下手为强。他带人赶到王诜的住处，王诜正在洗头呢。他骗王诜说："有急变，当白。"古代人头发长，只盘发不剪发，洗起来比较麻烦，但是听合作伙伴说有紧急情况，王诜没敢耽误，握发而出。王诜一出现，王君廓就把他杀了，然后提着头颅对他那些目瞪口呆的部下说：李瑗与王诜共同谋反，现在王诜已死，只剩下独木难支的李瑗了，你们是愿意"随瑗族灭"，还是"从我以取富贵乎"？

反正那个姓王的已经死了，就跟这个姓王的吧，大家一致表示"愿从公讨贼"。于是王君廓带着一千多名将兵，以最快的速度来到囚禁朝廷使臣的监狱，将使臣放了出来。这可不是因为王君廓心肠好，担心使臣在监狱里受罪，而是因为他需要使臣证明自己是平定叛乱的英雄。这时李瑗才知道自己被最信任的副总指挥算计了，他急急忙忙带着几百名亲信披甲而出，在门外遇到了王君廓。

见面之后，王君廓不是先招呼自己的老领导，而是忙着招呼起老领导身边的那几百名全副武装的士卒。他口气严厉地说："李瑗为逆，汝何为随之入汤火乎！"将卒本是同林鸟，大难临头各自飞。那些士兵一瞧对方人多势众，知道演出结束了，都丢下武器，一哄而散，"唯瑗独存"。

可怜的李瑗孤零零地站在王君廓的对面，彻底明白了是怎么回事，但是他明白得太晚了。他恨恨地对着王君廓狂骂："小人卖我以自媚，汝行当自及矣。"这是骂且咒，他认为这个出卖自己的人迟早会自取祸殃。这句话还真说中了，一年后，王君廓真的因想叛逃而被杀。

王君廓勒死了李瑗，成了肃反英雄。朝廷对他大加封赏，不仅加封他为左领军大将军并幽州都督，还"以瑗家口赐之"。

在这场风波中,王君廓扮演了一个教唆犯的角色,41岁的李瑗被他玩弄于股掌之间。后来这个教唆犯在幽州都督任上骄横滋事,无法无天,因此被朝廷征召入朝。他知道自己坏事干得太多,担心朝廷治他的罪,对进京之事有点心虚。

王君廓手下有个叫李玄道的长史,是房玄龄的外甥。李玄道见王君廓要进京,便请他顺便把自己给舅舅写的信捎过去。这本来是一件再正常不过的事,王君廓却疑神疑鬼,嗅到了危险的味道。他怀疑李玄道在信中检举揭发自己,半路上偷偷将那封信拆开了。哪知道拆了等于没拆——信是用草书写的,他根本看不懂。文盲不可笑,硬要看信就有点可笑了。王君廓虽然不认识里面的字,却固执地认为一定是告发自己的内容,于是他杀掉驿站吏卒,想去投靠突厥,不料在逃跑途中"为野人所杀"。

李瑗死后的第二年,贞观元年正月,另一个玄武门后遗症患者李艺也谋反了。李艺在唐朝建立过程中立下了不少功劳,他早年自称幽州总管,在李唐政权还没有平定天下的时候,是各方军阀竞相拉拢的对象。幽州的军事战略地位太突出了,北方有长城作为屏障,遏控突厥;向南可以虎视山西、河北,直下中原,所以当时宇文化及、窦建德、高开道等人都主动向李艺抛媚眼、送橄榄枝,希望他加入自己的阵营。

李艺早年的眼光和政治敏锐度是值得赞扬的,在太多的选择面前,他没有乱花迷眼,在李渊进入长安的第二年,他力排众议,以"敢异议者戮"的铁腕,带队归附了李唐政权。李艺率众来投,李渊给了他很高的奖赏:赐国姓李,封燕郡王,恩准属籍。

罗艺变成李艺之后,不仅壮大了李唐政府的有生力量,而且实打实地为李唐的统一事业作出了不少贡献。他在幽州多次击败势力很大的窦建德,使当时风头正盛,在山东、河北一线几乎攻无不克的窦氏军团严重受挫,影响了窦建德的整个军事计划,为在其他战场作战的唐军主力提供了强有力的支持。在平定刘黑闼叛乱时,李艺多次率军从北方夹击刘黑闼,为彻底铲平这支彪悍的造反军团立下了汗马功劳。

刘黑闼之乱被平定后,全国统一之势已成,李艺和杜伏威一样,很知趣地请求入朝。李艺是个聪明人,他知道在幽州做得越成功,生命危险就越大,因为所有的皇帝都讨厌、猜忌蛋糕做得太大的边镇将军。李艺的"懂事",让李渊又高兴了一回,他不仅给李艺封了官,还赏了别墅房产。

这下帽子、房子都有了,李艺可以快乐地享受生活了,但这时候的李艺横多了,他"恃功骄倨",开始忘乎所以。有一次,"秦王左右至其营,艺无故殴之"。

人可以得意,但千万不能得瑟。李艺这就是得瑟了,竟然胆大到殴打李世民的亲信,而且还是无缘无故的。李艺之所以有恃无恐,是因为他是"太子系"的重要成员,是李建成身边的红人。可是,就是这次无故打人,打出了他的后遗症。他以为自己抱住了太子的大腿,末了才发现抱的是个假肢。

李世民登基后,已经被派往泾州(今甘肃泾川)驻防的李艺"内不自安",心里天天在打鼓,担心李世民找自己麻烦。其实他这种担心完全是庸人自扰,因为李世民并没有也不打算对以前的政敌进行清算。而且李艺本人受到了很高的赏赐，李世民即位那年十月，就加封他为开府仪同三司，食邑一千二百户。开府仪同三司是从一品待遇，是文职散官的最高级别；他的食邑户数和李世民的姐夫柴绍及赵郡王李孝恭完全相同，足以证明李世民把李艺当成了货真价实的李姓郡王。

但曾做亏心事，总怕夜敲门。就在这个时候，有一个人敲响了他的门——一个名叫李五戒的巫师。所有巫师有个共同的特征：骗你没商量。李五戒是个职业骗子，她跟李艺的老婆孟氏关系不错，可能是想骗点口彩钱，也不排除是想拿李艺作赌注，博取更大的政治利益。她对孟氏说：“妃骨相贵不可言，必当母仪天下。”有资格母仪天下的人只有一个，那就是皇后。这话背后的意思，还用解释吗？

孟氏听说自己有当皇后的命，就想看看老公有没有做皇帝的命。她拉着李五戒去给老公看相，李五戒对着李艺左看右看上看下看，然后说：“妃之贵由于王，贵色且发。”这是说，老婆是月亮，老公是太阳，老婆的光是老公给的，夫贵妻荣。这句话的重点是“贵色且发”四个字，“且”是将近之意，跟王君廓劝李瑗一样，李五戒是教唆李艺谋反。"贵色且发”四个字就像四个车轱辘，将在谋反边缘徘徊的李艺彻底带上了不归路。

在李五戒的怂恿下，李艺下定了造反的决心，他宣称自己接到皇帝密诏，要他带兵进京。他的手下信之不疑，跟着他呼啦啦往长安奔去。部队经过豳州的时候，守将赵慈皓听说燕郡王来了，赶紧出城迎接，李艺趁机占据了豳州。豳州离长安已经很近了，李世民得知李艺占据了豳州，马上派长孙无忌和尉迟敬德率兵讨伐。

赵慈皓听说朝廷已经出兵，秘密与统军杨岌商量谋取李艺，但不慎泄露了消息，李艺先下手为强囚禁了赵慈皓。杨岌听说赵慈皓被抓，便率兵攻城。李艺抵挡不住，丢下老婆、孩子，带着几个亲信向北跑去。和王君廓一样，他也想投奔突厥，结局也跟王君廓相同——死。还没有跑到突厥的地盘，他就被哗变的部下砍了脑袋。

两个玄武门后遗症患者就这样死去了，只在历史上留下一声叹息。

十、"三农皇帝"李世民

在中国，就算只有初中文化程度，也会知道"贞观之治"这个历史词组。贞观之治持续的时间并不长，从公元627年到公元649年，只有短短的二十三年。然而，就在这两个十年里，李世民励精图治，奋发图强，开创了一个鼎盛时代。

如果把存在了两百八十九年的唐朝比作一个股市的话，那么贞观之治就是大盘指数飞速上扬、各项技术指标走势完美的大牛市起步时代。在这个满盘皆红的牛市里，牛人牛事层出不穷，到处都是牛气冲天、业绩优良的龙头股、蓝筹股和超级大盘股。

"贞观"这个年号出自《易经》"天地之道，贞观者也"，大致意思是遵循社会和事物发展的客观规律。这个词语体现了唐太宗李世民的执政思想，在自己的帝王生涯中，他做到了名副其实，没有亵渎和糟蹋这么好的一个词。

以上是贞观大戏的开场白，下面开始介绍其引人入胜的剧情。

"三农"是一个现代词汇，指的是农业、农村和、农民。把这个词语用到千年以前的唐朝同样合适，因为那时候全国都是郊区，农业是立国之本，农村富则国家强，农民富则国家安。李世民是个很重视"三农"问题的皇帝，他登基之后就将发展农业生产、提高农民生产积极性作为重点工作。

想发展农业，必须要有农民，要有足够多的农民。然而李世民登基之初，唐朝刚从战乱的泥塘中爬上岸，国内满目疮痍，一片萧条，全国户数不足三百万，总人口才一千多万。而在隋文帝时期，全国有八百九十万户，总人口超过四千六百万。二十年间，人口骤减三千万，太可怕了！

李世民想让他治下的人民幸福，因为他清醒地知道，他的幸福来自人民的幸福。如果只有他一个人或者一家人幸福，那些不幸福的人民就会颠覆他的政权，他的表叔杨广就是活生生的例子。

一千万人住在好几百万平方公里的土地上，真可谓地广人稀。为了让人口迅速增多，李世民想了很多办法，采取了很多措施。在他登上皇位的第二个月，颉利可汗派人进献三千匹马、一万只羊表示祝贺。但李世民没有接受这些价值不菲的军民两用物资，而是"诏归所掠中国户口"。

李世民对颉利说：兄弟啊，这些好东西你留着自个儿享用吧，你把以前从中原掠走的人口还给我就行了。李世民的眼光果然长远，没有贪图眼前的利益。要知道，即使对于一个帝王，三千匹马也是很大的诱惑。那时候，唐朝战备物资中最缺乏的就是战马。李渊从太原起兵时，派刘文静拿着自己言辞谦卑的亲笔信到突厥，又是许愿又是赔笑，颉利的老爸始毕可汗才咬牙跺脚地让刘文静赶回了一千匹马，而且不是白送的，是按市场价卖给李渊的。

整个贞观时期，李世民都很重视积极发展人口。贞观五年，他还花重金赎回了"隋乱而没入突厥者男女八万人"，并且"尽还其家属"。那些长期流离在外，处于外族统治之下的中原人终于得以回到家乡，其中不乏温彦博那样的杰出人才。

让人口多起来，让种田的农民多起来。这个思路很正确，在冷兵器时代，办任何事情都是人多力量大。为了尽快促进人口增长，李世民制订了一系列相关政策，提倡早婚，奖励生育。他在即位后第六个月就下了一封独特的诏书——《劝勉民间嫁娶诏》。诏书规定，男的年满二十岁，女的年满十五岁，必须无条件嫁娶，没老公的立即找，没老婆的马上娶，找不到的，"州县以礼聘娶"；家里穷得揭不开锅的，"乡里富人及亲戚资送之"。总之，适龄青年只要出人就行了。

国家除了实施婚嫁补贴，还不忘利用税赋杠杆撬动生育率。我们先来简单了解一下唐朝的农村赋税制度——租庸调。

"租庸调"其实就是我们很熟悉的农业税。农业税制度早在春秋时期就产生了,但是各朝的具体税制有所不同。"租庸调"制具体包含了三层意义。"租"指地租,就是朝廷分给农民一定数量的田地,农民每年付给朝廷一定数量的粮食。"调"的意思和租差不多,只是将粮食换成了绢、麻、绫等织品,因为光有吃的没有穿的盖的可不行。这两种税是农民必须缴纳的,不可替代和改变。"庸"指徭役,就是公民每年必须无偿为国家劳动一段时间。唐初的规定是"丁岁役二旬,闰年加二日",即每个成年男子每年义务出工二十天,碰上闰年再多加两天。但是,如果你想出去旅游,或者头疼发热、生病住院了,不能出这二十天的义务工,也行,"不役者日为绢三尺"。这在隋朝是不行的,"租庸调"制度的首创者——隋文帝杨坚规定,只有五十岁以上的人才有以绢代工的资格,其他人即使生病也不能免役,必须带病坚持工作!

考虑到鼓励国民成家生育的因素,唐朝的田地制度比隋朝更显人性化,也更先进。唐朝和隋朝一样,每人分配一百亩田地,其中的二十亩可以继承和买卖,另外八十亩则只有使用权,没有产权,死后或搬迁时要交给政府。可以继承和买卖的田叫世业田(隋朝叫永业田),产权归国家的叫口分田(隋朝叫露田)。

隋朝分田时男女都分,但歧视妇女,只给女性露田而不给永业田,而且露田也只分一半——四十亩。隋朝收租是以"床"为单位的。当然,政府不会派人挨家挨户去数哪家有几张床,"床"在这里指的是一对夫妇。一床向政府缴粟三石,绢若干匹,绵若干两,麻若干斤。如果你没结婚,就只需缴半床租调。这样一来,有老婆的男人就吃亏了,因为仅得了一半露田的女人也得交跟男人一样的租调,这不是鼓励男人打光棍吗?

到了唐朝,政策变了,租调征收改成了以丁为计算单位,妇女不受田也不必缴纳赋税,这样男丁就不会因为有了妻子而增加负担。这是唐政府鼓励男人结婚、女人生孩子的一种间接奖励措施。贞观三年,李世民还下了一道奖励生育的诏书:"妇人正月以来生男,赐粟一石。"

李世民知道,只有搞好农业生产,让农民衣食无忧,才能保持政治安定、统治安稳。在这一治国理念的支持下,他积极劝课农桑,恢复和发展农业生产,还在贞观三年正月亲自下地犁田耕种。

贞观三年新年刚过,李世民在长安东郊的农田里开始了一次令人民瞠目结舌的表演秀。贵为皇帝的李世民在农田里赶牛扶犁,挥耒使耜,当起了农民。虽然只是客串,但"观者莫不骇跃"。

皇帝在田里耕耘劳作并非李世民的原创,这种礼仪形式早在西周时期就已经出现,名叫"籍田",是皇帝为了体现自己重视农业生产,在农作物开始耕种之前,假模假样地跑到田地里挖几锹泥、翻几下土。虽然籍田仪式这么简单,而且类似郊游散心,但很多皇帝都懒得去做。他们忙着抢地盘、玩权谋、选美女,对玩泥巴的事没兴趣。所以自魏晋以后,籍田之礼已少有皇帝问津了。

不管是不是作秀,李世民恢复优良传统的行为是值得赞赏的。明主之所以英明,很重要的一点就是因为他明白事理,眼明心明。

夫唱妇随,老公忙,老婆也没闲着。早在贞观元年,皇后长孙氏就"帅内外命妇亲蚕"。长孙皇后是中国历史上少有的贤德皇后,关于她的事迹将在后面进行专门介绍。在万物复苏的三月,皇后带着宫内妃嫔和宫外有封号的妇女去采桑喂蚕,这也是一项象征意义大于实际意义的政治活动,是为了体现朝廷对家庭工业产业的支持和提倡。

李世民重视三农,体现在实实在在的行动上,他可以为了不耽误农时而推迟太子李承乾的冠礼。冠礼是汉族男子的成年礼。按照礼制,男子二十岁行冠礼,女子十五岁行笄礼。李承乾是公元619年出生的,他行冠礼的时候才十二岁。但是在天子之家,这么小就行成年礼是平常事。据说周文王就是十二岁行的冠礼,他的孙子周成王比他迟点,十五岁而冠。

太子是皇帝的法定接班人,他的冠礼是国家大事,有着一套严格的礼仪规定和流程。太子少傅萧瑀向李世民上奏,请求皇帝批准按照古时规矩,在二月选一个吉日行礼。李世民没有同意这个要求,他说:"东作方兴,宜改用十月。"意思是说,二月各种农事刚刚开始,应将冠礼日期改到农闲的十月。这话确实在理,一年之计在于春,庄稼一误误一季,如果想有个好收成,这个时候不能瞎耽误。

但是太子少傅萧瑀理直气壮地回应李世民说,根据阴阳历书,二月最佳,不应改期。古代人都讲究用历书推算所谓的吉凶,如某日不宜婚嫁、某天不宜沐洗、某时不宜访友云云。李世民不但认为跟农事冲突的二月冠礼是不宜遵从的,还就此给萧瑀上了一堂辩证唯物主义课:"吉凶在人。若动依阴阳,不顾礼义,吉可得乎!"最后李世民以"农时最急,不可失也"为理由,取消了本该在二月举行的太子成人礼。

很多时候,李世民都把阴阳学说那一套晾在一边。贞观六年,曾在玄武门政变中起到重要作用的张公瑾去世,发丧当天,李世民伤心地大哭。在他一把鼻涕一把泪的时候,礼部官员奏报说"辰日忌哭"。李世民回答说:"君之于臣,犹父子也,情发于衷,安避辰日!"一千多年前这个叫李世民的皇帝,真的和他名字"济世安民"之意一样,把百姓时刻放在心上。贞观二年,关内遭受旱灾,闹起了饥荒,百姓没有吃的,"多卖子以接衣食"。李世民知道后,"诏出御府金帛为赎之,归其父母"。

在生产力低下、自然灾害频繁的古代社会,百姓吃不饱、穿不暖是家常便饭,但李世民经常为此自责。鉴于旱涝、蝗灾发生频繁,李世民在诏书中表示,假使国家能够五谷丰登、天下安宁,他愿意"移灾朕身",而且"是所愿也,甘心无吝"。李世民虽然没有代百姓生病,但真的代百姓吃过蝗虫!

李世民即位初期,京畿地区发生了严重的蝗灾,数不清的蝗虫把地里的谷物一扫而空。蝗虫都是成群结队地行动,所到之处,庄稼颗粒无收,危害程度非常大。两千多年来,中国见于史册记载的蝗灾达八百多次,平均每三年就闹一次蝗灾。这年,正在皇家园林里散步的李世民看到草地上有不少蝗虫,便俯下身子"掇数枚",并出人意料地对着蝗虫训斥起来:"民以谷为命,而汝食之,宁食吾之肺肠。"

蝗虫吃粮食,皇帝很生气。李世民对这些不劳而获的蝗虫恨得牙根痒痒,说完这几句话,就将手上的几只蝗虫往嘴里塞。这种古怪的行为其实带有一点祈祷的意味,意思是说,只要你不再吃百姓的粮谷,我情愿将肺肠送给你当下酒菜!看见皇上要吃蝗虫,他身边的那些陪同们急了。这哪成啊,蝗虫又不是荤菜,也没有消毒,作为一国之君,岂能说吃就吃?于是大家纷纷上前劝阻说:"恶物或成疾。"而李世民的回答让人肃然起敬:"朕为民受灾,何疾之避!""遂吞之。"鲁迅十分赞赏的第一个吃螃蟹的人已经于史无考,第一个吃蝗虫的人我们也无法知道姓甚名谁,但第一个吃蝗虫的皇帝可千真万确是唐太宗李世民!

十一、遵纪守法的皇帝楷模

对任何一个国家而言,要想保持秩序井然的安定局面,都必须法制先行。唐太宗也许没有现代社会依法治国的先进理念,但他基本是在法制框架内行事的,整体上做到了执法必严、违法必究。唐太宗执政期间没有依恃自己至高无上的地位耍特权,完全有资格被授予"遵纪守法的模范皇帝"称号。

登基第一年,李世民就成立了一个临时立法委员会,命令中书令房玄龄和吏部尚书长孙无忌二人负责,在李渊制定的《武德律》的基础上重新修订更全面、更进步的法律。这两人一个是宰相,一个是中央组织部部长,让这样的重臣主抓这项工作,可见李世民对新法制定工作是多么重视。

房玄龄和长孙无忌受命后,组织大批学士、法官,经过十年的修撰,终于完成了法学巨著《贞观律》,并于贞观十一年颁行。这部法律是一部非常成熟的法典,唐高宗李治就是以《贞观律》为蓝本,制定出了堪称中国古代法律典范的封建法典《永徽律》。

《贞观律》完整地体现了唐太宗李世民"仁本刑末"的立法思想,以宽大教育为主,严厉处罚为辅。与许多皇帝想方设法让罪犯悲惨地死不同,唐太宗一反其道,想方设法让罪犯体面地活,多了几分人文关怀。除了罪大恶极的罪犯,其余可杀可不杀的罪犯一律不杀,留其性命。这一司法理念的改变,给很多人带来重生的机会。

立法之初,朝廷大臣曾有过宽严之争。萧瑀、陈叔达等人主张威刑严法,要求将犯法者往死里整,以达到震慑百姓的目的。

《武德律》中规定,对绞刑犯人可"免死而断右趾",李世民觉得这一条款很残忍,要求朝臣议改。陈叔达反对修改,他认为"去趾,所以使见者知惧",受刑者用一只脚换一条命,还应该感谢朝廷的宽大呢。

这位陈大叔真是站着说话不腰痛。依照那个条款,虽然给犯人留了一条命,但一只脚没了，犯人也基本上断了活路。那时候没有低保政策，一个不能从事生产的瘸子，生活艰难程度不难想象。至于将断脚的犯人当成震慑恐吓民众的手段，显然是他一厢情愿。历史上每次改朝换代，残酷的刑罚都是人民反抗的动因之一。由于李世民的影响，房玄龄等人废除了断趾法，将其改为流刑。李世民一贯反对苛政严刑，加上主张慎刑宽法的魏徵等人的建议，他采取了"专以仁义诚信为治"的司法理念。《贞观律》确实是一部相对仁义的法律，只保留了绞和斩两种死刑，车裂、大辟等残酷的死刑都没有出现。其实《开皇律》里也只有绞、斩两种死刑，但杨坚没有仁慈到底，在统治中后期以个人意志代替国家法律，严刑滥杀，甚至制定了"盗一钱已上皆弃市"的苛律——偷盗一枚铜板就得砍头暴尸。其他的如四个人临时起意偷了一根木料，三个人因饥渴难耐把别人地里一个甜瓜分吃了，结果都是一样："事发即时行决。"

除了死刑，《贞观律》里的刑罚只有四种：笞、杖、徒、流。在法律的实施、执行过程中，唐太宗也本着人道主义的原则，创造了完善的死刑复核制度。虽然自汉代以后历朝皆有死刑复核制度，但在具体执行过程中均有不小的偏差，特别是汉代，只有郡守级以上的官员的死刑，才能得到皇帝复核的机会。就像很多安全规程是用血的教训换来的一样，唐朝的死刑复核制度是一个叫张蕴古的人用生命换来的。

张蕴古官居大理丞，是大理寺的一个中层干部。大理寺是司法部门，相当于现在的最高人民法院，只不过它上面还有主管单位——刑部。大理寺的一把手叫大理卿，二把手叫大理少卿。大理丞是部门领导，专门负责审判量刑，相当于现在的副庭长。

有一天，张副庭长接手了一件皇帝御批查办的案件。一个叫李好德的群众"妄为妖言"，惹恼了李世民，李世民下诏要求有关部门给李好德定罪。从李世民的气愤和重视程度推测，这个李好德恐怕说了不少对皇帝和朝廷大不敬、大不利的话。大家一定以为，这个敢挑战皇帝的李好德好生了得。

错。其实李好德没什么了不得的，只是得了一种了不得的病——心疾，也就是现在所说的精神病。他是精神病患者他怕谁，别说是皇帝，就是皇帝的爹他也敢骂。不知道李世民这么英明的人为什么会跟一个疯子较劲，还要治人家大罪。但是张蕴古很了不得，他对最高领导人李世民的批示提出了抗议："好德被疾有征，法不当坐。"这样坚持原则、敢拿皇帝制定的法律对皇帝大声说"不"的臣子，在中国古代虽然不少，但也不多。这种人是值得佩服的。

就在张蕴古说不应该治疯人罪的时候，治书侍御史权万纪却向朝廷奏请治张蕴古的罪。治书侍御史是御史大夫的副官，其职责是监察举奏百官的违法乱纪行为。权万纪在弹劾张蕴古的奏章中说，张蕴古的老家在相州（今河北临漳），而此时的相州刺史正是李好德的哥哥李厚德。张蕴古给李厚德送人情，故意包庇"妄为妖言"李好德。

李世民看了权万纪的奏折，十分愤怒，下令将张蕴古斩首。张蕴古死后，李世民很快醒悟过来，为自己的莽撞行为后悔不已。为了避免"激情杀人"事件重演，他下诏规定:"自今有死罪,虽令即决,仍三覆奏乃行刑。"这就是唐朝的死刑复核制度。

李世民向众臣解释实施"三覆奏"的原因时说,死刑至关重大,三次复议,正是为了深思熟虑,以减少冤假错案。三个月后,他再次就死刑复核问题下诏:"决死囚者,二日中五覆奏。"对判了死刑的犯人,中央部门两天之内要对判决结果进行五次复议,确保不出现冤杀错杀。这种死刑复核制度是中国古代最细致、最完备的。有这样的制度做保障,被判死刑的犯人少了很多,以贞观四年为例,"终岁断死刑才二十九人"。国家总人口一千多万,一年中被判处死刑的仅二十九人,可见这种复核制度确实得到了贯彻实施,也足以表明当时重大刑事犯罪率之低。

说到死刑犯,贞观年间还出现了一个人类法制史上的奇迹。这个奇迹是由唐太宗和一群死刑犯共同创造出来的,其过程令人感动,其结果让人咂舌!

那是贞观六年底,唐太宗亲自审核重大刑事犯的量罪结果,在见到那些即将被处死的犯人时,他生出怜悯之心,做出了一个让人不敢相信的决定:释放全国监狱中所有的死刑犯,让他们回家和亲人团聚!

当然,放他们回家并不是说他们彻底自由了,可以不死了,而是假释。假释是有期限的:"期以来秋来就死。"死刑犯临走之前,狱吏会和他们约定,来年的秋天必须回监狱接受执行死刑。对所有被无条件释放的重案犯来说,这是名副其实的"我和秋天有个约会"。这样恐怖的约会,会有人准时赴约吗?

悬。

可是事实表明,"悬"字底下吊着的那颗心可以放下了。贞观七年秋天,一个令人瞠目结舌的景象出现了:"去岁所纵天下死囚凡三百九十人,无人督帅,皆如期自诣朝堂,无一人亡匿者。"

这绝对是一个足以让千年后的我们感慨万千的奇迹!这些如约而来的罪犯得到了最好的回报,唐太宗见他们如此诚信守诺,下令将他们全部赦免。这一次,他们可以放心回家了。

李世民不仅在判决囚犯死刑时十分慎重,对较轻的笞、杖二刑也要求人性化执行。有一次他读《明堂针灸书》,看到"人五藏之系,咸附于背"后大受震动,下诏规定"自今毋得笞囚背",要求司法部门实施笞、杖之刑时,不得再鞭打犯人背部,只能打腿或者屁股。因为李世民担心几十甚至上百下的连续鞭击会打坏犯人的五脏器官。他的这种仁慈之心在我国整个帝王编队中也是很少见的,也许这正是他能创造出中国封建治世高峰的原因之一。

另外,在守法、护法方面,李世民也是一个令人称道的模范皇帝。大家都知道,在封建社会,帝王是凌驾于法律之上的。对于一个拥有无限权力的帝王,检验其是否为明君的试金石,就是看他是不是在权力的原野上纵马由缰。如果他总是撇开法律,只盯着自己的权力,毫无疑问,他是个昏君。

李世民在贞观元年就说过:"法者,非朕一人之法,乃天下之法。"可贵的是,这句话并不是他故作姿态之语。在唐朝的法制建设中,他不仅很少使用自己的权力上限,还尽量往下限靠,真正做到了闻过即改,是历史上为数不多的"法制皇帝"之一。李世民不乱法、不枉法的事迹很多,这里仅列举几件他守法、护法的典型事件。

贞观年间,许多士人到京城参加取士选官。有的人为了往自己脸上贴金,增加被录取的概率,便假报出身,冒充是古代某个显赫人物的后代。因为受魏晋以降门阀制度的影响,唐朝前期还是很讲究家庭出身的。如果考生有一个阔祖宗,是可以获得"高考加分"的,所以很多人在档案上动手脚。

李世民特别讨厌这种弄虚作假的行为,下诏要求混进官员队伍中的造假者限期自首,"不首,罪当死"。后来真查出一个心存侥幸没有自首的,李世民大为光火,吩咐将此人交大理寺审理。从当时的情形看,交给大理寺只是走个司法程序而已,因为有皇帝"不首,罪当死"的指示,等于已经提前为他写好了死刑判决书。皇帝说这个犯人必须处死,还有谁敢说不吗?

有!这个胆大包天的人就是大理少卿戴胄。戴胄和他的同行张蕴古一样,在这个问题上,拿皇帝不当干部,根本无视李世民的御批,仅将这个作弊者判了个流刑。

李世民得知判决结果后相当生气,他气呼呼地质问戴胄:我早就下诏说不首者死,你却判了流刑,"是示天下不以信,卿卖狱邪"?皇帝质问的口气很严厉,包含两层意思:李世民认为戴胄的判决结果向天下人宣示了皇帝不讲信用,他还怀疑戴胄受了贿赂,枉法断案。

戴胄不买李世民的账,他反驳道:"陛下登杀之,非臣所及。既属臣,敢亏法乎?"

李世民继续质问:"卿自守法,而使我失信,奈何?"

戴胄说:"法者,布大信于人;言乃一时喜怒所发。陛下以一朝忿,将杀之,既知不可而置于法,此忍小忿、存大信也。若阿忿违信,臣为陛下惜之。"

唐太宗毕竟是唐太宗,在戴胄将君言与法律的关系做了一番合情合理的分析解释之后,他的态度峰回路转,对戴胄的判决心服口服,赞不绝口:"法有所失,公能正之,朕何忧也!"

知错能改,作为一代雄主,唐太宗李世民所具有的这种优秀品质是十分可贵的。唐史中关于唐太宗知错即改的记载还有很多,只要符合朝廷利益,只要对方确实在理,李世民都能做到为法律让步。

唐初实行全民皆兵制,兵役法规定,男人"二十为兵,六十而免",从刚刚生出胡须打到须发皆白。有一年,在李世民下令全国征兵的时候,封德彝上了一封奏章,提出了"中男虽未十八,其躯干壮大者,亦可并点"的建议。

依照唐朝的法律,十八岁的男子不算成丁,属于中男,和"中男"相对应的现代词汇是"少年"。一般情况下,一个政权如果让少年上战场跟敌人搏杀,就说明它已经兵员枯竭,到了死生存亡的关头了。而当时天下已定,没有大战可打,根本没有必要在入伍年龄上做文章。可是一向明白的唐太宗这次似乎有点犯糊涂,好像怕那些魁魁壮壮的"中男"们占朝廷的便宜,眼睛眨都不眨就采纳了封德彝的馊点子。

如此一来,有人不高兴了,这个人就是魏徵。当这个违反兵役法的文件到了魏徵手中的时候,魏徵"固执以为不可,不肯署敕,至于数四"——多次拒绝在上面签字。李世民大怒,把魏徵召进宫里责备道:"中男壮大者,乃奸民诈妄以避征役,取之何害,而卿固执至此!"李世民的想象力不差,他对魏徵说,那些不到十八岁但看上去不止十八岁的小伙子都是改了年龄的。

魏徵是个刚正的官员,虽然每月领着皇帝发的薪水,虽然刚从前太子集团转入前对手的手下,但他在原则问题上从不给皇帝老板留面子。在老板暴怒的情况下,他依然说了一大通朝廷必须带头守法、不能不讲诚信的道理。

魏徵很能说,李世民很能听。在魏徵一番慷慨陈词之后,李世民由大怒变为大悦,他认识到了自己的错误,取消了征中男入伍的决定,并向魏徵作了"朕过深矣"的口头检查。李世民还对魏徵说:我以前一直以为你性格固执,情商很低,没想到"卿论国家大体,诚尽其精要"。

说过了立法、守法,咱们再来说一件唐太宗护法的事,这件事的主人公是唐太宗的故人——庞相寿。

贞观三年,庞相寿担任濮州(今河南濮阳)刺史。这个庞相寿有着辉煌的从业经历,早期是秦王府智囊团成员之一。然而在刺史任上,他却因贪污受贿被撤职。他向李世民上表陈情,希望皇上看在自己过去在秦王府任劳任怨的分上,再给一次机会。李世民同情老部下,便打算让庞相寿官复原职。这时候,又是魏徵站了出来。他说,秦王府的旧僚属,现在大部分都在朝廷担任各种官职,如果都这样袒护照顾,"恐人人皆恃恩私,足使为善者惧",因此这个口不能开。

在魏徵的提醒下,李世民改变决定,当面对庞相寿说:为秦王时,我只是一个王府的主人,而现在我是全天下百姓的君主,所以不能因私废公,偏护故人。没有如愿的庞相寿最终拿着李世民赏赐的财物,"流涕而去"。

十二、唐太宗的魔镜

在童话故事《白雪公主》中,白雪公主的继母有一面魔镜,能照出谁是世界上最美丽的女人。在现实生活中,唐太宗李世民也有一面魔镜,不过跟童话中的不一样,这面魔镜不照优点和长处,只照缺点和短处。这面令唐太宗受益匪浅的魔镜其实是一个人——魏徵。

魏徵是激励、帮助、监督唐太宗的一面镜子,这面"百变魔镜"在不同的时候充当不同的角色,如上级领导、纪检人员、同学朋友、臣下官员等,可以说与李世民如影随形,直到他于贞观十七年病逝。

魏徵死后,唐太宗十分伤感,他发自肺腑地说出了那句中国人都很熟悉的名言:"人以铜为镜,可以正衣冠;以古为镜,可以知兴替;以人为镜,可以知得失。"接着他说道:"魏徵没,朕亡一镜矣!"

千余年后,我们已经听不到唐太宗的叹息,却看得到魏徵的事迹。让我们拭去蒙覆在镜面上的尘埃,让魔镜照亮我们穿越往古的道路。

魏徵在中国历史上大名鼎鼎,绝对是主旋律形象,没有一点负面新闻。他的一生,可以用十六个字来形容:一身正气,两袖清风,忧国忧民,死而后已。唐太宗曾把他和诸葛亮相提并论,在朝堂上曾以"徵与诸葛亮孰贤"询问群臣,并且认为魏徵"蹈履仁义,以弼朕躬,欲致之尧舜,虽亮无以抗"。

魏徵以直谏闻名于世,授他个"史上最牛谏臣"的称号也不为过。他在辅佐唐太宗的十六年里,一共进谏二百多次,事事切中时弊。经他上奏进谏的不平、不公、不好、不该之事,基本上是"一谏没",可以说做到了件件有落实,谏谏有回音。

魏徵进谏的主题广泛,大到军国政治,中到礼仪制度,小到皇上"再婚",无所不包。两百多封谏书,洋洋数十万言,如果一一列出来,完全可称之为"百科全谏"。此处撷取百科之中的两三科稍作论述,希望能够达到窥一斑而见全豹的效果。

大家所熟知的魏徵的谏书,多是水能载舟亦能覆舟、兼听则明偏信则暗之类的治理国家、体恤人民的几篇,几乎没有涉及军事方面的,现在我们先来了解一下魏徵关于军事的进谏故事。贞观初年,冯盎控制着岭南的大部分地区。岭南在今天的两广一带,那地方山比房多,兽比人多,石头比粮食多,是标准的蛮荒地带。唐政府管那儿里的少数民族叫山獠,有点打心眼里瞧不起他们。一般情况下只要他们不造反,朝廷就不太爱干涉他们的内部事务。但"岭南酋长冯盎、谈殿等迭相攻击,久未入朝",各派打来打去的,又不来朝廷进贡请安,大家就认为他们有不轨之心,各地方州府前后十几次向朝廷上奏,称冯盎谋反。

那么多人言之凿凿地说山獠造反,李世民就下诏征发南方数十州兵马大举讨伐。就在李世民调兵遣将的时候,魏徵从容淡定地劝他不要急着兴师动众,说"盎反状未成,未宜动众"。李世民奇怪地问:"告者道路不绝,何云反状未成?"魏徵分析说,如果冯盎果真谋反,"必分兵据险,攻掠州县。今告者已数年,而兵不出境,此不反明矣"。

有道理呀,如果冯盎谋反了,总要有些在边境集结军队、骚扰掳掠的反常迹象呀!而各州府几年前就说冯盎要造反,到现在獠兵一步也没有越过边境,哪有什么反状?

对于冯盎长期不入朝的情况,魏徵也做了合理的分析和推测,他说各州府领导都扯着嗓子说冯盎要谋反,朝廷又不派使臣前去安抚,冯盎必然担心来朝廷会有来无回,所以不敢入朝。魏徵建议唐太宗作出一个高姿态,派遣使臣南下向冯盎表示诚意,这样,冯盎"喜于免祸,可不烦兵而服"。

　　不费一兵一卒就能化解矛盾、免去战争,这么好的建议,不接受那不是傻子吗? 唐太宗依言而行,马上派了一名使臣前往岭南慰问看望冯盎同志。大唐天子这种主动示好的行为让已做好战斗准备的冯盎十分感动,他随即派一个儿子随使者入长安表明自己的忠诚和感谢。这个儿子可不是去长安旅游观光的,而是去当"质子"的。冯盎是把亲生儿子当做人质送到都城,表明自己没有谋反的意思。从冯盎这一行为来看,他对朝廷确实是没有二心。

　　李世民这次差点犯了大错,其实冯盎是个爱国将军,其家族在岭南的影响很大,他的祖母就是被周恩来总理誉为"中国巾帼英雄第一人"的梁、陈时期俚族女领袖——冼夫人。隋亡以后,冯盎在岭南坐拥二十余州,统治区域达两千里。在"人皆可帝、户皆可王"的隋末乱世,很多人劝他效仿秦末的赵佗,自立为南越王。但冯盎以搞割据分裂对不起先祖为由,拒绝称王,并于武德五年归降了唐朝。

　　这是一次善莫大焉的进谏,一次谏言避免了一场大规模的战争,挽救了无数军士的生命。虽然在冯盎的军队面前,强大的唐军有把握取得最终胜利,然而一旦开战,毫无疑问,双方都将出现大量的人员死伤。一场战争下来,数不清的家庭将因此破碎,数不清的亲人将痛彻心扉! 想必李世民也深有同感,他感慨万千地赞叹:"魏徵令我发一介之使,而岭表遂安,胜十万之师!"

　　其实证明魏徵具有超前军事眼光的例子还有不少,比如贞观六年,他谏阻唐太宗封禅泰山,同样是以军事因素作为重要论据之一,论证了东封泰山的不合时宜。封禅是中国古代帝王为祭拜天地而举行的一种重大的仪式,封是祭天,禅是祭地。用现在的话说,就是皇帝带着一帮人大搞封建迷信。李世民数次想"有事于泰山"——登山封禅,有两次甚至正式诏告了天下,但都没能成行。魏徵直言进谏,强烈表示反对,便是一个重要原因。

　　贞观五年,李世民的堂兄弟赵郡王李孝恭以"四夷咸服"为由上奏,请李世民封禅泰山,被他拒绝。贞观六年一开年,请求皇帝封禅的文武大臣人数激增,大家强烈要求皇帝东行泰山,举行封禅大典。

　　奇怪,五年前提建议的人还只有一个,为什么现在就有这么多呢? 其实这个问号一拉就直。这类纯粹往天子脸上贴金的建议,谁不抢着提呢? 如果被皇帝采纳,就等于上了给皇帝送礼的嘉宾红名单。虽然封禅对国家有百害而无一利,但提这个不合理的建议对个人而言是有百利而无一害。

　　然而,李世民再次拒绝了众臣。他还很有思想高度地表达了对封禅之事的不以为然,说他不认为登泰山封禅是帝王的盛举,而觉得"若天下乂安,家给人足,虽不封禅,庸何伤乎"! 甚至还拿封了禅的秦始皇和没封禅的汉文帝比较,说难道你们觉得汉文帝的贤德不如秦始皇吗?

尽管李世民对封禅之事予以拒绝,但"群臣犹请之不已"。奇怪吗?不奇怪。大臣们早就摸透了李世民欲去还休、欲拒还迎的心理。封禅毕竟是盛世大典,"自古受命帝王,曷尝不封禅",李世民对此也不会无动于衷。估计他当时的表情跟儿童看着别人递过来的糖果时差不多,在没有得到父母允许之前,嘴上说不要不要,眼睛却死死盯着糖果。欲擒故纵,以退为进。果然,在众臣车轮战般的苦劝下,李世民的立场改变了,"上亦欲从之"。李世民心动后就想行动,但令他头痛的魏徵出现了。魏徵太有个性了,满朝大臣都哭着喊着叫着跳着说封禅好封禅妙,魏徵"独以为不可"。

李世民有点不开心:别人都说好,都说妙,就你说不行。凭什么我不能封禅?暴虐的秦始皇都封得,我为什么封不得?唐太宗可不是靠祖荫获得皇位的饭桶皇帝,他有思想,有文化,有水平,见魏徵和自己大唱反调,便在朝堂上进行了一场即兴的君臣辩论。两人干干脆脆、毫不拖泥带水的一问一答很有味道。

"公不欲朕封禅者,以功未高邪?"

"高矣!"

"德未厚邪?"

"厚矣!"

"中国未安邪?"

"安矣!"

"四夷未服邪?"

"服矣!"

"年谷未丰邪?"

"丰矣!"

"符瑞未至邪?"

"至矣!"

两个人一"邪"一"矣"地较量了六个回合,看起来魏徵似乎被李世民的机关枪打得只有招架之功,没有还手之力。

在所有的问题都得到魏徵的肯定答复后,满以为胜券在握的李世民抛出了最关键的一个问题:"然则何以不可封禅?"魏徵并没有被李世民的机关枪打蒙,他后发制人,用两颗比子弹更具威力的炮弹——一颗经济弹和一颗军事弹做了反击,从经济和军事两个方面给李世民讲了不适合封禅的缘由。

魏徵说,现在国家虽然和平安定、四夷臣服,但隋末大乱的阴影还没有完全消除,国家好似大病初愈的人,"户口未复,仓廪尚虚"。举行封禅仪式,必有千乘万骑随行,这么大的花费,不但会让国库空虚,而且会加重人民负担,得不偿失。他还提出,从军事机密的角度看,当下更不能去封禅。因为封禅程序一启动,"则万国咸集,远夷君长,皆当扈从"。

唐朝是我国古代民族政策最为开明的朝代,汉族和其他少数民族相处融洽。早在贞观四年,唐太宗就被周边少数民族政权首领尊奉为"天可汗"——天下共主。天可汗家有个红白喜事,那些周边政权的头面人物都要来随礼恭贺。但是有个问题我们必须清楚,那些"远夷君长"之所以对唐朝毕恭毕敬,是因为唐朝有强大到随时能令他们国家灭亡的军事力量。换句话说,武力威慑是他们臣服于唐朝的一个重要原因。

魏徵说,洛阳以东地区"烟火尚希,灌莽极目",让夷长们看到,是"引戎狄入腹中,示之以虚弱也"。魏徵分析得很在理,他的话很有军事价值。夷狄酋长们如果看到他们的偶像国家腹地这般荒凉,一定会减少敬畏之心而增多驿动之心。

魏徵的眼光是独到而精准的。后来李世民东征高丽,北方的薛延陀部趁势造反,原因之一就是他们看到唐朝北方边境人烟稀少、土地荒芜;唐代宗时期,回纥发现唐朝境内因战乱使村郭变得萧条,也产生了轻唐之心。

魏徵比他的同事有名不是偶然的。他能看到别人看不到的事,敢说别人不敢说的话,敢进别人不敢进的谏。只要他反对的事情,结果基本是可以预料的。

这次朝堂辩论的结果是:封禅"事遂寝"——李世民放弃了封禅的打算。虽然他放弃封禅还有其他原因,但魏徵的两点中肯的建议肯定打动了他。

李世民一定想不到,当时才三十四岁的他将永远没有机会完成封禅的夙愿了。此后的十几年中,东巡封禅数次被提起又数次被取消。有一次李世民已经从长安走到洛阳了,却因为彗星的突然出现而"下诏罢其事"。

在李世民死后的第十六年,他的儿子高宗李治完成了他想完成但一直未完成的心愿,于公元666年封禅泰山。唐朝三百年,共有两位皇帝登泰山帝封禅,除了李治,就是李世民的重孙玄宗李隆基。

前面已经说过,魏徵所谏内容题材广泛、主题众多,连唐太宗私生活方面的问题他都照谏不误。

某年,林邑和新罗两国分别派使者到长安进贡,林邑送的是五色鹦鹉,新罗送的是两名美女。

林邑在现在的越南境内,以盛产大象、鹦鹉闻名,《汉书·武帝纪》中就有"南越献驯象、能言鸟"的记载。当时的林邑还处在"以藤为甲,以竹为弓,乘象而战"的蛮荒状态,也只能进贡一些从热带雨林中捉到的动物。新罗位于朝鲜半岛,是当时并存的三个国家之一。贞观年间,唐朝周边的小国家都变着法子讨李世民开心,希望唐老大带自己玩儿,给自己撑腰。所以有什么好玩儿的珍奇,都想着作为礼物送到长安。

这两样礼物很对李世民的胃口,特别是新罗的贡品。古代帝王都很喜欢美女,李世民也不例外,后宫美女数以万计。贞观初年,为了提高生育率,他一次就放出宫女三千人,可以想象当时宫女的总人数会是多么庞大的数字!

但光李世民喜欢不行,魏徵不喜欢。对于鹦鹉和美女,"魏徵以为不宜受"。史书没有记载魏徵反对的具体理由,想必是很有说服力的,因为李世民爽快地听从了他的劝告,将鹦鹉与美女"各付使者而归之",还说:"林邑鹦鹉犹能自言苦寒,思归其国,况二女远别亲戚乎!"

因为魏徵的进谏,林邑的鹦鹉和新罗的美女得以各还其国。魏徵干预李世民的私生活并非仅此一件,下面这个谏事更精彩。贞观二年,长孙皇后访求到一个美人,请求李世民立其为嫔妃。这个幸运的美女是曾任隋通事舍人的郑仁基的女儿,当时年方二八,《贞观政要》用八个字形容了她的美貌:"容色绝姝,当时莫及。"长孙皇后一点也不为身边有比她漂亮的嫔妃而担心,只想让老公多享点艳福。李世民答应后,下诏礼聘郑美眉为充华。

充华乃九嫔之一,是皇帝陪睡团中的高级成员,级别属于正二品。郑美眉这个"起步嫁"是很高的了,要知道,唐朝中央政府的三省六部,只有尚书省、中书省、门下省的一把手才是正二品,像兵部尚书、吏部尚书、刑部尚书这样的朝廷大员只是正三品。郑美眉跳过了采女、御女、宝林、才人、美人、婕妤等多个基层老婆岗位,直接冲到九嫔的高级岗位,可见其相貌一定相当漂亮。

聘娶之事进展得很顺利,李世民就等着洞房之喜了。但是,令他心里发毛的魏徵出现了。就在"册使将发"的时候,魏徵站出来,向李世民举起了红色反对牌。反对来得真是时候,如果使者到了郑家,把册封郑美眉为充华的诏书一念,就代表着生米已经做成熟饭,任何人反对都无效了。

魏徵谏阻的理由很充分:据消息灵通人士透露,郑仁基之女已经许配给了一个名叫陆爽的青年,也就是说,皇上要娶的这个美女是陆爽未过门的妻子。魏徵认为,李世民与民争妻的行为不符合天子"为民父母之道"。看到魏徵的奏折,李世民大为惊讶,紧急下令册封使不要前往郑家。

这么复杂的高规格礼仪,怎么能随便更改、说停就停呢?郑家那边早就在礼部的安排下准备妥当,就等着接旨了。宰相房玄龄不答应,他组织了一群人给李世民上奏,说郑女"许嫁陆氏,无显状,大礼既行,不可中止"。

这两派人理论个不停,其实他们都是局外人。局内人陆爽比他们都急,他倒不是因皇帝抢了他的未婚妻着急,而是急皇帝不抢他的未婚妻。陆爽得知自己糊里糊涂地成了当今天子的"情敌",生怕自己这个"第三者"的存在使天子不爽,忙不迭地上奏章,说自己和郑美眉的关系很纯洁,只是普通的异性朋友,根本没有社会上谣传的"婚姻之议",那都是"外人不知,妄有此说"。言外之意就是请皇帝胆子大一点,不要听信小道消息,放心聘娶郑美眉。

李世民看了陆爽的奏章后对魏徵说:大臣们说陆郑没有婚约或许是迎合朕意,但陆爽本人也这么说,这是为什么呢?瞧他这话的意思,好像还心有不甘。不过魏徵一点都不拐弯抹角地告诉李世民:陆爽担心你心口不一,表面上虽然舍弃,暗地里却欲加怪罪,所以不得不违背本意这样说。

这个回答让李世民感慨万千,他自嘲地说道:"朕之言未能使人必信如此邪?"唐太宗的感慨意味深长。虽然过去人们用"金口玉言"来形容皇帝说出的话,但臣子们知道,很多时候皇帝是承而不诺的,他们都明白,皇帝翻脸的速度比翻书都快。其实李世民不必感慨,他的承诺没人信,不能怪他个人信用不好,要怪只能怪历代皇帝的整体职业道德太差。作为一个封建皇帝,在郑美眉这个问题上,李世民的行为已经堪称典范了。魏徵不仅阻止了李世民纳娶嫔妃,还"干涉"过他嫁女儿。魏大叔就像李家的门卫,人员进出他都要管。这次魏徵进谏,不是因为人的问题,而是因为嫁妆问题。事情的缘由是长乐公主将嫁给长孙无忌的儿子长孙冲。长乐公主是唐太宗和长孙皇后的嫡长女,她有一个非常美丽的名字:李丽质。

李丽质公主名如其人,不仅天生丽质,而且擅长书法绘画,是典型的美女加才女,所以深得李世民喜欢。爱女出嫁,富有四海的皇帝老爸肯定得好好意思一下。李世民亲自给朝廷有关部门打招呼,要求多给嫁妆。多到什么程度呢?他给出了一个标准:"倍于永嘉长公主。"

永嘉公主是李世民的妹妹,李世民明确地告诉长乐公主嫁妆筹备委员会的官员,给长乐公主的嫁妆要比永嘉长公主多一倍。如果妹妹当年陪送了一台冰箱、三台彩电,女儿就陪送两台冰箱、六台彩电,以此类推。

李世民这种做法显然是亲女儿、疏妹妹的自私做法,是有违当时的社会礼教的。按照等级,皇帝的女儿是公主,皇帝的姐妹是长公主,皇帝的姑姑是大长公主。这三级公主享受的都是正一品的待遇。也许从血缘上讲,皇帝与自己的女儿最亲;但从长幼之序上讲,永嘉长公主比长乐公主的辈分高。侄女的嫁妆比姑妈的嫁妆多,这绝对是违反礼教和不合规矩的。这个道理谁都知道,但谁都假装不知道,包括长乐公主嫁妆筹备委员会的官员在内,没有人对李世民说:您这样做合情不合理。皇帝嫁爱女,正高兴着呢,谁愿意找这个没趣啊!

看到这里,朋友们一定知道,是喜欢找没趣的魏徵出现的时候了。是的,端着一大盆冷水的魏徵出场了,他要对李世民说的两个字大家都猜得到:不可!

这次魏徵采取了"先说后臭"的策略,先和李世民论理,然后鼻孔朝天地把他臭了一顿。魏徵说:永嘉公主是长公主,长乐公主是公主,"既加长字,即是礼有尊崇,或可情有浅深,无容礼相逾越"。这句话的意思是说,作为父亲,您有权更喜欢自己的女儿,但作为天子,您不能因为个人喜好而做出逾越礼教之事。魏徵还拿汉明帝刘庄处理类似事件时的做法跟唐太宗做比较。

汉明帝给他的弟兄和儿子们分封土地时,在"我子岂得与先帝子比"的"礼念"指导下,分给儿子的封土只是弟兄的一半,这事被后世传为美谈。魏徵用汉明帝的"半之"与唐太宗的"倍之"作比较之后,说唐太宗"资送公主,倍于长主,得无异于明帝之意乎"。这句话带有"臭"唐太宗的意思。这话可能让唐太宗很受伤，因为唐太宗是自比于汉武、光武两位雄主的，现在魏徵竟然说他连光武帝的儿子都比不上。魏徵也太牛了，什么话都敢说，什么意见都敢提。不过，魏徵之所以敢这么直言不讳，是因为唐太宗从不讳疾忌医，容得"侵犯"。魏徵能成为中国历史上最著名的谏臣，一方面是因为他固有的秉直与良知，一方面也是因为他辅佐的对象李世民有着宽大的纳谏胸怀。这一对名君名臣相互成就、相得益彰。

　　李世民没有因为魏徵棱角分明的言语而降罪于他，而是认可了他的批评。回到后宫，李世民对长孙皇后提起这件事，说："我欲加长乐公主礼数，魏徵不肯。"

　　长孙皇后是位了不起的皇后，她了解原委后，不仅不怪魏徵多嘴和多管闲事，反而对其大加赞赏，夸他"真社稷之臣"。她还拿自己与魏徵相比，说自己和皇帝是结发夫妻，平时跟李世民讲话都"必先候颜色，不敢轻犯威严"，而魏徵作为关系疏远得多的人臣，还能如此直言强谏，"陛下不可不从"。长孙皇后觉得，这样的良臣应该给予物质奖励，她请求李世民派使者到魏徵家，赏赐魏徵"钱四百缗，绢四百匹"，并带话给魏徵，希望他今后"常秉此心，勿转移也"。

　　史料告诉我们，魏徵长相平平，"状貌不逾中人"。客观地说，他的相貌只能在六十分边上打转。从流传下来的画像看，魏徵确实不是很有型的帅哥。然而，就是这样一个貌不惊人的下级却时常令他那英俊潇洒的上司李世民有害怕的感觉，并不得不严格要求自己，规范自己的言语和行为。

　　这里再举两个例子说明魏徵的直言进谏对于李世民的强大威慑力。

　　有一年冬天，魏徵请假回老家祭祖扫墓，回到京城后，他很不解地问李世民："人言陛下欲幸南山，外皆严装已毕，而竟不行，何也？"也不能怪魏徵觉得奇怪。除了美女、书法，李世民还爱好狩猎、泡温泉。据《新唐书·太宗本纪》记载，他在位期间共在咸阳、骊山、长安、洛阳等地进行了十二次狩猎，泡了十七次温泉。因为狩猎这件事，唐太宗被谏臣上表批评过许多回。听到魏徵的问题，李世民没有支吾，老老实实地回答说："初实有此心，畏卿嗔，故中辍耳。"

　　不知道魏徵听到这话是什么样的表情，但看完下面这个小故事，我们就会有充分的理由相信，李世民的表情绝对是苦笑。

　　李世民曾经得到一只鹞鹰，经常带在身边把玩。有一次，他将鹞鹰架在臂上逗弄，忽然看见魏徵走来，吓得赶紧把鹞鹰塞进怀里。他的这个小动作没有瞒过魏徵的眼睛，但魏徵假装着没看见。

　　按照惯例，臣下是不会耽误皇帝太长时间的，请示几句、建议几句后，皇帝回答说"很好、就这么办、你去安排吧"等短语就差不多结了。但魏徵故意慢吞吞地讲，不管李世民如何心急火燎，想放鹞鹰出来透透气。直到魏徵觉得差不多了，才闭嘴告辞。当李世民从怀中掏出鹞鹰时，鹞鹰已经窒息而死，也可以说是被魏徵说死的——"徵奏事固久不已,鹞竟死怀中"。

不知道读者朋友是怎么看这个历史片段的,我每次看到这里都忍俊不禁。魏徵这个小老头儿太狡黠、太可爱了,唐太宗这位天不怕地不怕,就怕魏徵的千古名帝也很天真、很率性。怀中藏鸟不是魔术,怎么可能不被面对面的魏徵发现?

这次窒息杀鸟事件发生之后,有一部分人曾当面质问"凶手"魏徵。这些人并不是动物保护协会的,只是很不理解魏徵这种小题大做的行为,他们认为魏徵管得太宽了:"堂堂天子,玩一鸟,岂不可乎?竟致其死,汝亦过矣。"魏徵以"玩物丧志"的古训作答,说,斗鸡走狗之类的行为是恶少所为,如今天下初定,天子绝不能有贪图安逸之心。

别人又说:你说的固然有道理,但为什么不直接劝谏,"而非欲致之以死乎"?魏徵不是故意置鹞鹰于死地,而是觉得"谏亦有道,贵乎得体"。他觉得皇上玩鸟本是小事,直接进谏可能适得其反。同时他还从长远考虑,说虽然这是小事,但如果"谏而弗纳,社稷大事亦未便谏矣"。

可以看出,魏徵并不是一个只知直谏、不会拐弯的鲁莽斗士,他是很讲究工作方法和进谏艺术的,有时候犯颜直谏,有时候迂回曲折,却能殊途同归。

贞观九年、十年,太上皇李渊和长孙皇后先后去世,公公李渊葬在献陵,媳妇长孙氏葬在昭陵。长孙皇后去世后,李世民思念不已,命人在后苑建了一座很高的台子,经常登到台顶眺望昭陵,大发夫妻之悠情。

有一回,李世民拉着魏徵一起登台,并手指昭陵方向,让他观看。魏徵看了很久后说:"臣昏眊,不能见。"李世民不厌其烦地再次指给他看,说:你仔细看,慢慢看,使劲看,一定能看得见。魏徵假模假样地观望了一会儿问道:"此昭陵邪?"李世民答:"然。"魏徵装做恍然大悟的样子说:"臣以为陛下望献陵,若昭陵,则臣固见之矣。"

这话再明白不过了,就是拐着弯儿敲打李世民呢。魏徵这句揣着明白装糊涂的话特别有效果:"上泣,为之毁观。"魏徵的做法很得体,臣下总不能直接对皇上说,您只想老婆不想老爸,太过分了。献陵在今天的陕西三原,昭陵在陕西礼泉,两座陵墓距当时的都城长安都有一百多里,献陵比昭陵还近一些。魏徵说他看不见近处的献陵,却早看见了更远的昭陵,当然是有意扯谎。

魏徵一生以直谏为己任,完全可以将其视为监督唐太宗的纪检人员。他不畏权贵,坚持原则,一谏到底,不达目的不罢休。即使在李世民盛怒、其他大臣吓得瑟瑟发抖的时候,魏徵也站得直挺挺的。李世民虽然有时候被他弄得在众臣面前下不了台,因而恼羞成怒,甚至想过杀掉他,但最终还是理智地将魏徵引为知己。因为李世民知道,魏徵是朝廷和自己不可或缺的啄木鸟,他的存在能让政权更健康。李世民对好谏的魏徵发自内心地赞赏,他曾经夸奖魏徵:"人言魏徵疏慢,我视之更觉妩媚。"

在魏徵辅佐李世民的十六年间,李世民一直将魏徵引置左右,没有让他离开过自己。贞观八年,李靖推荐魏徵外出按察地方官员,查问民间疾苦,李世民也没批准。他说魏徵"箴规朕失,不可一日离左右",可见他对魏徵的器重程度。

李世民和魏徵可以说是珠联璧合的黄金搭档,在中国历史上,像李世民那样大肚能容的皇帝凤毛麟角,像魏徵那样满身是刺的铮臣屈指可数。两个稀有人物碰到一起,必定能成就一番伟业!

然而天下没有不散的筵席。比李世民大十九岁的魏徵走完了他的生命旅程,要和李世民告别了。

贞观十七年,魏徵"疾甚"。常读史籍的朋友肯定知道,如果出现了"疾甚"一类的字眼,就代表这个人即将走向人生的终点。这让李世民十分焦急,多次前往魏徵家中探望病情,并"赐以药饵",把御用药品拿去给魏徵治病。送药还不算,他甚至"令中郎将宿其第,动静辄以闻",专门公派中郎将二十四小时在魏家值班,随时将魏徵的病情上报朝廷。中郎将是负责皇宫安保工作的中高级军官,为了及时了解魏徵的病情,唐太宗竟然把军官当值班员来使,足见他对魏徵的关切。

在探问的时候,李世民看到贵为宰相的魏徵,家中穷得连一间正儿八经的厅堂都没有,一大家子挤在几排偏房中,既感动又惭愧。他当即下令停建一座小殿,将造殿的木材拿去为魏徵建造了一座房子,并"赐以素屏风、素褥、几、杖"。李世民知道魏徵节俭,给他配备的日用品都是"素褥布被"的经济适用型,"以从其尚"——怕买了高档货,魏徵拒绝接受。

魏徵可以说是一位事业成功人士,官位高至宰相,爵位高至郑国公,还担任过太子的老师,家里却穷得连一间像样的待客的厅堂都盖不起,其清廉可见一斑。魏徵一生不贪不贿不腐,即便架起显微镜,在他身上也找不出任何可以谴责、批判的劣迹。他的合法收入除了官俸外,就是唐太宗对其进谏的奖励。据《资治通鉴》中的记载,魏徵十六年里因向朝廷直谏共获得过六次奖励,全部奖金为:黄金十斤、金瓮一只、厩马两匹、钱四百缗、绢一千九百匹。真不敢想象,家里连一间正规堂屋都没有的魏宰相,如果没有这些偶然得到的额外奖金,生活会拮据到什么程度?

房子建好之后,魏徵上表谢恩,李世民亲写手诏作答:"处卿至此,盖为黎元与国家,岂为一人,何事过谢!"李世民这是打心眼里希望魏徵尽快好起来,继续为朝廷发光发热作贡献。但是,这只是李世民个人的美好愿望了。六十三岁的魏徵已经为这个王朝耗尽了自己全部的光和热,他的生命之火即将熄灭。

该做最后的告别了。在魏徵生命的最后时刻,李世民带着太子李承乾和女儿衡山公主又一次来到魏徵病榻前。望着被病痛折磨得憔悴不堪的魏徵,李世民悲憯满怀,"拊之流涕"——抚摸着魏徵,泪流不已。

这样的场景让人感动。生离死别令人伤心,但一个皇帝为即将与自己永别的臣下发自心底的哀痛,并且泪湿衣衫,这不是在哪朝哪代都能看到的。这一对君臣,真的是中国历史上的少有的黄金组合、良心组合。

接下来的一幕同样令人感动,李世民拉着魏徵的手"问所欲",问魏徵还有什么放心不下的事情。一般在自己信任、重视的大臣临死前,皇帝都会有这一句"例行问话",相当于一种福利待遇。这时候,只要濒死大臣提出的要求不是特别过分,皇帝都会满足他的愿望。

魏徵假若向李世民提出,给大儿子、二儿子安排个工作,为三儿子、四儿子关照个饭碗等现实问题,想必李世民会毫不迟疑地一口答应。但是——这是和魏徵有关的最后一次"但是"了,一生清贫简朴、公而忘私的魏徵依然不改其本色,他说:"嫠不恤纬,而忧宗周之亡!"

"嫠不恤纬"是一个出自《左传》的古老成语,意思是寡妇不怕纬纱少而织不成布,只怕亡国。自己都快死了,还担心、牵挂着国家危亡,魏徵,真忠臣也!为了表示对魏徵的肯定和嘉奖,李世民还现场拍板了一桩婚姻。他告诉已处于弥留之际的魏徵,要将"衡山公主降其子叔玉",他要和魏徵做亲家。

在皇权时代,能娶到皇帝的女儿可是天大的荣耀,比升官更令人高兴。因为升官只是一个人的地位发生了变化,而一旦娶了皇帝的女儿,全家就跟着成为皇亲了,整个家族的地位都会因此上升。也许是为了让魏徵高兴,李世民指着身旁的衡山公主对魏徵说:"公强视新妇!"然而此时的魏徵已经到了灯枯油尽的地步,李世民要他看一眼自己的新媳妇,他都难以有感谢的表示了。

第二天,魏徵去世。李世民亲往吊丧在灵堂上恸哭不止,并罢朝五日,同时命礼部按照亲王规格操办魏徵的葬礼仪式,陪葬昭陵。不过魏徵的妻子裴氏坚决反对按一品官员的礼仪为魏徵办丧事,她说,魏徵"平生俭素,今葬以一品羽仪,非亡者之志",对朝廷的赏赐"悉辞不受",简单地"以布车载柩而葬"。

这又是一对好夫妻,她和丈夫一样,不慕虚荣,不愿铺张。

感念魏徵之余,李世民亲自为他撰写碑文并且书写墓碑。为臣下亲自起草、书写碑文,在众多陪葬昭陵的文武功臣中,魏徵是仅有的一位。

随着魏徵的离去,李世民引以为豪的铜、古、人三镜中的"人镜"消失于历史的尘埃之中。但这面曾无数次规劝、督促、批评他,影响广泛的魏氏魔镜,至今仍然在岁月久远的时间长河中熠熠生辉。

魏徵生前,李世民与其相处融洽。但是魏徵死后,李世民却对其产生了一个重大误会,这个误会来自古代帝王的常见病——疑心病。

魏徵生前曾向李世民大力推荐过两个人才:侯君集和杜正伦。魏徵并没有看走眼,这两人是不可多得的高级人才。侯君集是参加过玄武门政变的元老级将军,贞观四年就被唐太宗任命为兵部尚书,享受宰相待遇;杜正伦才华横溢,是隋朝开皇年间的秀才,隋朝的秀才总共有十来个,他和两个哥哥就占了三个名额,可见其才华之高。贞观时期,杜正伦曾官至中书侍郎,后来又被李世民任命为太子左庶子,专门负责教育辅佐太子李承乾的工作。

不巧的是,这两个显赫一时的人物都出事了。杜正伦犯的是泄露国家机密罪。李世民派杜正伦辅佐太子的时候,曾对他说过一句掏心窝子的话:如果你发现太子总是疏远贤良、亲昵小人,确实不可教诲,一定要如实告诉我。因为当时太子李承乾已经是朝野的话题人物,李世民动了废黜之心(这个问题后面再详细叙述)。但杜正伦这人嘴巴没把门的,他把这话告诉了太子,而李承乾这太子也很没水平,又把这话告诉了老爸。这让李世民恼火得不行,当即将杜正伦贬出朝廷。

而侯君集呢,更玄乎了,他竟然伙同太子李承乾秘密策划政变,准备出其不意地进攻李世民的寝宫,再上演一次玄武门政变,不料行动计划被泄露,他被斩首了。魏徵对侯君集的军事才华十分欣赏,说侯君集有宰相之才。他曾向李世民建议,"诸卫兵马宜委君集专知"——任命侯君集为十六卫总司令。但李世民以侯君集"好夸诞"为由,拒绝了魏徵这个建议。

按说这两个文臣武将和魏徵是没什么关联的,魏徵只管推荐,用不用、罢不罢,都由唐太宗自个儿决定。魏徵就像给人牵线搭桥做红娘一样,只是中介,男女双方认识以后就是他们自己的事了,今后是否结婚、结婚后生男生女,和介绍人没任何关系。但李世民不这么看,他认为自己与侯君集及杜正伦"离婚"跟魏徵很有关系,而且觉得魏徵和侯、杜是连成一体的三角形,怀疑魏徵"阿党"。

"阿党"包含着"阿"和"党"两层意思,简单地说就是对上级阿谀逢迎、暗地里拉帮结派,也可以说是拍马屁、搞小集团。谄媚讨好的"阿"还好说,对于结党营私的"党",帝王们是特别警惕并严令禁止的,因为这会威胁到帝王的统治地位。

李世民怀疑魏徵与侯君集、杜正伦结党,既然这样,那魏徵推荐这两人担任重要官职就是有预谋、有不可告人的目的的行为。他觉得自己被死去的魏徵利用了,窝了一肚子火。不巧这时候又有人向他打小报告,说魏徵"尝录前后谏争语示史官褚遂良"。

褚遂良是专职史官,魏徵这么做,明显是想让褚遂良把自己的正直言行记入史册,使自己名垂千古。此事的真伪已不可考,但这个小报告让李世民发了大火,做出两个决定:一是"罢叔玉尚主",二是"踣所撰碑"。此时魏徵去世刚刚半年。

著名历史学家陈寅恪曾就此事发感慨说:"幸其事发觉于徵已死之后,否则必与张亮、侯君集同受诛戮,停婚仆碑犹是薄惩也。"陈寅恪认为,魏徵死得早是件很幸运的事,不然一定难逃被斩首的命运。此话也不无道理。但本人认为,以李世民对魏徵的信任程度,在魏徵没死的时候,是没有任何人敢在李世民面前说魏徵的坏话或打小报告的。而且,只要没有确凿的谋反证据,魏徵这个人是杀不得的,这一点李世民肯定比一千多年后的我们更清楚。

幸运的是,李世民和魏徵的故事最后还是以皆大欢喜的"大团圆"结局的。两年后,李世民东征高丽落寞而归,又想起了魏徵的好处。对损兵折将却没有达到军事战略目的高丽之战，李世民颇有后悔之意，他喟然长叹道："魏徵若在，不使我有是行也！"

也许他想起了多年前关于泰山封禅的辩论，发现只有魏徵敢于对他说不。这样一个铮臣，还有什么理由求全责备呢？于是，尚在回京路途中的李世民命人乘快马赶到京城祭祀魏徵，并"复立所制碑"，还把魏徵的妻儿接到行宫慰问赏赐。李世民总算良心发现，给了魏徵一个理所应当的结果。

我想，我们都应该向这位心底无私的贤良忠臣致以最崇高的敬意，因为他让我们明白，当一个人心底无私、怀揣正义时，力量会是何等强大！他让我们懂得，直言和批评是一种纯净透明的美德！他让我们知道，不掺杂质的权力是多么的令人钦佩和感动！

十三、谏臣辈出

贞观年间，以魏徵为代表的直谏之臣似群星璀璨，君臣间基本上达到了知无不言、言无不尽的理想状态。众多谏臣对唐初的政治、经济、军事、文化等领域内的不合理现象，全方位地、毫不留情地监督和批评，形成了百家争谏的良好局面，极大地推动了当时的社会发展和进步。

在我国漫长的历史长河中，不乏忧国忧民的正直谏臣，有的用铁链把自己锁在树上进谏，有的抬着棺材进谏，有的揣着遗书进谏……这类事迹固然令人感动，但也令人唏嘘，因为我们可以借此了解当时的直谏环境有多么恶劣，这更反衬出唐初谏臣的幸运与幸福。纵观历史，像贞观时期那样大范围、大规模的谏星的存在，即便把中国古代史翻过去倒过来地找，也找不出第二个。这场"谏时代"大戏的出品人正是唐太宗。

任何时候，政坛风气的存在和流行都是跟领导者的支持提倡密不可分的。李世民为了使自己少犯错误、使国家少走弯路，大开求谏、纳谏之风，发自内心地请大家给自己和朝廷提意见，提的有道理，重奖；说的没道理，没有关系，不惩罚。他公开说过，即使所谏"不合朕心，朕亦不以为忤"。

贞观元年，唐太宗下了一道诏令，规定三品以上官员入朝议事时"皆命谏官随之，有失辄谏"。谏议大夫是五品官，这种允许低级干部列席高干会议的做法，是有意识地让谏官直起腰杆。事实上，唐太宗在位期间，将谏官的地位提升到了一个让人羡慕得淌口水的分上，魏徵、褚遂良、王珪、戴胄、岑文本等谏官都曾官至宰相之职，这可是历史上难得一见的现象。对于谏臣们的奏折，李世民每一篇都亲自观阅，他曾告诉司空裴寂说："比有上书奏事，条数甚多，朕总黏之屋壁，出入观省。"

把臣下长篇大论的奏章贴在墙壁上，利用出门进门的机会化整为零地观看，这样务实的帝王太少见了。这种具有李氏特色的公文处理方法并非偶尔为之的作秀行为，而是李世民经常使用的个性工作法。为准确了解地方官员的施政情况，他还将全国所有都督、刺史的姓名抄录在内宫屏风上,"坐卧恒看,在官如有善事,亦具列于名下"。

这跟小学教室里张贴的荣誉榜差不多,哪个学生助人为乐了,哪个学生拾金不昧了,老师就会在他的名字旁边贴一朵小红花。李老师利用休息时间来熟悉屏风上的官员名单,遇到有政绩的,就在相关官员的姓名底下标上记号,作为日后提拔的参考。对于这样一个勤政、清醒的皇帝,除了向其报以长时间的热烈掌声,我们别无选择。

在唐太宗求谏纳谏的示范效应下,除魏徵外,唐朝还涌现出一大批直谏名人,他们的谏言谏语在不同程度上影响过唐太宗的治国方针。下面就选取几件重要的、可读性强、富有趣味性的故事,简单介绍几位谏臣的事迹,希望这些历史横切面能让朋友们在开心之余也有一点思考。

第一个要说的是孙伏伽,因为这个人总是和"第一"连在一起。也许大家不太熟悉这个人,但他是一个标志性人物——他是我国科举史上有名可考的第一个状元。

科举制度虽然始于隋朝,但目前已经找不到详细的隋代科举史料。武德五年(622年),在唐朝首次科举考试中,孙伏伽名列榜首,成为有史可考的第一个状元。到清朝光绪三十年(1904年)科举制结束,中国大约产生了七百多名文武状元,唐朝是产生状元最多的朝代。

孙伏伽不仅在考场上勇夺第一,而且在贞观年间还创造了另一个纪录——第一个向唐太宗进谏。

李世民即位之初,孙伏伽的职务是大理少卿。大理少卿是唐朝最高法院的副院长,孙副院长在任期间,有个叫元律师的官员犯了罪。李世民很生气,下了必杀令。现在已经不知道元律师到底犯了什么罪,估计罪行不是很严重,因为孙副院长认为,按律还不够判处他死刑,"法不至死,无容滥加酷罚"。

这个大胆的行为使孙伏伽成了唐朝吃进谏螃蟹的第一人。在此之前,还没有谁向刚即位的皇帝提出过尖锐的反对意见或者据理力争过。看到第一个向自己开枪的孙伏伽,李世民不但没有发怒或责怪,反而出乎所有人的意料,送给孙伏伽一个超级大礼包:"赐以兰陵公主园,直百万。"

有人认为,李世民向孙伏伽派发百万房产是滥奖,孙伏伽"所言乃常事,而所赏太厚"。李世民却认为很值得,他回答道:"朕即位以来,未有谏者,故赏之。"这正是李世民想要达到的效果。他千金买骨,就是为了告诉满朝文武大臣:谏,妙不可言。

孙伏伽事件之后,唐朝进入了进谏的黄金时代,而且几乎所有的谏言谏语都建立在对朝廷、对皇帝、对百姓负责的基础上。王珪就是这"三负责"中的突出代表。王珪和魏徵是老同事,也是贞观时期的宰相,对自己的老板也是谏事不断。

贞观二年十二月的一天,闲来无事的李世民和刚升任为代理宰相的王珪侃大山,有个美女在一旁伺候,倒倒茶递递毛巾扫扫瓜子壳什么的。唠着嗑着,俩人的话题就转到旁边的美女身上去了。李世民指着那个楚楚动人的女子对王珪说:"此庐江王瑗之姬也,瑗杀其夫而纳之。"杀人老公,夺人妻女,这种事在今天看来是天方夜谭,在中国古代却不断上演。

王珪知道她的身世后,便离开座位问李世民:"陛下以庐江纳之为是邪,非邪?"

"杀人而取妻,乃问朕是非,何也?"李世民有点不高兴了,你拿我当小学生啊,杀人而霸占其妻子,还用问对错吗?

这正是王珪的聪明之处。把复杂的问题简单化,把简单的问题复杂化,然后再简单化,是高明谏官的语言艺术。王珪跟李世民绕了一个弯子后说:陛下明明知道庐江王死了,却把他的姬妾安置在自己身边使唤,这等于是赞同李瑗的所作所为。如果陛下认为他的行为是错误的,那就是明知道不对却不愿意纠正。

这一问真令人叫绝,李世民怎么回答都是错:说李瑗对肯定不行,说李瑗错还是不行;如果闭口不说话,就是默认自己错了。这就是艺术,说话的艺术,思维的艺术。

大度的李世民当然不会不说话,他不但说话了,还说了许多将他一军的王珪的好话,表扬他言之有理。结果是可想而知的:"上悦,即出之,还其亲族。"李世民把这个美女放出宫,送她回家与自己的亲人团聚。

美女和音乐是帝王们重要的生活点缀,美女用来养眼,音乐用来悦耳。唐朝设有太常寺,专门负责各种礼乐安排。为了提高宫女们的音乐素质,让她们更好地为自己服务,李世民命太常寺少卿祖孝孙举办宫女音乐知识培训班,教花枝招展的美女们吹拉弹唱。但宫女们的学习效果很不好,祖老师好几次被李世民批评。

李世民一而再、再而三地批评祖孝孙,王珪和另一名大臣温彦博看不下去了,他俩一起进谏,说祖孝孙乃高雅之士,陛下"使之教宫人,又从而遣之,臣窃以为不可"。

王、温二人说的是大实话,祖孝孙是著名的乐律学家,在中国音乐史上占有一席之地。但他属于"科研型"音乐家,教学工作不是他的长项,李世民叫他当老师,比赶鸭子上架强不了多少。所以,王珪和温彦博的进谏是比较客观的实话。

但客观的臣下总会使主观的皇帝生气。李世民见他俩都替祖孝孙说话,震怒异常,质问他们说:"朕置卿等于腹心,当竭忠直以事我,乃附下罔上,为孝孙游说邪?"

这种明显带着恐吓口气的反问有点可怕。众所周知,皇帝是能将任何恐吓变成现实的人。在暴发雷霆之怒的李世民面前,温彦博害怕了,马上放弃原来的立场,向李世民说"对不起,我错了"。而王珪却面无惧色,他针锋相对地反问道:陛下经常告诫我们要做忠诚刚直之臣,现在我说的话难道有私情吗?末了,他还用十五个字给李世民这次暴怒质问定了性:"今疑臣以私,是陛下负臣,臣不负陛下。"

王珪这种近乎和皇帝对吵的大胆行为可能出乎李世民的意料,李世民哑口无言,不再讨论这件事了。第二天,李世民觉得自己太冲动了,深有感触地对房玄龄说:"自古帝王纳谏诚难,朕昨责温彦博、王珪,至今悔之。"这应该是李世民有意无意地委托房玄龄向王珪、温彦博转达自己的歉意。

这里简要补说一下那个没有坚持到最后的温彦博。温彦博和温大雅、温大有是亲兄弟，三人以学识、文章闻名于当世，时称"三温"。他是李世民即位第四个月时从突厥要回来的。当时李世民没有接受突厥"马三千匹、羊万口"的豪礼，而是向突厥要求"归所掠中国户口"，温彦博是李世民亲自点名召还的一个。

温彦博也是个硬骨头。他是在一次战斗中因城陷而被突厥俘虏的，被俘后他拒绝透露任何军政和经济情报，被恼羞成怒的突厥人流放到阴山苦寒之地。此外，他还是个正直的清官，回归唐廷后，他曾担任宰相之职。为了避免"吃人家的嘴短、拿人家的手软"，他任职期间"杜绝宾客"，让想送礼、求帮忙的关系户在紧闭的大门前望门兴叹。

温宰相和那个家中穷得没有厅堂的魏宰相一样，死后竟然也没有停灵的正室。李世民被他的清正廉洁感动，下令朝廷出资为他修建殡寝，并树碑立传。总之，温彦博是个有气节、有操守的人物，大家千万不要因为这一次他表现得没有王珪坚定而看低他。其实温彦博也是一个"国之利害，知无不言"的谏臣，他一生向朝廷进谏多次，在贞观时期闪闪的谏星中，他不是最大最亮的一颗，但毫无疑问，他也放射着独特的光彩。

王珪比自己的老同事魏徵幸运，生前就与李世民成了亲家，儿子娶了南平公主。身为谏官的王珪胆子就是比一般人大，在新媳妇进门后，他做了件值得一说的牛事。

在封建社会，儿媳妇在公婆面前的礼数要求是很严格的，新媳妇过门后，拜见公婆是必需的礼节程序。但公主自恃是皇帝的女儿，身份金贵，所以往往"公主下嫁，皆不以妇礼事舅姑"，没有哪个公主媳妇会主动向公公、婆婆行礼。

公主对皇帝来说是很重要的政治棋子，皇帝要通过女儿的婚姻达到巩固政权的目的。所以，皇帝的女儿一般都是嫁给权臣、功臣、重臣、贤臣的儿子。李世民的二十一个女儿中，除掉四个早夭的，择偶标准基本如是。王珪、房玄龄、程知节、杜如晦、萧瑀等唐初名臣猛将之子都入了李世民的彀中。

凡事有利就有弊。能娶到皇帝的女儿当然是件很长脸的事情，但是金枝玉叶的公主可不好伺候，下嫁的公主身份尊贵，在婆家不讲家法，不向公婆行家礼，公婆也不敢较真，睁只眼闭只眼也就过去了。

可是，到王珪这儿就不行了，王珪不愿意闭那只眼，他要两眼看着公主媳妇给自己行礼。王珪的理由很充分，说："今主上钦明，动循礼法，吾受公主谒见，岂为身荣，所以成国家之美耳。"

把儿媳妇向公婆行礼提升到维护和弘扬国家礼法的高度，儿媳妇能不答应吗？王珪这一招跟之前因庐江王美妾之事劝说李世民一样高明，既维护了自己的威严，又给儿媳妇砌了个下拜的大台阶：我是代表国家礼法受你一拜的，你就别感到委屈了。

就这么着，王珪和他的妻子受了公主的礼。李世民知道这件事以后，不但没有责怪王珪，反而夸奖他做的对，并规定此后出嫁的公主都应向公婆行礼。

以上所说的进谏都是大臣对皇帝的，下面再看看代别人进谏、歪打正着受到李世民赏识的马周的故事。

马周是一个周游各地寻找发展机会的知识分子,他游历的最后一站是都城长安。那会儿就业岗位太少,工作不大好找,没有长安户口的马周,跟现在的北漂们一样,长期待在长安,成了"长漂"一族。最后,马周漂到了中郎将常何家,成了常何的门客。常何就是玄武门政变当天在玄武门城楼上值班的,帮了李世民大忙的那个小军官。李世民登基后,常何官拜中郎将,跃升到四品衔的高级武官行列。

贞观三年,唐太宗下诏要求文武百官上表畅言朝廷得失,给朝廷出治国的点子和建议。这可让一介武夫的常何犯了难,他哪干得了这种高精尖的活啊,便让马周作为"枪手",代写了二十多条建议交了上去。常何以为这样就没事了,没想到李世民看了那些条条击中时弊、言之有理的建议后,特别惊奇,心想:难道这只鸭子真的被赶上架了?于是,李世民找来常何详细询问。常何不敢隐瞒,如实交代:"此非臣所能,家客马周为臣具草耳。"

李世民听了,立即命人宣马周进宫见驾。发现人才就喜不自胜,这是李世民身上的闪光点之一。李世民求才若渴,"间未至,遣使者四辈敦趣"。

见到马周以后,李世民"与语,甚悦",觉得这是个不可或缺的人才,马上将马周安排到门下省任职。从此,马周结束了"北漂"生活,成为唐朝中央机关公务员。他大概是唐朝运气最好的枪手了。而那个找枪手的常何,李世民认为他是发现人才的伯乐,奖励给他绢帛三百匹。

马周在朝中以"善敷奏,机辩明锐,动中事会"闻名,他的这种特点非常适合向天子进谏。马周充分发挥自己的长处,不断给李世民提意见。而他表奏的谏议,大多数都涉及比较敏感尖锐的问题,从深层次上剖析,这些问题是负面影响较大、较广的。这里从马周向李世民提出的众多谏题中选取几件小述一下。

李渊做了太上皇以后,继续住在太极宫。太极宫是唐初最大最好的宫殿,李渊住在正中的太极殿。太极宫东边的东宫是太子的住所,西边的掖庭宫是宫女们居住的地方。李建成死后,李世民就住进了东宫,登基以后,他将这里作为接见朝臣、处理朝廷事务的办公地点。

但是东宫的面积只相当于太极宫的十几分之一,身为皇帝的李世民可能觉得自己的办公条件太差,心里有点不平衡,于是在贞观三年将太上皇从太极宫迁往弘义宫(后改名大安宫)。弘义宫是李渊在武德五年的时候,因李世民"有克定天下之功",特意命人修建后奖给二儿子的。李世民搬进东宫后,这座宫殿就一直空着。李渊大概没想到,当初作为奖品奖励给儿子的这座宫殿,现在又被儿子还了回来。

根据《唐会要》记载,李渊是自觉自愿乔迁新居的——"高祖以弘义宫有山林胜景,雅好之"。但后世不少人认为,李渊搬家是李世民强迫所致。我认为,在强迫和自愿之间,很有可能还存在着第三个选项,即李渊心里过意不去,半自愿地提出搬家。李渊也许觉得,自己一个"二线皇帝"比一线皇帝的住房面积大、居住环境好,有点不好意思,从而向儿子提出换房的想法。不管因为什么,最后的结果是辈分小的儿子搬进了大房子,辈分大的老子住进了小房子。

看到这种情形,监察御史马周给李世民提意见了。他在上疏中认为,太上皇目前所住宫殿"制度比于宸居,尚为卑小"。帝王居住的地方美称"宸居",这里是指李世民所住的太极宫。马周跟李世民说:陛下宫殿的面积比太上皇大很多,这于"蕃夷朝见,四方观听,有不足焉"。

唐朝是一个很开放的朝代,首都长安居住着大批来自外国的使节、商人、僧侣等。马周委婉地提醒李世民,儿子住大房,父亲住小房,这不但会让国内民众说闲话,而且会影响到大唐在国际上的名声。他希望李世民把李渊所住的宫殿增修扩建,如此,"则大孝昭矣"。

唐朝的谏官个个都不是省油的灯,他们似乎具有两个共同的特点:胆子很大,很会讲话。入朝才两年多的"新兵蛋子",敢批评皇帝的住房待遇超标,马周的胆大到无胆水平了;明明是批评皇帝不孝,却拐着弯儿说:陛下要是给太上皇建幢大房子,那国内臣民、国际朋友就都知道你是个孝义天子了!

马周以"孝"为主题的进谏不止一次。贞观六年,李世民决定去九成宫避暑,马周再次上奏谏议表。

九成宫位于今天的陕西麟游,距长安三百多里。那里年平均温度10°C左右,是个避暑消夏的好地方。九成宫是由隋文帝杨坚建造的,当时叫仁寿宫。贞观五年,李世民派人修复扩建,更名为"九成宫",意为"九重"、"九层",言其殿楼之高和宫宇之深。概括一下,九成宫其实就是杨隋栽树、李唐乘凉的一个避暑山庄。

对于李世民这次九成宫避暑之行,马周提出了两点批评。第一点,太上皇年事已高,作为儿子应当朝夕侍奉左右。现在您跑到那么远的地方,太上皇"欲即见陛下",想和您聊聊天拉拉家常,"陛下何以赴之"?

这话不无道理。李渊当时已经六十六岁,是一个已近古稀之年的老人,希望儿子"找点时间,找点空闲,领着孩子,常回家看看"是很正常的,何况他跟原配妻子所生的四个儿子只剩下李世民一个了。而李世民每次去九成宫避暑都像打持久战,一待就是好几个月。为此,他在这个风景秀丽、气候宜人的山庄上花了很多心思,周围驻有大量军队和警卫,甚至建有武器库,即使是遭到攻击也能抵挡一阵。几个月的亲情阻隔,对一个渴望天伦之乐的老人来说,确实太漫长了。

第二点批评特别尖锐:"太上皇尚留暑中,而陛下独居凉处,温凊之礼,窃所未安。"这句直接批评李世民的话,一点也没搞"迂回包抄":你自己跑到凉爽的地方,却把你爸爸丢在酷暑里!这样一针见血,换成谁脸上都挂不住。后来,李世民再次西行时,"屡请上皇避暑九成宫"。孝是礼教中极为重要的一环,是和忠连在一起的。如果天子对父母不孝,那还怎么要求臣下尽忠呢?马周的这一批评是很犀利的。李世民也深谙其道,贞观八年十月,他下令在长安城东北建造永安宫,"以为上皇清暑之所"。可惜,这座专门为李渊避暑纳凉而修建的宫殿刚开工半年,李渊就驾崩了。

唐高祖死后,李世民将这座宫殿改名为大明宫。它后来成为唐朝最重要的宫殿,共有十七位皇帝曾在这座宫殿中处理朝政,它几乎见证了整个唐朝的兴衰。公元896年,大明宫被乱兵纵火焚毁,十年后,朱温建立后梁,取代了唐朝。

除此之外,马周还曾多次上书批评李世民滥用民力、大兴土木之事。

帝王似乎都喜欢房地产开发,很多人一上台就忙着造宫殿、建房子。秦始皇造了阿房宫,刘邦修了未央宫,朱棣建了紫禁城,个个都是大手笔。李世民一来头脑比较清醒,二来有许多谏臣盯着,所以在这方面做得不算很过分。但这种普遍存在于帝王身上的建房综合征,李世民也是有的。即位几年后,他就不安分起来,土木工程逐渐增多,甚至下令重建洛阳的乾阳殿。这座规模浩大的宫殿,正是他当年攻下洛阳后,将其视为隋炀帝暴政工程的代表下令烧毁的。在役民建设工程多起来之后,马周毫不隐讳地向李世民上了措辞严厉的谏书,说当今徭役繁重,"春秋冬夏,略无休时",弄得"百姓颇嗟怨,以为陛下不存养之"。

马周的尖锐一如既往,他给李世民打比方说,商纣曾经笑夏桀亡国,周幽王、周厉王又笑商纣亡国,而隋炀帝在没亡国的时候,也曾嘲笑北齐和北魏的灭亡。在罗列了一大堆著名的昏君后,马周警告李世民说:"今之视炀帝,犹炀帝之视齐、魏也。"

马周太大胆了,竟敢把当朝天子和"如雷贯耳"的隋炀帝相提并论!要是弄火了李世民,随手一张红牌,马周可就要被罚出人间了。幸好,李世民虽然心里有火,但从不轻易烧人。

只要是中国的帝王,对前文提到的那些昏君,都唯恐避之不及,怕跟他们扯上关系。但跟马周一样,总有一些谏臣将李世民和这些"名君"相比较。同样在滥用民力建造宫殿这件事上,马周的同事张玄素也向李世民猛烈开炮,说他承袭亡国之弊,给出了"陛下之过,甚于炀帝"的评语。估计李世民当时被气得眼睛都绿了,他问张玄素:"卿谓我不如炀帝,何如桀、纣?"张玄素回答:"若此殿卒兴,同归于乱。"

其实谁都能看出来,李世民的反问是气话。桀、纣在暴君排行榜上名列前茅,当然比隋炀帝更为昏暴。但李世民的严厉并没有吓阻住张玄素以硬碰硬的回答,他同样是一个铁骨谏臣。正是这些敢于批评皇帝的谏臣,成就了光辉的贞观之治。

武将在战斗中成长,文臣马周在进谏中被提升。贞观十八年,马周升迁中书令,荣登宰相之位。他一生深得李世民信任,李世民曾经对朝臣说:"我暂不见周即思之。"

李世民是一个喜谏之帝,贞观时期,谏官的经济待遇都很不错,除了基本工资,谏官还能时常因进谏成功而得到"皇帝奖励金",如魏徵曾经得到的金瓮、铜钱、绢帛等赏赐。李世民对魏徵的奖励不算少了,但比起马周,他还差点。李世民对马周的奖励,出手大方得让人咂舌。

马周当监察御史时,想买一栋住宅,于是派人到处打听房源。朝廷大臣买房子是件很正常的事情,但马周买房,他的同事都觉得不正常,"众以其兴书生,素无赀,皆窃笑"。大家都把马周买房看成笑话,你马周一介书生,头几年还是长漂族,没有中大奖,没买原始股,哪有买房钱?

但是没多久,所有笑他的人都傻了——马周住进了一栋价值二百万的豪宅,而且没申请房贷,没搞分期付款。

当然不用分期付款了,因为房款根本就不是马周付的,而是别人替他付的——李世民"诏有司给直,并赐奴婢什物"。不但送房子,连家具日用品以及端茶倒水、烧锅做饭、浆洗打扫的奴婢都配齐了。

马周有个公费吃喝的坏毛病,史载其"每行郡县,食必进鸡"。每次下基层到郡县检查工作时,餐桌上必须要有鸡。这也太不像话了。当时李世民"恐州县广费","禁御史食肉"。马周身为朝廷重臣,却天天不带钱包吃招待鸡,基层的同志吃不消啊!于是一个小官将马周顿顿要吃鸡的劣行告到了朝廷。然而事情的处理结果出乎很多人的意料,李世民没有责怪马周,反而训斥告状的官员说:"我禁御史食肉,恐州县广费,食鸡尚何与?"

不知道这是皇帝逻辑还是强盗逻辑?怎么也想不明白,一向是明白人的李世民为何会有这样糊涂的想法?杀牛宰羊固然比杀鸡更为浪费和扰民,但"餐必鸡"的行为难道就不过分吗?那时候,谁家的伙食标准能达到餐餐有鸡呢?

这个告状的官员很冤大头,被公费吃喝的盘碟绊倒了。李世民这次处理问题是公开的,但有欠公平公正。如果将他的逻辑挪到现在的公务招待上,可以得出这样的结论:我担心奢侈浪费,不许官员到五星级宾馆吃饭,但到三星级宾馆有什么关系呢?

这样一对比,也许大家就感觉出可笑了,三星级宾馆的饭菜难道不贵吗?只不过比贵得吓人的五星级宾馆便宜些而已。为什么不去小餐馆、大排档随便吃个四菜一汤的工作餐呢?

但对于马周来说,即使是四菜一汤,也必须有一个菜是鸡。有了李世民的支持,马周吃起鸡来的胆子更大、嚼得更香了,倘若他在吃得嘴巴油光发亮的时候吹嘘自己是"奉旨吃鸡",那也算对。

不过,马周并不是只知道吃喝的酒囊饭袋,在吃鸡之余,他做了不少有价值的事情。比如官员按照不同的品级穿不同颜色的官服,这个制度就是在马周手上完善的。

唐朝以前的官服制度五花八门,有以布料区分的,有以帽子区分的。虽然也有以颜色区分的,但各朝不尽相同,让人眼花缭乱。于是马周向李世民建议,三品以上官员穿紫色服装,四品、五品服绯,六品、七品服绿,八品、九品服青。自此以后,紫色便成为人臣身上最尊贵的颜色,"大红大紫"、"满门紫贵"这些俗语都和那个制度有关。

马周还制定了"城门入由左,出由右"道路交通规则,消除了车辆行人抢道的现象。还有"宿卫大小番直"——值班警卫遵循上半夜和下半夜轮流制,大约就是后来产业工人大夜班、小夜班制的雏形吧。

值得一提的是"截驿马尾"——把驿马的尾巴切掉一截。请不要误会,切马尾巴不是虐待动物,而是为了区分驿马和私马。当时经常出现驿马和私人马匹混在一起难以分辨的情况,马周说,把驿马尾巴切掉一截不就成了,这样就能一眼认出是公家的马还是私人的马。

马周还有许多类似的小创造、小革新,限于篇幅就不说了。马周的才华在当时就已经得到大家的高度认可,唐初另一位知名谏官岑文本曾将他和苏秦、张仪、贾谊等旷世奇才相提并论。毛泽东在读完《新唐书·马周传》后,在书上批注道:"傅说、吕望何足道哉,马周才德,迥乎远矣。"

马周临死前做了一件让李世民很高兴的事——在"疾甚"时,他把自己以前向皇上进谏的奏章全部付之一炬,出发点是:"管、晏暴君之过,取身后名,吾不为也!"他不愿意像管仲、晏子那样,显露君王的过失,博取忠谏之名。这话说得何其铿锵!但从马周曾经悄悄报复那位举报他吃鸡的官员的行为推断,他这种自焚奏折向皇帝表忠的做法,很可能是担心"魏徵事件"重演。魏徵是先马周而去世的,他死后遭到"仆碑"待遇的一个重要原因,就是李世民嫌他在世时将进谏的奏折拿给史官褚遂良看。当然这只是作者的揣测而已,千载之下,没有人知道马周的真正想法。

最后再说一下谏官戴胄。戴胄直谏敢谏的作风前文已有事例,这里之所以再说他,是因为他的事迹实在太突出了。

戴胄是由战俘做到法官的。他在隋朝为官时总是进谏,结果被把持朝政的王世充贬到了武牢关。李世民攻下武牢后,将他收归帐下。后来大理少卿职位空缺,李世民对吏部负责人说:"大理,人命所系,胄清直,其人哉。"

成为大理少卿的戴胄和李世民唱了无数次对台戏,有一次,李世民的妻兄长孙无忌还成了戏里的主角。事情的起因是,在一次应诏见驾时,大舅哥长孙无忌腰上挂着佩刀,直接来到妹夫李世民的办公室。

带刀跑到皇帝身边,没的说,死罪。唐律规定:"以兵刃至御在所者绞。"就是别着玩具刀剑接近皇帝,你也算是刺客。

其实唐朝皇宫的保卫系统是很先进的,刺客根本不可能进到内宫。要是真有刺客,外围的警卫早就把他结果了。不光是唐朝,自秦始皇以后,历代皇宫的安全防范措施都是很严格的,除非是熟人作案,否则刺杀皇帝永远只能是痴人说梦。长孙无忌之所以能带着利刃进到内宫,是因为值班的监门校尉安检时疏忽了。可能长孙无忌熟门熟路,忘记自己带着佩刀,又恰逢校尉在开小差,忘了仔细检查,总之,这事闹大了!

尚书右仆射封德彝提出了一个处罚方案:"监门校尉不觉,罪当死,无忌赎。"封德彝建议长孙无忌破财免罪，这在唐朝是有法律根据的。唐代法律规定，官员犯罪，可用铜赎罪。比如某官被判"笞五十"，也就是通常所讲的"打五十大板"，倘若官员不想让屁股或腿接受"锻炼"，也不是没有解决办法，向政府交五斤铜就可以了，一斤铜抵十杖。判三年徒刑，交六十斤铜就可放人；流刑是仅次于死刑的重刑，赎起来比较费铜，流两千里，铜八十斤，流三千里，铜一百斤；绞刑和斩刑最贵，需铜一百二十斤。当时的铜钱，一千文才重六斤四两，一百二十斤铜可是一笔巨额财富！

长孙无忌家有的是钱，交百十斤铜是小意思，几乎等于没处罚。被牛踢了以后，在牛头上拔几十根乃至几百根牛毛，能把牛拔成秃顶吗？可那个校尉就不同了，他被拔的是命，命只有一条，一拔就完了。

法官戴胄强烈反对这种处罚方案，他向李世民表达了自己的看法，认为这种危害皇上生命安全的犯罪行为，必须严惩。熟悉法律的戴胄对李世民说，根据现行法律某某章某某条某某款之规定，"御汤剂、饮食、舟船，虽误皆死"。供皇上使用的汤药、饮食、舟船出了问题，即使是由于工作失误造成的，工作人员也必须得处死。

你也许会问，为什么这么残酷呢？答：不为什么，就为了确保皇帝的命不丢。汤药、饮食、舟船，这三样哪一样出了事，都会危及皇帝的生命。皇上说想划船，你给他弄了一条二手船，划到水中央的时候，船漏水了，即使皇帝有幸被救上岸，不也会受到惊吓吗？不出事则已，一出事就是大事，所以这几项工作不允许有一丁点儿失误。所以戴胄说，这种跟陛下人身安全紧密相关的大事，不可以有失误，这两个人的罪行一样严重，都必须判处死刑！

这是在吓李世民啊——你大舅哥犯的是死罪！这些聪明的谏官说话真有意思，坑啊圈啊陷阱啊，一个连着一个，不带个探雷器简直没处下脚。

戴胄先把问题说得特别严重，好像两人是非死不可了。也许李世民心里有点发慌了，戴胄突然话锋一转说："陛下录无忌功，原之可也。"意思是：您要是觉得无忌同志劳苦功高，想赦免他，我没意见。但有个附加条件："若罚无忌，杀校尉，不可谓刑。"

事情是明摆着的，两人罪行一样，杀一个，罚一个，厚此薄彼，不符合法律规定。戴胄把话说到这个份上了，李世民就是有心包庇大舅哥也不敢、不便、不能了，他大义凛然地说："法为天下公，朕安得阿亲戚！"他要求封德彝对此案进行复议。

作者曾对封德彝进行过分析，他是个拍马屁功夫已达"骨灰级"的佞臣。他坚持自己的一审判决结果，于是李世民打算批准封德彝的复状。

客观地说，在这件事情的处理过程中，李世民肯定是有点自私和小心眼的。这一点我们可以从封德彝坚持自己判决结果的行为上看出来。封德彝是很会察言观色的，他知道李世民想要什么样的判决。

从李世民的立场出发，他想要这样的判决结果也是正常的。自己的妻兄当然不能杀，但校尉失职确实会危害自己的人身安全，最好是杀之以儆效尤。李世民也许会想，带刀进来的幸亏是大舅哥无忌,若是要命的刺客呢,自己不就挂了吗?

戴胄对复议结果再次提出抗诉,他坚决不同意杀校尉而罚长孙,并极力争辩说,校尉是因为长孙无忌而犯罪的,依法应当轻判,"若皆误,不得独死"。戴胄一如既往地硬挺,坚持不能只判校尉一个人死,不依不饶地非要拉着皇帝的大舅哥给校尉垫背。这招还真管用,最后,李世民一碗水端平,把两人都赦免了,戴胄刀下留人成功。戴胄真是一个有良心的法官,而李世民是一个明白皇帝,在臣下近乎步步紧逼的情况下,不蛮横以对。一个至高无上的帝王,正处在我行我素的年纪,却听得进反面意见,容得下反对者,这无法不让人敬佩和赞叹!

一花独放不是春,万紫千红才能春满园。贞观时期,唐太宗和他的谏臣们一起,创造出中国封建史上一个姹紫嫣红、春色无边的大花园。那独特的花香,浸透了中国史册,并弥漫至今。

十四、皇后当如长孙氏

在中国历史上数不清的皇后中,如果按照德行、才貌、仁爱等指标客观评分的话,那么唐太宗李世民的长孙皇后不是第一也是并列第一。览遍中国史册,能与长孙皇后媲美的大约只有明太祖朱元璋的马皇后。但若是论综合得分,马皇后还是稍逊一筹。

这绝不是作者偏爱长孙皇后,而是情况确确实实如此。历史对任何人来说都是开放的,下面就让我们穿过时光隧道,重回唐朝,去了解和感受这个唐朝第一夫人和中国皇后界"一姐"上善若水的短暂一生。这位贤德的美人尽管贵为皇后,但是还是没有留下自己的芳名,所有记载她生平的史籍都称她为"长孙氏"。

长孙皇后背后有着一个豪华的先祖阵容。她的祖先是创立北魏的拓跋氏,长孙皇后这一支为拓跋氏家族宗室之长,所以后来改姓长孙氏。长孙皇后的高祖长孙稚、曾祖长孙裕、祖父长孙兕都是显赫高官,父亲长孙晟是成就突出的外交家和谋略家,深得隋文帝杨坚的信任,多次出使突厥,是一个"突厥通"。隋文帝时期,强大的突厥之所以臣服于隋朝,跟长孙晟使用的分化瓦解政策有直接关系。

《隋书》说长孙晟"善弹工射,矫捷过人",箭法十分高明。有一次在突厥出差,突厥摄图可汗看见天空中"有二雕飞而争肉",便递给长孙晟两支箭,要他把这只雕射下来。长孙晟弯弓搭箭,一箭射出,两只为一块肉拉扯纠缠在一起的大雕双双落下。从此,成语词典里多了个"一箭双雕",长孙皇后的爸爸成为我国正史中记载的为数不多的一箭射下两只雕的神射手。

细究起来,长孙皇后和唐太宗李世民这段大好姻缘的媒人,应该是长孙氏的婆婆窦氏。遗憾的是,这一对婆媳根本就没有以婆媳关系相处过,因为李世民结婚的时候,他的母亲窦氏已经去世了。

关于李世民的母亲,以前曾有详细的介绍。她就是那个一生下来即"发垂过颈",头发好到可以做洗发水广告的窦美眉。窦美眉的舅舅北周武帝因为政治目的迎娶突厥公主为皇后,但结婚之后又冷落她,不足十岁的窦美眉深谋远虑地劝舅舅看在边境未安、突厥还很强大的分上善待皇后舅妈。正是这个建议让窦美眉成了人人称奇的小名人。在一大群啧啧称奇的窦美眉的粉丝中,有一个是长孙皇后的伯父长孙炽。长孙炽经常对自己的弟弟长孙晟夸奖窦美眉,说"此明睿人,必有奇子,不可以不图昏"。

看到这段史料,我们简直要对这位长孙大伯佩服得五体投地了。这是什么眼光啊,得看透多少步棋呀!等一个几岁的小女孩长大,然而等她结婚,再等她生出男孩,最后等她生出的男孩长大,再想办法跟长大的小男孩联姻。这真是一项"跨世纪工程",长孙炽跟弟弟说要和窦美眉结秦晋之好的时候,还是6世纪70年代,而长孙皇后和李世民结婚是在公元614年。这么漫长的时间里,存在着太多的偶然因素,但不可思议的是,所有的偶然都没有阻挡住李世民和长孙氏的结合。

说到底,长孙炽"千里伏姻"的想法,来源于对窦美眉的欣赏和敬佩,如果没有窦美眉的出众言论,长孙炽不可能产生这种比"期货"还遥遥无期的想法。所以说,窦氏是这段婚姻的媒人。长孙皇后和唐太宗的婚姻是很完美的,郎才女貌、珠联璧合、琴瑟和鸣、伉俪情深这类赞美词都可以在不是拍马屁的前提下,加到他们的身上。两人也许没有一起去看流星雨,没有共同唱过生日快乐歌,但这丝毫不影响他们成为帝后婚姻美满和谐的典范。

婚后,长孙氏不仅成了李世民生活中的好伴侣,也成了他事业上的好帮手。长孙皇后一直坚定地跟李世民站在一起,默默支持着丈夫的工作,为他解除了不少后顾之忧。她的事迹,可以用"四和"概括之。

第一和,调和矛盾。众所周知,李世民还是秦王的时候,跟高祖李渊的不少嫔妃关系不太好。这可不是个可以忽略不计的小问题,如果嫔妃们长期在李渊面前说不利于李世民的话,"毒副作用"是很明显的。

为了尽量消减这种毒副作用,长孙皇后在尽心侍奉皇帝公爹的同时,还有意识地取悦高祖身边的嫔妃,和她们搞好关系,以缓和她们和秦王的矛盾,为老公发展事业创造更好的外部环境。这是聪明女人的精明行为,冤家宜解不宜结,解个结和拧个结是有很大区别的。史料记载,这段时期的长孙皇后"尽孝事高祖,谨承诸妃,消释嫌猜",说明长孙皇后的外交工作是有成果的。

在决定李世民命运的玄武门政变前夕,长孙皇后表现得和女政治家一样出色。在秦王府秘密举行的战前动员会上,长孙氏亲自到场,对那些执戈披甲的将士"亲慰勉之",以致"左右莫不感激"。长孙王妃的出现,给了参战将士很大的精神激励。军功章上,有李世民的一半,也有长孙氏的一半。

第二和,平和待人。长孙皇后对身边的人很和气,是一个善良的国母。她从不嫉妒李世民宠爱的嫔妃。虽然皇后的地位在后宫里无人能及,但她管理的嫔妃,本质上都可以说是她的"情敌"。所以皇后恃权迫害、打压其他嫔妃,一点也不稀奇。但长孙皇后没有把嫔妃们看做竞争对手,而是把她们当成了姐妹,"妃嫔以下有疾,后亲抚视,辍己之药膳以资之"。这样的皇后,当然是"宫中无不爱戴"。

长孙皇后值得宫人爱戴的事情太多了。她还经常在李世民面前迂回地替可怜的宫女们开脱"罪行"。之所以将"罪行"两字加上引号,是因为那些宫女根本无罪。看看"上或以非罪谴怒宫人"这句话就明白,李世民有时会无缘无故地怪罪宫廷女服务员,用现在比较流行的网络语言说,就是宫女"被有罪"了。宫女没罪,但皇帝看你不顺眼你就有罪了,至于皇帝为什么看你不顺眼,可能连唐太宗自己都不知道。

在李世民愤怒地责骂那些宫女,把她们当成出气筒时,长孙皇后也在一旁帮腔。不同的是,李世民是真怒,长孙皇后是佯怒——假装发怒。每次遇到这种情况,长孙皇后都"请自推鞫,因命囚系",命人把那些惹恼李世民的宫女关起来,然而对老公说:我要亲自审理她们,为你消气。

其实哪里用得着审呀,人家本来就没罪。等李世民平静之后,长孙皇后便会去替被关押的宫女们求情,以减轻或免除对她们的处罚。对没罪的宫女和气,也许不难做到,对真正有罪而且有负于自己的小人还很和气,难度系数就比较大了。

长孙皇后幼年经历过一段艰苦岁月。父亲长孙晟去世的时候,她和哥哥长孙无忌年纪还很小,同父异母哥哥长孙安业常常虐待他们,在家中无法立足的兄妹俩只好投靠舅舅高士廉。后来,长孙皇后富贵了,"殊不以介意",并不计较长孙安业对自己兄妹俩的种种恶行,反而以德报怨,"每请太宗厚加恩礼",使长孙安业"位至监门将军"。

这大概是长孙安业做梦也想不到的事情。的确,他是一个幸运儿,因为他碰上的是待人和气的长孙皇后。若是碰上武则天,长孙安业就小命不保了。武则天小时候的境遇和长孙皇后相同,老爸武士彟死后,那些同父异母的弟兄都肆无忌惮地欺负她。后来武则天发达了,就把那些欺负她的异母弟兄整死了。

照理说,长孙安业应该感到庆幸了,但这家伙竟然不满足,又和别人一起策划谋反。没的说,死。

得知长孙安业将被处以死刑,皇后泪流满面地向李世民叩头求情,说长孙安业"不慈于妾,天下知之,今置以极刑,人必谓妾恃宠以复其兄"。这里有避嫌的意思在。虽然谋反罪不可赦,但这个死刑犯情况特殊,杀了他,百姓一定认为是长孙皇后恃宠报复,这会影响天子的形象。在皇后的力求下,长孙安业保住了性命,被改判流刑。

不过,长孙皇后也有不和气的时候。有一回,太子的乳母找到长孙皇后说,东宫能够使用的器物较少,希望通过皇后奏请皇帝,给太子增加一些用度。这次,长孙皇后没有一如既往地和气,她说:"为太子,患在德不立,名不扬,何患无器用邪!"这是相当经典的家教思想,除掉"太子"二字,现在仍然适用于教育子女。

第三和,调和君臣。有人的地方就有矛盾,有谏官的地方就会有激烈的矛盾。这是必然现象,因为浑身是刺的谏官随时随地都会刺痛皇帝,唐太宗就被刺痛过很多次。接下来要说的这个故事在中国可以说家喻户晓,它是所有历史课本在讲到唐朝盛世时必说的"保留节目"。之所以要再讲一遍,是因为大家似乎把所有赞扬、褒奖的目光都投到魏徵身上去了,对长孙皇后的关注严重偏少。

　　在长乐公主出嫁的那一年,某天李世民罢朝后回到后宫,气得咬牙切齿,对长孙皇后说:"会须杀此田舍翁!"李世民嘴里的"田舍翁"一词带有浓厚的贬义色彩,跟现在的"乡巴佬"一词意思相近,是句骂人的话。不过,李世民所骂的田舍翁不是种田的老头,而是长相有点像"乡巴佬"的魏徵。

　　老婆见老公大发雷霆,忙问事情缘由。李世民气呼呼地说:"魏徵每廷辱我。"看来这一次,魏徵的谏言真的把李世民气着了。遗憾的是,由于没有明确记载,我们不知道一向从谏如流的李世民赌咒发誓,一定要杀死魏徵,到底是因为什么。但从前后语境分析,大概是魏徵让李世民在朝堂上出了洋相,跌了面子。

　　这是符合魏徵的行事特点的,他认为正确的事情,必定据理力争,不会因为对方是皇帝而嘴下留情。贞观时期,像魏徵这样直来直去的谏臣很多,经常让李世民在众臣面前下不了台。比如有一次侍御史柳范弹劾李世民的儿子吴王李恪游猎扰民,李世民在处分了儿子之后,还要以辅佐匡正不力的罪名,将吴王的长史权万纪处以死刑,不料差点被柳范一句话给噎晕过去。柳范在众目睽睽之下回敬李世民说:"房玄龄事陛下,犹不能止畋猎,岂得独罪万纪!"

　　房玄龄在贞观时期可是朝廷的一面旗帜。柳范这句话把李世民气得"拂衣而入",屁股没拍就转身回宫了。过了一段时间,李世民找柳范单独谈话说:"何面折我!"意思是好歹你也要给我一点面子,别当着那么多人的面公开顶撞我呀!想必魏徵的言辞可能比柳范更激烈,所以才让能称得上大度的李世民动了杀戮之心。

　　听了李世民的话,长孙皇后很正式的"具朝服立于庭"。李世民很吃惊,因为通常情况下,皇后只有在接受册封、祭祀和朝会时才着正式礼服,现在就夫妻两人在家,即便穿得薄点露点也没什么大碍,怎么反而去简就繁了呢?

　　李世民还在发蒙,长孙皇后却给余怒未息的老公道起喜来,说:恭喜陛下!贺喜陛下!这就跟当年李渊因被杨广戏称为"阿婆面"而闷闷不乐时,他的老婆窦美眉给他说文解字的情形差不多。李家真幸运,有这么多贤良淑德的内助。

　　长孙皇后说:听说只有君主开明,才会出现正直之臣,"今魏徵直,由陛下之明故也,妾敢不贺"!魏徵越正直,越能说明您的开明呀!都像隋炀帝那样,有提意见的大臣,非贬即杀,文臣武将们的腰早就弯成锐角了。

　　长孙皇后说的话虽然有点绝对,但还是很有道理的。李世民听了,转怒为喜,从此绝了对"田舍翁"魏徵"动家伙"的念头。

魏徵的命运其实挺悬的。李世民是个杀伐之气不轻的人,让他惦记上了,可是一件危险的事情。虽说李世民也知道魏徵是杀不得的,但君王是只凶猛无常的老虎,有时候拒绝讲理,真要枉杀几个大臣,谁也不能拿他怎么样。事实上,号称明主的唐太宗在位期间,也曾在感情冲动的情况下杀了几个本不该杀的官员。所以,虽然不能把劝解有效的长孙皇后说成是魏徵的救命恩人,但她的确是将险境中的魏徵拽进了安全区域。因此,我们在敬佩魏徵的刚直、赞赏李世民的开明的时候,也应该向这位深明事理的贤德皇后投以赞赏的目光!

李世民和另一位重臣房玄龄之间产生了嫌隙,也是长孙皇后在尽力弥合。贞观中期,房玄龄因为一件小事被罢免。长孙皇后在临终之时请求李世民改变这一错误决定,她提醒丈夫:"玄龄久事陛下,预奇计秘谋,非大故,愿勿置也。"长孙皇后希望李世民不要因为一些无关大局的事就将房玄龄弃而不用。

长孙皇后是个识人之人,房玄龄之于李世民,犹如萧何之于刘邦,不可或缺。李世民对房玄龄的谋略很是看重和依赖,有件事可略作证明。贞观末年,在行宫度假的李世民将司农卿李纬提拔为民部尚书。一个官员来汇报工作,李世民向他打听房玄龄对这一任命有什么评价和看法。那个官员说:"惟称纬好须,无它语。"

有意思。对这个重大的省部级高官的任命,房玄龄没说好也没说不好,只是一个劲地夸李纬是个美髯公,有一把漂亮的好胡须。李世民更有意思。他听了之后,立即将李纬调离了这个重要的领导岗位。很明显,李世民听懂了这个跟随自己多年的老伙计的话外音:除了胡须,找不出李纬还有什么值得称道的地方。

一个和皇帝如此心有灵犀的大臣,怎么能够不在朝廷呢?长孙皇后的规劝起了作用,不久房玄龄就被李世民召回了朝廷。当房玄龄得知自己的复出是长孙皇后斡旋的结果时,感动得老泪纵横。

第四和,不掺和政治。前面已经说了,郎才女貌、珠联璧合、琴瑟和鸣这类形容婚姻幸福的词汇用到唐太宗和长孙皇后的婚姻中,一点都不夸张。但"比翼齐飞"这个词语用到他们身上却一点也不适合。

原因很简单,妻子长孙皇后不愿和老公一起飞。她有一双隐形的翅膀,在生命历程中,没有亮出过一次。她心甘情愿地待在丈夫的翅膀下,以超常的理智抵挡着俯首可拾的诱人权力。在长孙氏当红的日子里,长孙皇后始终头脑清醒,自己远离政治,同时还严格约束自己的娘家人,防止出现外戚干政的局面。

所谓外戚,指的是皇帝的母族和妻族,也就是皇太后和皇后的家族。外戚势力干预甚至把持朝政在中国历史上是一个普遍现象。自汉以后,中国历史长河中,外戚力量浮沉不定,出没无常,实实在在地影响了历史发展方向。在势力强大的时候,外戚甚至能够随心所欲地废立皇帝。吕雉、霍光、梁冀、王莽等人都是曾经权倾天下的外戚。有一个现象十分耐人寻味,虽然"后"患无穷,虽然外戚势力非常强大,但他们中的大部分都逃脱不了被灭族的命运。可见,女人是靠不住的,吃软饭是没有市场的。

尽管有可怕的前车之鉴,但权力的毒药总是让人无法抵挡,外戚们仍然前赴后继地从一人之下万人之上的权力顶峰跌进前代外戚为他们挖好的万人坑中。

长孙皇后清醒地看到了这一点,为避免家族重蹈覆辙,她让自己向政治盲看齐,不参与朝政。当李世民在后宫主动向她询问处理朝政的方法和她对朝政的看法时,她总是以"妾以妇人,岂敢愿闻政事"为由保持沉默,并用"牝鸡司晨,家之穷也"之言推辞。

"牝鸡"是母鸡的意思,"司晨"是报晓之意。"牝鸡司晨,家之穷也"的意思是,当母鸡打鸣报晓的时候,这个家的境况就很不妙了。母鸡的职责是下蛋,至于充当闹钟,那是公鸡的事情。如果公鸡的分内事被母鸡代替了,那就说明公鸡已经丧失了雄性之本。长孙皇后想以此告诉夫君,她担心出现妇女干政的恶果。"牝鸡司晨"是个贬义词,专指妇女干政,武则天当政时期就被后人称为牝朝。

熟读史书的长孙皇后反对外戚干政的态度十分鲜明,她曾经撰文批评东汉明帝马皇后"不能抑退外亲",埋下外戚作乱的祸根。东汉马皇后也是一个历史上少有的好皇后,在成为皇太后之后,她多次拒绝自己一手带大的汉章帝为自己的三个兄弟封侯的请求。其实在汉朝,"舅氏之封侯,犹皇子之为王也",是一种惯例。马皇后为了避嫌,不许皇帝给自己的兄弟封侯。但最后她还是禁不住章帝的请求,让三个弟弟受了封。

马皇后的自律行为已经算很了不起了,但长孙皇后觉得她做得还不够彻底,可见长孙皇后的标准之高。事实上,她的确是所有皇后中做得最好的一个。在使外戚远离朝政这个原则问题上,长孙皇后做到了理论和实践的完美结合。

长孙皇后的哥哥长孙无忌和李世民是布衣之交,早在少年时代就是好朋友。长孙无忌一直追随在李世民左右,为其出谋划策,为李世民夺取天下立下了大功。李世民临终之前曾当着顾命大臣褚遂良的面赞扬自己的妻兄:"我有天下,无忌力也。"

长孙无忌文武双全,在朝廷担任重要职务是顺理成章的。所以,李世民刚刚登基,就任命长孙无忌为尚书右仆射。这个职务在唐初的官职体系中地位很高。

皇后得知自己的哥哥担任这个职务后,"固谓不可",态度坚决地说不行不行。她找到老公,说自己身为皇后,已经是尊贵之极,"不愿私亲更据权于朝",还以"汉之吕、霍,可以为诫"的史实做老公的思想工作。吕、霍就是上文提到的吕雉和霍光家族,都是外戚,在权倾天下一段时间后,惨遭灭族之祸。

这个皇后太与众不同了,大多数皇后都是娇嗲嗲地找皇帝为家人求封要官,而长孙皇后却要皇帝将哥哥撤职,这思想觉悟比珠穆朗玛峰还高出一头。

李世民拗不过老婆,只好将长孙无忌解除实职,封了个荣誉虚职。对长孙无忌来说,这是有点冤了,因为他确实"兼文武两器",并不是靠家族荫庇上位的庸才。但若从长远和全局来看,长孙皇后的做法无疑是正确的、明智的。拿掉长孙无忌的职务,可以在一定程度上提高李世民在大臣和民众中的得分。同时,这种防微杜渐的行为是避免后族滑入死亡泥沼的最佳选择。因为对外戚家族来说,只有规规矩矩,才能平平安安。

临死之时,长孙皇后还不忘要求丈夫,不要对她的亲属进行封赏。她对李世民说:"欲使其子孙保全,慎勿处之权要。"

难得有这么居安思危的皇后!她认为,要使自己亲属的子孙得以保全生命,善始善终,就不能将他们安置在位高权重的部门和岗位。这是告诉李世民,如果你重用他们,不是让他们走向幸福,而是让他们走向毁灭。很多时候,权力的背后都隐藏着滴血的铡刀。关于这一点,长孙皇后洞若观火。

长孙皇后和唐太宗的感情好得令布衣夫妻都羡慕。唐太宗患有气疾,经常发作。每次发病,长孙皇后都亲自照料侍奉,"昼夜不离侧"。最让人惊讶的是,皇后"常系毒药于衣带"。身上长期带着毒药,听起来怪可怕的。但是,她从没想过用毒药去害别人,这是她为自己准备的。她曾经说过,老公"若有不讳,义不独生"。而长孙皇后之所以会选择追随老公而去,除了感情因素外,还有一个原因竟然是她"不能当吕后之地"。她不愿成为皇太后。吕后成为皇太后以后,左右朝政,将自己娘家兄弟全部破格封王,长孙皇后却不愿处在那个位置上。

何其壮哉!何其烈哉!

一心想着国家和别人是长孙皇后身上最耀眼的闪光点。在她生病后,经多名御医诊治,病情仍然继续恶化。在这种情况下,太子李承乾向她建议:"请奏赦罪人及度人入道,庶获冥福。"

这是最绝望的方法了。但是即使在这样残酷的现实面前,长孙皇后仍以国事为重,说"死生有命,非智力所移",拒绝了儿子的提议。在死神即将降临的时候,这位堪称楷模的皇后说出了一段现在听起来仍然很有哲理的话:"若为善有福,则吾不为恶;如其不然,妄求何益!"

对于大赦,长孙皇后认为"赦者,国之大事,不可数下"。大赦是封建社会很常见的一种"司法红包",当然,这是派发给广大坏蛋们的红包。帝王们一高兴就大赦天下,平常得跟请客吃饭似的。登基,赦;结婚,赦;生儿子,赦;儿子生儿子,赦……除了十恶之罪,其他罪犯都可以从轻处罚。有时候运气好,头天晚上喝醉酒把别人嘴巴打得连汤都喝不了,被官府抓进看守所,天亮的时候碰到皇帝大赦天下,那么恭喜你,你被无罪释放了,可以回家继续喝酒了。

大赦看起来太荒唐了。李世民知道大赦的弊端,他牢记"赦者,小人之幸,君子之不幸"这句名言,严格控制大赦的次数,还算比较有分寸。贞观年间,全国性的大赦只有七次,而高宗李治大赦的次数是老爸的两倍还多。

为了阻止朝廷做这些事,长孙皇后严肃地对太子李承乾说:"必行汝言,吾不如速死!"这样一来,李承乾就不敢再向父皇禀奏了,但他爱母情切,还是将这一想法私下告诉了房玄龄,房玄龄马上将话传给了李世民。当李世民决定照办的时候,长孙皇后照例不容许他这样做。

长孙皇后对自己的身后事做了一切从简的安排。除了请求李世民召回房玄龄和不要对自己的亲族进行封赏,她的临终遗言有三条:第一,勿以丘垄劳费天下,但因山为坟,器用瓦木而已;第二,儿女辈不必令来,见其悲哀,徒乱人意;第三,愿陛下亲君子,远小人,纳忠谏,屏谗慝,省作役,止游畋。

长孙皇后说,如果皇上能做到这三点,自己"虽没于九泉,诚无所恨"。我不知道读者朋友看到她的事迹是怎样的感受,我是带着感动和崇敬之心来写这一章的。细心的朋友也许能看出来,在叙述长孙皇后的事迹时,很少有调侃之语,因为怕有失庄重。这样的皇后太让人尊敬了,她的遗言穿越了千年时空,仍让人感动不已。可以肯定,即使再过一千年,这样的遗言依然会熠熠生辉!

贞观十年(636年)十月,长孙皇后驾崩,年仅三十五岁。和李世民的病因相同,长孙皇后也是"素有气疾"。她的死,对于李世民和李世民所领导的李唐政权都是一个无法言喻的重大损失。如果她能再多活二十年,李世民的身体就不可能垮得那么快,她的儿子们就不会因为太子之位而斗得你死我活,身为先皇才人的武则天也不可能有机会和李治搅到一起……但这些却因为长孙皇后的过早离世而变得虚无缥缈!

长孙皇后是唐朝三百年第一个真正意义上的皇后。这样贤良大义的皇后,终唐一世也没有出现第二个。而在她之后的另一个皇后武则天,更是将大唐搅得天翻地覆。

没有更好,只有最好——将这句话送给可敬可爱的长孙皇后!

十五、房谋杜断

"房谋杜断"涉及两个人——房玄龄和杜如晦,这个成语是由二人"合作开发"出来的。这两人各有处事特点,房玄龄善于谋划,杜如晦长于决断。大唐政权刚建立时,各种繁杂事务千头万绪,房玄龄及其他大臣提出众多积极实用的政策、规章,李世民看得有点眼花,有时不知道到底该如何选择。这时候,他总是感慨:"非如晦莫能筹之。"杜如晦被招至现场,总是能很快地作出决断,而且每次结果都一样,"竟从玄龄之策"——最终采用的都是房玄龄的谋策。这就是"房谋杜断"的由来。两人分工明确,一个专门想点子,一个专门管拍板,名副其实的黄金搭档。

房、杜二人都是唐初宰相,在唐朝五百多位宰相的方阵中,二人最为著名,得到了后人的一致认可。晚唐诗人皮日休在他的《七爱诗·房杜二相国》一诗中夸他们"纵横握中算,左右天下务",并说如果和他们生在同一个时代,"愿为执鞭竖"。连皮日休这样的大才子都心甘情愿当他们的马前卒,可见两人的魅力之大、影响之广。

唐代受人称道的贤相还有姚崇和宋璟。关于唐代的宰相,后世有"前有房杜,后有姚宋"一说。这四个宰相分别处在两个黄金时代:房玄龄、杜如晦处在贞观盛世,姚崇、宋璟则处在开元盛世。这两个盛世前后相沿,是中国整个封建社会最为富庶发达的时期之一。这种并非巧合的巧合似乎可以说明,宰相对于一个政府是极端重要的!

下面我们就来全面认识一下"房谋"。

房玄龄是个高级知识分子,十八岁考中了隋朝进士,才名远扬。当时的隋朝吏部侍郎高孝基曾经感叹说:"仆观人多矣,未有如此郎者,当为国器,但恨不见其耸壑昂霄云。"古代的伯乐好像遍地都是,这个高孝基真是眼力独到,此郎后来果然"耸壑昂霄云",位极人臣。

李世民在早年参加革命时认识了房玄龄,二人一见如故,李世民将他带在身边作为参谋。房玄龄确实有让李世民一见倾心的魅力,他的身上有很多常人不具备的优点。每次作战,攻下城池之后,"众争取怪珍,玄龄独收人物致幕府,与诸将密相申结,人人愿尽死力"。

名将岳飞曾经说过,只要"文官不爱财,武将不惧死",就能天下太平。房玄龄正是唐初不爱财的文官的典型代表。每当李世民率军攻下重要城池后,房玄龄都首先去寻找那些有才能的人,并将他们带回来,安排到军中幕府中,为朝廷效力。这跟萧何的行为何等相像!

当初汉军进入秦朝豪华的咸阳宫时,美女满眼,珍宝满屋,萧何却不屑一顾,直奔秦朝国家图书馆,将馆中的地图、书籍、账册搬运一空。在后来的楚汉战争中,这些翔实地反映了当时国内军事、经济、地形状况的图册资料,为刘邦最终挫败项羽发挥了难以替代的重要作用。难怪李世民在分封功臣时,将房玄龄和萧何相比较,说他"有决胜帷幄、定社稷功"。

不仅李世民欣赏房玄龄,李渊也同样喜欢这个聪明的后生。李渊认为,小房同志机敏冷静,可以放心地委以重任。每次看完小房代李世民拟写的战地信息快报,李渊都由衷地赞叹:"每为吾儿陈事,千里外犹对面语。"这是夸房玄龄文笔精练,阅读他的文章没有任何障碍,不需要查字典,虽然远隔千里,却好像是两个人在面对面说话似的。李渊的想象力够丰富的,这句话讲的不就是今天的可视电话吗?

房玄龄在玄武门政变之前的所作所为这里不再重复,这章主要讲讲发生在贞观时期的与房玄龄相关的事情。

李世民登基不久就任命房玄龄为尚书左仆射。既然有左仆射,就肯定有右仆射了,时任尚书右仆射的就是杜如晦。

我国古代官职名称多如牛毛,即使是历史学家,也可能被那些成千上万、蹊跷八怪的不同名称绕得头昏脑涨。所以,为了便于阅读,本书一律不提那些让现代人很陌生的官名,但对一些基本的官职名称尽量作出解释。

左、右仆射这两个官名是必须解释的。大家知道,唐朝实行的是三省六部制,三省名称分别是尚书省、中书省、门下省。尚书省最高长官叫尚书令,中书省最高长官叫中书令,门下省最高长官则叫侍中。这三省长官是除皇帝之外的最高行政首脑。三省之中,尤以尚书省权力最重,因为吏、刑、兵、民、礼、工六部都归尚书省管理。所以,尚书令就相当于无所不管的总理。

但是在唐初一百多年时间里,尚书令这个职务只有一个人担任过,那就是唐太宗李世民。武德初年,李世民因为功劳太大,被李渊授予天策上将、尚书令等显赫之职。后来,李世民当了皇帝,尚书令一职便不再轻易授予他人,即使授予臣下,臣下也不敢领受。中唐时期,唐代宗欲封平定安史之乱、有"再造唐室"之功的大将郭子仪为尚书令,郭子仪即以"太宗尝践此官"的理由拒辞不受。

这顶帽子,臣下不是不想戴,而是不敢戴。皇帝戴过的,臣下在戴之前得掂量掂量自己的头够不够分量,脖子够不够牢固。别看皇帝递帽子给你时一脸的真诚,你要是真接过来戴在头上,很可能以后就没有头了。皇帝有时候会故意试探臣子,看功劳大到封无可封、赏无可赏的勋臣是否会有"太宗之志"。不接最为明智,接了,皇帝就会定期不定期琢磨:这个尚书令会不会有一天顶掉了他的位子呢?

既然尚书令永久空缺,那尚书省的工作由谁来主持呢?很简单,由尚书省的左仆射和右仆射代行尚书令之职,负责全盘工作。而左、右仆射中又以左仆射为大,身为左仆射的房玄龄就是唐初权力最大的宰相。

"宰相"这个词也有必要作个解释。要理解这个词,我们首先要知道两点:一是"宰相"一词只是存在于口语中的非正式称呼,中国正式官制中并没有"宰相"一职。二是宰相不是一个人,而是一个群体。

宰相制度在中国存在了一千六百多年,直到明朝时才被朱元璋废除。在最后一个宰相胡惟庸被杀之前,几乎任何一个朝代的宰相都是"合唱型"的。担任这个职务的,少则数人,多则数十人。像萧何、诸葛亮那样的"独唱型"宰相是极少极少的。贞观时期,位居宰相之位的官员有二十多个,高宗朝多至五十人左右,武则天朝就更多了,达到了创纪录的七十多个。

按照唐初官制,尚书、中书、门下三省长官都是宰相,每省有两名长官,这就是六个宰相了。六个太少了,一张八仙桌都坐不满,得加人。李世民执政时期,"批发"出去不少宰相职位。为了避免弊政乱政,李世民创立了集体议政制度。在一项政策措施出台前,所有三品以上的宰相级高官都坐到一起,召开"圆桌会议",对相关文件进行讨论修改。这确实是一个集思广益的好制度,但问题是,朝廷里三品以上的宰相官员太少了,很多官衔较低但很有水平的官员就被这条硬杠杠挡在了议政堂之外。

怎么办?怎样才能使那些才高位卑的官员跨过议政堂的高门槛呢?宰相级别的官位,编制是固定的,没有下双黄蛋的可能。上游动不了就动下游,李世民想出了一个好办法——将那些位卑的官员才俊曲线提拔。比如一个五品官,本来连瞟一眼议政堂的权力都没有,但只要李世民给他授个"参议朝政"、"参知政事"的头衔,他就可以昂首挺胸地跨进议政堂,和那些平时只能仰望的三品高官们坐在一起讨论国家大事了。无论官品多低,只要被授予这个头衔,就立马跃升到宰相行列里了。不光是这两个,还有"同平章事"、"同中书门下三品"等,意思都差不多。

很多学者认为李世民大举提拔官员是有意为之,是一种权谋之策。有人说,李世民意欲通过这种方法稀释宰相权力,利用朝中资历较浅、容易控制的新生政治力量来制约老牌政客的相权,并断定这是政治家玩的手腕。但是作者不同意这种观点。

唐初的宰相虽然位高,但权并不重,早已经没了汉初宰相可以定夺天下政事的权力。三省长官各司其职、互相牵制,根本无法形成对皇帝有威胁的权力垄断。颁发一道命令,必须经过四道程序:先由中书省起草完成,皇帝认可后再返回中书省,中书省交给门下省审核盖章,门下省同意后发到尚书省,然后才能执行。

这三个部门等于将一根完整的鞭子截成了三节,每部手里握有一节,少了其中的任何一节,都发挥不了原有的威力。中书省递来的文件,如果门下省认为不妥,可以拒绝签字,发回中书省重新修改;而权力最大的尚书省根本没有起草、驳斥的权力,只有执行权。所以,贞观时期,相权已经被分割,对皇帝形成不了任何威胁,李世民根本不需要再拉一帮小字辈来搞平衡。况且,唐初的宰相重臣基本都是跟随李世民多年的老部下,天下刚刚平定,不可能稳居高位却猝生反心。

从实际效果来看,李世民提拔任命宰相的政策是很正确的,起到了很好的效果。贞观年间名传千古的大臣,很多都是通过这个途径走上宰相之位的,魏徵、褚遂良、戴胄、萧瑀、杜淹等人都是这一政策的受益者,他们的所作所为得到了历史的肯定。所以,我认为很多学者在这个问题上曲解了李世民的本意。

李世民没有看错,房玄龄的确是一个文能安邦的相才。他在贞观朝执掌政务二十年,做了很多影响不菲的事。他和长孙无忌主持制订的《贞观律》,为中国古代法律的代表著作《永徽律》的产生奠定了坚实的基础。房玄龄还和魏徵"总监诸代史",主持编修了《晋书》、《梁书》、《陈书》、《北齐书》、《周书》、《隋书》、《南史》、《北史》等八部史书,为中华文化作出了重要贡献。这一成果的出现使贞观时期成为我国历史上修史成就最辉煌的时期。中国正史统称的"二十四史",贞观一朝修订的竟占了其中的三分之一,委实让人叹服!

房玄龄的个性和魏徵迥然不同,两人一个温和,一个刚硬。同样是向李世民进谏,魏徵碰到李世民大发雷霆,不但毫无惧色,而且还和他针锋相对地辩论;房玄龄则不同,每次受到李世民的批评责备,他"必稽颡请罪,畏惕,视若无所容"。"稽颡"就是磕头,只要李世民一发火,他就吓得面如土色,磕头请罪。

他这样的性格,在家肯定是个"妻管严"。前文说过,房玄龄和杜如晦合作创造了"房谋杜断"这个成语。房玄龄的老婆也很生猛,她与李世民合作,创造了一个在中国无人不知、无人不晓的俗语。

大概是见房宰相工作很辛苦,为了表示嘉奖,李世民打算赐给他几个漂亮的宫女。而房玄龄"屡辞不受",差点把头摇成脑震荡,坚决不要。

房玄龄哪里敢要,他的老婆卢氏是有名的妒妇,他即便有贼心,也没有那个贼胆。《新唐书·烈女传》中录有卢氏的烈行,说房玄龄有一次生了大病,久治不愈,他觉得自己即将离世,便对老婆说:"吾病革,君年少,不可寡居,善事后人。"房玄龄确实是个好男人,自己都要死了,还挂念着老婆未来的婚姻,希望她趁着年轻改嫁。可是他没想到,哭着跑开的卢氏转身回来时,已经从一个正常人变成了残疾人,她"剔一目示玄龄,明无它"。这个刚烈的女人竟然剜下一只眼睛,向丈夫表明自己决不会再嫁二夫。

家里有这样一个妻子,房玄龄敢把美女带回家吗?李世民真是善解男人意,他决定帮助宰相,就派长孙皇后去做卢氏的思想工作,想让她了解,朝廷大员纳妾是律法所允许的,希望她不要吵闹。但卢氏在这个问题上寸步不让,就是不同意。

李世民生气了,派人问她:"宁不妒而生,宁妒而死?"李世民以为这下卢氏肯定会因害怕死亡而改变主意,没想到卢氏可不像她的老公,而是软硬不吃,她毅然决然地说:"妾宁妒而死。"

听她这么说,李世民便派人送了一壶酒给卢氏说:"若然,可饮此一鸩。"卢氏眼睛连眨都不眨,将皇上送来的"毒酒"一饮而尽。不过,她并没有被毒死,因为壶里面装的不是鸩酒,而是醋,皇帝不过想吓吓她而已。随着捍卫爱情的卢氏这么勇敢的一喝,一个别具含义的新词诞生了:吃醋。

在这场"战斗"中,李世民败下阵来。面对这样一个时刻准备节烈的女人,他自动举手投降说:"我尚畏见,何况于玄龄乎?"皇帝都拿她没辙,房玄龄自然更没辙,李世民准备的美女硬是没送出去。

唐朝士大夫怕老婆似乎是一种普遍现象,唐代末年,宰相王铎也以惧内出名。他在带兵镇压黄巢的农民军时,瞒着大老婆带上小老婆随军出征。大老婆听说后,气势汹汹地跑到军营去找老公兴师问罪。王宰相吓得不知所措,哭丧着脸问参谋说:"夫人北至,黄巢南来,何以安处?"参谋给他提供了一个参考答案:不如降黄巢。

这是一个特别幽默的喜剧小品,怕吃醋的老婆甚于怕吃人的黄巢,宁降敌人,不会夫人,在惧内级别上王宰相比房宰相高多了。

房玄龄为相二十年,一直保持着谦恭的作风,勤勉认真,一切以朝廷利益为重,对同僚和部下不摆架子,不搞打击报复,"不以己长望人,取人不求备,虽卑贱皆得尽所能",是一个完美的领导。

李世民晚年好大喜功的心理有点膨胀,依仗兵强马壮,对高丽发起了战争。十几万军队远征作战,需要耗费大量的人力物力,这对刚刚富裕起来的唐朝来说是得不偿失的。那时候,直言敢谏的魏徵已经去世,"群臣莫敢谏",只有病中的房玄龄给李世民上表,请求他罢辽东之役,不要劳民伤财,让军士白白牺牲。这封奏折写得特别感人,很多话至今读来仍让人不禁感慨战争的残酷。他说，皇上不应该无端把将士"驱之行阵之间，委之锋镝之下，使肝脑涂地"，一场战争下来，会有无数将士的"老父孤子、寡妻慈母，望棺车，抱枯骨，摧心掩泣，实天下之痛也"。

这是一个仁慈宰相的肺腑之言。那么多年轻的生命，仅仅因为帝王的一时意气，就不得不抛妻别子，到千万里之外跟无冤无仇的异邦士兵进行你死我活的残酷厮杀。很多年轻的生命在厮杀中枯萎，永远留在了那个地方。那些年轻的生命消失之后，他们家中年幼的孩子、年轻的妻子、正等着他们赡养的父母情何以堪！"可怜无定河边骨，犹是春闺梦里人。"这句让人潸然泪下的唐诗，正是这种天人永隔情境的真实写照。

只可惜房玄龄的抗表阻止不了李世民征伐高丽的决心。但是看到病重的老臣竟然写了那么长的奏章，李世民还是十分感动，他对自己的女儿、房玄龄的儿媳妇高阳公主说："彼病笃如此，尚能忧我国家！"

正是因为时刻忧国忧民，李世民才毫无保留地欣赏和信任房玄龄。他曾在一次宫廷宴会上，当着所有五品以上官员的面表扬房玄龄和魏徵说："贞观之前，从朕经营天下，玄龄之功也；贞观以来，绳愆纠缪，魏徵之功也。"他把二人比作唐朝不同时期的"双响炮"，并"亲解佩刀，以赐二人"。

李世民亲征辽东，安排房玄龄留守京师。他在诏书中对房玄龄说："公当萧何之任，朕无西顾忧矣。"这个比方很恰当。当年刘邦在中原被项羽打得十战九败，幸亏有坐镇关中的萧何源源不断地输送兵员和粮草，才能重整旗鼓。房玄龄就是唐朝的总后勤部长，扮演的角色和萧何相同，"凡粮械飞输，军伍行留，悉裁总之"。

房玄龄的后勤保障和物流运输工作完成得很出色，唐军攻打高丽虽然没有取得全胜，但也没有吃亏。在千里之外的客场作战，能进退自如，并在没有达到战略目标的情况下还可以从容不迫地退兵回国，这与唐朝有强有力的后勤保障有很大关系。假如粮草供应不继，唐军在饥饿状态下仓促撤军，必会因高丽军的尾随追击而出现重大损失。这是房玄龄在去世前为唐朝作的最后一次贡献。

房玄龄是个胸怀宽广的好好先生，即使有一些下属得罪了他，他也不给他们穿小鞋。《大唐新语》中记载着一个颇有意思的小故事，很能反映他的这种品质。

房玄龄病重期间，许多官员商量着抽个时间去探望慰问一下。户部郎中裴玄本对大家说："仆射病，可须问之。既甚矣，何须问也。"这虽然只是玩笑话，却显得很刻薄、很没人情味。意思是说，如果宰相得了小病，应该去看；如果病得特别严重，就不必去了。这是典型的实用主义者的嘴脸，如果人病得快要死了，今后就指望不上他的提拔关照了，看了也是白看，何必呢！

没想到这句话传到了房玄龄耳中，但房宰相一点也不计较。后来当裴玄本随大流出现在探望他的人群中时，房玄龄笑着对他说："裴郎中来，玄龄不死也。"这个玩笑开得很大度。但人总有一病不起的时候。贞观二十二年（648年）夏天，房玄龄的生命走到尽头,终年六十九岁。

房玄龄幸运地活到了古稀之年,与他齐名的杜如晦却没有这么幸运。杜如晦在贞观四年就病死了,只活了四十五岁。古代的医疗水平很低下,许多优秀人物还处在容易出成绩的青壮年时代,就早早离开了人世,实在是让人"长太息以掩涕兮"!

杜如晦也生于富贵人家,他的祖爷爷、爷爷、父亲历代为官。中国古代大多数文人家境良好,这与大部分武将出身于草根阶层形成了鲜明对比。这种现象很好理解,如果家里吃完了上顿还不知道去哪儿找下顿,哪还有闲钱让子女去读那些经史子集呢!杜如晦的家庭当然不属于这一种,这从他的名字就能看出来。"如晦"两字应该出自《诗经》中的"风雨如晦,鸡鸣不已"。要是父母是没文化的放牛娃出身,怎么可能会给孩子取这么有文化含量的名字呢?

杜如晦的工作经历比较简单,他在隋炀帝时代曾经参加过朝廷的人才选拔。慧眼识人的吏部侍郎高孝基见这个青年才气逼人,甚为器重,他开诚布公地对杜如晦说:"公有应变之才,当为栋梁之用。"但朝廷只授予他县尉小官,杜如晦不感兴趣,很快便弃官而去。

后来,李唐势力崛起,杜如晦被秦王李世民相中,引入秦王府担任兵曹参军。此后,他一直作为随军参谋跟随在李世民左右,成为秦王智囊团核心成员之一。在平定薛仁杲、刘武周、王世充、窦建德等超级军阀的战争中,杜如晦都是军事参谋组的重要人物。《旧唐书·杜如晦传》称赞说,他对军中各种事务"剖断如流,深为时辈所服"。

大唐建国之后,秦王府中的许多人才都被唐高祖李渊调往各地任职,杜如晦也差点被调出秦王府,幸亏房玄龄及时阻止了这件事。房玄龄向李世民建议说,虽然有许多人被调出秦王府,但皆不足惜,唯独"聪明识达"的王佐之才杜如晦不能失去。他提醒李世民:"若大王守藩端拱,无所用之;必欲经营四方,非此人莫可。"

这句话让李世民猛然醒悟,他大吃一惊,对房玄龄感叹道:"尔不言,几失此人矣!"于是,在李世民的力保之下,杜如晦得以一直在秦王府当差。

房玄龄确实是好样的,他又当了一回萧何。像萧何当年向刘邦推荐韩信一样,房玄龄对推荐杜如晦也没有半点私心和嫉妒心理。要知道,同为李世民的参谋,杜如晦和房玄龄之间存在着一定的竞争关系。这事若搁在其他人身上,肯定巴不得有才的杜如晦赶快被调走,免得威胁自己的地位。史籍上这样"熟鬼害熟人"的记载多得不胜枚举,例如庞涓和孙膑、李斯和韩非。如果房玄龄有庞涓、李斯这两位老兄的心理,杜如晦必将离开秦王府。一旦成为朝廷编制内官员,就很难再有回归秦王府的机会了。

成功留住杜如晦是李世民成就伟业的一个重要因素。即位之后,李世民对杜如晦大加任用。贞观初年,杜如晦身兼数职:检校侍中、兵部尚书、总监东宫兵马事,后来又出任尚书右仆射,在唐初政坛上简直是红到发紫。他不但横跨尚书、门下两省高职,而且还主宰太子宫事务,可见李世民对他的信任和重视程度!

贞观三年,监察御史陈师合给李世民上了一篇《拔士论》的奏章,内中指出"一人不可总数职",就把矛头指向杜如晦,讽刺他"跨界任职"太多。李世民看到奏折后勃然大怒说:房玄龄、杜如晦并非因为功高才受到重用,而是因为他们确实具有治理天下的才干。他生气地质问陈师合:"师合欲以此离间吾君臣邪?"陈师合很不走运,因为这封奏折,他被李世民流放到荒僻的岭南劳动改造去了。

杜如晦死后,李世民还经常想起他,因而黯然神伤。有一次李世民在吃瓜时,因为瓜味甜美,突然想到了再也没有机会品尝到如此美味的杜如晦,"遂辍食之半",怆然将手中的甜瓜分出一半,派人送到杜如晦的灵前祭奠。还有一回,李世民奖励给房玄龄一根黄银带,又想起了曾经跟随自己多年的老伙计杜如晦。他流着泪对房玄龄说:"昔如晦与公同心辅朕,今日所赐,唯独见公。"伤心之余,他又命人拿出一根同样的黄银带,叫房玄龄亲自送到杜如晦的灵所。

一个让女人时常想起的男人一定是个有魅力的男人,而一个让帝王时常想起的男人一定是个有本事的男人。杜如晦确实是个有本事的人,但由于去世太早,史书上并没有留下多少关于他的惊天动地的事迹,像是一个躲在聚光灯光环之外的导演。他和房玄龄共理朝政,配合默契,"引士贤者,下不肖,咸得职"。唐初很多大政方针都是他们的合作成果,"至于台阁规模及典章人物,皆二人所定,甚获当代之誉"。

尽管杜如晦在李世民登基后只为大唐工作了三年,但他所做的基础性工作得到了大家的普遍推崇和认可,他为繁华富足的贞观盛世作出了自己的贡献。无论是喜欢挑剔的前代史官,还是喜欢挑刺的后代学者,都毫不吝啬地给予了他很高的评价,由此可见,杜如晦的确是一代名相!

作为一代名相,房玄龄和杜如晦都几近完美,遗憾的是,他们的儿子却都因为谋反罪而被处以极刑。

房、杜二人都是李世民的儿女亲家,房玄龄的二儿子房遗爱娶了高阳公主,杜如晦的二儿子杜荷娶了城阳公主,成了人人羡慕的驸马爷。房玄龄的一个女儿还嫁给了李世民的弟弟,成了王妃。

肯定会有人问:怎么这么巧啊,都是二儿子娶公主,大儿子干吗去了?原来唐太宗时代,功臣之子娶公主有个不成文的规矩——大儿子基本都要靠边站。因为按照法律,父亲的爵位是由嫡长子继承的,这种名利双收的好事二儿子没有份。所以,本着好处不能让大儿子独占的公平原则,多数情况下,都是大儿子袭爵位、二儿子娶公主。

高阳公主和城阳公主都是唐太宗很宠爱的女儿,她们在历史上有一些知名度。特别是高阳公主,她视丈夫房遗爱为无物,明目张胆地与辩机和尚私通,把她的皇帝爸爸气得想骂娘,直接把她的情夫腰斩了。

城阳公主的名气比高阳公主稍小一点,但她有个名气很大的媳妇。在首任丈夫杜荷被杀后,城阳公主改嫁薛瓘,并生了一个英俊潇洒的儿子薛绍,而薛绍娶的就是大名鼎鼎的太平公主。

房玄龄和杜如晦一生对大唐忠心耿耿,如果知道后代卷入谋反的旋涡,不知道他们会作何感想。不过这事发生在他们身后,他们没有看见。但是,与房、杜资历一样老的功勋之臣、活了七十五岁的李世勣看到了,他亲眼目睹了这俩倒霉孩子的倒霉过程,并把这个血淋淋的案例作为李家的家教鉴戒,希望起到警钟长鸣的效果。

公元669年,临终前的李世勣向弟弟李弼托付后事时感叹道,房玄龄和杜如晦当年辛辛苦苦创下家业,原指望能造福后代,没想到一切"悉为不肖子败之"。他要李弼将李家所有的子孙都集中到自己面前,然后当场嘱咐弟弟,希望他对李家后人严加管教,发现"有不厉言行、交非类者,急榜杀以闻"。这等于授权给李弼,以后李氏子孙中有对朝廷不敬的,有结交乱臣小人的,必须立即打死,然后上报朝廷,以免引来灭族之祸。他告诫自己的后人要好自为之,不要让别人像自己笑话房玄龄、杜如晦那样地笑话自己:"毋令后人笑吾,犹吾笑房、杜也。"

尽管李世勣未雨绸缪,但事实还是证明,这位曾经笑话名相的名将并没有在真正意义上笑到最后。在他死后十几年,他的孙子徐敬业在扬州发动了一场大规模的反对武则天的造反运动,史称"徐敬业叛乱"或"扬州兵变"。

有人会问:李世勣的孙子为什么不叫李敬业,而叫徐敬业啊?原因很简单,因为他得罪了女皇武则天,武则天把唐高祖李渊赏赐给他们家的李姓又收回来了,所以他只能姓徐了。

十六、"功、得"圆满

与唐太宗李世民一起打天下的那些开国功臣是很幸运的,他们大都得以善终,没有背上莫须有的罪名,糊里糊涂地死去。他们的功劳得到了帝王的认可,他们的人生结局是圆满的。

一个新王朝的建立总是伴随着无数场惨烈的战争。一个人领着一群人,冒着被灭族、被凌迟的危险,浴血厮杀。然而,当那个人坐稳江山之后,那群人却没有因为功德无量而前途无量,他们中的许多人还是没有避免被灭族、被凌迟的命运。大家都知道,那群人的结局那么悲惨,并不是因为他们有错,而是因为那个人假想他们有错。

在帝王们"功德圆满"之后,那些帮助他们夺取天下的功臣们的命运大致可以分为四等:优秀、良好、及格、红灯。

"良好"属于急流勇退型。这类功臣很精明,他们深深懂得"吾观自古贤达人,功成不退皆殒身"的道理,在胜利的欢呼声还没有完全停止的时候,他们就看到了即将出鞘的屠刀,于是他们明智地对已经圆满的那个人说:我已经把你扶上马,就不再送一程了,我家里还有老婆孩子、鸡鸭鹅猪等着去照看呢,拜拜吧!

此后，他们便挥手自兹去，杳渺无影踪。孙武、范蠡等人是此类型的典型代表。为了君王在战场上砍杀得满身臭汗，连热水澡都没泡一个就急急挥手告别，乍看上去似乎有点吃亏。可是，他们知道，如果跳进了热水池，很可能就再也没有机会上来了。所以，能够全身而退，还给君王留了个想头，这种结局是可以打个七八十分的。

"及格"的代表人物是宋太祖赵匡胤手下的功臣们。赵匡胤黄袍加身以后，生怕拥戴他登上皇位的那些武将们有朝一日也如法炮制，便来了个杯酒释兵权，劝退位高权重的老部下，让他们提前退休，回家享受清福，过不问世事、自由自在的神仙般的生活。

这些人物是泡过澡、用过餐、尝到甜头的贵宾，但在君王的威权高压下，贵宾们都不得不拿着公家发的毛巾和餐具回家，享受那不太自由的自由。虽说没有摘到最甜的桃子，虽说一直生活在皇帝的监控镜头下，但他们一般都能安稳地享受荣华并得以善终，所以，得个六十分是没有问题的。

与前两种相比，"红灯"型的就有点惨不忍睹了，两个平民开国皇帝刘邦和朱元璋手下的功臣们就属于这种类型。"狡兔死，走狗烹；高鸟尽，良弓藏"，这是对他们的结局最确切的注解。

之所以把"优秀"放在最后说，是因为本书的主角唐太宗李世民的手下几乎个个都得了"优秀"。唐太宗虽然不是唐朝第一个皇帝，但他的经历和许多开国君王无异，是一个人领着一群人在刀光剑影中流血舔血，夺来了如画江山。

唐太宗拥有天下之后，并没有采取清洗政策，对功臣们大开杀戒；也没有因为嫉妒或者忌惮自己的部下，而对他们严加防范。他论功行赏，毫不吝啬地给一直跟在自己后面的那群人派发帽子、位子、票子，让那些辅佐自己的功臣们的后半生"幸福一定强"。唐太宗在位二十多年，没有无端杀害任何一位不该杀的功臣。那些跟随他打天下的文臣武将，除了证据确凿的谋反者，所有人都荣华富贵享尽一生并荫及子孙。这样完美的结局，不给出九十以上的优秀评分，委实对不起李先生和他的功臣们。

到底是不是优秀，算不算优秀，不是作者说出来的，而是唐太宗自己做出来的。唐太宗登基后，第一件大事就是遍封功臣。他是公元626年八月即位的，九月就按照功劳大小给大家分发红包。

他根据各人功劳大小敲定了具体的位次，房玄龄、杜如晦、长孙无忌、尉迟敬德和侯君集五人功居第一。名单公示后，他鼓励功臣们各抒己见："朕叙卿等勋赏或未当，宜各自言。"

看到房玄龄、杜如晦这两个手无缚鸡之力的文官竟然功居第一，当然有人不服，李世民的叔父淮安王李神通就觉得特别委屈。他对皇帝侄儿愤愤不平地说：我是最先在关西响应起兵的老臣，而"房玄龄、杜如晦等专弄刀笔，功居臣上，臣窃不服"。

李神通其实说出了"纷纭不已"的争功将领们的心声。他们心里也都在嘀咕：我们拎着刀在战火纷飞的战场上拼命格杀，房、杜拿着笔坐在冬暖夏凉的指挥部里写写画画,难道我们的功劳还比不上他们？虽然李世民叫大家知无不言,但这种往自己脸上贴金的事,一时谁都不好意思带头站出来说。李神通这时候敢站出来,倒不是因为他脸皮厚,而是因为他正宗的李姓郡王身份和他的不自量力。

若说有人对这个排名不服,怎么也轮不到李神通来指手画脚。老李的本家里面,那个平灭萧铣、击败辅公祏的河间郡王李孝恭都没作声,你李神通急个什么劲呀！还有非正宗本家的李靖、李世勣,这些战功赫赫的牛人也都闭着嘴巴没说话呢。可见这个李神通不但打仗不行,思考问题同样不行。

李神通这次讨了个没趣,被堂侄子好一顿数落。李世民说,叔父虽然很早就举旗起兵,但那是避祸,是为了躲开官府的抓捕。言下之意就是,你那革命行为是被动逃祸,缺乏主观能动性。这话说得似乎过于尖酸了,李神通是因为堂哥李渊起兵才受到牵连,要不是跑得利索,恐怕早就成"神仙"了。李渊造反之前也不给堂弟拍封电报,让亲戚们先躲起来避避风头,这事应该受批评的是李世民的老爸李渊。

接着,李世民又批评李神通的战绩,这可一点也没冤枉他:"窦建德吞噬山东,叔父全军覆没;刘黑闼再合余烬,叔父望风奔北。"这句话跟对联似的,读起来朗朗上口。李神通的战斗业绩确实让人有点不好意思开口,一生居然没有一点稍微像样的胜绩。窦建德和刘黑闼就不提了,这两人都很能打,没有什么神通的李神通干不过他们,也不让人感到意外。但连宇文化及那个草包煞将,李神通都没能撂倒,这就不能怪他的侄儿皇帝奚落他了。

但叔父毕竟是叔父,他可是李家的血亲郡王呢！李世民在数落了叔父一番后,转而安慰他说,叔父乃"国之至亲,朕诚无所爱,但不可以私恩滥与勋臣同赏耳"。这皇帝真会说话,比岳父长孙晟还厉害,长孙晟只是一箭双雕,李世民这句话却是一箭三雕,既安慰了叔父,又突出了勋臣,还顺带着给自己做了个大公无私的植入广告。

此话一出,立竿见影,刚才还唧唧喳喳的功臣们都心悦诚服,大家一起说:"陛下至公,虽淮安王尚无所私,吾侪何敢不安其分。"

在处理这件事时,李世民采取的是"榜样示范工作法"——就算是我们老李家的人,不服也不行,其他人就更别说了。只是这种方法让榜样李神通郡王成了"药渣"。

李世民在对功臣们进行奖励时经常是双管齐下,不但在物质上给予关照,还在精神层面让功臣们感觉荣耀无比。

贞观十七年,魏徵去世的第二个月,为了表彰那些随他出生入死的功臣们,李世民给宫廷画师阎立本布置了一项作业,命他在太极宫内的凌烟阁画出二十四名为朝廷作出重大贡献的功臣图像,这就是著名的《凌烟阁功臣二十四人图》。

这二十四个人个个都不是普通人,所以一定要将他们的尊姓大名列举出来:长孙无忌、李孝恭、杜如晦、魏徵、房玄龄、高士廉、尉迟敬德、李靖、萧瑀、段志玄、刘弘基、屈突通、殷开山、柴绍、长孙顺德、张亮、侯君集、张公谨、程知节、虞世南、刘政会、唐俭、李世勣、秦叔宝。

这二十四个人凑在一起，绝不是"萝卜开会"，而是确确实实的群英荟萃，文能定国，武能安邦。这是一支大唐"梦之队"，这样的队伍，在人数对等的情况下，可以将当时世界上任何一支敢与之较量的军队打成梦游状态。可以肯定地说，没有这二十四个人，就没有大唐江山，没有李世民的帝位。所以，这二十四双手真真切切地左右了中国古代历史巨轮的航向！

现在我们都很熟悉的宣传橱窗，其实就脱胎于凌烟阁功臣图。橱窗内那些佩戴着大红花的劳模和先进人物的照片，跟凌烟阁内的功臣们的画像大差不差。不过，这个早期宣传橱窗并非李世民的首创，他借鉴了汉代两个皇帝的做法。

西汉的武帝刘彻和东汉的明帝刘庄都曾在皇宫内搞过类似的"宣传橱窗"。汉武帝在未央宫内建了麒麟阁，将对汉朝有功的功臣画像存放在里面；汉明帝为了表彰与父亲刘秀一起打下东汉江山的二十八位名将，命人画出了他们的画像，存放于宫中的云台阁内，史称"云台二十八将"。

很明显，唐太宗图表功臣的行为是受到这两个汉代皇帝的启发，但麒麟阁和云台阁的影响均没有凌烟阁广泛。后来，凌烟阁还成了建功立业的代名词，被历代诗人反复歌咏。诗作之中以短命天才诗人李贺的"男儿何不带吴钩？收取关山五十州。请君暂上凌烟阁，若个书生万户侯"最为脍炙人口。

凌烟阁功臣画像存在了很多年。唐玄宗时期，阁内画像因为年代过于久远而褪色，唐玄宗还特命著名画家曹霸对画像进行修饰润色，使之焕然一新。杜甫的"凌烟功臣少颜色，将军下笔开生面"的诗句，就是对这次活动的描写。后来，代宗、德宗、宣宗、昭宗还曾多次进行"画像接力"活动，将本朝功臣的画像搬上凌烟阁，像名将郭子仪、李光弼等人的画像，都是后补的。可惜，这些画像后来均毁于乱世战火。

凌烟阁画像的存在充分说明，唐太宗有着吃水不忘挖井人的知恩图报心理。在给这二十四个功臣画像的时候，杜如晦、秦叔宝、屈突通、柴绍等十一人早已不在人世，但唐太宗并没有因此而忘记或者忽视他们的功劳和贡献。

太宗一朝，凌烟阁上的二十四人，无论是去世的还是有机会亲眼看到自己画像的，绝大多数都功得圆满，没有成为皇帝一脚踢出很远的"蹴鞠"。除了非正常死亡的陈国公侯君集、郧国公张亮和长孙无忌三个人，每个人都得到了生前显赫、死后荣耀的结局。侯君集和张亮是因为图谋造反而被杀，这个责任应该由他们自己承担；长孙无忌的死跟唐太宗更没有关系，他是因为得罪武则天而被迫自杀身亡的。

尤为值得一提的是，唐太宗对他们的历史功绩是本着客观的态度来看待的，虽然有些功臣后来生出二心，但他并没有将其全盘否定。侯君集和张亮被诛杀后，唐太宗仍将他们的画像保留了下来。这种宽广的胸襟在历史上的帝王中极为少见。

凌烟阁成了唐太宗晚年一个重要的精神寄托，他经常登上阁楼，看着那些真人大小的画像思绪万千,回想过去的青春岁月和鼓角争鸣的战斗历程。

尽管时光已经过了千年,但我们仍然可以遥想当时的画面:晚霞似火的黄昏,一个即将走向人生终点的沧桑帝王在高耸的楼阁上凭吊旧日部下。他的心情应该是感慨多于激动。当年风华正茂、激情澎湃,沙场上金戈铁马,气吞万里如虎;而今,那些曾经并肩作战的身影都已化成了烟云,青山依旧在,战友已不存。

也许,落日的余晖会照在唐太宗的脸上;也许,晚霞会映红李世民那张已不再年轻的脸。我想,一千年前的长安,一定有过这样的情景。

他在怀旧,我们在怀想;他在怀念,我们在怀古。但是,我们从不怀疑唐太宗那颗善待功臣的拳拳之心。

唐太宗对手下的功臣不仅大胆任用,而且特别信任,真正做到了用人不疑。贞观十九年,李世民御驾亲征高丽,出征前命房玄龄协助太子李治驻守京师长安,推心置腹地对他说:"公当萧何之任,朕无西顾忧矣。"

东征大军出发不久,朝廷来了一个声称要告状的男子。房玄龄问他要告谁,那名告状男说:"我乃告公。"

真佩服这位兄弟的胆量,他竟然敢把举报信交到自己的举报对象手中,而这个被举报的人还是当朝宰相!

估计当时房宰相也被这石破天惊的回答吓了一跳。不过,在确定了这个举报者精神正常后,房玄龄作出一个决定,这个决定可能同样让那个告状男吓了一跳。为了避嫌,房玄龄没有拆开那封举报信,而是将告状男和状纸一起"打包",命令邮递员以最快的速度传递到正在赶往前线的唐太宗那里,请皇上亲自处理。驿站工作人员不敢怠慢,带着告状男日夜兼程追上了皇帝。

唐太宗的反应可以用两句话来形容:皇帝很生气,后果很严重!唐太宗在看完举报信后立即下达了一道执行死刑的命令。不过,行刑对象不是被举报人房玄龄,而是那个千里迢迢快递来的告状男。

不知道这个人告的是房玄龄的生活作风有问题还是贪赃枉法、图谋不轨之类的重大刑案。但可以断言,肯定是诬告。房玄龄和魏徵一样,是个洁身自好的忠直之臣,花边新闻、花花肠子一概没有,所以,这人杀得不冤枉。

把举报人斩首之后,唐太宗很生气地下诏批评房玄龄:"公何不自信!"意思很明白,你身正别担心影子歪,这种事你自己处理就行了,何必大老远地往前线送!

领导的这种批评,下级恐怕没有不爱听的,虽然是嗔怪,但听得人心里热乎乎的。不过,有时候,唐太宗的批评也会让功臣心里发冷。

有一次,唐太宗很不快活地批评尉迟敬德说:"人或言卿反,何也?"仔细想一下,这种对话情境是很好笑的。在封建时代,帝王竟然跟唠嗑似的,面对面地向自己的臣下求证,问他是否真的想干篡位夺权的谋反之事。

在浩如烟海的"二十五史"中,这样的历史情节应该不会有雷同。那时候,谋反是多么严重的事啊!很多帝王为了以防万一,仅凭道听途说和疑神疑鬼,就把疑似谋反者给灭了,哪里会像主持人采访嘉宾那样追问此事是否属实!

这一次,真不好说是唐太宗的气量大呢,还是他故意找一个借口,借机敲打一下和平年代的功臣们。不过,即便他是借机敲打,也是值得赞赏的。不定期敲打比起直接拎刀就砍,更容易让人理解和接受,这说明他的领导艺术水平还是挺高的。

唐太宗没有想到的是,他冷冰冰的批评给自己带来了一份热乎乎的感动。尉迟敬德激动地说:我跟随陛下征伐四方,身经百战,"今之存者,皆锋镝之余也。天下已定,乃更疑臣反乎"!

说尉迟敬德想谋反,连和他不熟的我都不相信。在李世民的政治前途还是一片茫然的时候,他都毅然决然放弃了高价转会的机会。在新政府里,他是功高位显的开国元老,又不是脑残教主,怎么可能生出谋反之心?

唐太宗的怀疑让老尉迟觉得太委屈了,他当场"解衣投地,出其瘢痍",展示给唐太宗"御览"。这一率性行为深深打动了唐太宗。

看着这个战功赫赫、伤痕累累的老部下,唐太宗感动得快要化了,他言辞恳切地安慰尉迟敬德说:"卿复服,朕不疑卿,故语卿,何更恨邪!"皇帝说,这是逗你玩儿呢!

说得轻巧,除了活腻了的,谁敢这么跟皇帝玩儿啊!这个玩笑开得有点大了,是名副其实的"天大的玩笑",尉迟敬德玩儿不起,也笑不出来。

不过尉迟敬德这一脱取得了让皇帝震撼的效果,因为他身上一个挨着一个的瘢痕实在太醒目了。唐初经历过无数场大战恶战的将星不少,尉迟敬德的战友秦叔宝身上的伤痕也是密密麻麻的。

秦叔宝晚年疾病缠身,他总结自己的病因时说,自己戎马一生,"历二百余战,数重创,出血且数斛,安得不病乎"?战斗数以百计,轻伤不下火线,几次重伤不死,流血的数量以斛计,怎么可能没有职业病?

在民间传说中,秦琼同志除了开国功臣的身份外,还是一个兼职——"守门员",他和尉迟敬德一起,替唐太宗把门。后世过新年时贴在门上,用于驱邪祈福的两个门神,就是这两位多次英勇负伤的老兄。

据说李世民做了皇帝后,经常因为宫廷闹鬼、做噩梦而长期失眠。为了睡得踏实,他便让猛将尉迟敬德和秦叔宝两人在宫门前站岗,以便镇住冤魂。自打两人通宵值班后,李世民夜夜都睡得踏实安稳。后来时间长了,他觉得过意不去,觉得老拿大活人当安眠药有点不人道,便叫画工把他们的面貌画下来贴在门上,以画代人。久而久之,两人便演变成了中国门神的形象代言人。

这完全是民间传说,属于故事里的事,在可信度方面,连野史都比不上。故事里出现离谱的情节是很正常的事情,但并非所有离谱的事都是故事。有一件发生在尉迟敬德身上的事就比较离谱,但它确实是来自权威的正史记载,而非故事传说。

贞观中期,唐太宗曾主动对尉迟敬德说:"朕欲以女妻卿,何如?"君王把自己的女儿嫁给功臣或者功臣之子为妻,是中国古代社会君王巩固政权的一个固定套路,一点儿也不离谱。但公主下嫁对象的年龄都不会太大,不太可能悬殊到有代沟的程度。因为帝王有很多少女嫔妃,他们知道年龄相差过大会影响到女儿的幸福。

唐太宗想让尉迟敬德成为自己的驸马时,尉迟敬德已经五十多岁了。一个四十岁的壮男硬要拉一个五十多岁的老男人做自己的女婿,这在一千年后的今天,依然让人感到有点离谱。

而唐太宗作为太平天子,心甘情愿地将自己青春正盛的女儿嫁给一个比她父亲年龄还大的老臣,除了想感谢他当年的多次救命之恩和对朝廷的重大贡献,似乎没有更好、更能令人信服的解释。

若以世俗的眼光看,尉迟敬德这只"老牛"是占大便宜了。但尉迟敬德却不愿意抛弃自己的"小芳",他当场拒绝了,说:"臣妻虽鄙陋,相与共贫贱久矣。臣虽不学,闻古人富不易妻,此非臣所愿也。"

这真是一个极品好男人,他毫不犹豫地放弃了迎娶年轻漂亮的公主的机会。他的妻子很幸运,嫁给尉迟敬德算是嫁对人了。

尉迟敬德是个好男人,但也是个傲男人。他觉得自己功劳很大,"颇以功自负"。他觉得老子天下第二,除了李世民,还真不知道他怕过谁。

贞观六年九月,李世民在自己的出生地武功(今陕西武功)宴请朝中显贵大臣。本来宴会的气氛和乐融融,但很快被恃功倨傲的尉迟敬德给搅和了,原因是宴席上的座位没有标明按姓氏笔画排序。尉迟敬德发现,有一个人坐在他的上首位置,气得当场发飙,他怒眼圆睁地质问那人:"尔何功,坐我上?"老子扛过枪,打过仗,杀过敌人千千万,还救过皇帝脱危难,你的功劳没我大,凭什么在吃饭喝酒的时候坐我上首?

尉迟敬德显然是蛮横不讲理。这种宴会不是去大排档吃龙虾,随便找个凳子坐下就开吃了,那位官员坐在尉迟敬德上首肯定是朝廷安排的,和他本人没有任何关系。再说了,你尉迟敬德又不是什么香水美女,谁稀罕坐在一个大老粗旁边,没准还会被汗臭味熏倒呢。

但尉迟敬德不依不饶,他拽着那位倒霉的官员大骂起来。任城王李道宗见状,赶紧过来劝解。尉迟敬德不但不听李道宗的劝说,反而跟他动起武来,"击道宗目几眇"。他一拳打在李道宗的眼睛上,差点把这位郡王的一只眼给废了。

伸手不打笑脸人。李道宗是唐高祖李渊的侄子、唐太宗李世民的堂弟,是李家正宗的血亲郡王。这样尊贵的郡王赔着笑脸来劝架说和,说明尉迟敬德的面子已经够大的了,如果他趁势收手,也就是误会一场,待会儿碰个杯,什么事都没有了。但他居然连郡王都敢打,而且下手还那么重,怎么可能不让唐太宗大发雷霆呢!

唐太宗气得酒都没喝就拂袖而去，一场喜庆宴会不欢而散。事后，唐太宗叫人把尉迟敬德找来，责备他说：我在读汉史时，见刘邦大肆诛杀功臣，常常在心里责怪他，所以自即位以来，"常欲保全功臣，令子孙无绝"。但今天看到你的所作所为，才知道"韩、彭夷戮，非高祖过"。

唐太宗这番话确实是肺腑之言。他以刘邦为戒，对手下功臣的任用和关照有自己的想法，不让功臣产生"得天下后即入地下"的心理负担。尉迟敬德居功耍狂，也从侧面证明了比起其他朝代，唐朝功臣的生活环境是多么的放松和自由！

在一番批评之后，唐太宗严厉警告尉迟敬德："非分之恩，不可数行，勉自修饬，无贻后悔也。"他要求尉迟敬德下不为例，如果以后再敢这般蛮横粗暴，决不饶恕。李郡王算是白挨了一记重拳。对于尉迟敬德这次近乎胡闹的行为，唐太宗只给了他一个口头警告，连记过处分都没有，这进一步表明了唐太宗对功臣的宽容之心。

不过，这次当面警告还是很有效果的，它像一顿杀威棒，将尉迟敬德打得收敛了许多。后来他闭门谢客，十几年"不与外人交通"，心满意足地在家当起了"宅爷"。

在唐太宗手下做功臣是件很幸福的事。对那些有功之臣，唐太宗在方方面面都能照顾到。每当功臣们生病时，唐太宗总是亲自去探望慰问，不但派御医前往诊治，自己还经常做出一些让大臣们感动得涕泪交加的事。

马周生病期间，唐太宗亲自为其调药；慰问躺在病床上的李大亮时，唐太宗捋起衣袖当起了和药先生；房玄龄病危时，为了能及时看望他，唐太宗命人打通了宫廷围墙；最让人惊叹的是，为了给李世勣治病，唐太宗竟拿起剪刀，把自己的胡须剪下来给李世勣当药引。这事太出人意料了，所以这里要稍加叙说。

贞观十五年（641年），李世勣得了比较严重的急病。唐太宗得知后，马上到李府了解病情，医生告诉唐太宗，这病"用须灰可治"。

唐太宗只看广告不看疗效，听医生说胡须能治病，立马叫人拿来剪刀，剪下一绺胡须交给医生去做药引。

这事在当时真是不得了。因为皇帝身上的任何东西都属于国宝，不能随便给人的。他吐口口水，都是"御液"，更何况是受自父母的发肤。所以李世勣感动得无以复加，病好后他入宫感谢，"顿首流血"。

面对臣下发自内心的感谢，唐太宗站在国家领导人的立场上说："吾为社稷计耳，不烦深谢。"在随后招待李世勣的宴席上，唐太宗又对李世勣说了一番掏心窝子的话："朕思属幼孤，无易公者。公昔不遗李密，岂负朕哉？"

这是说，百年之后，唐太宗要把太子托付给李世勣。唐太宗十分看重李世勣的人品。当年瓦岗军首领李密兵败降唐后，李世勣还尽心守着李密的旧境，并统计人口土地，让李密自己献给唐朝，因此被唐高祖李渊赞为"纯臣"。唐太宗说，当年李世勣对李密不离不弃，他相信李世勣将来也一定不会辜负他。李世勣被这番话感动得无以复加,泪流满面,"啮指流血"。

如果细想一下,这里面有一个问题是比较耐人寻味的。看到"托孤"这个情节,大家也许觉得李世勣是比唐太宗小很多的小老弟。非也,其实李世勣比唐太宗还大五岁。一个小男人向一个大男人托孤,这似乎有点不符合常理呀。由此我们可以推测,唐太宗中晚年的身体状况可能已经不太好了,他觉得自己活不过年纪比他大的李世勣。事实上也确实如此,唐太宗驾崩后二十年,李世勣才离开人世。

当天,李世勣喝得酩酊大醉,在宫里沉沉睡去。见李世勣睡着了,唐太宗不仅没有怪他失礼,反而"亲解衣覆之",解下自己的外衣盖到李世勣的身上。这一幕挺温馨的,历史上给功臣盖衣的帝王远远少于给功臣盖棺的帝王。可以看出,唐太宗关爱功臣是发自内心的。

不过,在对待功臣的问题上,唐太宗也并非完人。为了给儿子铺平帝王之路,他也曾经动过除掉李世勣的念头。

贞观二十三年四月,唐太宗担心李治于李世勣无恩,将来登基后治不住才智过人的李世勣,特意将李世勣贬出朝廷,下放到叠州(今甘肃迭部)担任都督。当时李世勣是享受宰相待遇的兵部尚书,唐太宗一纸调令,就将他从中央踢到了荒凉的西北边境。

这一举动不仅是老子故意唱黑脸卖人情给儿子,而且还是有意借调令观察李世勣这个超级功臣的反应,可谓用心良苦。诏令发出后,唐太宗对李治说:"若其即行,俟我死,汝于后用为仆射,亲任之;若徘徊顾望,当杀之耳。"

唐太宗不愧是个政治高手,能够洞察臣下的每种行为。在老皇帝病危的节骨眼上,如果勣臣接受诏令时模棱两可,就说明他是在观望,在等待政局的变化,准备见机行事。这种投机之臣,人还没"走"就等着茶凉,驭下有方的唐太宗当然不可能让他们有活下去兴风作浪的机会。

不过,唐太宗最终看到了一个令他感到欣慰的结果。李世勣接到调动命令后,"不至家而去"。他没有先回家和老婆来个拥抱吻别,而是打起背包直接赶往叠州就任去了。这固然是李世勣对唐太宗忠诚的表现,但从中也可以看出李世勣的精明。他一定知道老皇帝将他贬出朝廷的用意,所以二话不说就冲出了长安城,想以此告诉下诏人:我就是李家的一颗螺丝钉,您想放哪儿就放哪儿,绝无二心。

唐太宗死后葬在昭陵。这位英明帝王不仅生前对功臣悉心呵护,死后也不忘让他们相随。他生时曾专门下诏,允许功勋之臣陪葬昭陵。所以,昭陵周围有近两百座陪葬墓,是我国帝王陵墓之最。许多为大唐建立和建设作出过贡献的功臣,像长孙无忌、尉迟敬德、房玄龄、程知节、李靖、李世勣等人,死后都葬在昭陵。

柏杨在他的《中国人史纲》中给予了唐太宗极高的评价:"自从盘古开天辟地,李世民大帝是中国帝王中最初一个被中国人真心称颂崇拜的人物。"

诚哉斯言!

十七、平灭东突厥

突厥在北魏时期已经成为中原政权的北方之患,隋末唐初时,其军事实力达到最高峰,"控弦且百万",能投入战场的兵力接近一百万,这在冷兵器时代会令所有的对手发冷。《新唐书·突厥列传》这样评价突厥的军事实力:"夷狄炽强,古未有也。"

尽管突厥这么厉害,但是他们的运气很不好——碰上了N个世纪也出不了一个的超级大神李世民。

突厥在隋朝时分裂为东、西两支,西突厥的活动范围在今天的新疆西北部和哈萨克斯坦、吉尔吉斯斯坦等国家一带,东突厥在今天的内蒙古和外蒙古地区,也就是唐朝都城长安的正北方向。西突厥距长安很远,所以唐初的边患主要来自东突厥(以下简称突厥)。

本着实事求是的态度说,突厥确实是一个不讲道义、不要信誉的民族,他们唯利是图。当然,这和他们的生活环境有关。突厥聚居的地方荒凉苦寒,物资匮乏,连衣物和生活日用品都无法自给自足,所以只能到富庶的南方去开展南财北抢业务,总不能一年三百六十五天天天穿皮草、吃马肉、喝羊奶吧!

唐朝建国之初,突厥南下攻城抢掠是家常便饭,李渊也拿他们没办法。其实唐政府为了边境安宁,每年都送大量财物给突厥。突厥在接受无偿援助时,每次都拍着胸脯保证:再也不干破坏两国关系的坏事了。可是突厥根本不把自己的承诺当回事。

当时唐政府正忙于国内事务,对突厥猖獗的抢掠只能被动防御。武德七年,颉利可汗率兵攻至豳州,李世民气愤地当面质问他说:"国家于突厥无负,何为深入?"这句话是很有意味的:我们该给的、该送的,甚至不该给、不该送的都给了送了,你们为什么还这样不够意思?

但国家与国家之间只有永远的利益,而利益是买不来朋友也买不来尊重的。想确保自己国家的利益,只要两种方法:要么干掉对手,要么制服对手!李世民选择的是:干掉他!突厥和唐朝都已是今非昔比。

626年,颉利可汗和突利可汗叔侄俩指挥十几万兵马逼到离长安只有四五十里地的渭河岸边,刚刚即位的李世民虽然临危不惧,但也实在没办法,只好接受李靖"倾府库,赂以求和"的建议,给这对不请自来的叔侄送了大量的车马费和贵重礼物,然后双方在渭河便桥上订立了互不侵犯的和平盟约,这就是"渭水之盟"。

这种看在礼物的分上订立的和约怎么可能会有效果?礼物还没用完,突厥又来抢掠了。贞观初期,为了防备突厥,李世民先后把李道宗、李靖、张公瑾、李大亮等名将派往北方边境,以节制突厥南侵。在那段时间里,突厥让唐太宗伤透了心,费尽了神。

"渭水之盟"后的四年时间里,唐朝和突厥的力量对比发生了根本性变化。突厥国内矛盾尖锐,很多部落不满颉利可汗的暴虐统治,纷纷自立门户。后来屡次与唐朝作对的薛延陀以及建立强大政权的回纥,都是在这一时期和突厥分道扬镳的。

薛延陀和回纥等部宣布自立后,颉利可汗派遣侄子突利前去讨伐,结果突利出师不利,被对方杀得大败。颉利可汗特别生气,将他囚禁起来,这一行为导致叔侄俩彻底翻脸。突利害怕叔叔对自己下毒手,便倒向唐朝,跑到长安寻求政治避难。颉利可汗失去了左膀右臂,实力大减。

而经过四年的休养生息和练兵备战,唐朝人口增长很快,经济发展迅猛,军队士气旺盛。此消彼长,突厥和唐朝的差距已经不是一点两点了。

出来抢,迟早是要还的,突厥到了典当内衣还债的时候了。

贞观三年十一月,唐太宗下达了向突厥发起总攻的命令。这是李唐政权在低声下气十几年后,第一次以昂首挺胸的姿态主动向突厥宣战。这次讨伐突厥的阵容超级强大,任城王李道宗、兵部尚书李靖、并州都督李世勣、左武卫大将军柴绍、灵州大都督薛万彻、幽州都督卫孝节等六大军区司令合兵十余万,挥戈北上,战线东起幽州(今北京),西至灵州,绵延两千多里,向突厥全境发起全面攻击。

从这个豪华的全明星阵容来看,唐太宗应该是下决心一口吃掉突厥的。让这六个人打仗好手联袂出击,颉利可汗连裸奔的机会都没有。

此次北伐集团军的总司令由兵部尚书李靖担任。李靖是唐朝极少数战斗"大满贯"选手之一,一个人灭掉了好几个国家,东西南北中,除了东征高丽时他因为年老没有参加,其他大战哪一次都不落。他一生的战斗生涯中,没有打过一次败仗。在战争频繁的改朝换代时期,一个人竟能保持不败的纪录,这在世界军事史上也是罕见的。

在这次复仇之战中,李靖表现得极为优秀。唐军没费多少力气就全歼东突厥,跟李靖杰出的军事指挥才能有很大关系。

李司令用的战术是闪电战。他带着三千骑兵从马邑(今山西朔州)急行军,深入突厥腹地,突然出现在距突厥都城定襄(今内蒙古和林格尔)不足十里的恶阳岭。

定襄是颉利可汗的牙帐所在地,离突厥和唐朝的分界线马邑郡很远,颉利可汗就是做梦也想不到这个地方会出现唐军。这么多年来,唐军对突厥的进攻都是采取守势,所以,当李靖率领三千风尘仆仆的骁骑,趁着夜晚向定襄发起攻击时,从睡梦中醒来的颉利可汗大惊失色地说:"唐不倾国而来,靖何敢孤军至此!"

颉利可汗判断,这次唐政府对突厥发起了全面战争。他觉得,如果没有大部队做后盾,李靖不可能孤军深入,来到他家门口。

不能说颉利可汗没有头脑,只能说李靖太有头脑了。李靖知道颉利可汗一定会这样想,所以才敢带着区区三千人直接进攻。艺高人胆大,大约就是这样的吧。

遭到攻击的颉利可汗的第一反应不是组织还击,而是撒开脚丫子跳上宝马,催动宝马撒开脚丫子向阴山以北狂逃。

十七 平灭东突厥

李靖偷袭成功,攻占突厥都城的战报传到长安时,唐太宗大为开心,称赞李靖的这次战绩"足澡吾渭水之耻矣"。这句话反映出"渭水之盟"是一次令唐政府吃亏的盟约,不然唐太宗也不会有这样扬眉吐气的好感觉。

在李靖大获全胜的同时,"二李"中的另一李——李世勣也战果辉煌。他率军从云中(今山西大同)出发,在白道(今内蒙古呼和浩特境内)地区横扫突厥军团。两战告捷后,二李成功在白道会师。

这时,离发起总攻还不到四十天的时间。此时的颉利可汗已经成了东躲西藏的丧家之犬,他的军队大部分被消灭,只有几万人跟随他跑到了阴山以北。他知道,再撑下去一定在劫难逃,便派亲信执失思力赴长安面见唐太宗,"请举国内附,身自入朝"。

突厥彻底认输了,这是一个破天荒的重大事件。突厥一直以唐朝的老大自居,向来颐指气使,这是他们数十年来第一次向中原政权低头。

颉利的投降行为应该是有诚意的。他在山穷水尽的情况下,不得不做出这一能让自己活命的决定。他明白,在强盛起来的唐朝邻居面前,自己这条咸鱼已经永远没有翻身的机会了。所以,这时候举起白旗是一种识时务的明智行为。

唐太宗答应了颉利可汗的内附请求,派遣鸿胪卿(外交部部长)唐俭前去安抚并商量具体归降细节,同时诏令李靖率兵迎接颉利,接受对方投降。

李靖接到唐太宗的命令后,并没有敲锣打鼓北上接人,而是与跟他会合的李世勣商量起再出奇兵袭击突厥的方案来。他俩认为,颉利虽然被打败了,但还有数万兵马,如果他逃到漠北,将来还会带来麻烦,不如这次一鼓作气将其全部消灭,永绝后患。

二李觉得可以利用当下暂时和平的国际环境,他们觉得在唐俭出使突厥,颉利放松警惕的时候,"若选精骑一万,赍二十日粮往袭之,不战可擒矣"。

这也是一着险棋。经过一周以上的急行军,就算是铁人,到达目的地后也会疲惫不堪。如果颉利的数万军队早有准备,以逸待劳,就等于千里迢迢给突厥送去了一万个大肉饺子。

李靖把这个大胆的计划告诉了副将张公谨,张副司令明确反对:"诏书已许其降,使者在彼,奈何击之!"

反对无效。

总司令李靖一定想让颉利被同一块石头绊倒两次,他斩钉截铁地回答张公谨:"此韩信所以破齐也。唐俭辈何足惜!"

此时唐俭的处境和六百年前韩信攻打齐国时郦食其的处境几乎完全相同。当韩信在齐国边境排兵布阵时,郦食其正在齐国充当说客。韩信不管郦谋士的死活,突然率军向毫无防备的齐国扑来,齐王认为郦食其想跟韩信里应外合,就毫不留情地将其处死了。

李靖跟韩信玩的是一个套路,他只想着怎样搞掉突厥,至于唐俭会不会成为郦食其第二，就不在他的考虑范围之内了。他认为即使唐俭被杀，损失也是可以忽略不计的。看来这个从三品的外交部长只能是个人利益服从国家利益了。

这就是残酷的战场之道，分不清对错，道不尽是非。但幸运的是，这个身为凌烟阁二十四功臣之一的唐俭外长并没有因公牺牲，而是在战斗打响后奇迹般地安全脱身。可能是大家都忙着逃命，没人顾得上杀他吧。

李靖点齐了一万精兵，趁着夜色向北进发，李世勣率部随后跟进。

唐初政府特别注重马政建设，在全国各地建立了很多马匹饲养繁殖基地，政府官制体系中还设有牧监一职。牧监是专门负责养马的官员，跟孙悟空曾经当过的弼马温差不多。贞观时期，唐朝的马匹存栏数量达到数十万匹，这一时期唐军骑兵发展十分迅速。李靖带领的一万名骑兵不是凑出来的，而是挑出来的，可见其时唐军骑兵部队已经很强大了。

颉利可汗果然如二李所预料的那样，因为唐俭的到来而放松了警惕。史书记载，"颉利见使者，大喜，意自安"，他理所当然地认为，既然大唐皇帝的特使已经明确答应了自己归降的请求，唐军就不可能再向突厥进攻了，完全可以解除高度戒备状态，高枕无忧了。他不知道，唐俭的身份已经不是和谈使者，而是麻醉师了。最终，集体中了麻醉弹的突厥军被李靖来了个一锅端。

苏定方是著名将领，唐朝很多重大战役都和他有关，这是他在本书中第一次登场。李靖先派部将苏定方率二百骑为先锋，乘着大雾偷偷摸向颉利可汗的牙帐。苏定方在与突厥的对战中表现上佳，他带着队伍在雾霭中急行，离颉利大帐只有七里远的时候，才被突厥军发现。

没有丝毫准备的突厥军队乱成了一锅粥，漫天大雾中，他们看不清到底来了多少唐军，四散奔逃是他们下意识的首选动作。撒开脚丫，有多快就跑多快吧。这一回，南方的唐军把北生北长的突厥打得找不着北了。一直被唐军追着屁股打的颉利可汗此时已经是惊弓之鸟，慌乱中他骑上一匹千里马溜之大吉。

千里马不是谁都能拥有的，那些骑着百里马的突厥士兵还没跑出多远，李靖就率领一万名骑兵呼啸着赶到了。此时，突厥军队已经不能进行任何有组织的抵抗。经此一役，曾经强大的突厥彻底崩盘，失去了恢复元气的可能，连颉利可汗的儿子都被生擒了。在这场惊心动魄的长途远袭中，一万名唐军取得了骄人战绩："斩首万余级，俘男女十余万，获杂畜数十万。"

然而，让颉利可汗头痛的不止李靖，还有个李世勣。

以违反交通规则的时速逃脱李靖的追赶后，颉利可汗带着仅剩的几万人向东北方的碛口（今内蒙古苏尼特右旗）奔去，打算从碛口逃往漠北地区。漠北在北方之北，和唐朝相隔几千里，中间沙漠一个连着一个，恶劣的自然条件使得唐军无法展开大规模的战争。只要进入漠北，颉利就可以继续当可汗。

十七 平灭东突厥

当颉利带着部众吭哧吭哧地跑到碛口时,李世勣早就在等他了。李世勣没有给这位同志哥递上一杯润嗓子的茶水,而是亮出了寒光闪闪的马刀。看到李世勣,颉利可汗吓得连汗都淌不出来了。没有第二种选择,只能再次向后转,跑到一个不姓李的地方。这时候,颉利可汗的手下觉得跟着他跑不可能有任何出路,"其大酋长皆帅众降"。李世勣在碛口俘虏了五万多人,大胜而归。

为了不被唐军俘虏,颉利可汗向灵州方向跑去。碛口和灵州之间的路程有两千里,途中沙漠密布。真难为这位可汗了,从定襄到阴山,从阴山到碛口,从碛口到灵州,颉利可汗在地图上写下了一个不规则的"又"字,总路程至少有三四千里。

颉利向灵州去,是想投靠自己的叔叔苏尼失可汗。苏尼失是颉利的老爸始毕的同母弟弟,颉利的侄子突利投靠唐朝后,他便立苏尼失为小可汗。颉利准备从苏尼失的地盘逃往西边的吐谷浑。

但颉利已经没有机会越过灵州了,唐朝军方导演的以"打你千遍也不厌倦"为主题的年度大戏《绝不放过你》还没有杀青。大同道行军总管、江夏王李道宗跟着颉利的脚步追到了苏尼失家门口,勒令苏尼失交出颉利。

颉利真要郁闷到崩溃,天下如此之大,怎么前跑后跑、左跑右跑,哪里都有姓李的追上门来呢?他吓得只带几名亲信趁夜黑从苏尼失营中逃出,藏在荒山野谷之中。苏尼失不敢和逼到家门口的唐军唱反调,更害怕承担故意放走颉利可汗的严重后果,见颉利逃走,他立即派人"驰追获之",将颉利抓回。

躲得过初一,躲不过十五。这一年的三月十五,李道宗的副将张宝相率领唐军包围了苏尼失营帐,苏尼失举兵投降,颉利被押送到长安。

至此,东突厥国正式灭亡。作为战败国元首,颉利可汗是幸运的,他没有被唐太宗处死,而是和家人一起生活在长安。唐太宗不但赏赐他田地房产,还授予他右卫大将军的官衔。

右卫大将军是正三品的高级武官,与左卫大将军一起,负责宫禁宿卫,是皇帝的禁卫保安副司令(司令是左、右卫上将军)。这个职位直接关系到皇帝的生命安全,所以只有皇帝最信任的人才可能得到任命。唐太宗将右卫大将军这个令人眼热的职位授给颉利,意在向天下人表现自己既往不咎的宽大胸怀,给其他少数民族政权留下良好的印象。颉利上任以后,应该只享受待遇,而不必履行工作职责。

综合看来,唐太宗对待战败国首领和重要人物的态度是非常可取的。在贞观年间众多的灭国之战中,唐太宗从来没有借故杀害被俘虏的他国高层人士,而是全都高官厚禄地养起来,其中的许多人还在朝廷中担任重要职务。贞观初年,许多投奔唐朝的各族酋长被拜为将军中郎将,跻身朝官行列,五品以上的超过一百人。

让这么多少数民族人士官居高位,充分显示了唐太宗胸襟的宽广和民族政策的开明,不然怎么他怎会被少数民族兄弟尊称为"天可汗"呢!但是颉利可汗一点也不开心,他"郁郁不得意,数与家人相对悲泣,容貌羸惫"。

唐太宗非常可怜他,便任命他为虢州刺史。虢州在现在的河南卢氏,唐朝时麋鹿很多,唐太宗特意把颉利安排到这个地方,好让他平时可以打猎散心。唐太宗想得很周到,做得也很好,但颉利并不买账,他不愿意去。

这是可以理解的。一个曾经以打仗为职业的可汗,现在只能去打猎,他肯定觉得不满足。从一国之主变成了阶下之囚,颉利的思想落差是可想而知的。尽管他生活不愁、性命无忧,但还是会受到一定程度的限制,身边肯定有便衣和警卫监视。

颉利有点水土不服,一直渴望回到家乡。在繁华的长安城里,他"不室处,常设穹庐廷中"。公元634年,也就是颉利来到长安的第五年,精神滑坡的他郁郁而终。

平定东突厥后,唐太宗将其境内居民统一迁离原居地,安排到东起幽州、西至灵州的大片地区,也就是现在的北京到宁夏一带。在将突厥原居民安置到什么地方的问题上,唐朝高层官员曾进行过激励的辩论。以魏徵为代表的"放归派"认为,突厥"人面兽心,弱则请服,强则叛乱",建议将这种反复无常的不定时炸弹甩远点;有一些大臣则是"深入派",他们建议将这十几万人内迁到山东、河南等腹心地带,然后分散隔离,使他们渐渐忘记家乡。

唐太宗这次没有接受魏徵等人的建议,而是听从温彦博的意见,将他们安置到长安东北一线。从全局看,这样的安排是最合适的。幽州到灵州一带地广人稀,将他们安置在这里,从经济上说可以开垦土地,发展农业,从军事上说可以起到屏护国都长安的作用。如果将其放回原地,等于放虎归山,虽然当时突厥元气大伤,但数十年后南下抢劫的事说不定会重演。若是按照"深入派"的观点,将他们迁往中原腹地,也是件相当危险的事。一旦这些人产生了思乡之情,从中原腹地一鼓而起,局势就会很难控制,甚至可能影响政权的安稳,这是真正的心腹之患。

突厥原居民内迁后,唐太宗将突厥故地划分为十个州,并设置了六个都督府。都督府是军事单位,相当于现在的军分区。可见在这一带,唐朝还是大量屯军,以保持威慑和高压态势。

扫平东突厥是唐太宗李世民登基后第一个灭国之战,也是贞观时期第一次大面积的领土扩张,东突厥全境被纳入唐朝版图,拉开了贞观时期气吞山河的领土扩张序幕。

十八、兵指吐谷浑

吐谷浑是4世纪以后在我国西北方兴起的一个少数民族政权。"吐谷浑"原本是西晋末年鲜卑族一个部落首领的名字,这个部落首领是吐谷浑政权的开创者,他的后代就以吐谷浑为名和国号。

公元609年,隋炀帝杨广派兵击破吐谷浑,在其地设置了鄯善、且末、河源、西海四郡,吐谷浑可汗伏允远遁党项。隋末天下大乱,中原政权无暇顾及西北,伏允趁机回到故地,成功复国,继续自己的可汗生涯。到了唐朝,吐谷浑政权已经断断续续存在了两百多年。

吐谷浑定都伏俟城(今青海共和),统治着现在的青海、甘肃、新疆部分地区,是唐朝初年西北边患之一。吐谷浑与突厥一样,是很原始的国家。为了让读者有直观的感受,我将吐谷浑比较有特点的、现代人不好理解的风俗归纳为"四大怪"。

第一怪:有房不愿住。

《新唐书·西域传》在介绍吐谷浑时说,他们"有城郭,不居也。随水草,帐室、肉粮"。这种习惯和在长安"不室处,常设穹庐廷中"的颉利可汗完全相同。虽然有城郭,但吐谷浑人不喜欢住,他们喜欢赶着羊马,在水源充足、青草茂盛的地方支起帐篷和锅灶,大口喝酒,大块吃肉。

第二怪:能偷抢老婆。

在这个国家,男人不必担心讨不到老婆。一个原因是他们都住帐篷,不用担心房价太高买不起婚房,更重要的原因是吐谷浑存在可以抢老婆的风俗。

吐谷浑流行爱情"双轨制",有钱人可以用金块和钻戒作为彩礼娶媳妇,没钱也没关系,可以组织亲戚朋友直接把中意的女人抢回家。《新唐书》中有"富家厚纳聘,贫者窃妻去"之语,《魏书·吐谷浑传》中也有"至于婚,贫不能备财者,辄盗女去"的记载。由此可见,这种风俗在吐谷浑是相当普遍而且颇有历史的。其实抢婚现象并非吐谷浑特有的,我国古代许多草原民族都有这个习惯,成吉思汗的老爸就是抢了别人的新婚妻子,生出了铁木真这个旷世奇才。

跟匈奴、突厥等少数民族相同,吐谷浑还有一样比抢亲更让现代人难以接受的婚姻习俗:"父死妻庶母,兄死妻嫂。"父亲死了,他的妾就自动变成儿子的妻妾;哥哥不在了,嫂嫂就变成了弟弟的老婆。吐谷浑可汗伏允的正妻就是他死去的哥哥的老婆——隋文帝时期远嫁吐谷浑和亲的光化公主。

第三怪:赋税靠打劫。

一个政权想维持正常运转,必须要向其治下人民收取一定的赋税,但吐谷浑不是。吐谷浑是一个罕见的"民无常税"的国家,境内居民不必向朝廷纳税,政府的一切用度开支完全靠打劫而来。不过,这里所说的打劫不是通常意义上的抢劫钱财,吐谷浑政府的打劫要高档一点:当政府出现金融危机时,"乃敛富室商人,足而止"。政府只向钞票多多的富裕人家和商人老板索要赞助费,这家五千,那家六万,够用一段时间了,就停止索取,等这拨经费用完了,再接着搞下一拨的。

这样一个没有财政预算的国家能在青海高原上足足存在三百年,当然和吐谷浑政府打劫水平很高和民众抗打劫能力很强有关,还有一个原因是这个民族善于经商。吐谷浑人跟现在的温州人一样,商业才能特别突出。很早的时候,他们就把生意做到了遥远的波斯、天竺等地。那里老板多,老板家里金钱多,隔三差五给政府出点赞助费,毛毛雨啦。

第四怪:法律特另类。

吐谷浑的法律规定,有两种犯人必须被判处死刑:杀人者和盗马者。除此之外,任何违法犯罪行为都可以用钱物抵罪。杀人偿命好理解,但只要盗马就被处以极刑,这法律太另类了,让人见之难忘。大概因为这是一个爱马的民族吧。

看完了"四大怪",相信大家对吐谷浑已经有了相当深刻的印象,下面就来了解一下这个古代高原汗国的领导人——伏允可汗。

伏允的从政资历很老,他在隋朝开皇十八年(598年)就接替兄长担任可汗,那时李世民的老爸李渊还在隋朝担任从三品的地方官,李世民还没有出生。

历经隋文帝杨坚、隋炀帝杨广、唐高祖李渊和唐太宗李世民的四朝老政客伏允似乎并没有吸取被杨广打得流亡国外的经验教训,总是不自量力地以卵击石,经常出兵骚扰唐朝西北边境。

贞观初年,伏允可汗干了很多自绝后路的事,他不但屡次派兵攻击鄯州(今青海乐都)、兰州和廓州(今青海化隆),还无故扣留了唐朝使者赵德楷。唐太宗前后十次派专使赴吐谷浑敦促放人,伏允不得已,才放回了赵德楷。

伏允不计后果的挑衅行为让人难以理解。他在攻打鄯州的时候,派往长安进献贡品的一支队伍还没有返回国内。一面给人大把送礼,一面在送礼对象家中大肆抢劫,这不是自己跟自己打架吗?

同样是跟唐朝对着干,兵强马壮的突厥属于"没事抽人型",马壮兵不强的吐谷浑属于"没事找抽型",打不过人家,还喜欢跟人家翻脸。伏允小动作不断,唐朝这只大老虎回身一口就把他给吞了。

其实武将出身的唐太宗在治理国家时是提倡文治的,他不是一个喜欢以武力开边拓土的帝王,至少在贞观初期不是。这一时期发生的几次灭国之战,责任均不在唐朝,都是那些国家自己埋葬自己的。

唐太宗开始也不想对吐谷浑用兵。吐谷浑第一次侵犯鄯州时,唐太宗没有还手,只是派使者把伏允责备了一顿,并让他到长安就此事做出解释。伏允说自己生病了,跑不了那么远的路。生病真是一种无所不能的神奇借口,不想见某个人可以说自己生病了,想见某个人也可以说自己生病了,古往今来,莫不如此。

伏允同志生病期间还坚持工作——为自己的儿子向唐朝请婚,希望能迎娶唐朝公主。唐太宗答应了他的联姻请求,派人传话,叫他的儿子亲自来长安迎娶公主。这是既合情又合理的要求,男人娶老婆,当然得亲到女方家把老婆接回来。可伏允的儿子跟他老子一样,也不去长安城。唐太宗当然生气,和吐谷浑取消了婚约。

此后,吐谷浑更加频繁地入侵唐朝西北边境,在今天的甘肃和青海交界一带对唐朝州县实施打砸抢活动,最终激怒了唐朝这只大老虎。

为了彻底解决吐谷浑,安定西部边境,贞观八年十二月,唐太宗决定对其大举用兵。这是继消灭东突厥之后的又一次重大战役,唐太宗还想任命李靖为西征主帅,不巧的是,李靖已于十一月退休了。

退休在古代叫做"致仕",明代以前,中国官员都是七十岁正式退休。唐代有明确规定:"诸职官年及七十,精力衰耗,例行致仕。"从诗人杜甫"人生七十古来稀"的感叹中我们可以知道,能活到七十岁已经很赚了。所以,七十岁退休这个规定完全是皇帝送给部下的福利——一张官员俱乐部的终身会员卡。因为在当时,绝大多数人还没有等到退休就命休了。

李靖退休时可没有七十岁。他五十三岁时就以足病缠脚为由,向朝廷递交了退休报告。唐太宗批准了,还给了他很多优惠待遇,加封他为正二品特进,"禄赐、吏卒并依旧给"。不但工资待遇保持不变,而且保卫和服务人员也不减少。唐代二品官员的"防阁、庶仆"人数是七十二人,由朝廷支付工资。

李靖的提前退休还创造了一个流行两百多年的"热词"。唐太宗希望他人退心不退,要求他在身体允许的情况下,"每三两日至门下、中书平章政事"。"平章政事"即处理政务之意。自此,具有特殊意义的"平章事"一词正式产生。终唐一朝,凡加"平章事"三字的官衔都是宰相之位。

唐太宗没想到,上个月李靖退休,下个月事就来了。从这个细节也可以看出,唐朝出兵攻打吐谷浑是一个临时决定。如果李世民早就决定十二月攻打吐谷浑,就不可能在十一月批准最能打的李靖退休。李靖已经病退回家,唐太宗产生了"廉颇老矣,尚能饭否"的疑惑,他向房玄龄等近臣提出了"靖能复起为帅乎"的疑问。当李靖得知老领导怀疑自己的打仗能力和水平时,他没有像廉颇那样一餐吃下去一斗饭、十斤肉,而是直接跑到唐太宗面前主动请缨,要求挂帅出征:"吾虽老,尚堪一行。"

每一次大战,唐太宗第一个想起的将领都是李靖。十年后,唐太宗决定东征高丽,特地面询已经六十三岁高龄的李靖:"公南平吴,北破突厥,西定吐谷浑,惟高丽未服,亦有意乎?"如果真的成行,那他真的就是打遍东西南北无敌手了。只是,唐太宗最终"悯其老",没忍心让他出征。打吐谷浑这时候,李靖还不能算老。他的请战正中唐太宗下怀。贞观八年十二月初三,唐太宗任命李靖为西海道行军大总管,统一指挥五道行军总管组成的西征军。这次远征吐谷浑的五道军区司令分别是兵部尚书侯君集、刑部尚书李道宗、凉州都督李大亮、岷州都督李道彦、利州刺史高甑生,一道随军西征的还有归顺唐朝的突厥、契苾等少数民族军队。

从唐太宗发出讨伐诏书的那一刻起,吐谷浑已经注定要灭亡了。一直想把水搅浑,好趁机浑水摸鱼的吐谷浑可汗伏允确实把水搅浑了,也确实摸到大鱼了,但他没想到的是,他摸到的是一条要命的鲨鱼。李靖率领五大总管,以鲨鱼扑食之势向吐谷浑国都伏俟城杀去。

这是一场军事实力悬殊、没有悬念的战争。吐谷浑除了熟悉地形、占有地利,在其他决定战争胜负的因素方面,比如兵力、战斗力、指挥者的领导水平等,都不如唐军。所以,对伏允来说,这几乎不能算一场战争,而是一场你追我跑的沙漠马拉松比赛。整个战斗过程,我们能看到的就是伏允骑着马一路奔跑、绝尘而去的背影。

第二年四月,任城王李道宗首先到达吐谷浑境内的库山(今青海天峻),本想和吐谷浑军大战一场,但对手很不禁打,很快便被打散。伏允带着残部开始了第一次逃跑:躲进了大沙漠。败退的时候,伏允命人遍地放火,烧掉了所有的野草。野草被烧后,唐军大量战马将因草料供应不足而无法进行长期作战。伏允想用这一釜底抽薪之计将唐军逼上绝路。

青海、新疆一带沙漠纵横,仅有的青草还被付之一炬,这是远道而来的唐军完全没有想到的。许多将领觉得这仗没法打下去了,因为"马无草,疲瘦,未可深入"。

在众多悲观的唱空声中,兵部尚书侯君集坚持唱多。他认为,经库山一战,对手已"鼠逃鸟散,斥候亦绝,君臣携离,父子相失,取之易于拾芥"。如果不乘胜前进,穷追猛打,将来定会后悔莫及。

不愧为兵部尚书,懂得"宜将剩勇追穷寇"的用兵之道。李靖采取了他的建议,兵分两路,从南北夹击吐谷浑军。李靖率李大亮、薛万均由北路进击,李道宗和侯君集组成南路军。

北路军进展十分顺利,连战皆捷。他们先从库山掉头南下,在伏俟城附近的曼头山大败吐谷浑军,然后挥军东进南出,分别在牛心堆(今青海西宁)和赤水原(今青海兴海)连挫对手。这三战都发生在青海湖周围,算上此前的库山之战,唐军这四连胜围绕着青海湖结结实实地画了一个大圆圈。

四战之中,赤水原之战最为凶险激烈。这一战差点把薛万均、薛万彻这对著名的兄弟给报销了。薛氏兄弟都是"勇盖三军"的狠角儿,战场上斩敌方大将首级如同探囊取物。他们各带一百名骑兵作为先锋在大军前面探路,突然遇到了大股吐谷浑军队。

与兵力是自己数十倍的敌人狭路相逢,薛万均、薛万彻没有躲避逃跑,而是视若无物,两匹马、两杆枪,一头扎进成千上万的敌人堆中,这哥儿俩,太神!最神的不是他们敢扎进去,而是扎进去左砍右杀一番,还能轻轻松松地出来,然后轻轻松松地对手下说"贼易与",再带着部下"复驰进击",重新杀入敌阵,"斩数千级"。

这次摧枯拉朽式的战斗让薛氏兄弟产生了轻敌思想,他们率军冒进,在赤水原遭到吐谷浑军队包围,尝到了冲动的惩罚。这次他们被打得很惨,"兄弟皆中枪,失马步斗,从骑死者什六七"。就在危急关头,一个人救了他们。这个人叫契苾何力,是突厥族的将领。契苾何力带着几百名骑兵杀进战场,拼死将两兄弟救出。

契苾何力是唐朝颇具盛名的少数民族将领,他和执失思力、阿史那社尔三人是贞

十八 兵指吐谷浑

观年间最有影响力的异族将领,多次出征,为唐朝边境安宁立下了很大功劳。

和北路军一样,南路军也战胜了极为恶劣的自然环境,取得了重大胜利。当地自然环境特别恶劣,李道宗和侯君集指挥唐军越过两千多里的无人区,"人龀冰,马啖雪",以惊人的毅力克服粮草不足、既冻且饿等不利条件,突然出现在逃到乌海的伏允面前。一阵较量,伏允再次大败,继续向西奔逃。

这是伏允可汗第二次逃跑。他的前门后路都被唐军堵住了,等待他的只有绝路,而最终把他逼上绝路的是契苾何力。

北路唐军在李靖指挥下,分兵数路跟踪追击伏允,一直追到吐谷浑西部边境,今天的新疆且末境内。伏允不顾风沙弥漫,躲进了塔克拉玛干大沙漠中,准备逃往于阗(今新疆和田)。这位老兄的耐力、体力都是一级棒,要是真的跑到于阗,他逃跑的总里程可能要超过五千里。

契苾何力听说伏允躲进了沙漠,决定进入沙漠追杀,但薛万均被打怕了,坚决反对。英雄也有怕草绳的时候,这次薛万均错了。契苾何力和吐谷浑人同属西北少数民族,他了解吐谷浑人的风俗,说吐谷浑人随水草而居,平时很难聚到一起,现在因兵败抱团逃命,正是将其围而歼之的好机会。于是他点了一千多名精骑,冲进沙漠。

"塔克拉玛干"是维吾尔语,意思是"进去就出不来",那里千里无人,只有狂风和黄沙。这是一场艰苦的行军,因为没有水源,"将士刺马血饮之"。过程是艰苦的,但战果是辉煌的。契苾何力成功找到了伏允牙帐,击垮了吐谷浑的有生力量,并俘虏了伏允的妻儿,只有伏允只身逃脱。不久,这位可汗走投无路,自杀身亡。此后,吐谷浑成为唐朝属国,可汗接受唐朝册封,并与唐朝通婚,成为大唐女婿国。

吐谷浑之战肃清了西北部的唐朝敌对势力,使唐朝在西域的影响力和可控范围进一步扩大。唐朝可以以吐谷浑为踏板,轻而易举地向挑衅唐朝的西域国家发起攻击。

十九、西域变通途

西域是指玉门关以西、葱岭以东的广大区域。说到西域,我们总会想起丝绸之路。在中国古代相当长的一段时间内,丝绸之路是连接东西方的唯一陆上通道。要想走出国门,必须经过丝绸之路,经过西域,躲不过,绕不开。

贞观初年,这个地方还剩下了高昌、龟兹、于阗王国和西突厥汗国等一部分实力相对较强的国家。其中西突厥汗国南部边境达到今天的喀什地区,是最强大的一个。因为距离太远,唐朝在这里的影响力有限,所以不少国家认西突厥为老大,抱团抢劫唐朝商队,打击亲唐国家,高昌王国就是一个典型例子。

高昌王国位于今天的新疆吐鲁番地区,因"地势高敞,人广昌盛"而得名。国土方圆四千里,处于西域的黄金位置,是进出西域必经之地。高昌虽然在西域算是大国,但军队只有万把人，和拥有几十万常备军的唐朝比起来，是板车和小轿车的差别。实力相差如此之大，两方本不应该打起来，但是，谁让高昌有一个爱带头生事、不听招呼的国王麴文泰呢！

当强大的东突厥被唐朝一扫而灭后，西域各国震惊不已，共同推举唐太宗为"天可汗"，自愿接受唐朝领导，定期到长安朝拜进贡。高昌国王麴文泰开始时对唐朝采取事大政策，唐太宗登基那年，派人送了件珍贵的狐皮大衣作为贺礼。贞观四年，麴文泰还亲自到长安朝贡。

但是过了一段时间，麴文泰把唐朝晾在了一边，与邻居西突厥好上了。两国组成了反唐联盟，专跟唐朝作对，主要手段是带头生事，实施打砸抢。

去长安朝贡、做生意的西域大部分使团都得从高昌过，优越的地理位置给麴文泰带来了发财致富的好机会。"凡西域朝贡道其国，咸见雍掠。"有个叫焉耆的小国被抢怕了，不敢再走那条路，焉耆王就建议唐太宗重修隋朝遗留下来的沙漠公路，好让朝贡队伍抄近道直接到达河西走廊，绕过以剪径为乐事的高昌国。

麴文泰生气了，旅客都不从他家门口过，他还怎么打劫？他要给焉耆国一点颜色看看，就和西突厥一起发兵，攻破焉耆国好几座城池，抢掠人口，焚烧房屋。这俨然又是一个伏允，做事不计后果，不留后路。

在接到众多西域国家对高昌的投诉举报后，唐太宗下诏责备麴文泰，他让在长安的高昌使者带话给麴文泰："明年我当发兵虏而国，归谓而君善自图。"但警告没有效果，麴文泰依然我行我素。

唐太宗很恼火，命令麴文泰到长安来讲清楚情况。可能担心自己到长安后会被囚禁，由国王变成驻京办主任，麴文泰"称疾不至"。于是唐太宗对高昌亮出了刺刀。贞观十三年底，唐太宗任命侯君集为总指挥，薛万均为副总指挥，出兵西击高昌。

麴文泰听说了这个消息，差点把满口白牙笑成大珠小珠落玉盘。他满不在乎地对臣下说："唐去我七千里，沙碛居其二千里，地无水草，寒风如刀，热风如烧，安能致大军乎！"接着自信满满地分析道，如果唐军兵力在三万以下，高昌以逸待劳，完全对付得了；如果超过三万，就固守城池，等唐军粮尽退兵再派兵追击。

麴文泰始终认为，唐军"发兵多则粮运不给"——这么远的距离，唐军无法保障粮草供应，所以他坚信，唐军"不过二十日，食尽必走"。

通常情况下，限于粮食携带、行军装备和马匹承受能力，二十天是轻骑兵奔袭作战的最长时限，超过这个时限，作战效果将大打折扣。但麴文泰很倒霉，他碰上了一支作战能力超强的军队。在没有准备、没有饮水的情况下，唐军靠喝马血都能穿越几千里的沙漠，何况这次是有备而来？两千里的沙漠，根本挡不住这支战无不胜的野战军！

侯君集指挥数万远征军稳步推进。当唐军进入沙漠的消息传到高昌时，夸口三万唐军不在话下的麴文泰垮了，"忧惧不知所为，发疾卒"，被吓死了。嘴巴狠不是真的狠,麴文泰的嘴巴和他的胆子不成比例。

麴文泰死后,儿子麴智盛继承了王位。

唐军越过柳谷(今新疆哈密),轻而易举地连破高昌军,并迅速抵达高昌城下。新任国王麴智盛急得给侯君集写信:"得罪于天子者,先王也,天罚所加,身已物故。智盛袭位未几,惟尚书怜察!"儿子被逼得没办法,把老子的死说成是上天的惩罚。他希望侯君集看在罪魁祸首已经死了的分上,原谅高昌。

麴智盛太天真了。千里迢迢跋涉而来几万人马,如果一封检讨信就能搞定,那大家就不会去钻研兵书,而改钻研怎么写检讨信了。侯君集没说原谅,也没说不原谅,只是说:"苟能悔过,当束手军门。"麴智盛不出来,侯君集下令攻城。

唐军准备充分,随军携带了各种攻城武器,例如杀伤力很强的抛石机和劲弩。攻城开始后,石头和飞箭雨点般落向高昌城中,城内守军无法抵挡,躲在室内不敢露头。

为提高准确攻击率,随军工匠"又为巢车,高十丈,俯瞰城中"。巢车是一种瞭望塔似的军事设备,跟今天消防车上的升降臂功能类似,人可以站在巢车车厢内升入高空,透过瞭望孔观察战场情况和对手动向。

这仗比较好打,就像在空中安置了一个千里眼和发报机,对方一举一动尽收眼底,并可随时传递报告,"有行人及飞石所中,皆唱言之"。

跟当年王世充一开始死守洛阳,不向唐军投降,指望着窦建德来搭救他的情况相同,麴智盛之所以拒绝放下武器,也是觉得自己"上面有人"。高昌和西突厥是结盟国家,双方订有安保条约,当一方受到外来攻击时,另一方必须出兵相救。麴文泰在世时惟西突厥马首是瞻,就是看中了西突厥是西域老大这块金字招牌,指望着有朝一日高昌国有难,老大能出手相帮。为了让麴文泰放心,西突厥还派了一个亲王驻扎在可汗浮图城,给高昌王撑腰。可汗浮图城就是今天的新疆奇台,距高昌城所在的吐鲁番很近,如果军队快马南下救援,可以朝发夕至。

得知唐军大举进攻高昌城时,西突厥可汗阿史那薄布立即行动起来。不过他的行动不是立即率兵南下救援高昌,而是立即向西逃跑,避开唐军兵锋,而且一口气"西走千余里"。

万里远征,客场作战,连西突厥这个地头蛇也唯恐避之不及,可见此时的唐军何其强大。阿史那薄布可汗逃了,屯军可汗浮图城的那个西突厥亲王也向唐军献城投降。麴智盛这时候才知道,老爸选错了后台老板。内无抵御之力,外无援救之兵,麴智盛无路可走,只得开城出降。

拿下高昌城后,唐军多面出击,将高昌所属二十二座城池全部占领。其后,唐太宗将高昌故地改称西州,并在交河城(今新疆吐鲁番西北)设置了安西都护府,负责西域之地的事务。

安西都护府是唐朝遵循汉朝旧制设置的第一个都护府,"都护"可以理解为"都保

"护"的意思。唐朝先后在边疆地区设置了安西、安东、安北、安南、单于、北庭六个重要都护府。都护府的主要功能是处理少数民族事务和安定边境,最高长官根据级别不同,称为大都护或都护。

平灭高昌只是唐朝威服西域的第一步,在此后的十年内,唐军又先后攻克收降了焉耆、龟兹、疏勒、于阗等众多西域小国,设置了安西四镇,使西域正式成为唐朝国土。公元658年,唐朝大将苏定方再次率领远征军北上西进,给了唐朝宿敌西突厥最后的致命一击,彻底摧毁了在西域围堵唐朝的西突厥,生擒沙钵罗可汗,西突厥宣告灭亡。

唐朝在西域的军事胜利和对这一地区的控制,不仅扩大了国土面积,而且保证了西域和内地交通的畅通无阻,对中西文化交流、商业交往产生了积极作用。

二十、储位风波

历史总是惊人的相似!李唐第三代的储位之争开始了。当年,李世民和他的兄弟们为争夺太子之位不惜兵戈相向,而今,他的儿子们也以他为榜样,为了能君临天下,享受老大的幸福,同样展开了一场看不见硝烟的厮杀。

这两场厮杀何其相似:都发生在三个嫡子之间,都以首任太子失败而告终。

唐太宗共有十四个儿子,其中和长孙皇后所生的嫡子有三个:李承乾、李泰、李治。嫡长子李承乾是皇位的天然继承人,在相当长的一段时间内,他都是唐朝最幸福的人。他不需要像爷爷那样,靠在暴君手下玩潜伏和忽悠各路军阀,自己做大做强;也不需要像爸爸那样,提着剑在战场上浴血拼杀。他出生的时候,李唐强盛事业的大幕已经顺利拉开了。

武德九年八月,李世民登基,十月他就诏告天下,立李承乾为太子,在第一时间确定了自己的接班人。老李家的皇帝整体上是比较清醒的,三个世纪里面,基本上没有出现由太子之位长时间悬而未决而引起的政局不稳。

让我们潜入历史,探寻李承乾那上天入地的短暂一生。

李承乾出生于武德二年,"生承乾殿,即以命之"。幼年李承乾的形象是十分正面的,两《唐书》上记载的对他的评语是清一色的"小红花":"特敏惠,帝爱之","性聪敏,太宗甚爱之"。

贞观九年,李渊驾崩。此时李承乾已经十六岁了。居丧期间,唐太宗将一般政务交给太子裁决,以锻炼他处理国事的能力。这一次当实习皇帝,李承乾得了朵"大红花",《旧唐书》称"庶政皆令听断,颇识大体"。

见继承人能力非凡,唐太宗很高兴,很放心,"后每行幸,则令监国"。从此以后,他出差打猎泡温泉就不用牵挂京城了,一切事情都可以交给太子打理。

如果一直这样下去,也就没有什么储位风波了,唐太宗有朝一日驾崩,李承乾子承父业,在龙椅上跷着二郎腿也没人管得着他。然而,在这个不停变化的世界里,没有什么事是永远不变的。

有句歌词说,越长大,越孤单。但这句话不适用于大唐第三任太子李承乾同学,这位太子爷是越长大,越堕落。随着年龄的增长,这个聪明少年以蹦极的速度笔直坠向堕落的泥潭。他的堕落是从双面伪装开始的。

李承乾的伪装功夫虽然比不上"伪装王"隋炀帝杨广,但他藏恶不露、心口不一的手法同样纯熟老到,一度蒙蔽了很多人。

聪明的李承乾把他的聪明用错了地方,他在父皇和大臣面前大玩变脸。太子贪恋声色、奢靡无度,但在公开场合把自己的本性藏得严严实实,原因很简单,"惧太宗知之,不敢见其迹"。所以,只要在皇帝面前,李承乾就中规中矩,彬彬有礼,在朝堂上"常论忠孝,或至于涕泣"。

这孩子好像是水做的,有时说着说着就泪流满面。老李家又出了一个表演天才。他的哭与亲情无关,与爱情无关,更与国仇家恨无关。他想哭就哭,纯粹是表演给别人看的。在众人面前演完戏之后,李承乾"退归宫中,则与群小相亵狎"。

他还有一个阻止别人批评自己、向自己进谏的绝招。

东宫所属官员中,有专门监督太子言行的谏官,他们只要发现太子有不符合身份的行为,便会立即进谏提醒。但是这些谏官没有一个能进谏成功,因为他们根本就没有机会把想说的话说出来。并不是他们不想说或不敢说,而是他们想说的话,太子提前替他们说了。

让我们来看看这个坏小子是怎么应付那些谏官们的:"宫臣或欲进谏者,承乾必先揣其情,便危坐敛容,引咎自责。"简单地说就是六个字:化被动为主动。太子忙不迭地解释原委、承认错误,貌似诚意十足,原本想厉言进谏的官员傻掉了,他们不但不好意思再说什么,反而对太子"拜答不暇"。

这种情形就像一个债主捏着欠条气冲冲地去老赖家讨债,看到老赖刻意布置出来的连老鼠都饿得倒毙的贫穷境况后,心一软又借给了老赖一沓钞票——吃亏在对方太有心机太会表演、自己太心软上了。

李承乾费尽心机的表演在开始时取得了很好的效果,"人人以为贤而莫之察",大家都对他竖着大拇指。然而,这一切都是暂时的,竖大拇指的人迟早会对他竖起中指。因为,伪装掩盖不住事实。盖子,总有被揭开的一天。

但是唐太宗暂时还不知道这些,他还在努力地从多方面培养李承乾。他将朝中的饱学之士和品德高尚的名臣,例如魏徵、房玄龄、于志宁、李百药、孔颖达等人,都请来给太子当老师,以便于太子耳濡目染,学到更多的知识,学习如何做人。

老子希望儿子好好学习,天天向上,儿子却好好学习,天天向下,枉费了唐太宗的良苦用心。

唐朝时，尊师重教是落实到行动的。太子太师、太子太傅和太子太保的级别属于正一品，和亲王的级别一样，待遇已经到顶了。不光职务高、工资多，唐朝的皇家教育条例还明确规定，即使在太子面前，太子的老师也可以冠冕堂皇地享受很多别人想都不敢想的特权。当老师前去授课时，太子必须"迎拜殿门"，"三师坐，太子乃坐"。太子在用书面形式给老师汇报思想、请教问题的时候，开头要先写"惶恐"，末尾要写上"惶恐再拜"。

但是李承乾的心早就散了，已经无法收回，甚至到了丧尽天良的地步，他竟然面无愧色地找杀手去刺杀自己的老师。于志宁和张玄素两人就差点把生命献给了太子殿下的教育事业。

于志宁在李承乾身边很尽职，对于太子的一切不良行为，他都不顾一切地谏阻。这可忙坏了于老师，因为渐渐长大的李殿下根本就没过什么良好行为。他喜欢修筑宫室，喜欢淫靡之音，喜欢血腥刺激，喜欢和宦官打成一片。

于志宁发现太子竟然和宫中的太监互换衣服，他看不下去了，就进谏说，宦官祸国殃民早有先例，要和他们保持距离。看到李承乾私自带突厥人进宫，于志宁马上说，这是皇宫重地，闲人免进。李承乾很烦叽叽歪歪的于老师，觉得他影响了自己的心情，，便决定杀死他。李承乾找来张思政和纥干承基两名刺客，命令他们去杀死于志宁。

幸运的是，这两名刺客不像他们的主人那么冷酷无情。他们带着家伙摸到于志宁家中，看到太子的老师"寝处苫块，竟不忍杀而止"。

"苫块"是"寝苫枕块"的缩写，意思是人睡在草席上，头枕在土块上。这是古时候儿子为父母守丧期间的礼节。于志宁当时正为母亲守孝，本来他是不能上班的，但因为皇帝的特批，他得以继续工作。天地君亲师，君比父母大，皇帝说行就行。皇帝命令处于丁忧期间的官员继续工作，叫做"夺情"。

于志宁就是这样被唐太宗夺出来的，没想到老子夺情，儿子却想夺命。要不是那两个杀手良心未泯，不忍心对这样一个忠孝两全的大好人动刀子，于老师早就成了刀下之鬼了。但是另一位老师张玄素就没那么幸运了。

贞观十六年，也就是李承乾被废黜的前一年，唐太宗下了一道诏令，"诏自今皇太子出用库物，所司勿为限制"。

这道诏令等于给李承乾送去了一棵摇钱树。在此之前，太子的开销是有一定标准的，如果没有皇帝特批，宫廷供需部门可以拒绝支付他的计划外开支。现在好了，国家银行成了李承乾的提款机。

李承乾把这项特权用到了极致，花钱如流水，"未逾六旬，用物已过七万"。不到两个月，李承乾就花掉了七万多文钱。

不客气地说，这位太子爷太能败家了。贞观时期，七万钱是一笔巨款。朝廷最高级别一品大员，每月俸禄钱是六点八贯，也就是六千八百文，像于志宁、张玄素这样的

二十 储位风波

三品高干，每月的薪水才五千一百文。李承乾两个月的零花钱，比一品官十个月的工资还要多；三品官辛辛苦苦工作一年，工资还不够太子六十天的花销！

张玄素见太子如此挥霍铺张，有点心痛，他向唐太宗上奏，痛批李承乾的骄奢以及其他不检点行为。李承乾气得不行，再次派出杀手，命他趁张玄素上早朝的时候，"密以大马棰击之，几毙"。

这样一个喜欢搞恐怖活动的太子，和他的父亲反差太大了。他的父亲从谏如流，花钱买批评、买建议，他却恰恰相反，花钱买杀手、买人命。如果这样崇尚暴力的人真的君临天下，他实行的绝对是恐怖统治。李承乾曾经公开对自己的部下说："我为天子，极情纵欲，有谏者辄杀之，不过杀数百人，众自定矣。"

李承乾似乎是一个冷血者，几百条有血有肉的鲜活生命在他的心里也只是轻若鸿毛。他的行为太出格，让人难以理解。

李承乾是一个狂热的追星族，不过他追崇的对象不是超级明星，而是已经过气的突厥。他对突厥的崇拜不像现在的明星粉丝，看到自己的偶像就热泪盈眶、高声尖叫、跪求签名，回家后还是该上学的上学，该上班的上班，日子照常继续。

他不是。他把追星当成了正业，一天十二个时辰都在模仿突厥人，甚至把东宫完全改成了突厥部落。他把身边那些长相类似突厥人的士兵挑选出来，五个人编为一帐，让他们像突厥人一样，梳上辫子，穿上皮衣，赶着羊群在宫内作放牧状。他还制作了狼头旗，搭建了许多帐篷，自己也穿上突厥服装，说突厥语。

李承乾又命人铸造了近一丈高的铜炉和大鼎，然后仿效突厥劫掠，让手下的假突厥人到民间抢来马牛羊，在炉鼎中煮熟，和众人一起"抽佩刀割肉相啖"。不仅如此，李承乾还喜欢玩行为艺术——装死。他对左右说："我试作可汗死，汝曹效其丧仪。"

这是真正的"死亡游戏"。

突厥的葬礼挺复杂的。李承乾倒地装死后，手下人开始号哭，骑马围着他奔跑，用刀划着自己的脸颊，以示悲伤。在大家忙得不可开交的时候，他突然坐起身来大声说："使我有天下，将数万骑到金城，然后解发，委身思摩，当一设，顾不快邪！"

金城是今天的兰州，思摩是归顺唐朝的突厥将领，设是突厥的部落首领。这个身份高贵的大唐储君，竟说自己的梦想是将来登基称帝后，带着将士当一名突厥部落的头领，在大西北过漂移不定的游猎生活。

他的行为吓着手下人了，那些不得不陪他玩闹的人"左右私相语，以为妖"。

从李承乾出格的行为来看，他好像没有遗传到爸爸身上的众多优点，却与小叔李元吉有许多相同之处。当年李元吉就喜欢把自己的奴婢侍妾分成两队，让她们互相厮杀，以此取乐。这种暴力游戏被他的侄子发扬光大了。

李渊挺能生的，除了李元吉，李承乾还有二十多个叔叔，汉王李元昌是其中之一。李元昌是李渊晚年所生，属于不知道民间疾苦的阔少一族。由于经常干违反朝廷法度的事,李元昌多次被李世民责骂,因此怀恨在心。李承乾"与之亲善,朝夕同游戏"。这叔侄俩所玩的游戏,正是当年李元吉玩得乐此不疲的真人厮杀秀。

李承乾和李元昌将身边的人分成两队,二人各带一队,都披上毛毡甲胄,手拿竹制长矛,"布陈大呼交战,击刺流血,以为娱乐"。看到别人打得满身是血,他们不觉得残酷,反而觉得开心刺激。有些人不愿意彼此厮杀,李承乾就叫人把他们吊在树上拷打,打死拉倒。

李承乾对这种血腥游戏十分沉迷,他曾经十分憧憬地说过:"使我今日作天子,明日于苑中置万人营,与汉王分将,观其战斗,岂不乐哉!"

还没当上皇帝就多次许愿,而所许之愿没有一件关乎社稷、关乎人民,只关乎败国、杀戮和暴虐。可以肯定,如果他真的当上皇帝,那大唐王朝绝对会出大乱子。

李承乾还曾经给叔叔李元昌许过一个美人愿。李元昌在决定加入太子谋反阵营时,曾恳求侄儿说:"比见上侧有美人,善弹琵琶,事成,愿以垂赐。"

掉脑袋的事不先想考虑周全,在八字还没一撇的时候,就想着怎么把哥哥身边的美人弄到手。唉,老李家的这好色基因哪!

李承乾的好色程度比他的叔叔更甚。现存史料表明,李承乾不但好色,而且是个同性恋。李承乾特别宠幸太常寺一个叫称心的乐童,他"与同卧起"——两人同居了。

太常寺是唐朝的官署机构名称。唐朝政府机构中一共有九个寺,如负责祭祀和宫廷饮食的光禄寺、负责军械管理的卫尉寺、负责案件审判的大理寺等等。太常寺主要负责宫廷礼乐的安排,这里聚集了当时最出色的文艺人才,唱歌的、弹琴的、玩杂技的、演滑稽戏的,一应俱全。可惜他们生不逢时,那时候,艺术家们身份低微,与今天的明星们相比,简直判若云泥。

唐太宗很烦,堂堂一国太子,竟跟一个低贱的戏子同吃同住,怎能不令他大发雷霆?他命人将称心抓起来处死,并将儿子狠狠地训斥了一顿。

红尘自有痴情者,李承乾就是个情痴! 称心被杀后,李承乾思念不已,在东宫给称心建灵堂,立塑像,每天早晚祭奠,痛哭流涕。这样还不算完,李承乾又在宫中"起冢而葬之,并赠官树碑",就差没在碑上刻"皇后之墓"四个字了。

因为称心的死,这个比南国红豆还多情的北方青年对他的父亲充满了怨恨,他以身体不佳为由,一连几个月都不上朝,不拜谒皇帝,不帮助皇帝处理政务,全心全意在自己的小天地里玩红、蓝两军对抗和突厥丧礼之类的胡人游戏。

其实唐太宗对大儿子的失望已经不止三五年了,他早就有改立太子的想法。当李承乾在他心中的地位一落千丈的时候,另一个儿子平地突起,占据了他的心田,这个儿子就是李承乾的弟弟李泰。

"否极泰来",用这个象征着峰回路转、柳暗花明的成语来形容当时李承乾、李泰兄弟俩之间的情形,极为贴切。柳暗的是哥哥,花明的是弟弟;当李承乾在老爸心目中的印象分接近冰点时,李泰来了。

李泰在唐太宗诸子中排行第四,是个爱好广泛的文艺青年,"少善属文",书法绘画也相当精通。除了营养过剩、体重超标以外,他的皇帝阿爸对他的哪一点都超满意。在所有儿子中,唐太宗最喜欢的就是李泰,史载其"宠冠诸王"。

由于李承乾过于顽劣荒唐,在他被立为太子几年后,唐太宗就有移情李泰的迹象。贞观十年以后,唐太宗对李泰的偏爱程度远远超过李承乾。根据历史事实,我们可以将唐太宗对李泰的偏爱概括为"三个特殊化"。

首先是工作特殊化。

贞观十年二月,唐太宗将六个弟弟和六个儿子封为各州都督,要他们到全国各地统领军队,掌控军权。像前文提到的那个喜欢和李承乾一起玩真人对杀游戏的李元昌,在这次都督大派送活动中得到了梁州都督的委任状;后文即将说到的齐王李祐,也是这一打都督中的一个,这位皇子比叔叔李元昌还生猛,他竟然在齐州都督任上造起了老子的反。

魏王李泰被封为相州都督。本来皇子、皇弟都是李都督,没什么实质差别,但李泰被任命为都督后还拥有"不之官"的特权,这就显示出四皇子与众不同的地位了。

所谓"不之官"就是不去赴任。当其他十一个亲王背起行囊去各地上任时,李泰却可以享受着都督待遇,继续留在京城。当时的长安城是世界上最繁华的城市之一,留在京城和下放地方,生活质量是不一样的。唐太宗因私废公,特批李泰不必去上岗,并没有任何冠冕堂皇的理由,唯一的理由就是不舍得这个自己特别钟爱的儿子远离自己。从这个安排上看,唐太宗似乎有栽培李泰的想法。他留下了李泰,却不知,也因此留下了无尽的烦恼。

其次是政治待遇特殊化。

恩准李泰留在京城之后,唐太宗还以李泰喜好文学、礼待士大夫为由,"特命于其府别置文学馆,听自引召学士"。这样一来,就跟武德年间老爸李渊特批自己"开天策府、置官属"一样,唐太宗也允许李泰在魏王府单独开设文学馆,听任他招揽人才。

大家都知道,当年,李世民就是依靠天策府十八学士这一强大班底成就了帝王之路的。现在,唐太宗允许不是太子的李泰开馆招生,这无法不让时人浮想联翩。文学馆虽然属于文化机构,但在当时开设文学馆也属于敏感行为,它所表达出的政治层面上的意义非常明显,发出的信号很容易让人联想到唐太宗身为秦王时所开的文学馆。

也许这是心如明镜的唐太宗有意为之。他不可能不知道批准李泰开设文学馆会在朝廷产生爆炸效应,他想做的,正是要以这种强大的冲击波来暗示自己有改立太子的想法。

这是有历史资料佐证的。在特批李泰开设文学馆一年后,有一次礼部尚书王珪向唐太宗进谏,唐太宗若有意若无意地进行了一次投石问路。

当时朝廷有一个规定，所有的官员在出行时遇到亲王，都必须下马落轿，恭恭敬敬站在路旁，向亲王致敬。不管你是一品的三公三师，还是二品的侍中、中书令，也不管你是五十岁还是六十岁，反正见了血统纯正、哪怕只有几岁的李家亲王，都得老老实实在路边练罚站。

王珪认为这很不公平，他对唐太宗说，这个制度不符合礼仪，小官也就罢了，三品以上的大臣再这样做，有失体统。唐太宗一听就很来气，回敬王珪说："卿辈苟自崇贵，轻我诸子。"在场的魏徵也赞成王珪的观点，觉得让高级干部"为王降乘，诚非所宜当"。两大重臣的一唱一和把皇帝惹恼了，唐太宗板着脸说："人生寿夭难期，万一太子不幸，安知诸王他日不为公辈之主！何得轻之！"

这话似乎带点警告意味：天有不测风云，人有旦夕祸福，你们千万不要轻视皇子们。万一哪天太子不幸早亡，这些皇子中的某一位说不定就成了你们的主子。

唐太宗这句话看上去是护犊子，其实是借题发挥。他想借此试探，如果更换太子，朝臣们会作何反应。当时李承乾才二十岁，身体健康，精力充沛，天天学突厥人打仗，"万一"的可能性连万分之一都没有。作为国家元首和父亲，唐太宗竟能说出这种出格的话。这绝对不是他随口之言，而是应该暗有所指。

魏徵显然听出了弦外之音，他立刻反驳唐太宗说，自周朝以来，"皆子孙相继，不立兄弟"，这个规矩一乱，国家就会出乱子。

魏徵的观点很明确：太子死了，皇位由太子的儿子继任，儿子死了还有孙子，子子孙孙无穷匮也，只要太子一系还有男人，太子的兄弟就甭想登上皇位，只能像大臣路遇亲王一样靠边站。

这场你不明说我不明说，却你知我知大家都知的争论发生在贞观十二年。这是唐太宗第一次在公开场合透露出想改立太子的信息，但被魏徵结结实实地堵了回去。

唐太宗想废李承乾立李泰，最大的阻力来自魏徵、褚遂良和长孙无忌。这三个人是横亘在李泰面前的三座大山，得不到这三个人的支持，唐太宗就甭想更换太子。

中国古代的皇帝虽然权力大到能决定对外发起战争，但在"一男一女"的废立问题上，他们却难以我行我素，不得不听取朝臣的意见，努力争取得到大多数朝臣的支持。

"一男"指的是太子，"一女"指的是皇后。由于这一男一女关系到政局稳定，牵涉到多方政治利益，许多皇帝都不敢只根据自己的喜好随心所欲地行废立之事。像后来唐高宗李治想立武则天为皇后，也不得不到处求爷爷告奶奶，不但给朝廷官员集体增加工资以换取选票，还和武则天一起带着数不清的金银财宝，亲自登门拜访舅舅长孙无忌，希望得到他的支持。

贞观中后期，唐太宗极力支持四儿子李泰，很希望李泰将来能接替他的位置。他对李泰的照顾可谓无微不至，"以泰腰腹洪大，趋拜稍难，复令乘小舆至于朝所"。这又是一项令人眼红的政治待遇。别人进宫后都得步行进入朝议堂，如果敢骑马坐轿，是要被法办的。李泰却可以坐在轿子里,让仆人抬着,直达朝堂门口。

唐太宗明显很偏心眼。李泰只是太肥胖,就可以享受坐轿上朝的特殊待遇,而太子李承乾患有足疾,"行甚艰难",也没有被允许乘着轿子上朝。难怪《旧唐书》行文至此,忽发慨叹:"其宠异如此!"

最后是生活待遇特殊化。

贞观后期,唐太宗对李泰的宠爱越来越甚,最突出的一个表现就是"泰月给逾于太子"——李泰每月的生活费比给太子李承乾还多!这是一件非常不符合礼仪的事情。在任何朝代,其他皇子都不能以任何理由跑到太子储君的前头。褚遂良看不过去了,给唐太宗上了一道《谏魏王泰物料逾东宫疏》,要求唐太宗从国家大体出发,明确太子的尊贵地位,降低魏王月给。

出于对权力的渴望,加上恃于唐太宗的超级宠爱,李泰已经不满足于自己的亲王地位,"潜有夺嫡之意"。

皇上的偏爱不仅让李泰跃跃欲试,也把李泰身边的人挑得血脉贲张。他们期盼自己的主子将来能登上大宝,自己好得到更多的政治利益。魏王周围很快就聚集了众多政治投机者,驸马柴令武(柴绍之子)、房遗爱、杜荷、黄门侍郎韦挺,工部尚书杜楚客(杜如晦之弟)等人相继站到魏王一边,为他"要结朝臣"。李泰开设文学馆后,更是"人物辐辏,门庭如市",风头一时盖过了地位岌岌可危的太子李承乾。

再来看看一直担心自己被废的李承乾。由于得天独厚的老大身份,李承乾是有机会主宰天下的。即使在李泰十分受宠、李承乾百般失意的贞观后期,唐太宗也没有放弃对李承乾的努力和挽救。唐太宗确实有过废立之心,但一来嫡长子制度深入人心,二来担心埋下皇子争权、互相残杀的祸根,所以不到万不得已的关头,他是不会将这种想法付诸行动的。

在李承乾如此不堪大任的情况下,唐太宗都没有废黜太子,可见在这个重大问题上,他用理智战胜了感情。

贞观十六年,唐太宗曾问大臣:"当今国家何事最急?"谏议大夫褚遂良答道:现在天下太平,边境安定,"唯太子、诸王宜有定分最急"。

这个问题其实透着一点荒唐。太子在皇子中本来就是至高无上的,他是候补皇帝,这个名分根本不需要二次认定。而朝廷重臣竟然将它作为一个正儿八经的问题,要求皇帝确定尊卑名分,可以想见此时太子的地位已经低到何种程度。

也就在这时候,唐太宗感觉到了问题的严重性。为了消除大家的疑虑,向天下表示自己没有废除太子之心,唐太宗决定推出宰相魏徵:"方今群臣,忠直无逾魏徵,我遣傅太子,用绝天下之疑。"

不过魏徵已经病得躺在床榻之上,很长时间不能动了。病情稍有好转,他立即面见唐太宗,说自己病情严重,无法尽到教辅之责,请求朝廷收回这个任命。但唐太宗

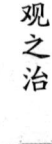

说:没关系,"知公疾病,可卧护之"。可就算是和太子卧谈,魏徵也没有多少时间了。在当上太子太师四个月后,魏徵因病去世。

从上述这个任命来看,这时候,唐太宗已经抛弃了冒天下之大不韪而重立太子的想法。这一点,从唐太宗贞观十七年的一次谈话中也可以得到印证。那一次,他对着满朝文武背诵《礼记》中的有关君位继承的规定:"嫡子死,立嫡孙。"

唐太宗说,太子承乾的儿子已经五岁,自己不会以庶子取代嫡子,来开启其他皇子觊觎皇位的根源。这等于是向天下公开承诺,皇位一定会传给太子李承乾一系。这种承诺是值得信赖的,就像现在各个国家发布的政府公告,是不可能随便更改的。按说,有了老爸这句话,李承乾一直担心的遭到废黜的警报算是彻底解除了。只要他不突然死亡,不搞谋反,等"万岁"百岁之后,皇帝的宝座毫无悬念就轮到他了。

但李承乾真的是个糊涂虫里的糊涂虫,政治形势这么对他有利,他还想着发动宫廷政变,把父亲赶下台,自己做皇帝。

说实在话,李承乾想逼宫,就相当于想把浪里白条淹死,把阮氏三雄用蒙汗药药晕——李承乾想跟他老爸玩这招,太嫩了。唐太宗一贯处险不惊不乱,他在二十多年的帝王生涯中,平定过九次谋反。李承乾这次未遂谋反属于九分之一。

这件令唐太宗最震惊、最失望的谋反案中,有一个曾经在战场上叱咤风云的人物——侯君集。

侯君集战功卓著,曾平定吐谷浑,灭掉高昌,威名远扬。但他和王君廓一样,属于有才少德之辈。他在攻克高昌后,私自抢掠了许多珍奇宝物和美女。回国后被人告发,唐太宗一怒之下将其投入监狱。虽然不久就被释放了,但侯君集为此怏怏不乐,渐生反叛之心。

作为一个谋反者而言,侯君集是很失败的,因为他的谋反之心在别人眼里是透明的,唐太宗、李靖、李道宗等人早就知道了。

出狱后不久,侯君集就一点也不隐晦地邀请将要出任洛州都督的张亮谋反。他直截了当地对张亮说:"郁郁不可活,公能反乎?当与公反耳。"张亮马上向唐太宗作了汇报。唐太宗说:你们都是功臣,想谋反的事,他只跟你一个人说了,没有外人听到,把他抓起来,他也会矢口否认,就算你们当面对质,也难说结果会怎样。唐太宗嘱咐张亮不要声张,仍然像从前一样对待侯君集。

严格说起来,李靖算是侯君集的老师,因为唐太宗曾经命李靖教授侯君集兵法。但令人感到意外的是,侯君集跟着李靖学了不久,就把自己的军事课老师给告了,而且告的是御状。他言之凿凿地对唐太宗说:"李靖将反矣。"

唐太宗问他怎么知道,侯君集说他是通过推理得知的,因为他觉得李老师在教他兵法时,只给他讲些粗浅的,而不讲精深的内容,因此推测李靖一定是担心自己将来谋反时,徒弟拿师傅传授的兵法给师傅制造麻烦。

唐太宗后来问起李靖，李靖一口断定说："此乃君集欲反耳。"李靖说，如今中原已全部平定，自己教给侯君集的兵法，制服四方蛮夷绰绰有余，够他吃一辈子了，他却执意要学全部兵法谋略，这不是想要谋反又是什么呢？但是师傅竟然说中了。

其实比李靖说得更准的是江夏王李道宗。李郡王很早就提醒唐太宗说，侯君集自恃功高，对自己现在的官职地位很不满足，将来一定会叛乱谋反。

侯君集确实对自己的地位不满足，觉得朝廷亏待了自己。其实这是他个人心态有问题。在贞观四年的时候，他不但官至兵部尚书，而且还"参议朝政"，相当于宰相级别了。后来虽然由兵部尚书改任吏部尚书，重要度有所下降，但还是很显赫的。官拜尚书，全国也只有区区六个人，扳着手指头都能数过来。这样的职位他还不满足，显然是当事人自身的问题。

追求可以无止境，但欲望不能无止境。侯君集和李承乾是同一类型的人，身处灿烂之中却看不见自己的灿烂，最后只能在灿烂中死去。

给侯君集和李承乾牵线搭桥的中间人是侯君集的女婿贺兰楚石。贺兰楚石是东宫侍卫，李承乾知道他的老丈人对朝廷不满，便多次命贺兰楚石偷偷地将侯君集带入东宫，向他请教如何保全自己。

大家还记得那个劝庐江王李瑗造反的王君廓吧？侯君集跟王君廓一样，也对李承乾耍起了心眼儿："君集以太子暗劣，欲乘衅图之，因劝之反。"

侯君集是威震边关的勇将，他提出的建议，李承乾很重视，就秘密组织了一批人准备起事。这些人为了表示忠心，全部割破手臂，"以帛拭血，烧灰和酒饮之，誓同生死"。

李承乾的计划和当年他老爸的政变计划差不多，由内而外，先控制内廷和皇帝，然后借皇帝之口对全国发布命令。

驸马都尉杜荷催促大舅哥李承乾尽快行动，并为他设计好了详细的行动计划。他要李承乾"称暴疾危笃"，然后派人报告皇帝，说你大儿子得了急病，你快过去看看吧！按照杜荷的想法，皇上一定会亲临东宫探望慰问。到时候提前埋伏好刀斧手，唐太宗一进入太子宫殿，立刻将其软禁，逼他退位，成为太上皇。

这个计划看上去有那么点意思，不知道如果实行了，能否骗得过政坛斗争经验丰富的唐太宗？不过，可以预料，如果政变成功，后面必定有一项副产品：屠杀兄弟子侄。魏王李泰以及其他对太子有过威胁的皇子都将逃脱不了被杀的命运。

然而，正当李承乾沉浸在自己的完美谋反计划中，还没来得及行动时，一个人抢在了他头里，竖起了反旗，而且导致李承乾的造反失败。这个谋反者不是别人，正是李承乾的弟弟齐王李祐。

李祐是齐州（今山东济南）都督，这位王爷本来不想谋反，他是被自己的舅舅怂恿的。他舅舅对他说，你弟兄那么多，将来皇上驾崩后，你靠什么立足？劝他壮大力量，便于将来保护自己。于是李祐在齐州一带以重金"阴募死士"，组织了一个敢死队，后来干脆据城谋反。

这又是一个没有皇帝的命,却得了皇帝的病的糊涂蛋。他的谋反简直可笑到令人笑不出来。带着千把人就敢竖起反旗,不改名叫李大胆真辱没自己的糊涂胆。谁都知道他没有力量跟朝廷抗衡,都急着跟他划清界限,齐州城内的官吏百姓纷纷趁着夜色,在城头垂下绳子,溜之大吉。果然,还没等唐太宗派出的平叛大将李世勣到达齐州,附近的地方武装就把李祐活捉并送到了长安。

谋反是条高压线,绝对碰不得。尽管是亲生儿子,但李祐还是被"赐死"。皇子谋反不成,唯一的好处就是能落个全尸,可以选择服毒或者上吊,比那些被砍头或凌迟的同案犯"幸福"了很多。

这一场谋反案结案了,齐王李祐死去了。但是,它的影响不止于此,而是牵扯出了一个更大的惊天案件——太子谋反案。

李祐的破产并没有让李承乾警醒。听说这个同父异母的弟弟在齐州谋反,李承乾还曾笑话过他。他自我感觉良好地对纥干承基说:"我宫西墙,去大内正可二十步耳,与卿为大事,岂比齐王乎!"这倒是事实。李承乾所住的东宫和唐太宗所在的太极宫只有一墙之隔,他爸爸想喊他回家吃饭都可以。

李承乾和纥干承基说完这话不到一个月,太子谋反案就浮出水面。将这一阴谋曝光的正是纥干承基。

原来纥干承基不但是太子李承乾的得力干将,而且和齐王李祐交从甚密。这是一个脚踩两只船的政治投机者。他原以为自己上了双保险,东方不亮西方亮,结果东边李祐的灯没亮,他被抓进了大理寺监狱,判处死刑。

有可能是遭到了坐老虎凳、灌辣椒水的刑讯逼供,也有可能是纥干承基想以重大立功表现争取减刑,总之,纥干承基把喝血酒时所说的誓言抛到了九霄云外,向政府坦白了西边的那盏灯:"承基上变,告太子谋反。"

唐太宗命长孙无忌、房玄龄、李世勣等人组成联合专案组,对这一案件进行彻查。调查结论是"反形已具",就差临门一脚,踢开皇帝的寝宫大门了。

唐太宗问大臣:"将何以处承乾?"大臣们不知道唐太宗到底是想让太子活还是死,所以不敢随便表态。本来谋反肯定是死罪,但这个案件很特殊,一来还没有成为事实,二来当事人身份太敏感,还有一点,李祐被赐死才一个多月,如果再建议将李承乾赐死,这么短的时间内皇帝连丧两子,受得了吗?还有一个问题,也是大家不得不考虑的:皇太子死后,如果皇太孙将来登基,提议将他爸爸处死的人还有好日子过吗?

这事复杂得让人头痛,满朝大臣你不看我,我不看你,这个若有所思,那个假装深沉,都不愿出头。这时,通事舍人来济提出一个处理方案:"陛下不失为慈父,太子得尽天年,则善矣!"来济的意思是将太子废掉,但是不杀,让他能活多少岁就活多少岁。

唐太宗接受了来济的建议,将李承乾废为庶人。几个月后,唐太宗又下诏,将其流放到黔州（今重庆彭水）。贞观十九年，李承乾死于流放之地，终年二十六岁。

李承乾的早逝可能与艰苦的生活环境、脚疾以及心情长期压抑等多种因素有关，应该属于正常死亡，不存在政治谋杀的可能。因为李承乾在朝中根本没有政治力量，唐太宗不会因为顾忌到他的威胁而对他下手。

太子谋反案的主犯中，只有李承乾免于一死，其他人全部被杀。汉王李元昌被赐自尽，侯君集、杜荷等人则被拉到刑场上砍头。

尽管有了心理准备，但侯君集的涉案还是令唐太宗非常心凉、失望。他亲自审问侯君集，侯君集死不承认。可他不知道，他的女婿贺兰楚石在事发之初就主动告发了他。见侯君集还在死扛，唐太宗命人找来证人贺兰楚石。贺兰楚石当着岳父的面，把他们如何策划、如何喝血酒、如何发誓言原原本本复述了一遍。之后，唐太宗又拿出他和李承乾平时的往来书信。人证物证俱在，侯君集只得服罪。

和自己出生入死的战友现在竟然想置自己于死地，这一个人的背叛，也许比一个属国的背叛更让唐太宗伤心。当着这个和自己一路走来的猛将、伙伴，唐太宗动了真情，他半是批评半是感叹地说："吾为卿不复上凌烟阁矣！"

唐太宗是一个相当重感情的人，他想留下侯君集的性命，便对众臣说："君集有功，欲乞其生，可乎？"这次大家都不再沉默，异口同声地说："君集罪大逆不道，请论如法。"唐太宗求助"现场观众"失败后，泪眼蒙眬地对侯君集说："与公长诀矣！"侯君集听了这话，"自投于地"，场面相当感人。

在死亡面前，侯君集这个刀锋战士表现出了勇者本色。临刑前，他没有恐惧不安，而是从容地向老领导提出了一个要求，希望唐太宗看在他攻取吐谷浑、高昌两国的分上，不要将他的家人斩尽杀绝，给他留下一个儿子，传承侯家香火。唐太宗答应了他的请求，不但没杀他的儿子，还赦免了他的老婆。

检举揭发太子谋反的纥干承基成为这场夭折政变的大赢家，不但被免于死刑，后来还加官封爵。

李承乾被废后，太子之位出现空缺。李泰看到了希望，不断加大在父亲面前的表现力度，期望能尽快被立为太子。

贞观年间这场储位之争的风波，可以用一个成语形容：一波三折。

第一折是李泰，第二折是李治。

唐太宗本来就看好李泰，李承乾出事后，他准备把太子桂冠戴到李泰的头上，"面许立为太子"。但李泰想成为太子，阻力还是很大的。当时朝臣在册立太子之事上分成了两派：一派以岑文本、刘洎为代表，主张拥立魏王李泰；另一派是以长孙无忌为首，支持晋王李治。两派各有优势，李泰派的优势在于唐太宗很中意李泰，李治派的优势在于支持他的朝臣根基很深。

从当时的情况来看，李泰的优势比较明显。因为现在不是废太子，而是立太子，废和立的难度系数差别很大。唐太宗之前不敢废掉让他很失望的李承乾，是因为李承乾没有犯原则性错误，唐太宗找不到废掉他的理由。如果在理由不充分的情况下，强行废黜储君，魏徵、褚遂良等元老人物一定会齐声反对。那时候，主动权不在唐太宗手上。而现在，情况就不同了，主动权完全在唐太宗手上，臣下的建议他可以参考，也可以不予采纳。

在太子空缺的日子里，李泰每天都进宫侍奉唐太宗，父子俩的感情与日俱增。有一次，李泰为了表示自己具有天下为公的崇高觉悟，以加重自己在父亲心目中的重量，在唐太宗面前一脸严肃地发誓说："臣有一子，臣死之日，当为陛下杀之，传位晋王。"

又走到赌咒发誓的老路子上去了。李泰没有想到，就是这句着急上火的轻浮誓言，成了他太子之梦破灭的导火索。

唐太宗太喜欢李泰了，李泰说什么他听着都顺耳。对李泰这句但凡是人都不会相信的誓言，唐太宗却深信不疑。有一天，他以赞赏的口吻将李泰这个誓言说给大臣们听，对四皇子这种大公无私的精神感慨万千："人谁不爱其子？朕见其如此，甚怜之。"

可是，没有第二个人相信李泰的誓言。褚遂良更是反应强烈，他直截了当地反问唐太宗说："安有陛下万岁后，魏王据天下，肯杀其爱子，传位晋王者乎！"

褚遂良所言在理。执政后期的唐太宗在立太子这个重大问题上似乎陷入了一个当局者迷的状态，失去了最基本的分辨和判断能力。像李泰这种可信度连零都达不到的不靠谱的承诺，他居然看得跟合同文本一样。

皇位不是大白菜，送一棵出去，地里还能长出一篮子，而是一块散发着诱人香味的蛋糕，不能分食，只能独享。把自己的儿子杀死，然后把继承权交给弟弟，这样的事情历史上从来没有发生过，也不可能会发生。褚遂良看得很透彻，他认为如果李泰被立为太子，那么李治一定会有不测之祸，所以他很明确地对唐太宗说："陛下今立魏王，愿先措置晋王，始得安全耳。"

一句表决心的誓言让人看出了李泰的虚假。这个年轻人犯了过犹不及的错误，表演痕迹太重。可以说，在第二轮的太子争夺战中，稳操胜券的李泰败在了两个"过"字成语上：一个是上面说的"过犹不及"，另一个是下面将要说的"操之过急"。

李泰顾忌自己的弟弟李治，所以时时刻刻都想给他使绊子。一番思考之后，他想到了一个恐吓李治的好点子，跑到弟弟跟前说："汝与元昌善，元昌今败，得无忧乎？"

因谋反事发而自尽的汉王李元昌和李治平时关系不错，李泰准备以此为突破口，在小弟弟身上做大文章。他说出这样的话，用意很歹毒，似乎有点劝李治自杀的意味：李元昌已经死了，你跟他关系那么好，也脱不了干系，不如死掉算了，免得以后受罪。

李治是唐太宗即位以后出生的，当时才十五岁，是个思想单纯的乖宝宝。他听了哥哥这番话之后，吓得不知所措，"由是忧形于色"。唐太宗看他整天魂不守舍，还以为他得了青春期综合征呢，多次追问他原因，李治将哥哥李泰对他说过的那些话原原本本告诉了老爸。唐太宗见李泰如此用心险恶,"始悔立泰之言"。李泰的形象在唐太宗心中一落千丈。

李泰的恐吓行动和当初李承乾想派杀手刺杀他的想法一样愚蠢。可能因为自己曾经兄弟相残,李世民特别反感兄弟不睦的现象和互相算计的行为。这一点,李承乾和李泰都应该知道。

即位以后,李世民是很注重亲情的,他甚至想重新采用分封制度,像周朝那样,将全国州县分封给兄弟和儿子们,让他们在受封的土地上世袭刺史之职,成为国中之国。虽然从社会发展的角度看,这是在开历史倒车,但他想这么做,除了觉得分封制有利于政权的稳固,肯定也有对兄弟和儿子的情感因素在内。

贞观十年,众多兄弟即将远赴封地,唐太宗特意召开一个话别宴会上。在宴会上,他难过得"流涕呜咽不能止",说:"兄弟之情,岂不欲常共处邪!但以天下之重,不得不尔。诸子尚可复有,兄弟不可复得。"当时唐高祖已经去世,李世民的兄弟数当然是永远定格了。

知道老爸如此看重手足之情,李泰这个傻小子还拿自己的亲弟弟做文章,不翻船才怪呢。因此,他的政治前途在恐吓李治的那一刻就已经画上了句号。

只要是人,都不能逃脱主观情感好恶的窠臼。一个人对你印象很好时,你所有的缺点他都视而不见;而一旦印象反转,你的优点在他眼里也可能成为缺点。誓言门、恐吓门事件过后,唐太宗对李泰生出了厌恶之心。他想起李承乾谋反案告破后,自己责骂他不该生出谋反之心时所得到的回答,更坚定了抛弃李泰的想法。

李承乾听到父亲的质问,满腹委屈地说:"臣为太子,复何所求!但为泰所图,时与朝臣谋自安之术,不逞之人遂教臣为不轨耳。今若泰为太子,所谓落其度内。"

这位前太子将自己谋反的主要原因归结为被李泰所逼,不得已而采取自保行为。相信李承乾这最后一句话让唐太宗如梦初醒:如果你立李泰为太子,那就正好落入他的精心设计的圈套之中了!

一句话,一辈子。李承乾的一句话毁掉了李泰一辈子,哥儿俩算是扯平了,你灭了我,我毁了你,两不欠。

这句话像一记响雷,震醒了在太子问题上迷迷糊糊的唐太宗。唐太宗决定听取长孙无忌的建议,改立晋王李治为太子。唐太宗认为,如果立李泰为太子,就表明"太子之位可经营而得","自今太子失道,藩王窥伺者,皆两弃之,传诸子孙,永为后法"。

把天下交给李治,还体现了唐太宗作为父亲的一片良苦用心。他对身边的大臣说:"泰立,承乾与治皆不全;治立,则承乾与泰皆无恙矣。"

唐太宗的估计一点都没错。李治被立为太子以后,就为提高两个哥哥的生活待遇问题给唐太宗打报告,说"承乾、泰衣服不过随身,饮食不能适口",要求朝廷"优加供给"。登基后,他不但没有为难那个曾经算计自己的泰哥,还对他特别友好,又将他封为亲王,"为泰开府置僚属,车服羞膳,特加优异"。

跟李承乾被废后的待遇一样,李泰也被贬放到外地,具体地点是郧乡县(今湖北郧县)。他和家人在那里度过了人生最后八年时光,于永徽三年(652年)客死郧乡,死时年仅三十四岁。

当一波三折的太子人选问题进入第二折时,唐太宗还担心这个转折来得太快,得不到朝臣的支持,便在宫内自导自演了一曲折子戏。

在一次朝议结束后,唐太宗特意留下了长孙无忌、房玄龄、李世勣、褚遂良四人。为什么要留下这四个人呢?看戏呗,不能光有主演,没有观众啊。

看着屋里这四个德高望重的国家干部,唐太宗长吁短叹,满脸一副活不下去了的神色,失望地说:"我三子一弟,所为如是,我心诚无聊赖!"他所说的三子一弟分别是李承乾、李泰、李祐和李元昌。这四个人的情况大家都知道,个个都是"问题亲王"。

唐太宗的意思是说,这四个人儿子不像儿子、兄弟不像兄弟,一个个不是反革命就是反动派,让自己伤透了心,觉得这日子过得太没意思了。

说完之后,唐太宗"因自投于床"。那时候的床,并不是现代意义上的睡床,而是一种坐具。这可不是玩行为艺术,是会出人命的。见皇帝要往床上撞,旁边的长孙无忌等人"争前扶抱"。皇帝头上真要是撞砸出个鹅蛋包,在场的人谁也脱不了干系。

木头不行就用铁家伙,唐太宗"又抽佩刀欲自刺"。想象一下当时的情景,唐太宗也蛮有意思的,几个人都抱住他了,他还装模作样地要拔刀自杀!

唐太宗肯定知道,友情客串的观众一定会和他互动的。结果当然如他所料,刀一拔出来,马上被褚遂良夺下来,交给了站在一旁的晋王李治。演完之后,四个聪明的大臣都看出门道来了,他们知道皇上一定有话想说,有事要办。几个人齐声请求说:陛下有事请明说,我们一定支持。

唐太宗一番煞费苦心的表演,等的就是这句话,他对四人说:"我欲立晋王。"这话说到长孙无忌的心坎里去了。那个李泰也不知怎么了,明明跟李治一样,都是长孙无忌的亲外甥,但长孙舅舅对他们两人的态度却是冰火两重天:超喜欢李治,巨讨厌李泰。如果长孙无忌像喜欢李治一样喜欢李泰,那么李泰笃定能当选太子。对极度渴望太子之位的李泰来说,得不到长孙舅舅的青睐是很不幸的。不过,讽刺的是,长孙无忌最后竟然死在了自己青睐的外甥手上。

长孙无忌见妹夫要立自己看好的李治为太子,马上表示支持:"谨奉诏。有异议者,臣请斩之!"唐太宗的表演取得了最好的效果,他对李治说:"汝舅许汝矣,宜拜谢。"

从唐太宗的这句话我们可以看出,在太子之位争夺战中,得到长孙无忌的支持是多么重要。

有了这四大金刚的一致支持,朝廷其他官员基本就不会有什么异议了。于是唐太宗在太极殿召开了六品以上文武官员大会,要求大家推荐太子人选。

唐太宗说:"承乾悖逆,泰亦凶险,皆不可立。朕欲选诸子为嗣,谁可者？卿辈明言之。"唐太宗当时有十一个儿子健在,除掉李承乾和李泰,还剩下九个。虽然这道题看上去是选择题,九中选一,备选答案甚多,但其实答案早已明了。因为九个皇子中,只有李治是嫡生的,只要李治在,庶子们永远只能是配子红中。

结果和唐太宗预想的一样,全票通过,大家都说:"晋王仁孝,当为嗣。"就在当天,唐太宗对李泰采取了强制措施。那天李泰和往常一样,带着一百多名骑兵警卫在长安街道上溜达,唐太宗命人遣散骑兵,将李泰引进宫内囚禁起来。

对李泰而言,演出结束了。而对李治来说,演出才刚刚开始。

贞观十七年四月,唐太宗诏告天下,立李治为太子。

李治当选储君真的是一个意外。在此之前,想象力再丰富的人也不会想到,晋王李治将来会成为这个超级大国的主宰者。当时几乎所有人都认为,李承乾的出局意味着李泰的晋级。

但政治永远都是那么令人不可捉摸,唐太宗的第九个儿子、从没想过要当太子的晋王晋级了。有舅舅长孙无忌的强力护驾,李治的太子之路平坦顺利,但也并不是没有一点危险的。因为半年之后,唐太宗就生出后悔之心,想改立吴王李恪。三皇子李恪就是一波三折中的第三折。

李恪在皇子中排行老三,是李治的哥哥。但他不是皇后所生的儿子,他的母亲有一个非常出名的爸爸——隋炀帝杨广。

唐太宗有两个杨姓妃子,一个是李元吉的前妻,一个是杨广的女儿,后世为了便于区分,根据两人年龄大小,将前者称为小杨妃,后者称为大杨妃。大杨妃为唐太宗生了两个皇子,所以李恪很幸运,还有个被封为蜀王的胞弟李愔。

李恪的血统当真是高贵得不得了,不但有个皇帝爸爸,还有一个皇帝外公,这样的大一统皇族混血在中国历史上是极其罕见的。唐太宗很喜欢李恪,像宠爱他妈妈一样宠爱这个"有文武才"的三儿子,觉得李恪在各方面都比较像自己。

贞观十一年十一月,在李治成为太子后的第七个月,唐太宗就因为想改立李恪而与长孙无忌有了一次小小的言语碰撞。

唐太宗觉得李治性格过于柔弱,不适合当一国之主,便私下嗔怪长孙无忌说:"公劝我立雉奴,雉奴懦,恐不能守社稷,奈何！"雉奴是李治的小名。

唐太宗果然目光长远,他敏锐地看到了未来的危险,觉得李治过于懦弱,恐怕将来不能守护好社稷江山,接着便向大舅哥推荐吴王李恪,说李恪"英果类我,我欲立之,何如"？但长孙无忌坚决不同意,"固争,以为不可"。

唐太宗问他:"公以恪非己之甥邪？"面对妹夫皇帝的质疑,长孙无忌说,仁义厚道的君王才是真正值得信赖的守成之主,况且,"储副至重,岂可数易"！

虽然长孙无忌不可能没有袒护自己的亲外甥的心思,但他说的也有道理。半年时间两废太子,会给政局带来不良影响。而且李恪不是嫡子,废嫡立庶是皇权政治非常大的忌讳,立李恪为太子,会让别的庶子想象空间大增。

思前想后,唐太宗还是放弃了李恪。不过,虽然唐太宗放弃了改立李恪的主意,但长孙无忌的心里可没有放下这位可能对李治产生威胁的皇子。唐太宗不知道,正是他的这个想法,后来断送了李恪的性命。九年后,大权在握的长孙无忌借审理房遗爱、薛万彻谋反案,大搞株连,将李恪处死了。

唐太宗在立储事件中最终没以自己的偏爱作为选择标准,对此司马光十分赞赏,在《资治通鉴》中称赞他"不以天下大器私其所爱,以杜祸乱之原,可谓能远谋矣"。

深谋远虑这个词完全可以用来评价唐太宗,但他在整个立储过程中也有很明显的错误。他在已立太子的情况下,又对李泰搞特殊化,给李承乾带来了很大的心理压力,便是逼得李承乾生出反心的重要因素之一。褚遂良曾因此当面批评他说:"昔以承乾为嗣,复宠爱泰,嫡庶不明。"所以我觉得,唐太宗最终立李治成为储君,不值得我们高度赞扬。立太子的过程中,经历了太多曲折,直接或者间接导致了他三个爱子早逝,这个代价是巨大而惨痛的。

储君风波是唐太宗晚年一个虽不能算失败,但也绝不能说成功的一个重大事件。而类似的不成功事件,在唐太宗晚年不止发生了一次,例如征伐高丽。

二十一、东征高丽

这里的高丽,确切地说应该叫高句丽,是公元前 1 世纪以后在我国辽宁、吉林一带建立的一个古代政权。自唐以后,中国人一直习惯将高句丽称为高丽。为了照顾读者的阅读习惯,本书对高句丽亦以高丽相称。

公元 7 世纪,朝鲜半岛上总共存在着三个国家:高丽、新罗和百济。其中高丽坐落于半岛北部,半岛南部则处于新罗和百济的统治之下。这三个国家中,以领土横跨今天中国、朝鲜两国的高丽实力最强,它像一块磐石,将新罗、百济两国北向陆路出口完全堵死。如果这两个国家得罪了它,那就只能靠划船从海上进出跟外界联系了。

百济不敢不愿得罪高丽,并在贞观末期和高丽结成了军事联盟。高丽很想吞并新罗,便拉着百济向新罗发动进攻,很快打下新罗四十多座城池。

新罗王不想跳海,便派人向"天可汗"唐太宗求救,说高丽和百济要流氓,无端入侵我国,搞得我想给你老人家进贡都找不着路了。他恳请宗主国主持公道,制止高丽和百济两国的军事行动。

唐太宗当然不允许属国之间相互胡乱攻伐,何况高丽和唐朝接壤,唐朝也绝不允许它扩张领土,做大做强,给边境保卫工作带来麻烦。于是唐太宗命人给高丽王写了一封信,要求高丽王马上停止针对新罗的军事行动,并口气严厉地警告高丽王:"若更攻之,明年发兵击尔国矣!"

唐太宗说这句话时是贞观十七年,从他主观意愿来说,当时他还不想对高丽发动战争。也就是在这一年,在和朝臣讨论高丽政治局势时,他曾两次说到攻取辽东易如反掌,但因"山东州县凋瘵未复,吾不欲劳之",不愿对东边用兵。

但一时不想出兵,并不代表永远都不想。其实唐太宗早就想对高丽动武,只是他觉得时机尚未完全成熟,还可以等等、再等等。在解决了北方外患、安定了西域之后,解决高丽,为隋朝东征高丽死难的国人报仇,已经成为唐太宗一揽子军事计划中的最后一环。这一点可以从唐朝使臣频频利用外交途径,侦察高丽境内的山水地形的行动中得到印证。最后是高丽的狂妄和蛮横,使唐太宗提前对这个东方小国举起了军刀。

当时,高丽国朝政由权臣泉盖苏文把持。泉盖苏文其实是中国人给他取的名字,这个独霸高丽政坛数十年的铁腕权臣原名叫渊盖苏文。中国修史者为了避李渊的名讳,将"渊"改成了"泉"。就像龙泉剑原来叫龙源剑,因为李渊才改叫龙泉剑一样。

在避名讳的问题上,唐太宗做得一如既往地令人称道。对于自己的名字"世民"二字,他在主政之初就"令天下不连言者勿避",这是相当宽松开明的做法。唐代比较严格的避名讳是从唐高宗李治开始的,李世民死后,李治在当年就下令无条件避讳,将"世、民"二字从现实世界中彻底删除,任何人不得使用这两个汉字。于是,三省六部中的民部改为户部,李世勣变成了李勣,后来,连观世音菩萨也不得不去掉了中间的世字而变成了观音菩萨。

既然中国史书都叫他泉盖苏文,本书就称他老泉吧。老泉的三个儿子的名字取得挺有意思:泉男生、泉男产和泉男建。之所以要说这个人,是因为他虽然残暴毒辣,却成功抵挡住了唐太宗这次大规模进攻,成为韩国人心目中的民族英雄。2006年,韩国拍摄了一部名为《泉盖苏文》电视剧,剧中将泉盖苏文描写成了神话般的英雄,并凭空捏造出泉盖苏文一箭将唐太宗左眼射瞎的情节。

泉盖苏文射瞎唐太宗的眼睛纯属胡扯,但他对唐太宗的警告不屑一顾倒是真的。唐太宗叫他不要再攻打新罗,他置若罔闻,坚持不罢手。

贞观十八年七月,唐太宗作出了攻打高丽的军事决定,并正式启动战前物资筹备工作,下诏建造战舰、运输粮草。

对唐太宗东征高丽的决定,大多数朝臣都不支持。长孙无忌认为可以再缓一缓,名将李大亮在临终前留下一道遗表,请求唐太宗"罢高丽之师"。

已经退休的前宜州刺史郑元璹曾参加过隋炀帝时期的高丽之战,为了知己知彼,唐太宗命人将他找来,向他询问征讨高丽的良策。郑元璹没有给他良策,而是给他倒了两盆凉水:路程太远,军粮运输困难;高丽人善于防守,攻城难度很大。

这两点是过来人郑元璹的经验之谈,很有参考价值。后来的事实表明,这两点正是此次东征无功而返的重要原因。但已经铁了心要对高丽动手的唐太宗自然听不进去,他在李世勣的支持下,很自信地对郑元璹说:"今日非隋之比,公但听之。"

唐太宗很自信:现在的大唐已不是当年的隋朝所能比的了,你就等着胜利的好消息吧!这一次,唐太宗搞了独裁,他置大多数人的反对意见于不顾,抱着建功立业、开疆拓土的狂热念头,发动了开往高丽的轰隆隆的战车。

贞观十八年十月,唐太宗从长安到达洛阳。他决定御驾亲征,亲赴辽东前线指挥作战,而洛阳是他前往东方战场的第一站。

这次东征行动,唐太宗进行了严密的部署,水陆两军一时齐发,杀向高丽。海上,刑部尚书张亮统率四万余名精锐士卒,乘坐五百艘战舰,从东莱(今山东莱州)渡海,直趋高丽都城平壤;陆路方面,总指挥李世勣率领六万多唐军步骑联合军团以及部分少数民族军队,从柳城(今辽宁朝阳)出发,向高丽重镇辽东(今辽宁辽阳)、安市(今辽宁海城)两城推进。唐太宗自己则率中军部队从陆路随后跟进。

一切似乎都天衣无缝,一切似乎都完美无缺。如果按照预定的计划和设想,高丽极有可能像西域的那些国家一样,被强大的唐军顺利平灭。但事实上,这次东征并没有取得"东风破"的效果。其原因虽然很多,但我认为很重要的一点,应该是唐太宗多带了一个人和少带了一个人。至于多的是谁、少的是谁,下文再讲,现在先来看一下李世勣指挥的陆路军战况。

李世勣是一块辣得高丽人无法消受的老姜。他太有才了,用假动作把高丽军忽悠得一愣一愣的。他从柳城出兵时,大肆张扬,摆出一副要从怀远镇(今辽阳西北)强渡辽河的样子。得知消息的高丽军在怀远一线布置了大量兵力严阵以待,但他们不知道这是李世勣明修栈道、暗度陈仓的障眼法。就在高丽军精心打造好防线,望眼欲穿地等着唐军来赴死亡约会的时候,李世勣出其不意,率领几万唐军向正北方向疾驰,从通定渡过辽河,然后向东挺进。

高丽举国皆惊,他们也许想过唐军速度快,但没想到会这么快,不声不响间,家门口就到处是人头晃动、马蹄声声的唐军了。唐军在高丽境内如入无人之境,跟逛公园似的,高丽军民"大骇,城邑皆闭门自守"。

自贞观十九年三月正式展开军事行动后,以李世勣和李道宗为正副指挥的陆路军只用了一个多月时间,就相继攻占了建安城(今辽宁盖州)、盖牟城(今辽宁抚顺)等州县,接着从左右包抄高丽重镇辽东城。

辽东城是高丽国的战略重镇,城防坚固,曾让攻打高丽的杨广望城兴叹。三十年后,李世勣率领唐军来到这座在一定意义上将杨广拖入覆灭深渊的坚城之下。但今时非同往日,在兵强将勇的唐军面前,辽东城尽管城高墙厚,终究还是挡不住唐军一波又一波凶猛的攻击。

辽东城下有挖得很深的护城河。对唐军而言,护城河是一道难以逾越的攻城障碍。若不想把陆战变成水战,就只有一个办法:填平护城河!李世勣一声令下,几万名士兵立刻开始了填河工程,肩扛手拎背驮,从不同地方运来泥土倒进护城河中。

正当唐军在辽东城下热火朝天地挖土方时,唐太宗风尘仆仆地赶到了。他见大家都在运土填河,也加入到劳动大军当中:"上分其尤重者,于马上持之。"跟随唐太宗的随从官员见皇帝亲自运土,也都忙不迭地"争负土致城下"。帝国最高领导都和泥巴亲密接触了,谁还敢背着手在边上当一尘不染的甩手先生?

很快护城河就被填平了。李世勣指挥唐军直抵城下,将辽东城团团包围,向城内发起攻击,昼夜不停地攻打了十二天。

高丽人确实很顽强,依城反击,寸步不让。战斗进行到僵持阶段时,唐太宗率领精兵,与围城的唐军会和,"围其城数百重,鼓噪声震天地"。此时刮起了南风,唐太宗决定采取火攻,就选出一些精兵,"登冲竿之末",把辽东城的西南城楼给点着了。火借风势,很快以无法控制的速度蔓延到城内,唐军趁机攀上城墙,把辽东城给占领了。这一仗高丽损失惨重,一万多名守城者阵亡,一万多名士兵被俘虏。

攻克辽东城后,唐军马不停蹄,向白岩城(今辽阳东北)进击。白岩城下虽然没有发生规模宏大的正面攻坚战,但战斗过程同样激烈,唐军两名大将在战斗中挂彩。右卫大将军李思摩被弩箭射中,契苾何力腰部中枪。这两人都是少数民族将领。李思摩本名阿史那思摩,被赐姓李。李思摩中箭后,"上亲为之吮血"。契苾何力受伤后,唐太宗同样很关心,亲自为他敷药,并派人在俘虏中找到那个刺伤契苾何力的高丽将军,将他交给契苾何力,让契苾何力亲手杀死对方以报仇解恨。但契苾何力说:"彼为其主,冒白刃刺臣,乃忠勇之士也,与之初不相识,非有怨仇。"

契苾何力以两国相争、各为其主为由,不去追究那个刺伤自己的对手的责任。想必大家对契苾何力的大度还有印象:在攻打吐谷浑时,他冒死冲进敌群救出了薛万均,结果薛万均只顾自己争功,只字不提契苾何力救过自己的性命,气得契苾何力要跟他拼命,但唐太宗要严厉处分薛万均时,契苾何力反而大度地出面予以制止。

本来这段老黄历没机会也没必要再提了,但契苾何力这次受伤,情节巧得跟编出来的一样,和上次薛万均的遇险、脱险经历十分类似,让人不得不说。

当唐军兵临白岩城下时,位于白岩城南边的乌骨城(今辽宁凤城)高丽守将立即派遣一万多人紧急北上驰援。契苾何力带着八百多名骑兵阻击增援的高丽兵团,唐军虽然勇猛,但三位数和五位数的兵力差距不是单靠勇猛就能拉近的,契苾何力很快陷入高丽兵团的人海之中,腰部被长矛刺中,险象环生。在这危急时刻,薛万备单枪匹马冲进战阵,"拔何力于万众之中而还"。

上次是契苾何力从重围之中救出薛万均,这次是薛万备从重围之中救出契苾何力,这次救人的人居然是上次被救的人的兄弟!

契苾何力的大度终于得到了回报。以小人之心来推测,如果当初薛万均因为契苾何力而获罪受罚,那么作为薛万均的弟弟,薛万备很有可能不愿意冒险去搭救他。也许正是知恩图报的心理促使薛万备不顾一切杀进重围。

契苾何力的经历启示我们：有时候不必冤冤相报，不必在别人错一的情况下我们再错二；有时候，得饶人处且饶人，说不定可以获得意想不到的结果。

在坚固的辽东城被唐军攻破以后，白岩城城主孙代音就知道自己无法挡住唐军的东进步伐，于是主动提出向唐军投降。可当唐太宗接受了他的投降请求后，孙代音又反悔了。唐太宗大怒，下令唐军攻城，并向攻城士兵承诺："得城当悉以人物赏战士。"

有了皇帝这句话，唐军士兵像上足了发条，攻城的劲头更足了，个个奋勇争先。孙代音害怕了，再次提出投降请求。

对于唐太宗来说，不战而白得城池当然是最上算的事情，他再次答应了对方，准备受降。这时候，陆路军总司令李世勣不乐意了。他心里很不痛快，带着几十个将领找到唐太宗，坚决反对接受对方投降。他不满地对唐太宗说，士兵们之所以不怕飞矢流石，不顾生死地往前冲，就是贪图城内的男女财物，如今城池唾手可得，你却要接受敌人的投降，这会"孤战士之心"的！

李世勣不同意和平进城，并不是因为他是个虐待狂，喜欢看着士兵倒在战场上，而是因为如果敌人主动投降，那城内财物就要清点造册，上缴国库了。道理很简单呀，是敌人自己打开城门投降的，又不是士兵们攻破城门的。

唐太宗一生征战，当然知道其中门道，他对李世勣解释说，他不忍心看到城破之后士兵"杀人而虏其妻孥"的惨状，所以才接受对方投降。对于将士最关心的奖赏问题，唐太宗叫李世勣不必担心，他当场表态说："将军麾下有功者，朕以库物赏之，庶因将军赎此一城。"

接管白岩城之后，唐太宗对城内的一万多名百姓十分优待，给他们分发食物，八十岁以上的老人还赏赐绢帛，比高丽国王对他们还好。

唐太宗这次东征高丽，确实做了不少很人道、很仁义的事情。那些在白岩城俘虏的高丽士兵，唐太宗更是宽大处理，"给粮仗，任其所之"，不但给他们粮食，还发给他们武器，去留随意。

还有比这更仁义的事情。

在之前的盖牟城之战中，李世勣俘获了七百名守城的高丽兵，这些人表示愿意加入唐军，为唐朝效力。但唐太宗没有将这七百人编入军队，而是发给他们路费，将他们全部遣放回家。他的理由细腻到让人无法不感动：唐太宗对那些俘虏说，你们的家在高丽，如果为唐朝征战，泉盖苏文一定会杀死你们的妻子儿女，"得一人之力而灭一家，吾不忍也"。我想，唐太宗的善良应该是发自内心的，而不是作秀。

解决了白岩城后，唐军挥师南下，扑向此次东征的最后一站——安市城（今辽宁海城），不过，此时没有人知道这里会成为最后一站。

安市城是高丽极为重要的军事交通重地，它面朝渤海，南可以截击唐军的海上部队,东可以屏护国都,阻挡从陆路攻击平壤的唐军。所以,高丽在安市城布置了大量兵力,摆出一副宁失头、不失城的架势,准备和唐军在此进行大决战。

在唐军即将对安市城发起进攻时,高丽北部的酋长高延寿和高惠真率领着高丽、靺鞨联军共十五万人紧急援救安市。

十五万,好庞大的数字!唐朝这次陆路远征军的本部人马只有四万多,加上同来的少数民族军队,撑破天也就六万人,而这次战役,高丽光援军就来了十五万。两人打一个,还能剩下三万人在边上闲聊唠嗑。

但是此时唐军的战斗力实在是太强大了,六万人几乎可以横扫高丽全境。从这次战役的过程看,如果不是突发性的偶然因素阻挡了唐军进军的步伐,高丽就被灭国了。面对比自己的兵力多得多的高丽军团,唐太宗一点也没感到压力,反而怕对方压力太大,不敢和自己交战。

高延寿带来十几万高丽军,唐太宗很兴奋,想一口吞掉。他担心的不是 6:15 的兵力差距,而是担心高延寿不与自己交战。为了给高丽军胜利的信心,让他们觉得唐军很好对付,唐太宗决定诱敌深入。他命令突厥将军阿史那社尔带领一千名突厥骑兵向高丽军发起攻击,注意事项大家都猜得到:许败不许胜。阿史那社尔很好地领会了唐太宗的意图,"兵始交而伪走",刚跟高丽军招呼一阵,就假装因为畏惧而败逃。

这种故意的败仗出现过好多次,李渊、李密、王雄诞、李道宗等人都用过。这种诈败术在中国战争史上应用得特别广泛,凡是历史上有点名气的军事人物,几乎都用过这招"拖刀计"。

到底是傻瓜太傻还是精明人太精?到底是演员演技太逼真还是观众看得不认真?这种跟现在和尚化缘、短信转账、路拾金元宝一样没有技术含量的伪诈术,为什么总是有人前赴后继地相信呢?

高丽将士对突厥兵的一触即溃信不疑,他们觉得自己太厉害了,唐军太不禁打了,纷纷高叫:"易与耳!"

阿史那社尔这一跑效果奇佳,高延寿催军急进,在距安市城只有几里的地方依山扎下营寨。高丽军不知道,那些策马狂奔的胡骑是唐太宗故意甩给他们的胡萝卜;他们更不知道,胡萝卜的后面就是大棒和大刀。

诱敌成功后,唐太宗率众将登上附近高地,观察高丽军营和附近地形,对即将开始的大战进行了细致的安排。

由于这次东征高丽是唐太宗御驾亲征,所以军事部署和作战思路基本上都是由唐太宗确定的。皇帝相当于远征军的最高统帅,因此,李世勣和李道宗这两个正副司令基本上只是执行命令的角色,独特的军事思想无法得以展现,这不能不说是个极大的遗憾,甚至影响了战争的结果。

在十五万高丽军集结到安市城下的时候,李道宗向唐太宗提出了一个独辟蹊径的思路。他认为高丽兵马倾国北上,都城平壤的守备一定虚弱不堪,可以趁机出其不意,强攻平壤。李道宗要求唐太宗拨给他五千精兵,他愿意南下夺取平壤。

这实在是一个上上之策,如果得以实施,平壤极有可能被攻破。国都一破,高丽其他郡城就会望风而靡。

李道宗和唐太宗是堂兄弟,他和李孝恭是唐初皇室中最能打仗的两个郡王,《新唐书》有"国初宗室,唯道宗、孝恭为最贤"的记载。但唐太宗没有理会李道宗这一富有创意的战法,错过了直接取胜的机会。

从高丽回来后的第二年,唐太宗还在为没有平定高丽而困惑,他就此去征询常胜将军李靖,说:"吾以天下之众困于小夷,何也?"李靖没有直接回答他的问题,而是意味深长地告诉他:"此道宗所解。"

唐太宗像一个态度虔诚的小学生,又去问李道宗。李道宗详细陈述了自己在安市城下提出的那个建议。唐太宗听后怅然若失地说:"当时匆匆,吾不忆也。"这也许是这个千古一帝不好意思承认自己的失误,找的托词和借口吧!

自己不记得自己的失误不是最要紧的,要紧的是能把敌人忽悠得失误。唐太宗略施小计,就把敌人忽悠得再次失误了。第一轮军事忽悠成功后,唐太宗又开始了第二轮政治忽悠。

唐太宗派遣使者对高延寿说:你们高丽的权臣泉盖苏文杀死了国王,我为了主持公道,才来问罪,不是来打仗的。但由于路途遥远,进入你们国境后粮草供应不上,没办法才取了几座城池补充给养。等你们重修作为臣子应有的礼节,"则所失必复矣"。

你一定和我一样,绝对不信。但高延寿很配合唐太宗,"信之,不复设备"。

高延寿似乎一切行动听唐太宗的指挥,唐太宗想让他怎么做,他就怎么做。唐太宗不想他走,他就驻扎下来了;唐太宗不想让他打有准备之战,他言听计从,不再对唐军做任何防备。

给高延寿吃了一颗定心丸后,唐太宗就召开军事会议,给各位将领分派作战任务。他将三万精兵分成三支:李世勣率领一万五千人在高丽军西侧布阵;长孙无忌带着一万一千人作为机动部队,绕到高丽军后侧潜伏起来;他自己带着四千名步骑兵偃旗息鼓,登上安营北面的山顶,和另外两支唐军约好以鼓角声起为总攻信号。

第二天,李世勣指挥军士在阵地上布阵,准备战斗。高延寿看见一万多人在磨刀霍霍,知道唐太宗欺骗了他,赶紧命令士兵进入备战状态。

但是已经晚了,临时抱佛脚也迟了。唐太宗见北边山谷尘土飞扬,知道长孙无忌已经就位,下令全军士兵在山顶上展开旗帜,擂鼓吹号。霎时间,鼓角争鸣,响彻云天。李世勣军闻声而动,一万余人排山倒海般冲向乱糟糟的高丽军队。高延寿正奋力在前方搏杀,不想长孙无忌又率领一万多人挥舞着刀枪从背后杀来。

高延寿在慌忙之中想分兵抵抗,但这时候连抓阄都来不及了,哪有时间再分兵布阵！唐军凌厉无比地呼啸着冲来,庞大的高丽军团顷刻间被切割成散乱状态,人人无心应战,只顾逃跑。

这一仗让一个人脱颖而出,一战成名,以一往无前的战姿冲进唐朝史册。他就是在中国民间广为人知的一代名将:薛仁贵。

薛仁贵是个很注重表现和懂得推销自己的武将,战斗开始之前,他"着白衣自标显";战斗打响后,他又一马当先,冲在军阵的最前面,"大呼陷陈,所向无敌"。

一个白衣飘飘的身影在队伍的最前端风驰电掣般上下翻飞,视觉效果太突出了。在山顶观战的唐太宗的眼球很快被他抓住了,唐太宗特地派人疾驰到战场,打听这个"先锋白衣者"姓甚名谁。唐太宗记住了薛仁贵的名字,战斗结束后,马上将他提拔为游击将军。

游击将军是个五品的高级武官军衔。在唐朝,只要被授予将军称号,级别至少也是五品,因为五品以下的军衔没资格称将军,只能叫尉。如果将军前面再加个"大"字,变成了大将军,那就至少是正三品高官了,如从一品的骠骑大将军、正二品的辅国大将军、正三品的冠军大将军等。当然,也有没有"大"字,却比所有大将军都高出一截的,那就是前无古人的天策上将,它是唐太宗李世民所独有的。

薛仁贵凭借其勇猛的战斗风格和完善的营销策略,成功得到了唐太宗的关注,使自己从一个小兵迅速跃升到将军行列。这是一个营销经典案例,其不俗创意对二十一世纪的求职者仍有借鉴意义。但前提条件是,求职者必须要像薛仁贵那样,确实能够在战场上叱咤风云。

薛仁贵后来成长为一代名将,战功卓著,还曾在一次山洪暴发时救过唐高宗李治的性命。当时李治正在深山中的万年宫(即九成宫)度假,不料夜里山洪暴发,汹涌的洪水挟带泥石从宫殿北门咆哮着冲进宫内。那些值班警卫吓得四散逃命,只恨自己没有多生几条腿,哪里还顾得上正在睡觉的皇帝李治。

薛仁贵没有只顾自己逃命。在危及性命的巨大危险面前,他想的是:"当天子缓急,安可惧死?"于是他迎着洪水赶到宫门外大声呼喊报警。李治听到后,"遽出乘高。俄而水入帝寝"。

好险！李治刚撤到高地,洪水就淹没了他的寝宫。再晚一步,他就没有生还的机会了。据史料记载,那次山洪暴发一共淹死了三千多人。可以肯定,如果没有薛仁贵,李治会成为那三千多人中的一个。

后来李治感慨万千地对薛仁贵说:"微卿,我且为鱼。"由此可见,唐太宗提拔薛仁贵太对了,既当了伯乐,又给儿子预留了一个救命恩人。

由薛仁贵带头,唐军横冲直撞,高丽军全线溃败,唐军"斩首两万余级"。吃了大亏的高延寿拾剩下的四万残兵,依山固守。唐太宗命令唐军将其四面包围,长孙无忌又把桥拆了,把他们退路断了,高延寿知道无法取胜,只得缴械投降。唐太宗把俘虏中的三千五百多酋长挑选出来,授给他们军职,将他们迁往国内,其余的全部释放,让他们返回平壤。

令人奇怪的是,在此战的善后工作中,唐太宗做了一件很残忍的事:他下令将随高延寿一起投降的三千三百名靺鞨兵全部活埋。

靺鞨族是中国古代东北的一个少数民族,后来存在了两百多年的渤海国就是这个民族在公元698年建立的。虽然这个民族一度强大到让唐朝很头痛,但这次东征时,它还只是跟在高丽这个大哥后面混饭吃的小弟,对强悍无比的唐朝根本构不成任何威胁。一向宽以待人、慈悲为怀的唐太宗为什么要对这个八竿子打不着的民族痛下杀手?可能是因为他觉得,靺鞨不应该帮助高丽来对付自己这个"天可汗"吧。

增援安市城的援兵被消灭后,高丽全国上下由震惊陷入惊慌。慑于唐军的强大威力,平壤以北的高丽守军纷纷弃城南逃,"数百里无复人烟"。安市城已经成为一座孤城,城中守军和居民已经成为六万唐军的瓮中之鳖,似乎只要在瓮下架起柴火,唐军就可以品尝鲜美的鳖宴了。

唐军乘胜冲到安市城下,将安市城团团围住。唐太宗也来到前线,指挥攻打这座阻挡唐军进攻平壤的最后堡垒。不想唐太宗的出现,给安市城的城防帮了大忙。

当安市城内的军民看到大唐皇帝雄壮排场的天子车驾时,他们没有山呼万岁,而是"乘城鼓噪"——一起登上城头哄呐喊,想必喊的是咒骂大唐、咒骂唐太宗的污言秽语。唐太宗见城内军民对自己如此不恭,气得火冒三丈。可能是为了给皇上解气,李世勣向唐太宗提出了一项建议:"请克城之日,男女皆坑之。"

李世勣说出这句话,有点得不偿失了:虽然对手害怕得不寒而栗,但也正是这种恐惧,让他们众志成城,"安市人闻之,益坚守,攻久不下"。

这个时候,说狠话不如说好话。倘若李世勣说,城破之日,城内男女每人发一石大米两百钱,效果一定会好得多。任何一个人,如果知道自己即使主动投降,也会被捆绑活埋,他怎么可能会选择投降?因为即使是死,战死也比活埋死得"舒服",死得有尊严,更何况还可能不死呢?还可能反败为胜呢?

安市城军民在城主杨万春的指挥下,奋力抵挡唐军的猛烈攻击。虽然唐军用上了撞车、抛石机等杀伤力很大的重型攻城武器,但不愿被活埋的高丽人宁死不屈、前仆后继,虽然伤亡惨重,仍凭城固守,寸步不让。

在唐军于坚固的安市城下受阻之时,不久前归降的高延寿、高惠真出了一个主意。这个主意其实并不新,和李道宗的思路相同:甩开安市城,挥军杀向平壤。

来自高丽本土的两员大将本是高级干部,对高丽国情军情了解透彻。二人认为,只要唐太宗停止攻打安市,率军直接东攻平壤,则"平壤必不守矣"。

这是一条妙计,可以以最少的力量达到最大的军事效益。看来高延寿、高惠真是想以此计作为见面礼献给大唐天子的,因为在当时的形势下,无论是从理论上还是从实践上看,这个想法都具有极强的可操作性。

我们可以简单分析一下当时的战场形势。

在唐军攻克辽东、击垮援救安市城的高丽军后,高丽国内已是人心惶惶,军队士气低落,战斗意志丧失。一支军队如果没有了士气,就没有了献身沙场的血性和勇气。所以,当时的高丽军是很好对付的。

像这样的很好对付的高丽军队,在安市城周围也只有十万人,而且分布在周围好几个城市,力量分散。这对战斗力超强的唐朝远征军来说,根本构不成威胁。在安市城下,三四万唐军就把十五万高丽军给收拾了,何况七零八碎的十万人。

与此同时,张亮率领的水路远征军的进攻也异常顺利。横渡渤海的水路军攻克了卑沙城(今辽宁大连),四万三千多人已经登陆,正向平壤推进。整个战场的形势对唐军来说极为有利。

唐太宗久经沙场,当然能看出当中的门道,于是决定采纳高延寿、高惠真的建议,丢下安市城,直捣平壤。这时候,前文所说的这次东征多带的那个人——长孙无忌发话了。他不同意这个几乎所有人都赞同的移兵平壤的作战计划,反对的理由是出于对皇帝生命安全的考虑:"天子亲征,异于诸将,不可乘危徼幸。"

长孙无忌的用兵思路类似今天的安全生产方针:安全第一,预防为主。在皇帝人身安全的问题上,只能有一万,不能有万一。这种想法显然过于保守,因为古今中外战争史上,出奇制胜向来是打败对手的最重要的法宝。它之所以能屡试不爽,就是因为一个"奇"字,让对手防不胜防。对于这一点,无往不胜的唐太宗应该是深有体会的,他一生屡战屡胜,与他屡出奇兵有很大关系。但令人意想不到的是,深知"奇"中之道的唐太宗,这次竟然采纳了长孙无忌这个蹩脚的建议,决定按部就班,先攻下安市城,肃清外围后再进攻平壤。

晚年的唐太宗,军事思想已经趋于保守。想想他年轻时带着几百人就敢抄千军万马的后路,领着四个人就敢跑到窦建德军营搞不化装侦察的胆量和魄力,我们不得不说:太宗老矣!

这一次,唐太宗显然没把自己当成一个军事家,而是把自己当成了一个皇帝。其实,按照当时的情况,奔袭平壤的条件已经十分成熟。长孙无忌担心的高丽北部十万军可能抄唐军后路的问题,也有将领提出了解决办法,那就是要唐太宗命令张亮从大连率军北上和陆路军会合。这支四万余人的水路军团完全有能力锁住高丽北部那些已经惊吓过度的散兵游勇,不让他们有扰袭向平壤进击的唐军的机会。然而,由于一念之差,一心想夺取平壤的唐太宗第二次与攻占平壤的机会擦肩而过。对于唐太宗来说,这次的失之交臂虽然不是第一次,但却是最后一次。从此,他结束了自己的军事生涯,再也没有机会走上战场。回国后不到四年,唐太宗就走完了自己的生命历程。

没有平灭高丽是唐太宗一生最遗憾的事情之一,他生前一直耿耿于怀,甚至积极准备第二次东征。只是不知道他有没有想过,他的遗憾仅仅因为东征高丽时多带了一个人——长孙无忌。如果前线没有长孙无忌,如果那个叫无忌的人真像他的名字一样,不这也忌讳那也忌讳地出来阻止,那么攻破平壤必然如探囊取物。而在这种大规模战役中,最不该少的一个人——李靖却没有出现在战场上。

李靖差不多是战场全能手,冷兵器时代出现的战争种类他几乎都打过,海战、沙漠战、丛林战、山地战、攻坚战、长途奔袭战、大兵团正面交锋战,战战不落。可以设想,如果用李靖替换掉长孙无忌,那么唐太宗抱憾高丽的事情将不会发生。

有时候,多了一个就多了很多;有时候,少了一个就少了一切。

在放弃了直击平壤的计划后,唐太宗下令以更猛烈的火力进攻安市城,希望尽快解决这个拦路虎。可是事与愿违,唐太宗万万没有想到,任他这个唐朝的武松想尽办法,就是搞不定这只拦路虎。

从李世勣四月初一率军渡过辽河算起,唐军仅用了七十多天时间就占领了高丽境内许多城市,挺进到高丽的纵深地带安市城。然而,一路畅通无阻的唐军在安市城下碰了钉子,被拖了三个月。唐军主力六月下旬就到达了安市城,直到九月十八无奈撤军,这么长的时间内,几万名唐军士兵攻城不止,却因浪费了大好战机而不得不向后转——收兵回国。

在长达三个月的安市城攻防战中,唐军每天都和安市守军进行六七次交锋,可以说是竭尽全力,采用各种方法,试图攻进安市城,但都徒劳无功。无数个几百斤重的大石块被抛石机高高扬起,暴风雨般地砸向安市城头。但城垛被砸塌后,城内守军立刻不顾一切地用木栅栏堵塞缺口。不等唐军趁势进击,城墙就被抢修好了。破坏与反破坏,冲锋和反冲锋,在这里一样迅速无比,时机稍纵即逝。

平攻不行,居高临下地攻呢? 唐太宗给江夏王李道宗下达了一项任务:在安市城的东南方堆筑一座土山。在敌方城墙旁筑山是古代攻城夺隘的一个常用招式。具体方法是在要攻击的目标旁堆筑出一个高度比目标还高的高台,然后派士兵登上高台,从上往下对目标实施打击。这样战法以高打低,效果比较明显,却很费劳力,需要大量的人力物力作支撑。为了攻克安市城,唐太宗下了大工夫,命令部队轮番上阵,昼夜不停地筑山。

安市城主杨万春判明唐军的意图后,立即采取相应措施,也在城头修筑土山,与唐军对抗。一时间,攻城大战似乎演变成了建筑大赛。

到底是唐军人多势众,在数万唐军夜以继日的车轮接力之后,这项巨大的工程终于完工了。它规模庞大,让人叹为观止,"凡六旬,用功五十万,山顶去城数丈"。

这座历时两个月才完成、离安市城城头只有几丈远的土山,让安市城军民闻到了毁灭的气息。他们的一切行踪都暴露在驻扎于山顶的唐军的目光之下,他们都处于唐军武器射程之内。当他们在城头抵挡来自地面的攻击时,还不得不提防来自土山上的

"空中打击"。在唐军的立体攻势之下,高丽军顾此失彼,眼看难挽败势。

但就在这生死存亡的关键时刻,豆腐渣工程拯救了安市城,拯救了高丽。可能是急着赶工期、赶进度,唐军没有搞好工程质量监理,这座巨大的土山在完工后不久突然坍塌,"山颓,压城,城崩"。这座唐军久攻不下的坚固的城墙当场被压塌。唐军力所不能及的事情,土山坍塌时强大的撞击土力帮唐军办到了。

这绝对是一个意外事故。没有人会想到,费尽心血筑起来的土山会坍塌,更不可能有人想到,土山坍塌还能压塌安市城城墙!

按理说,在城外望眼欲穿等着进城的几万唐军这时候完全可以发一声喊,一窝蜂地冲进城中。但城外的唐军没有冲进去,城内的高丽军却冲出来了。当然,他们不是冲出城外逃跑的,而是来抢夺"制空权"的。杨万春见土山崩塌后,立即命令士兵以最快的速度抢占土山。土山上原有唐军驻防部队,是由李道宗很信任的将军傅伏爱率领的。但傅伏爱当时"私离所部",没打招呼没请假就擅自外出了。

这个情况很严重。土山崩塌以后,很可能有不少驻守唐军被掩埋,剩下的一部分幸存者由于猝不及防和缺少指挥,不敌数百名前来抢夺土山的安市城守军,最终导致土山易主,被高丽人占领。

高丽军占领土山后,马上挖掘战壕、抢筑防御工事,准备迎接唐军的反攻。他们知道,唐军肯定会不惜一切代价夺回这座土山。

土山失守让唐太宗大发雷霆,傅伏爱被斩首示众。唐太宗命令诸将全力夺回土山,但是效果很不理想,唐军围着土山攻打了三天,还是一无所获。高丽人知道这座土山意味着什么,所以他们凭借有利地形死守,让唐军无计可施。

攻打无效,李道宗"徒跣诣旗下请罪"。唐太宗并没失去理智,他说:"汝罪当死,但朕以汉武杀王恢,不如秦穆用孟明,且有破盖牟、辽东之功,故特赦汝耳。"

土山被高丽军占领之后,战场形势陡然逆转。城外的土山和城墙本身连成了一体,互相支援、互为犄角,使唐军陷入战线延长、仰攻敌军的不利境地。

一个豆腐渣工程终结了唐军的攻城战,一次质量事故断送了一场远征。没想到伟大的唐太宗也是豆腐渣工程的受害者。

是该离开的时候了。在土山阵地丢失而短时间内又无法失而复得的情况下,唐太宗决定退兵回国。

时间到了八月底,辽东已经草枯水冻,天气日渐寒冷,没带御寒衣物的大军在远离本土的地方长期作战,苦不堪言。最重要的是,军中粮食即将告罄,所以必须要跟高丽说再见了。

唐军临走之时,安市城主杨万春亲自登上城头,向唐太宗施礼送行。唐太宗对杨万春也是欣赏加敬佩,特意将一百匹绸缎留在安市城下赏赐给杨万春,以奖励他忠于国家、英勇守卫城池的行为。

这是一次让唐太宗黯然失色的军事行动。除了早期没有直接指挥的浅水原之战，唐太宗一生在战场上从未有过败绩。这一次虽然谈不上失败，但仅仅是一座弹丸之城，环而进攻了几个月，却劳而无功，并最终导致平定高丽的计划流产，怎么也不能说是光彩的战绩。

然而在整个高丽之战中，唐军还是取得了不菲的战绩：攻克十座城池，杀死高丽军四万余人。唐军士兵阵亡很少，不到两千人，但战马死亡率很高，高达十分之七八。但唐军的阵亡数字的真实性有点令人怀疑，很可能是唐政府对外公布的"外交数字"。唐朝每战死一个士兵，高丽就要赔上二十多个，在冷兵器时代，这是神话般的战绩。

即使这个数字是真实的，它也应该不包含唐军在退兵途中牺牲的士兵。回国路上，部队遇上了暴风雪，很多士兵因为衣衫单薄，身上又湿透了，就被冻死了。辽宁的冬天，零下十几度是家常便饭。大家可以想象一下，在这样的环境中，穿着一身湿透了衣衫意味着什么。史料没有说到底冻死了多少人，只用了一个不起眼的"多"字，但根据常识判断，这绝对不是一个小数目。唐太宗就对这次东征行动"深悔之"，自责地感叹："魏徵若在，不使我有是行也！"

这次军事行动将士殒命沙场，劳民伤财，靡费物资无数，使国内矛盾更加尖锐。由于没有军事力量支撑，唐军虽然攻下高丽十座城池，却无法驻守，最后不得不撤军走人。但对唐太宗来说，虽然此役有百害，但也并非无一利。最让他感到欣慰的是，在战斗过程中，他发现了薛仁贵。唐太宗满怀期望地对这位新秀将军说："朕诸将皆老，思得新进骁勇者将之，无如卿者。朕不喜得辽东，喜得卿也。"

和唐太宗一起打天下的勇将，此时大多已经去世，没去世的也都已步入老年。唐太宗认为，薛仁贵在后起将领中最为突出，无人能及。薛仁贵果然没有让赏识他的老皇帝失望，三十多年后，他和李世勣等人一起，最终击破高丽。唐朝在平壤设立了安东都护府，专门管辖朝鲜半岛，担任都护之职的就是薛仁贵。

然而唐太宗说他得到薛仁贵比得到辽东更为高兴，显然是在说谎。唐太宗对没有拿下高丽之事耿耿于怀，并且一直梦想着平灭高丽。他退兵回国后，从次年开始，又为第二次征伐高丽作准备：连续多年派兵对高丽实施中小规模的骚扰打击，焚烧夺得的城池，毁坏高丽境内的庄稼，消灭对方有生力量；建造了一千多艘战舰，并初步决定在贞观二十三年再派三十万大军，发动对高丽的全面进攻。

但没等唐太宗再次吹响进攻的号角，他就与世长辞了。他的辞世让很多唐朝士兵避免了战死疆场的命运，也让高丽获得了短暂的喘息的机会。因为经过两三年的扰袭，高丽军队战斗力严重削弱，粮食大幅减产，民众人心惶惶，如果唐朝远征军发动第二次东征，高丽必将难逃亡国的厄运。

回国之路是漫长的，头年九月从辽东出发，直到第二年三月才回到长安。唐太宗率领大军，在路上断断续续走了小半年。

这次军事行动以唐军的撤退而告终。但唐军是主动撤退的,并不是让敌人在屁股后面追赶着落荒而逃,而是底气十足,慢悠悠地后撤的。离开前线之前,唐太宗还在安市城下举行了一场类似阅兵性质的班师仪式,意在向高丽军示威。当旌旗招展的唐军"耀兵于安市城下而旋"时,城里的高丽军队皆"屏迹不出"。说得不客气点,高丽人吓得躲在城里,连大气都不敢出。他们没有像上次那样,在城头对着皇帝的车驾吹口哨瞎起哄,估计是生怕把唐军惹火,唐军一生气,在城下重新安营扎寨不走了。

为了防止高丽军追击,唐太宗命李世勣、李道宗率领四万唐军步骑压阵殿后。不过唐军被追袭的可能性几乎没有,因为高丽军已经被剽悍的唐军打得魂不守舍了。他们若想趁唐军退兵时从后追击捞点好处,简直是搬梯子上天——没门。

最后说两个回国途中发生在唐太宗身上的有趣小故事。这两个故事各有一个关键词:第一个,皇帝的新装;第二个,温室蔬菜。

令人难以置信的是,大唐皇帝李世民在征伐高丽的半年多时间里,居然只穿着唯一的一件战袍,从来不曾更换过!

唐太宗从定州(今河北定州)出发前往辽东前线时,指着自己身上穿着的一件褐色战袍,对前来送行的太子李治许诺说:"俟见汝,乃易此袍耳。"

请不要以为唐太宗犯什么病了,他比任何人都清醒。这时候,他不是拿脱衣换衣那点事儿和儿子开涮,而是出于对战争的高度自信。他一定以为,两路大军夹击高丽,顶多三两个月,就能去平壤喝茶了。他也许想过,除了内衣裤,其他衣服八九十天不换,也不会长出臭虫的,到鼻子感到委屈的时候,也就差不多该回来了。

他什么都算到了,就是没算到杨万春能把城门守得那么紧,没算到建筑工人会造出豆腐渣工程。这么一耽误,两个三两个月都不止了。

唐太宗是三月中旬对太子作出承诺的,再次见到李治时已经是十月下旬了。这七个多月的时间里,他是恪守诺言,只穿那件褐色战袍。

那件白天穿夜里洗的战袍,不可想象地被大唐皇帝一天不拉地穿了半年多。无论是汗流浃背的盛夏,还是凉意初透的秋天,唐太宗的外套永远是一成不变的褐色。秋冬季节,上面已经有大洞小眼了,他仍然拒绝换上新衣。左右随从人员见那件衣服已经穿破了,多次请他换上新衣服,唐太宗的回答挺让人感动的:"军士衣多弊,吾独御新衣,可乎?"唐太宗觉得,将士们都穿着破败的衣服,独有自己一身光鲜,影响不好。这样以身作则、率先垂范的领导,让人怎么夸奖呢,只能说太难得了。

直到十月下旬,李治到临渝关接驾见到父亲,并向他献上新衣,唐太宗才把那件估计已经破得不成样子的袍子换掉,穿上了新装。

一提起温室蔬菜,大家的第一反应可能是想到今天农贸市场里琳琅满目的反季节蔬菜。那些蔬菜只有在温室大棚中才能种植出来,否则,在寒冷的季节里,人们是吃不到新鲜的西红柿、四季豆、茄子、辣椒等蔬菜的。

在冬季种植新鲜蔬菜的塑料大棚是现代人发明的,但在温室中种植蔬菜的做法,唐朝已经有了,而且技术已经十分成熟。唐太宗走到易州(今河北易县)的时候,易州司马陈元璹向皇帝献上了许多反季节蔬菜。这些蔬菜是怎么种出来的呢?史料记载,陈元璹"使民于地室蓄火种蔬"。看来这位官老爷费了不少心思,要当地百姓先挖好地窖,在地窖里种上菜,然后烧火增温,营造出适合蔬菜生产的温暖的环境。

陈元璹这种想上级之所不想、逢迎上级的手段也太难得了。从种下到生长成熟,生长期再短的蔬菜也得个把月吧?这么长的时间里,得烧掉多少柴火才能使地窖内保持恒温状态?再算上砍柴费、搬运费、人工费……一斤青菜的成本投入不知道要比等量的猪肉、羊肉多多少倍。

很明显,陈元璹如此绞尽脑汁,无非是想博皇帝的高兴,希望皇帝吃到反季节蔬菜之后龙颜大悦,将自己提拔一下。可是,陈元璹失算了,他别出心裁搞出来的绿色蔬菜不但没有换来升迁的绿灯,反而换来了处罚的红牌:唐太宗"恶其谄,免元璹官"。

唐太宗一生都很讨厌、反感那些谄媚和拍马屁的官员,像陈元璹这种拍马屁拍到马蹄上的事情,在他执政期间曾发生过多次。贞观十二年,唐太宗去蒲州(今山西永济)视察工作,蒲州刺史赵元楷就曾干过这样一件吃力不讨好的蠢事。当时是二月天,天气还很冷,为了迎接唐太宗的到来,赵元楷命令老百姓穿着色彩鲜亮的单衣,列队迎接皇帝的车驾。不仅如此,他还提前"盛饰廨舍楼观",花大钱把州容美化得焕然一新,同时准备了许多羊、鱼等美味,准备招待皇帝及皇帝的随从们。不料他处心积虑想讨好唐太宗,却被唐太宗狠狠地骂了一顿,说他的所作所为跟隋朝的劣行没什么区别。

赵元楷的行为在今天的社会并没有绝迹,反而让我们有似曾相识的感觉。不要说成人,即使是学校里的中小学生,也经常被要求在上级领导来视察时,声情并茂地拍手高喊"欢迎欢迎、热烈欢迎"。真希望此类行为的组织者们多读读历史,不要再将连封建帝王都不屑的糟粕当成 21 世纪迎来送往的看家法宝了。

中国有着几千年的漫长历史,现代社会正在发生或者已经发生的事情,在历史上几乎都可以找到类似的事例。一千多年前唐太宗的所作所为,对我们来说仍有借鉴意义。所以,了解历史、借鉴历史,对国人来说,是一件有百利而无一弊的事。

二十二、大帝谢幕

到了说再见的时候了。当然,说再见的不是作者,而是作者笔下的那位陛下——唐太宗李世民。二十三年的贞观之路即将走完,中国历史上最伟大的帝王之一将长眠于昭陵。请跟我来,让我们一起走近唐太宗最后的时光。

唐太宗晚年的身体与他所领导的国家蒸蒸日上的形势刚好相反,他的健康状况每况愈下,再也不复早年那种驰骋疆场的生龙活虎之势。

贞观十一年,唐太宗带着一群人在洛阳狩猎,突然间一群受惊的野猪从树林中冲了出来。唐太宗毫无惊慌之色,从容地连发四箭,当场射死四头野猪。这时有一头野猪笨头笨脑地奔到了唐太宗的马前,嘴里的獠牙都要咬到唐太宗的马镫了。民部尚书唐俭吓得脸都绿了,不顾一切地从马上跳下来,要和这头惊驾的野猪单挑。唐太宗还是从容不迫,他从腰间拔出佩剑,将朝自己奔突而来的疯狂野猪一剑刺死,然后回头笑着对唐俭说:"天策长史不见上将击贼邪,何惧之甚!"

唐太宗担任天策上将时,唐俭是天策府长史,所以唐太宗才会对自己的老办公厅主任开玩笑地说,你难道没见过我在战场上杀敌的样子吗,怎么吓成那样!豪气冲天的唐太宗一口气连毙五头野猪,其心理素质之好和身体之棒可见一斑。

但是贞观后期,唐太宗开始疾病缠身,身体大不如前。这一点,我们可以从他最喜欢的狩猎活动安排中看出端倪。狩猎是唐太宗一个很大的爱好,仅贞观十五年和十六年,他就进行了四次狩猎活动。上山打猎是相当耗费体力的。这时候唐太宗还频繁射虎逐兔,可见他的身体还是很硬朗的。

但从贞观十七年起,在唐太宗生命的最后六七年,他却突然从猎场上消失了。这期间,只有贞观十八年他外出围猎过一次。

一个人突然之间放弃了自己的爱好,如果没有不可抗因素,那么最有可能的原因只有一个:身体不行了。唐太宗是一个具有绝对自由的帝王,他的离猎而去应该只跟自己的身体状况有关。

细心的朋友也许会发现,其实唐太宗从猎场隐退的贞观十七年是个很敏感的年头。那一年,朝中发生了很多重大事件,皇子之间关于太子之位的斗争集中爆发:齐王李祐谋反,太子李承乾谋反案。太子谋反案又牵涉到汉王李元昌和侯君集。三个亲生儿子,一个死亡,一个被废,一个被囚;凌烟阁二十四功臣之一,自己的老部下、老朋友,被杀。这给唐太宗的精神造成了重大打击。精神因素应该是促使唐太宗晚年身体状况变得非常差的三个最重要的原因之一。

唐太宗身体迅速垮掉的原因主要有三个,可以概括为"三伤":伤神的亲情、伤身的后宫、伤气的战斗。

伤神缘自亲情。

唐太宗是一个有情有义、爱护子女的君王,对各位皇子的教育抓得很严格,希望他们长大后成龙成才。可他没想到,自己精心培养的儿子们,却为了权力钩心斗角,甚至算计自己、举兵反叛,这对他的精神是个不小的打击。

李祐谋反后,唐太宗责骂他"往是吾子,今为国雠"。在作出赐死李祐的决定后,唐太宗伤心得痛哭流涕。自己的儿子死在了自己的手上,作为父亲,他内心受到的煎熬可想而知。

接着便是一个月之内,李承乾和李泰先后被流放到黔州和均州,唐太宗再一次承受别子之痛。李承乾小时候,唐太宗疼爱得不得了,可他最终伤透了太宗的心;而李泰的离开,对唐太宗的打击最大,给他造成的精神伤害也最大。李泰是太宗晚年最偏爱的儿子,虽然李泰的贬谪是他下的命令,但他的留恋之情溢于言表。他曾伤感地对近臣说:"父子之情,出于自然。朕今与泰生离,亦何心自处!"他还把李泰写给他奏折传示近臣道:"泰诚为俊才,朕心念之,卿曹所知;但以社稷之故,不得不断之以义,使之居外者,亦所以两全之耳。"

为了政局安稳,唐太宗不得不把李泰放逐远方,但他对爱子的思念和牵挂并没有停止,反而愈来愈强烈。作为皇帝,他不可能去看望李泰,只能强压牵挂之情。李泰被贬出京城后,唐太宗在有生之年,再也没见过这个自己超喜欢、超欣赏的儿子一面。

六七年的漫长时间里见不到自己的儿子,这事放到谁身上,都不可能不思念成灾。另外,李治的软弱也让他时刻担心自己死后国家的安全和政权的稳定,废不废李治和立不立李恪的问题也时常困扰着他。

这些思念、思考、焦虑、担心等情绪长期积压在他心里,让他伤神烦心。而对中老年人来说,精神状态是影响身体健康的一个很重要的因素,缺少轻松的心理状态,缺少积极向上的生活态度,唐太宗的身体健康状况不断下降也就不足为奇了。

伤身出于欲望。

我们不能因为唐太宗在历史上名声响亮就不说他的"坏话"。客观地说,唐太宗和很多男人、很多皇帝一样,是很喜欢美色的。

唐太宗时期,后宫佳丽也是很多的。他一共生养了十四个儿子、二十一个女儿,这么多的皇子、公主,足以说明一切了。而且,如果不是因为后期身体欠佳和去世得过早,相信他的子女数量会比这更多。唐太宗贪图女色享受,连弟弟李元吉的遗孀、李瑗的美妾都被他毫无顾忌地纳入后宫;武则天年仅十四岁,唐太宗听闻她的美貌,便将她立为才人。

"色"字头上一把刀,那把刀虽然是躺倒的,但还是利刃啊。没有一次艳遇,却享尽艳福的中国的帝王,纷纷倒在色刀之下。皇帝们的平均寿命不到四十岁,从一定程度上印证了这把刀的锋利。唐太宗也没能逃脱色字魔咒。长孙皇后死后,他的私生活再也无人规劝。缺少节制的房闱生活加快了他身体变差的速度。

伤气源自东征。

征伐高丽劳而无功,成了晚年唐太宗的一块心病,让这个一生攻无不克、几乎从未遇挫的军事家的精气神受到了打击。加上半年多的长途跋涉和军旅劳累,使得心情郁郁的唐太宗的身体有了质的下降。高丽之行是唐太宗身体健康状况的一个分水岭。此战过后,唐太宗身体状况急速恶化。在从高丽撤军回国的路上,唐太宗就因身上生了痈疽,病倒在路上。痈疽的病因是阳热之气过盛,所以由心闷气躁引起的急火攻心很可能是唐太宗痈疽发作的诱因。

痈疽是一种能短时间内就致人死亡的病,在古代发病死亡率很高,像被项羽尊为"亚父"的谋士范增、唐代著名诗人孟浩然、后金政权建立者努尔哈赤都死于痈疽。晚唐有"小太宗"之称的唐宣宗李忱也是因为服食丹药,引起背发痈疽而死的。由于有御医随身,唐太宗的病情没有继续恶化。但从史料来看,他病得不轻,不得不"御步辇而行"。此前,这位马上皇帝一直是骑马行军的。

这一次生病让唐太宗大伤元气,这从他的行程安排表上也能看出端倪。唐太宗的车驾于东征当年的十二月就到达并州(今山西太原),但直到第二年三月,他才姗姗回到长安。这期间,因为不能承受的身体之重,唐太宗在并州休养了一段时日。

这"三伤"好似打向唐太宗的三枪,击碎了唐太宗的健康基石。此后,这位千古一帝一直饱受病魔的侵扰。从高丽战场回来之后,唐太宗没活到三年就驾崩了。在他人生的最后两年,他多次生病。当时他的工作重心已经不是治理国家,而是想方设法与病魔作斗争。

贞观二十年底,唐太宗因为生病,第一次向太子李治放权,诏令除军队、外交、死刑核准以及五品官员以上任命等重大问题需要自己裁决外,其他事务由太子自行处理。把六品以下官员的任命权都交出去了,这除了表明唐太宗对李治的信任,也不难让人看出,他的身体已虚弱到无法应对日常政务的程度。

"三枪"虽然厉害,但还不足以让唐太宗丧命。促使唐太宗死亡的直接原因,是服食丹药。

真是让人拍案惊奇!一个我们从小就在历史书中顶礼膜拜,并且确实也称得上英明的皇帝,竟然糊涂到服食丹药!

丹药在中国历史上绝对是一个贬义词,它大多和欺骗、谎言、虚妄和愚昧一起出现。在古代,丹药有个很有诱惑力的名字:仙丹。所谓的仙丹,是道士们炼成的玩意儿。由于唐高祖李渊将道家学派创始人老子认为祖先,所以道教在唐朝的地位很高,有时甚至比佛教都风光。与佛教讲究因果轮回、注重积德行善以获得来世幸福的理念不同,道教讲究享受现世,追求长生不老,这正好跟帝王活不够、不想死的思想不谋而合。于是,炼仙丹进献给皇帝,让皇帝吃了之后长生不老,便成了许多道教工作者忽悠皇帝的常用手段。很多皇帝居然信之不疑,留下了无数个让人笑不出来的笑话。

晚年的唐太宗在思想方面似乎走进了一条糊涂的胡同,他居然也像他嘲笑过的秦皇汉武一样,想成为白日飞升的仙人。

早年,唐太宗对道教的方术迷信不屑一顾。贞观元年,他曾就秦皇汉武求仙之事对身边的人说:"神仙事本虚妄,空有其名。秦始皇非分爱好,遂为方士所诈,乃遣童男女数千人随徐福入海求仙药,方士避秦苛虐,因留不归。始皇犹海侧踟蹰以待之,还至沙丘而死。汉武帝为求仙,乃将女嫁道术人,事既无验,便行诛戮。据此二事,神仙不烦妄求也。"

三十岁的时候，唐太宗把秦皇汉武求仙当做笑话讲给臣下听；五十岁的时候，他自己却成了笑话里的主角。

贞观中期，唐太宗对生命和自然的认识还是很有科学意识的。贞观十一年的时候，他的诏书中还有"生者天地之大德，寿者修短之一期。生有七尺之形，寿以百龄为限"、"虽回天转日之力，尽妙穷神之智，生必有终，皆不能免"等不乏思辨理智的言语。他清楚地知道，人生百年，不可能不死，这才是自然之道。

但正如拿破仑所言，从伟大到可笑仅有一步之遥。到了贞观后期，伟大的唐太宗对同样的问题却突然变得不清不楚，开始可笑地相信丹药仙术和不死传奇。

唐太宗具体是从什么时候开始服食丹药的，史料没有明确记载，但最迟不晚于贞观二十一年（647年），也就是唐太宗四十八岁那年。那一年，申国公高士廉去世。高士廉是长孙无忌和长孙皇后的亲舅舅，若论辈分，唐太宗也得管高士廉叫舅舅，所以他决定前往高府吊丧。

当时长孙无忌正在舅舅灵前放声痛哭，听说皇上要来吊丧，他赶紧止住哭声，飞奔而出，将唐太宗挡在门外，不让他进入灵堂。长孙无忌拦着唐太宗的坐骑说道："陛下饵金石，于方不得临丧，奈何不为宗庙苍生自重！"

长孙无忌说的"饵金石"就是服食丹药。根据当时的社会风尚，长孙无忌所讲的"金石"极有可能是五石散。五石散是一种由石英、硫黄、石钟乳等五种物质合成的中药散剂，在魏晋时代曾经十分流行，颇受名士们青睐。魏晋以后还有些贵族达官相信这东西能治病健身，有延年益寿的神奇功效。但是实际情况恰恰相反，五石散对伤寒有一定的治疗作用，对健康人来说却相当于一种慢性毒药，长期服用会让人变得暴躁、精神恍惚。虽然五石散毒副作用很大，但它能增强性欲、使人神经亢奋，所以在喜欢醉生梦死的上层社会一度十分流行。

按照炼丹道士的说法，服用金石仙丹还有很多规矩，哭丧和参加葬礼就是忌讳之一，这也是长孙无忌力阻唐太宗进入舅舅灵堂的原因。他担心灵堂的悲切气氛影响仙丹药效，给皇帝的健康带来损害。为了不让唐太宗进门，长孙无忌"中道伏卧，流涕固谏"一点也不顾及自己当朝宰相的高大形象，四仰八叉地躺在路中间，一定要劝唐太宗回宫：你要是想进去，就让马先从我身上踩过去吧！唐太宗没有办法，只好折回宫内，"南望而哭，涕下如雨"。

长孙无忌的行为令人很感动。可以看出，他确实是真心实意地为唐太宗着想，将皇帝的健康置于个人形象之上。但这个细节也透漏出，唐太宗的健康状况已经不容乐观，即使是一场伤心和一回情感波动，也可能对他的身体造成不小的影响。已经到了弱不禁伤的分上，说明离山穷水尽只有咫尺之遥了。

唐太宗服食的丹药根本不能让他长生不老，而且把他的身体拖入一个恶性循环的境地：身体越不行越寄希望于丹药，越吃丹药身体越差。就这样，英明一世的唐太宗在临终前几年走进了一个信仰怪圈,沉迷于仙丹,不能自拔,最后把自己送上了不归路。

贞观二十二年,使臣王玄策在出使途中意外灭掉了中天竺国(在今印度中部),俘虏中有一个名叫那罗迩娑婆寐(姓那罗迩)的方士,正是这个外国方士将唐太宗推入了死亡深渊。

如果以旁观者的眼光来看,这个那罗迩娑婆寐完完全全就是个卖狗皮膏药和金刚大力丸的外国江湖骗子。他不但吹嘘自己"有长生之术",能炼制令人长生不老的金石仙丹,而且还"自言寿二百岁"。

这个古印度人真是吹牛不打草稿,地球上自有人类以来,还没有出现过活到两百岁的老寿星。十几个世纪后的今天,各个领域的科学家们凭着现有的科技成果以及合理或者不甚合理的推想,也只敢小心翼翼地宣布,人类的理论寿命可达一百七十五岁。看来,"放卫星"的事情不光中国人干过,古代的外国佬也同样毫不逊色地干过。

就是这么个满嘴跑火车的江湖方士,竟被王玄策当成特殊人才献给了唐太宗。要命的是,唐太宗竟然也跟王玄策一样,把娑婆寐当做修仙领域的专家,以重金厚礼将其请到宫内。

聪明一世的唐太宗晚年糊涂一时,掉入许多皇帝求仙问道的窠臼。他不但把遇到那罗迩娑婆寐当成一种缘分,而且将他当成了能炼制出长生不老、起死回生金丹的太上老君,"太宗颇信之,深加礼敬,使合长生药"。

为了确保炼丹工程顺利进行,唐太宗还命兵部尚书崔敦礼带领一队人马,专门协助那罗迩娑婆寐。一个超级大国的兵部尚书,竟为一个外国江湖骗子打起了下手,这种反差巨大的糗事发生在李世民身上,委实让人唏嘘不已!

只是,这个外国方士没有太上老君的八卦炉,更不能燃起三昧真火。他不是冶炼仙丹的专家,而是一个骗你没商量的"砖家"。有确凿的史料表明,中国历史上最伟大的帝王之一唐太宗最后死在了这个外国老头的砖下。

贞观二十一年四月,李唐皇室的遗传病——风疾找上门来了。风疾是一种死亡率很高的疾病,但由于缺少直接的病理资料,它到底是一种什么病,现在谁也不能下确切的结论。今天我们能够确切知道的是,李唐皇室至少有七位帝王死于这种梦魇般的疾病。唐高祖李渊于贞观八年秋天染上此病,第二年夏天便丧命西归,从发病到死亡只有短短的七个月。唐太宗稍微长了一点,从发病到去世用了两年时间。不过,如果不是迷信仙丹,唐太宗的生命应该还可以继续延长的。

贞观二十三年三月底,唐太宗的病情逐渐严重,甚至连上朝都感到吃力,不得不命太子主持朝政。

四月初,唐太宗起驾前往翠微宫疗养。翠微宫位于长安附近的终南山上,是唐太宗在贞观二十一年下令重修扩建的。扩建之后,他经常在翠微宫处理朝政,同时进行疗养。不过这一次他一去不还,五十天后便在翠微宫永远地闭上了眼睛。

唐太宗病重期间，太子李治一直在他身边服侍，"昼夜不离侧，或累日不食，发有变白者"。李治也是个孝子，二十四小时不间断地在老爸的病床前端水送药，看顾照料，有时候几天都不吃饭，头发都急白了。

这种父子情深的镜头在帝王之家是很难得的，让人十分感慨。历史上很多太子表面上对父皇敬爱有加，心里面却巴不得老皇帝早点驾崩，给自己腾出位置。可以肯定，李治没有这种龌龊心理，因为恭敬和关心可以伪装，但急得头发变白是无论如何也装不出来的。那时候没有化学染发剂，短时间内须发变白，除了因为特殊疾病外，只有强大的精神因素才能使然。看到儿子如此孝敬，唐太宗既悲伤又感动地对李治说："汝能孝爱如此，吾死何恨！"

李治是真心实意地希望父亲在世的日子长些，再长些。想想四十年前的表叔杨广在父亲病重时痛下杀手的恶行，唐太宗也许觉得很满足、很欣慰。

作为父亲，作为统治天下的皇帝，这时候的唐太宗是有资格感到欣慰和满足的，因为他的儿子，这个即将成为皇帝的人，没有在至尊权力面前变得丧心病狂。

唐太宗没有想到的是，李治虽然秉性宽厚，没有做出像杨广那样恶毒残暴的事，但在生活作风方面，他和杨广踏入了一条同样污浊的河流：杨广在父亲杨坚病危期间盯上了父亲的宠妃宣华夫人，李治在父亲病重期间和父亲的才人武则天勾搭上了。虽然杨广和李治一个是单方强迫求欢，一个是双方你我勾搭，但从封建伦理道德上讲，他们的行一样让人诟病。

正是唐太宗的生病给李治和武则天创造了互相接触、互相了解的机会。流传下来的权威唐代资料中，没有二人何时相识相恋的记载。据常理推断，事情应该是在唐太宗晚年生病期间发生的。关于这对不寻常的夫妻在贞观年间的交往情况，《资治通鉴》中只有简略的一句话："上之为太子也，入侍太宗，见才人武氏而悦之。"

既然李治是在"入侍太宗"时看上武则天的，那就可以推测，他们初识十有八九是在唐太宗龙体欠安、李治进宫请安的时候。如果皇帝身体倍儿棒吃嘛嘛香，是不需要太子入侍的。宫廷礼法极严，除了皇帝之外的男子，即使是太子，若无特殊情况或经过皇帝特批，也不能随便进入后宫。在那样的情况下，即使李治、武则天两人有机会见面，彼此之间也不可能深入了解。所以，李治和武则天这对历史上唯一的夫妻皇帝组合，应是在唐太宗东征高丽回国后的一次大病时偷偷开始眉目传情的。

贞观二十年二月，唐太宗因为痈疽还没有痊愈，"欲专保养"，就将军国机务交给李治处理，自己在内宫专心疗伤养病。李治在处理完政事后，就急急忙忙赶到内宫，"入侍药膳，不离左右"，在病床前侍候父亲服药用饭。

唐太宗不愿把年轻好玩的儿子绑在病榻前，多次"命太子暂出游观"，不必长时间待在病房里，但李治"辞不愿出"。这样一来，每天花费大把时间待在老爸寝宫的李治，认识老爸身边的女人武则天就是顺理成章的事情了。

可能是心疼儿子白天夜晚两边跑的辛苦,唐太宗破例"置别院于寝殿侧,使太子居之"。于是,唐朝大内禁地里的真男人,除了唐太宗以外,还多了一个李治。美女如云的后宫里突然多出一个正当盛年的小伙子,如果不发生点什么风流韵事,那才叫不人性、非正常呢。

唐太宗在翠微宫度过生命中最后两个月时,武则天大概也在现场,因为安排皇帝作息是作为才人的武则天的工作内容之一。

贞观二十三年五月二十四,唐太宗病危,"召长孙无忌入含风殿",要向他交代临终遗言了。长孙无忌来到病榻前,躺在榻上的唐太宗"引手扪无忌颐,无忌哭,悲不自胜"。

一代雄主在油尽灯枯的最后时刻,看着这个从少年时代见证自己一步一步走来的发小,心中万千感慨,自是不言而喻。他一定留恋这个世界,也许他想起了逝去的爱妻长孙皇后,也许他想起了年轻时与长孙无忌并肩鏖战、戮力杀敌时的灿如夏花的青春岁月。而今,这美丽的一切都将不复存在,自己也即将在黑暗中沉沉睡去。这个时刻,任何人都会伤心动情的。

五月二十六,唐太宗再次召见长孙无忌和褚遂良,两人成为唐太宗的顾命之臣。唐太宗很看重的李世勣并没有得到托孤重任,因为他已于五月十五被调往叠州担任都督去了。前文已经讲过,唐太宗不太放心这个精明能干的老李了。而在此前的五月十八,"二李"中的李靖已经先唐太宗去世。

在生命的最后时刻,唐太宗对三个人说了最后的三句话。第一句话是说给长孙无忌和褚遂良的:"朕今悉以后事付公辈。太子仁孝,公辈所知,善辅导之!"第二句话是说给太子李治的:"无忌、遂良在,汝勿忧天下!"第三句话单独嘱咐褚遂良:"无忌尽忠于我,我有天下,多其力也。我死,勿令谗人间之。"

多么周到的安排!他恳请两个重臣辅佐好太子,告诉儿子不要担心天下不稳,要求耿直忠贞的褚遂良保护好自己的政治搭档长孙无忌。很遗憾的是,褚遂良没有能够阻止小人对长孙无忌的诬谗,甚至没能保护好自己,比长孙无忌早走了一步,原因正是"谗人间之"。

说完这三句话之后,唐太宗便溘然长逝。这位英雄君主终于走完了他光辉灿烂的一生。唐太宗的生命虽然短暂,但他所散发出来的光芒,将中华五千年历史的天空映照得华丽锦绣,让后世无数人称道不已。正是因为有了唐太宗李世民的存在,中国的历史变得更加立体和丰满,令世界曾经心悦诚服地向中国投来敬仰、羡慕、追随甚至朝圣的目光!

关于唐太宗死亡的原因,新、旧《唐书》都没有明说。《新唐书·太宗本纪》对太宗之死的记载只有一句话:"皇帝崩于含风殿。"《旧唐书·太宗本纪》的记载几乎完全一样:"上崩于含风殿。"至于驾崩的具体情况,本纪中只字未提。但我们可以从其他地方找到唐太宗的确切死因。

《旧唐书·郝处俊传》记载,唐高宗时期的名臣郝处俊在规劝高宗不要服食号称"可以续年"的仙丹时,曾经拿唐太宗服药殒命的事告诫他不可玩火自焚、重蹈覆辙。谈话之中,他提到当年那罗迩娑婆寐将丹药送给唐太宗后的具体情形:"先帝饵之,俄而大渐,上医不知所为。"躺在病榻上的唐太宗吃了用"灵花怪石"炼就的仙丹,病情不一会儿就变得更加严重,旁边的御医个个束手无策,眼睁睁地看着皇帝死去。可见,号称可以延年续命的仙丹成了唐太宗的催命无常。

另外,《旧唐书·宪宗本纪》中也有关于唐太宗死因的记载。唐宪宗时的重臣李藩在与宪宗讨论神仙之事时说道:"文皇帝(唐太宗谥号)服胡僧长生药,遂致暴疾不救。"

李藩说这话时,唐太宗去世不过一百五十年。在李唐政权还存在的情况,一个朝臣在与太宗的后裔、当朝皇帝谈话的时候公然指出,这个政权的第二位皇帝死于非命,这说明在当时,唐太宗为仙丹所误的观点不是什么秘密。

由此我们可以看出,唐太宗是直接死于丹药之毒的,凶手就是那个那罗迩娑婆寐。备受病痛折磨的唐太宗把娑婆寐这个外国方士当成了自己的救星,对他言听计从。在娑婆寐的怂恿下,唐太宗"发使四方求奇药异石,又发使诣婆罗门诸国采药"。

那罗迩娑婆寐到底给唐太宗开出了怎样的炼丹原料单,我们已无从得知,但可以想象,清单上的药材一定是千奇百怪的。娑婆寐知道,自己根本炼不出长生不老的仙丹,所以他一定会开一张永远也配不齐的处方,以便推卸责任。《资治通鉴》断定"其言皆迂诞无实",整天说些荒谬的、不切实际的胡言乱语,只是为了拖延时日,使自己有更多的时间享受荣华富贵。

在服食丹药这个问题上,唐太宗是一个心智迷乱的当局者。他在死前的最后一刻还吃了那罗迩娑婆寐炼出来的所谓仙丹。本意是想救命,却不曾想越吃仙丹就越快送命。这个让人敬仰的大帝,在人生的最后一站犯了错。

唐太宗前面吃药,后面驾崩,很多朝臣也认识到,其实那罗迩娑婆寐就是杀害大唐第一英明皇帝的凶手,纷纷上书要求"显戮其人",建议将这个没有行医资格证的外国游医公开处死。但是,这个本应被处死的外国方士最终保住了性命,原因是为了维护皇家的面子:李唐政府"恐取笑夷狄,故法不得行,乃放还"。

经过权衡之后,唐朝政府觉得,这个人虽然该死,但不能死。因为国内外人士都知道,那罗迩娑婆寐在为天可汗炼制仙丹。如果处死了这个御用药师,就等于向全世界宣布:天朝大国的皇帝是被蛮胡炼出的丹药毒死的。

有时候面子比里子重要,唐政府死要面子,本来死罪难逃的娑婆寐捡了个大便宜,仅被赶了出去了事。什么叫吃哑巴亏?这就是了。

唐太宗死得有点冤。但这也不能全怪那个天竺方士那罗迩娑婆寐,更多的责任应该由唐太宗自己承担,是他自己把自己送上了不归路的。

虽然唐太宗的故事已经讲完了，但害死唐太宗的那罗迩娑婆寐的故事还没完。唐高宗即位后，这个术士又回到了长安，还想在大唐朝廷中重操旧业。高宗发现他后，再次命人将其遣送回去。

始作俑者王玄策却对那罗迩娑婆寐十分重视，仍然相信他能炼出长生不老的神仙之药。他见高宗想强制遣送娑婆寐出境，便上朝启奏，说这个外国人"实能合长年药"，"今遣归，可惜失之"。王玄策的可惜是建立在可笑的基础之上的，他也是一个执迷不悟者。

幸亏李治当时还很明白。王玄策退出后，李治对其他朝臣说："自古安有神仙！秦始皇、汉武帝求之，疲弊生民，卒无所成。果有不死之人，今皆安在！"

李治此时对于求仙的看法，与唐太宗早期十分相似。我们应该记得，唐太宗于贞观初年说过："神仙不烦妄求也。"李治发表这番见解的时候，在场的李勣（李世民去世之后，李治"改官名犯先帝讳者"，李世勣名字去"世"，改称李勣）很赞同他。李勣说，那罗迩娑婆寐"今兹再来，容发衰白，已改于前，何能长生！"

老辣的李勣一语中的！号称能炼出仙丹，使人长生不老的人，几年不见，就变得老态龙钟，差点让人认不出来了。他要是真有灵丹妙药，为什么不自己先吃几颗，让自己成仙呢？

还没等被驱逐出境，那罗迩娑婆寐就病死在长安了，他用自己的死亡戳穿了自己的谎言。"服食求神仙，多为药所误。"《古诗十九首》中的这句诗可以作为所有求仙者的总结词。

唐太宗的死亡还给后世留下一个至今仍然没有答案的千古之谜。了解历史的朋友都知道，唐太宗是个文武双全的全能型皇帝。他不仅能运筹帷幄、临阵杀敌，而且爱好书法、诗歌，且造诣很深，《全唐诗》中就收录有他的诗歌。他的书法也得到了后世众多大家的赞誉，几乎可以与李后主的词、宋徽宗的画相提并论。

唐太宗是东晋大书法家王羲之的狂热粉丝，他对王羲之的代表作品《兰亭序》的喜好简直到了痴迷的程度。据说他在临死之前曾要求儿子李治将《兰亭序》作为陪葬品放进昭陵地宫。但那幅被誉为"天下第一行书"的《兰亭序》是否真的随唐太宗沉睡于地下，直到现在依然没有明证。

大唐历史即将进入李治时代。遗憾的是，伟大的父亲并没有培养出伟大的儿子。唐太宗精心挑选的储君，连他一半的风采都没有。老子李世民用二十三年的时间打造了自己的巨人形象，儿子李治却用三十四年的岁月证明了自己的软弱无能。李治执政期间，皇权旁落到皇后武则天手中，给李氏皇族带来了深重灾难，也让两个托孤老臣晚景凄凉、死得很惨，并上演了一场以武周代替李唐的惊天大戏。

唐太宗病逝时，李治已经二十二岁了。但是在并不意外的重大事件面前，李治却没有表现出一个政坛首脑应有的成熟、冷静和镇定，而是"拥无忌颈，号恸将绝"。

父亲去世了,儿子悲哭哀啼,本属情理之中。但作为一个二十多岁的成年男人,作为马上就要变成一国之主的太子,在这种重大变故面前,必须强压哀伤,进入政治人物的处事程序之中,尽快安定局面,保证政权不出现动荡局面。

长孙无忌就不失为一个合格的政治家,他首先擦干眼泪,请太子"处分众事以安内外"。皇帝驾崩是最敏感、最容易出状况的时候,但李治仍"哀号不已",根本无视长孙无忌的劝告,除了哭,他什么事也没做。在父亲的遗体前,他把哭泣当成了压倒一切的正事。

也许有人会为李治的仁孝而感动,但从储君的角度看,李治是不称职的,他完全搞不清事情的主次。一次丧事就已经让人看出,他没有什么政治头脑。他后来被老婆剥茧抽丝,一步一步夺走天下,也就不是令人惊奇的事情了。

长孙无忌见外甥一副窝囊相,便加重语气说:"主上以宗庙社稷付殿下,岂得效匹夫唯哭泣乎!"这个时候,长孙无忌成了处理太宗死后事务、保证政权平稳过渡的中流砥柱。他根据局势需要,封锁皇帝驾崩的消息,秘不发丧,并迅速命令"甲士四千,卫皇太子入于京师"。

翠微宫到长安的路程虽然不长,但必须确保万无一失,因为这一段路很关键。明仁宗朱高炽死后,继之即位的宣宗朱瞻基在从南京赶往北京的路上,就差点中了早就觊觎皇位的叔叔朱高煦的半路设伏。

长孙无忌不愧为政坛高人,将大小事情处理得有条不紊。在新老皇帝交接的时刻,处理好这两件事特别重要。

皇帝去世,特别是在京城以外的地方去世,是必须保密的。古代的权力斗争十分激烈,在那样的政治环境中,皇帝一旦在外地死亡,国都就会出现了权力真空。如果皇帝驾崩的消息走漏出去,京城各派政治力量都有可能伺机而动,抢先控制京城,博取政治利益。所以,如果皇帝在外地去世,绝大多数情况下,最先知情方都秘不发丧,悄悄布置,等一切安排妥当之后再向外发布消息。当时,前太子李承乾已经死了,李泰虽然被贬谪在外,但老谋深算的长孙无忌将问题考虑得很细。他担心李泰在长安的旧势力死灰复燃,生怕李泰这杯凉茶一不小心被京城内的投机政客重新温热。

唐太宗去世后,李泰被禁止赴京城吊丧。唐太宗遗诏规定:"诸王为都督、刺史者,并听奔丧,濮王泰不在来限。"所有在外地担任都督、刺史的李唐宗室近亲都可以回京参加葬礼,唯独李泰被宣布为不受欢迎的人。

曾经那么偏爱、那么喜欢李泰的唐太宗真的会那么绝情吗?这似乎有点不合情理。那时候,李治的太子地位已经十分稳固,不管李泰在不在京城、来不来京城,都不可能对李治造成冲击。所以,我们有理由相信,禁止李泰前来奔丧的内容很可能并非唐太宗的本意,而是长孙无忌借皇帝之名作出的安全第一、预防为主的措施。

其实历史是由很多意外组合而成的,李治能成为唐三世,也是意外下的蛋。在舅舅长孙无忌的严密布置下,李治登基过程十分顺利,没有没有出现丝毫意外。他进入长安后,立即在父亲灵柩前即位,成为盛世大唐的第三位皇帝。

随着唐高宗李治的登基,贞观时代画上了句号,在中国乃至世界历史上都影响深远的封建大帝唐太宗正式退出了唐朝的历史舞台,他所创造的贞观伟业为大唐攀上更高的高峰奠定了一切基础。他是一个巨人,此后的一百年里,接下来的几位皇帝站在他的肩膀上,引领着唐朝这艘能量无穷的航母驶进了前景广阔、风光无限的远洋。

汹涌的贞观潮水澎湃了整个唐朝后,并没有偃声息气,而是继续以惊涛拍岸之余威,撞击着其后一千多年的历史岁月之岸,并在整个中华史册上印上了它的痕迹。这也许就是今天的我们总想梦回唐朝的原因吧!

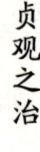

第二卷

武周大帝

一、永徽之治

"永徽之治"是一个历史名词,说的是唐高宗统治头几年出现的盛世,"永徽"是他在位期间的第一个年号。李治当政期间年号更换频繁,在位三十四年共用了十四个年号。在这一点上,武则天和李治的爱好高度一致,两人可谓名副其实的"年号夫妻"。

李治平均两年多才换一个年号,他的爱人同志有过之而无不及,换年号跟网友换马甲似的,冷不丁就注册一个。她临朝称制二十年,却有十七个年号,差不多是一年一换,可以毫不夸张地称之为"年号等身"。年号的发明者汉武帝刘彻做了五十四年皇帝,也只有十一个年号。倘若他看到这对"年号夫妻",估计也只能甘拜下风地说:二位换了这么多马甲,我都认不出来了!

李治的爷爷李渊和爸爸李世民的人生都堪称光辉的一生、战斗的一生。李爷爷主要在政坛上战斗,李爸爸则偏重在疆场上战斗,两人无论是从正面、侧面看还是从平面、立体看,都面面生辉、光彩照人。但他们的革命事业接班人李治的表现却差强人意,既不光辉,也没战斗,战斗的、光辉的是他的老婆武则天。

作为一个历史人物,李治留给后世的大抵是一个软弱、寡断、被老婆捏在手里随意摆弄的形象。事实上也确实如此。

作为一位君临天下的皇帝,从整体上看,李治是不称职的,政绩不突出,对稳固李家江山起了负面作用。但如果一分为二地审视李治三十多年的皇帝生涯,我们会发现,这位在人们心目中缺乏阳刚之气的"唐三世"也曾有过魅力四射的光辉岁月。永徽之治就是李治一生中最精彩的时光。尽管这段光辉岁月在大唐的历史天空中短暂得如同倏忽而逝的流星,但流星好歹也亮过炫过璀璨过,比起晚唐那些连烟都没冒过的皇帝们,李治出彩得多了。

下面我们就来看看年轻时的李治,看看那个像花儿一样的时代——永徽。

其实,李治刚踏进皇帝之门时也是一个有思想、有爱心、有纪律的"三有"好皇帝,颇有老爸李世民的风范。诸君倘若不信,咱们就一起来看看这个"三有"皇帝的第一"有"——有思想。

从李治在永徽年间的表现来看,他的执政思想是比较成熟的。这一点可以从李治求谏纳谏的工作作风中看出来。

俗话说:良药苦口,忠言逆耳。对帝王而言,勇于纳谏就是喝苦药、听逆言,因为所谓的"谏"就是提反对意见,就是与帝王唱对台戏。所以,如何对待谏官谏言是一个帝王是否英明的试金石。

李治在这方面做得非常合格,他继承了父亲唐太宗的以谏为纲的可贵思想,使永徽年间像贞观时代一样谏风频吹,为自己有时候发热的头脑降温。下面一起来看看李治在即位之初对待纳谏的三个小片段。

永徽元年(650年),也就是李治登基后的第二年秋天,他在一次外出打猎消遣时遇雨。当时已经出现了雨衣,不过,那时候的雨衣还比较原始,是用丝绢浸涂上油脂做成的,挡一挡杏花雨尚凑合,碰上瓢泼大雨,根本不顶事,皇帝也会被淋成落汤鸡。

李治很苦恼,便问同行的谏议大夫谷那律:"油衣若为则不漏?"谷大夫又不是制作雨具的专家,他怎么回答得出这个问题?不过他的回答却让任何一个雨具专家都哭笑不得:"以瓦为之,必不漏。"

这明显是正话反说嘛!李治听出了谷那律话中有话,知道他对自己劳民伤财的玩猎行为非常不满。但李治并没有生气发火,也没有黑脸,而是爽快地接受了谷大夫的间接进谏,停止了打猎行为:"上悦,为之罢猎。"

从"上悦"这样的字眼可以看出,这一时期的李治是"闻谏则喜",对有道理的谏言照纳不误。经过"瓦雨衣事件"之后,李治在六年里再没有外出打猎。

永徽二年(651年)九月,长安国库发生了一起翻墙入库盗窃案,而行窃的案犯卢文操竟然是专门负责京城治安巡查的警卫人员。监守自盗、知法犯法,不管搁在哪朝哪代,都必须受到严惩。李治也觉得卢文操太可恶了,"命诛之"。

既然皇帝都已经在罪犯名字下画叉了,一般情况下,这个罪犯必死无疑。但因为萧钧的出现,他最终被刀下留人。萧钧和谷那律一样,也是个谏议大夫,他明确地向皇帝亮出了反对牌,说"文操情实难原,然法不至死。"按照唐律,卢文操最多被判个有期徒刑或者流刑,还没达到砍头的标准。在萧钧的进谏下,李治意识到了自己的"特批"是破坏国家司法的越权行为,所以不但免去了卢文操的死刑,还对身边的大臣夸奖萧钧:"此真谏议也!"

永徽六年(655年)冬,朝廷雇佣了四万多名雍州民工,准备在长安主城外再增筑一座兼具防卫和居住功能的外城。雍州就是今天的陕西凤翔,在长安的东北方,当时属于京畿地区。这四万多劳力都是朝廷雇来的,朝廷要给他们付工资。这与很多朝代强迫征发丁男甚至妇女自带干粮、无偿给政府服劳役的情况有很大区别。

从朝内所有谏官集体缄默的表现来推断,这应该是一项正当的建筑工程。不过,中央的谏官们没说话,地方官员却跑出来不少:"雍州参军薛景宣上封事。"

"上封事"就是向皇帝呈递言事奏折。"封"是密封,是为了防止奏折内容泄露而采取的一种保密方法。朝廷相关人员在接到这种奏折后不得擅自拆开,只有皇帝本人才有权启封。薛参军在奏折中说:"汉惠帝城长安,寻晏驾;今复城之,必有大咎。"

汉惠帝刘盈是刘邦的儿子,乃西汉的第二任皇帝。这位皇帝在位时曾大筑长安城,比这次的规模大多了。《汉书》里记载当时的情形是"发长安六百里内男女十四万五千人城长安"。京城三百公里内的十几万男女全部都到工地上挖土、夯土、筑墙,忙乎了一个月,把长安城建成了豪宅林立、广场遍布的宜居城市。可汉惠帝却在长安城建好后的第三年就驾崩了,死时只有二十四岁。

薛景宣拿刘盈当例子,其实是想对李治说:汉惠帝建筑长安城后旋即死亡,与汉惠帝年纪差不多大的您又要在原址附近进行复建,恐怕您将会和汉惠帝的结局一样。如果将这句话稍微上纲上线,给薛景宣戴上一顶"诅咒圣上"的大帽子,薛景宣就死定了。

今天看来,这封奏折的逻辑十分荒唐,内容也有点出格,为什么建回房子就得死个皇帝呢?难道是被买不起房子的老百姓和拆迁户咒死的?因此,在知道这件事情后,门下省最高长官、侍中于志宁觉得薛景宣对皇上出言不逊,请求以大不敬罪将其诛杀。

李治表现真不错,他很宽容地对宰相于志宁说:"景宣虽狂妄,若因上封事得罪,恐绝言路。"李治的态度很明确:尽管他用言语伤害了我,但我不能以权力杀死他。李治想得比较长远,他担心若是由于薛景宣不恭的联想就将其斩杀,恐怕以后别人都不敢再上封事进谏了。经过一番思考,李治赦免了薛景宣,没有找他任何麻烦。

于志宁是唐初重臣之一,他当过前太子李承乾的老师,也辅导过做太子时的李治,深得李治的信任,是李治登基当年就提拔的两个宰相之一(另一个是李勣),可见他在李治心目中的地位。对这样一个元老提出的处死薛景宣的建议,李治都没有接受,足以看出李治是个可堪大任,有思想,善于独立思考的好皇帝。

第二"有"——有爱心。

李治,字为善,从他的表现来看,他是一个积极为善、富有爱心的皇帝,可谓"字如其人"。李治的爱民之心是有目共睹的。他改元的第一年正月就特地把各地方政府的朝贡代表召集起来开了个座谈会,态度诚恳地对代表们说:"朕初即位,事有不便于百姓者悉宜陈,不尽者更封奏。"

年轻的李治说话挺谦虚谨慎的,跟下级说话时的口气就像才嫁进门的小媳妇一样。这话听着似乎是场面话,但老实巴交的李治可不是爱讲场面话的人,他确实是发自真心地希望多了解民情。此后的一段时间,他"日引刺史十人入阁,问以百姓疾苦"。

这种调研挺琐碎乏味的,唐初共有三百多个州府,就意味着得有三百多个刺史,可够李治连轴转一阵子的了。李治在这件事情上表现出来的不厌其烦的态度,很好地说明了他心里是装着百姓的。

说来也怪,在李治登基的头几年,自然灾害频发,特别是地震,频繁得跟除夕放鞭炮似的,彼伏此起。他六月初一即位,八月初一晋州就发生了强烈地震,死了五千多人。在没有楼房、没有混凝土建筑的唐代,一次死亡五千人的地震,其震级应该不会比2010年的青海玉树地震低。在其后的两年时间里,晋州又发生了五六次地震,把李治震得心惊肉跳。

那时候人们还不知道地震是一种地壳运动,所有的皇帝都把地震看成上天对自己的警告和不满。李治更是惶恐不已,因为他在成为天子之前只有一个封号——晋王,而地震频发的晋州就是自己的封地,这不得不让他产生了上天要迁怒自己的联想,继而对朝臣检讨说:"朕谬膺大位,政教不明,遂使晋州之地屡有震动。"

李治可真会揽活儿,把地震的原因归结到自己身上了。不过,他勇于承担责任的精神很值得赞赏,比现在的"砖家"们勇敢坦荡多了。而且李治的做法还是比较人性化的,对地震灾区的安抚和善后工作做得相当不错。地震后,他立即派出特使赶赴灾区慰问,并下诏免去震区两年内的一切赋税徭役,给每个死者赐绢三匹。

在永徽之治的六年间,除地震外,还发生了水灾、大旱、山洪等多种自然灾害,造成了众多伤亡。李治下诏,每一个在灾害中的遇难人员,朝廷相关部门都要出钱购买棺木将其安葬,并对遭受财产损失的家庭给予资助。

李治这个人本质的确是善良的,他的许多爱心行为并非作秀,而是自然而然的内心使然,是慈悲情怀的真实流露。

公元656年,在"永徽"年号改为"显庆"刚一个月的时候,一个大臣给李治上了一封密折。当看到奏折中"去岁粟麦不登,百姓有食糟糠者"之语时,李治大吃一惊,立即命人取来食物查验,发现果如所言。

民食糟糠让李治的内心发生了一次强烈地震,他立即下诏要求光禄寺削减自己的伙食标准,将"常进之食,三分减二"。这个削减幅度挺大的,以前一顿饭三十个菜、三个汤,现在只上十菜一汤。

其实帝王减膳在中国历史上非常普遍,而且多半是在国运不顺的时候,帝王被迫采取的一种姿态。之所以说是被动行为,是因为他们要求减膳不是为了节食减肥、追求苗条骨感,而是带着一种类似检讨的目的。只不过,让他们进行自我检讨的对象并不是现实中的特定对象,而是上天。比如说天气干旱、水涝严重、宫殿遭受雷击甚至狂风吹倒了皇宫里的大树,都会给皇帝们造成严重的心理阴影,认为这是天帝对自己某些不当行为的惩罚。基于这种心理,帝王们往往会很心虚地做出一些"请罪认错"的举动,比如将自己的住处从正殿移到偏殿,从大房子搬到小房子,十天半月不吃肉……总之,表演项目很多,而减膳则是压轴的保留节目,历代帝王屡用不绝。说了这么多,无非是想突出一下李治这个年轻的帝王的与众不同。因为他这次减膳并非源于惧怕上天,而是源于爱民之心。他对自己顿顿山珍海味、百姓餐餐糟糠果腹的现实感到内心不安,他在诏书中感叹百姓所吃的糟糠"乃非人所食物"。北宋四大部书之一的《册府元龟》记载了李治此次减膳的心情:"朕闻天子以百姓心为心,岂有见如此,一身独供丰馔?自见此食,忧叹不能已也。"

李治之所以对百姓吃糟糠一事反应如此强烈,是因为当时唐朝正处于国力蒸蒸日上的繁盛时期,基本没有发生过类似让他震撼的事。但此刻踌躇满志的李治绝对不会想到,仅仅过了二十多年,同样是他做皇帝,同样是他的百姓,那时如果能有糟糠吃,简直算得上是天堂般的生活了。

"第三有"——有纪律。

纵观李治的一生,他是个很不守纪律的人:与老爸的女人私通,无原则地袒护武则天……但咱们这章专讲永徽之治,李治在成为大唐皇帝的最初几年,是个纪律性很强的领导,这从他对待亲近重臣和亲生兄弟的事例中可以找到证据。

永徽元年,监察御史韦思谦向李治上了一封弹劾奏章,弹劾的对象是当朝宰相、中书令褚遂良,理由是褚遂良"抑买中书译语人地"。"译语人"就是外语翻译。唐朝是个多民族国家,而且和其他国家的外交往来非常频繁,中书省因为要承接各类涉外奏章文书,所以配有不同语种的专职翻译。"抑买中书译语人地",翻译成现代文就是:用低价购买中书省翻译的私人土地。

这就有点别样的意味了。买土地的褚遂良是三省之一中书省的一把手,卖土地的是中书省的一位普通职员,这种顶头上司和下属之间的买卖是最容易"出事"、最容易坐实成一桩不单纯的交易。因此,李治命大理少卿张睿册亲自调查,看这桩买卖中是否存在利用权力低价强买的行为。

大理少卿相当于今天的最高法院副院长。张副院长调查后认为,这笔买卖的成交价是按照政府征收价格执行的,不应该治罪。这个调查结果让韦思谦不满意,他穷追不舍,并将张睿册也列入弹劾对象,说他故意曲解法律条文,谄媚宰相,欺骗皇上,应该斩首。韦思谦的抗诉理由很充分,他说只有朝廷才有使用征用价格的权力,而褚遂良作为一个人,怎么能以政府征用价购买别人的私有土地呢?

问题摆在那儿呢,这里头肯定存在合情不合法的猫腻:褚遂良用拆迁价作为市场价买了下属的土地。既然那个翻译自己没有去朝廷上告,就表明他是认可和接受这桩低价交易的。道理很简单,他肯定是希望以此博得中书宰相的好感,希望以后能对自己"多多关照"。

这种基于双方默契基础之上、并未造成重大负面影响的低买低卖案件,皇帝完全可以睁只眼、闭只眼,给几句"你政治觉悟太低,职业道德太差,对自己要求太不严格"的责骂也就对付过去了,再不行给个警告、记过处分,堵住御史的嘴巴就行了。再说,褚遂良的身份地位也非常人可比,他和李治的舅舅长孙无忌是唐太宗钦点的托孤老臣,而且是个正直之士,并不是那种贪得无厌、破坏朝纲的奸佞之徒。这时候,皇帝故意打个瞌睡,放走违纪情节不算严重的老臣,也不会有人说三道四的。

但纪律严明、坚持原则的李治没有这样做,在韦思谦提出抗诉的当天,他就对监察御史弹劾的两名朝廷高官给予重罚——将两人贬出京城,褚遂良降为同州刺史,张睿册降为循州刺史。

当朝宰相和最高法院副院长都因这件事被降职外贬,这个处罚不算轻了。不过李治也留了一小手:两个高级官员虽然都被贬成了地方官,但差别是显而易见的。褚遂良去的同州是今天的陕西大荔,离长安很近,有什么事情,派手下人喊一句"褚大人,皇帝喊你回来吃冰淇淋",就能把正在午睡的褚遂良呼起来。而张睿册要去的循州(今广东惠州）可就远多了，中间隔着多少道山，横着多少条河呀。唐朝时在那儿住，除了洗海澡、游海泳、吃海鲜方便，其他的要怎么不方便就怎么不方便。

很显然，李治把霉全倒在了包庇犯张睿册的身上。从这个处理结果上也可以看出，李治是有一定的政治智慧的，丢车保帅的手法使用得很纯熟，里子面子都照顾到了。既不让别人有话说，又为下一步尽快启用朝廷不可或缺的关键人物褚遂良留出了足够的缓冲空间。果然，一年多之后，褚遂良就被调回朝廷，继续担任宰相之职。这样一个脑瓜活络的年轻皇帝，十几年后竟被老婆玩弄于股掌之间，真有点让人闹不明白。

不仅在大臣面前坚守原则不动摇，李治对亲王们照样有纪律约束，不是无原则地任他们假皇权之威胡作非为。李唐家族是不缺胡作非为的亲王的，说"层出不穷"也许有点夸张，但在初唐，说他们家族"江山代有'胡'人出"也不算冤枉。扳着指头数一下，第一代"胡王"非李元吉莫属，第三代的代表人物除了前太子李承乾谁也抢不走，下面要讲的滕王李元婴，则是第二代"胡王"的"中坚力量"。

提起李元婴，也许很多人不熟悉，但对于他的"作品"——滕王阁，大家应该都不陌生。没错，中国古代四大名楼之一的滕王阁就是李元婴于永徽四年（653年）投资建造的。之所以叫滕王阁，就是因为李元婴是滕王。从当时的条件看，修建滕王阁是一项劳民伤财的建筑工程。花了数不清的银子在江边造一座小高层，仅仅是为了方便一小帮士大夫们喝茶聊天、听歌赏舞，太奢侈了。

不过，这个当时浪费了很多人力、物力、财力的临江楼阁却为后世作出了很多贡献，也为楼址的所在地江西南昌带来了无数旅游收入。"初唐四杰"之一的王勃在滕王阁上有感挥就的千古名篇《滕王阁序》，更是让无数国人为之倾倒，篇中的名句"落霞与孤鹜齐飞，秋水共长天一色"，曾经撩动过多少人的心！

李元婴是个"流级"亲王，不是风流，而是下流。他的私生活十分糜烂，在担任都督、刺史时，最大的爱好是睡下级官员的老婆："官属妻美者，绐为妃召，逼私之。"这个流氓亲王还挺有心计，担心别人的漂亮老婆不来，每次都撒谎说自己的王妃召见她们。那些漂亮美眉们进了李府才知道，王妃有事是假，滕王自己想"床事"是真。她们又不是武松，既然入了虎口，多半都忍气吞声任其蹂躏。能有什么办法呢？人家可是前任皇帝的弟弟，现任皇帝的叔叔，你还想去击鼓鸣冤，告他强奸不成？常摘带露花，哪能不湿鞋？好吃霸王餐的滕王终于栽倒在一只带刺的鞋上。

某天，李元婴故技重演，将下属崔简的妻子骗到了家里。这个美女个美名——郑嫚。郑嫚很幸运，竟然在史书上留下了自己的姓名！当李元婴想潜规则她时，这个性格刚烈的女子没有就范，她不但破口大骂，而且"以履抵元婴面血流"。这一顿豪打，打得李元婴"历旬不视事"——十几天都不好意思去办公。喜欢采花的大唐亲王终于败在了一个女人和一只绣花鞋上。

滕王没有恼羞成怒杀死郑嫚，从这一点看，当时的法律应该是比较完善的。因为在历史上,天子的直系亲属悄悄地让人从人间蒸发,并不是什么难事。而李元婴被一个无权无势的女人打得伤痕累累,只能自认倒霉,也不敢明里暗里加害对方,可见当时的朝廷对皇室成员的约束是很严格的。否则,滕王只需稍作示意,手下人端盘洗脸水就能把那位美眉给淹死。

李元婴是李渊二十二个儿子中最小的一个。不知道是否与他的老幺身份有关,李元婴一生都很放纵。他在唐太宗死后不久的居丧期内就违背礼制,"集官属燕饮歌舞",挺没良心的。但这种默哀期间不默哀的事情对李元婴而言,根本算不了什么,他更没人性的"突出事迹"是以弹弓打人、以雪花埋人。

弹弓这东西据说在中国的半信史时代就已经出现了,当时人们用它来捕获猎物充饥。后来,随着铜和铁的运用,弹弓似乎变成了玩具,很多吃饱了没事干的贵族们都拿这个东西打鸟击人取乐。

李元婴、李元吉不愧是哥儿俩,连这种恶俗的爱好都一样。李元婴也经常在街道上无所顾忌地"引弹弹人",兴起时,逮谁弹谁。他还有一个冬季项目——"埋人雪中以戏笑"。人家堆雪人用的是雪,李元婴却是拿大活人堆。滕王李元婴和他的哥哥齐王李元吉一样,都是中轻度心理变态的王爷。

李治对叔叔的荒诞行为特别不满,亲自写信责备他,说"晋灵荒君,何足为则"!而且李治的责备并不是只停留在口头上,还给予了实质性的处罚。在给叔叔的书信中,他明确开出了处罚措施:"今署下上考,冀愧王心。"

"下上考"是唐朝考评官员的九种结果之一,和学生成绩单上的优、良、及格是一个意思。当时朝廷每年都会对官员进行一次考核打分,考核成绩优秀的,增加俸禄;反之,则减扣俸禄;平庸的,撤职免官。考核成绩分为上、中、下三个大阶,每个大阶再按照上、中、下细分为三级。"下上考"应该是第七级,属于不及格。

对一个身份尊贵的亲王来说,这招其实挺狠的,真要扣他两个月的工资奖金,他肯定不在乎,因为李元婴不差钱。人活脸,树活皮。很多时候,脸面比金钱更重要。一个堂堂亲王、皇帝的亲叔叔,在排起队来一眼都望不到头的刺史、都督队伍中,考核成绩接近垫底,这脸面可是鼻尖上吊镰刀——挂不住啊!

李治的这种"精神处罚法"可能是跟他那个高明的老爸学的。唐太宗在位时就经常对犯错误的近臣开"面子罚单"。有一次,大将长孙顺德私自接受别人绢帛被曝光了。贪污受贿在唐朝是很严重的罪行,唐太宗特别痛恨这种罪行,曾想将一个接受了一匹绢贿赂的官员斩首。按照这种处理方法,长孙顺德是必死不可。但这个贪污犯的身份很特殊,他不仅是长孙皇后的叔叔,而且是开国元勋、官居正三品的右骁卫大将军。这样的老革命如果说杀就杀,会让其他功臣寒心的。唐太宗考虑到了这点,便采用了一种特殊的精神处罚法。他将长孙顺德召上朝堂,当着所有朝臣的面,"于殿庭赐绢数十匹"。你不是喜欢绢吗?国库里多的是,你使劲往家搬吧,一分钱不要!

当然了,脑袋不会拐弯的人一定很羡慕长孙将军:贪污受贿还能分红受奖?大理少卿胡演就很有正义感地质问皇上:"顺德枉法受财,罪不可赦,奈何复赐之绢?"唐太宗只好耐心地向这个大法官解释了他不罚反赏的原因:"彼有人性,得绢之辱,甚于受刑。如不知愧,一禽兽耳,杀之何益?"

唐太宗这种以无形之剑当有形之刀的做法被他的儿子李治学得炉火纯青。在后来的一次赏赐中,李治也以赏赐为刀,在叔叔李元婴和哥哥李恽的脸上各划了一下。

蒋王李恽是李治的同父异母兄长,也是一个公子哥,府中"器物服玩,多至四百车"。李治知道这叔侄俩"皆好聚敛",便想借机警告敲打他们一下。

在一次给宗室成员发红包时,皇帝李治给所有的李氏亲王每人五百段绢,唯独没给滕王和蒋王发。皇帝富有四海,当然不可能是为了省下一千匹绢。李治在解释不给叔叔、哥哥发红包的原因时说:"滕叔、蒋兄自能经纪,不须赐物;给麻两车,以为钱贯。"给他们这么多麻,是给他们串钱用的。古代人把一千枚铜钱串在一根麻绳上,叫做一贯、一缗或一吊。这番意味深长的话,多滴水不漏而又四处漏水呀!温柔体贴得能把人噎死,硬是将这两位皮厚的王爷说得"大惭"。李治就是要让滕王和蒋王郁闷,这是他点拨、节制不规矩亲王的有效方法。因为是直系血亲,如果以冷酷到底的铁面将不法王爷斩杀或流放,李治做不到。但他并没有坐视不管,而是以警代罚,令他们收敛,这也是一种约束。

因此,李治登基之始,唐朝呈现出一派繁荣景象,君臣和睦、朝风清正、皇帝自律、大臣自重,社会安宁、边境安定。长孙无忌、褚遂良及李勣等前朝老臣尽心辅佐,使得永徽之治成为贞观之治的延续。

在封建时代,衡量一个朝代是否繁盛的重要指标之一是人口。如果国家的人口下降,就说明战乱频仍,疾病肆虐;反之就说明国家欣欣向荣、发展迅速。因为人一多,上缴的赋税就多,可供选择的兵员就多,这对国家的经济和军事都有很大的好处。

下面是李治和户部尚书高履行在永徽三年(652年)有关人口的一段对话。

李治问:"去年进户多少?"

高履行答:"去年进户总一十五万。"

李治又向高履行打听隋代和唐朝当时所有的总户数。

高履行奏:"隋开皇中,户八百七十万,即今户三百八十万。"

从这段对话中我们可以了解到,永徽二年(651年)唐朝户籍增加了十五万户,按每户五到六人计算,一年大概增加了八十万人。当时唐朝的总人口大约有两千万,一年八十万人的增长幅度是相当让朝廷满意的。唐朝人口的全盛时期出现在公元754年,最多时全国总户为九百零七万,人口约五千二百八十万。此后由于发生了安史之乱,人口急速减少。

永徽这个年号使用了六年,这六年中,无论李治的人生还是唐朝的政治都是黄金一般。这一时期,年轻的李治青春焕发,强盛的唐朝生机盎然。如果把二十二年的贞观之治比做一部高潮迭起的电视连续剧,那么永徽之治就是这部连续剧的续集,内容同样精彩纷呈,情节照样引人入胜。而且史家公认,永徽之治确实有贞观遗风。

可惜,好景不长,从执政的第七年开始,因为武则天,李治渐渐与他统治的国家开始了一段"七年之痒"的历程,其后便一痒难收,由痒而痛,最终都没有找到能够止痒的"皮炎平"。

二、"非常6+1"

自监狱诞生以来,狱和冤就是一对形影不离的孪生兄弟。无狱不冤,无冤不狱,没有冤情的监狱是不存在的。在古代社会,监狱是统治者对付政敌的最好工具。只要觉得谁威胁到了自己,就可以随便找个理由将其投进监狱。多半时候,政治是没有对错之分的,只有你我之别——你死,我才能活得更好;我活,你定会死得很惨。

永徽年间,有一个人死得很冤。这个人不是普通人,而是唐太宗的儿子、唐高宗的哥哥——吴王李恪。李恪之死源于一场宫廷谋反案,这个谋反案的涉案人员是清一色的李唐皇室亲属:高阳公主、房遗爱、柴令武、薛万彻以及荆王李元景、江夏王李道宗。这一长串名字没有一个不与李治沾亲带故。荆王李元景和江夏王李道宗是李治的叔叔,高阳公主和房遗爱是李治的姐姐和姐夫,柴令武和薛万彻,一个是他表哥、一个是他姑父。这六个人外加吴王李恪,全都因那场未发生的谋反案命丧黄泉。

在这个"非常6+1"的死亡游戏中,作为"1"的李恪,完全是主审法官长孙无忌假借谋反的名义有意杀之,目的很明确:为自己辅佐的李治清除潜在的政治对手。李恪的死和妹妹高阳公主的所作所为密切相关,正是她引爆了谋反的炸弹,把这一干人炸得粉身碎骨。

高阳公主是唐太宗十分宠爱的女儿,她下嫁给大唐开国功臣房玄龄的儿子房遗爱以后,唐太宗对他们夫妻特别关照。《新唐书·诸帝公主传》特地对此作了描述:"主,帝所爱,故礼异它婿。"真是爱屋及乌,爱女及婿呀。

于是,高阳公主"负所爱而骄"。公主高傲点也无可厚非,人家集富二代、权二代等极品条件于一身,头昂得比电线杆子还高也是可以接受的。高傲不是错,但若贪婪,那就是大错特错了。而高阳公主正是这样一个犯了大错的人,她是一个贪婪的女人。

高阳公主的老公房遗爱排行老二,他还有个哥哥叫房遗直。作为梁国公的儿子,哥儿俩是好处平分,老大继承父亲的爵位,老二迎娶皇帝的女儿成为驸马。这是唐初开国功臣们前两个儿子的标准福利模式,这两个肉馅大饼不可能同时砸到一个人头上。甘蔗没有两头甜,这种利益均分的平衡法则其实是比较公平的。

可男人没话说,女人有话说;老公不计较,老婆计较得紧。高阳公主就想两面抹油,好处独占,想让已当上驸马的老公把老大继承的爵位也搞到手。也不知道这个骄横的女人用了什么方法,史书记载其最终结果是:"遗直惧,让爵,帝不许。"

不曾想,知道其中原委的唐太宗不但没有批准房遗直转让爵位的请求,还把这个刁蛮嚣张的公主痛骂了一顿,并因此改变了对她的态度,不再像以前那样宠爱她,搞得高阳公主"怏怏不悦",很是失落。

在遭到父皇的训斥后,高阳公主并没有死心。唐太宗去世后,她又故技重演,再次试图通过老公之手扳倒房遗直,侵吞他的爵位和家产,不料却引来了杀身之祸。

一天,高阳公主和老公房遗爱到封地去打猎游玩。高阳公主居然把这次猎兽活动变成了猎艳行动,她没打着猛兽,却收获了一个猛男。这个猛男就是辩机和尚。

辩机和尚是个青史留名、情史也留名的花和尚,因为他不仅是高阳公主的情人,还是《大唐西域记》的编撰者。他不但长得英俊潇洒、玉树临风,而且学问渊博,集才子、作家、帅哥等头衔于一身,是一个除了没有钱,什么都有的精品男。

在他二十来岁的时候,邂逅了除了钱什么都没有的高阳公主。他们的相识过程是"王子和灰姑娘"的倒装版本——"公主和穷小子"。当时辩机"庐主之封地",在高阳公主的封地内搭了一间破房子。因为一次偶然的相遇,一场三角恋发生了。史料上对这段情史寥寥十几个字的描述,足以让千年之后的我们惊讶得合不拢嘴巴:"会主与遗爱猎,见而悦之,具帐其庐,与之乱。"后来,为了报答老公在这件事情上装聋作哑,高阳公主"以二女子从遗爱"。

世上可能有不透风的墙,但不可能有不透风的情。高阳公主和辩机和尚之间的孽情当然不可能永远深藏不露,在一次不经意间,他们的秘密大白天下。不过,泄密的不是人,而是一个枕头。

一个小偷从辩机的房中偷到一个"金宝神枕",被京城御史抓个人赃俱获。御史大人看到这金玉相间的枕头时大吃一惊,因为他知道,这必定是御用之物,便向小偷追问此枕的来路。当小偷说这宝枕来自辩机和尚的房间时,御史再次吃了一惊。一个和尚的卧室中怎么会出现如此名贵的物品?这是巨额财产来源不明罪呀!于是御史又找到辩机,要他说明此枕的来历。辩机没有办法,为了自证清白,只好讲出了内情,说此枕乃高阳公主所赐。

辩机和尚的回答可捅了马蜂窝了!这下御史可不止吃了一惊,而是吃了一惊后吓得不轻。他本以为顺藤摸瓜就能破获一件盗窃皇宫的刑事大案呢,没想到却摸到公主的卧室里去了。这件事情就像和尚头上的虱子——明摆着的,一个女人给男人送枕头,还有什么没送过呢?这案子太大了,御史觉得自己兜不住,也不敢隐瞒,只好硬着头皮把案情上报到皇上那儿。

唐太宗得知这件事情后,气得六月天反穿皮袄——里外发火。皇帝的女儿和一个佛门弟子私通,这还不让全国人民把牙都笑掉吗?皇帝暴怒的后果是很可怕的,他下令:"腰斩辩机,杀奴婢十余人。"这种无理无情的株连,在唐太宗执政二十多年里仅有这一次,可见他是真的被气懵了。

唐太宗的这次酷刑使高阳公主和父亲彻底走上了决裂之路,从此,她对父皇再也没有爱意,只有仇恨,甚至"帝崩无哀容"。

不可否认的是,至少高阳公主对辩机的感情是真的。情郎死后,她伤心欲绝了很多年。在高阳公主对辩机还没爱够的时候,一个枕头、一个小偷、一把铡刀突然将她的爱情拦腰斩断,她痛彻心扉也是不难理解的。

不过这事也不能怪罪唐太宗,高阳公主和辩机之间的感情本来就不道德,唐太宗采取处罚措施是应该的,只是不该如此毒烈罢了。但无论从哪个角度说,高阳公主对父亲的死亡表现得如此冷漠,都让人感到震惊。因为亲情是世界上一切高等动物共有的最基本的情感之一,在自己父母去世时,即使不想悲伤难过也无法控制。

从高阳公主这一系列行为可以看出,她明显缺乏善良、正直、孝悌等品德。由此我们也可以得出一个结论,唐太宗,这个中国历史上最伟大的皇帝之一,在教育子女方面是相当失败的。他的十四个儿子绝大部分都平庸无能,有点才华的却忙着兄弟相残、钩心斗角。女儿虽然稍好一点,但也不乏高阳这样漠视亲情的。

由于唐朝时对生活作风的问题抓得不是很紧,公主与人私通的情况比比皆是。倘若她老老实实,不再生事,那么得个善终是没有问题的。可惜高阳的贪婪之心不死,李治即位后,她又一次找茬儿,想把房遗直放倒,然后夺取他的爵位。于是她"使人诬告遗直无礼于己"。

房遗直被弟弟和弟媳妇折腾得没办法了,便也向高宗提起反诉:"遗直亦言遗爱及主罪","罪盈恶稔,恐累臣私门"。"恐累臣私门"这句话意味深长,暗指两人从事反政府的秘密活动。

这还了得,这不是想翻天吗?李治觉得事关重大,便命自己最信任的舅舅长孙无忌成立了一个专案组,深入调查这个案件。这一查还真了不得,长孙组长发现,外甥家里想造反的人就跟冰糖葫芦上的山楂似的,一个挨着一个。

原来,高阳公主、房遗爱、薛万彻等人确实在悄悄从事着地下工作,准备等时机成熟时发动政变,拥立荆王李元景当皇帝。

李元景是唐高祖李渊的儿子、李治的叔叔。这个李叔叔的皇帝瘾可不小,连做梦都想当皇帝。他有一次对几个造反班底成员说,梦见自己"手把日月"。这可不得了,因为在中国古代,太阳是有特殊含义的。早期,它与神及图腾连在一起;后期,它跟皇帝天子绑在了一块儿。李元景说他梦见了太阳,那是在暗示他的追随者们:尽管跟着我好好干吧,我有天子之命。薛万彻就是追随太阳的积极分子。

从战功上讲,薛万彻是当之无愧的名将,曾被唐太宗誉为三大名将之一。贞观末年,唐太宗评价说:"当今名将,唯李勣、江夏王道宗、万彻而已。"唐太宗是中国历史上数一数二的军事家,能被他由衷地称赞,可见薛万彻确实是个军事达人。因为欣赏他的勇敢,唐太宗还亲自做媒,把妹妹丹阳公主嫁给他,使他跳进了皇亲国戚的龙门。

与哥哥薛万均一样,薛万彻勇力非常,在战场上是个人见人怕的阎王。唐朝的好些重要战役,他都是主力战将。但这位猛将的脾气性格都不太好,"任气不能下人",经常有人向朝廷递状子举报他。唐太宗因为薛万均战功卓著,并没有对他采取什么严厉的处罚措施:"或有上书言状者,帝爱其功,直加让勖而已,即为焚书。"这个大舅哥对妹夫的关照真是太到家了。

唐太宗如此关照薛万彻,但薛万彻后来不知道为什么对朝廷牢骚满腹。当时几个大将都向唐太宗反映他仇恨朝廷,由此看来,他的言行应该是比较出格的。李勣曾专门向唐太宗上奏折,要求处死薛万彻。他很直接地对唐太宗说:"万彻位大将军,亲主婿,而内怀不平,罪当诛。"

唐太宗欣赏他,不舍得将他杀他,只是将其流放外地。后来遇到大赦,他又回到京城。回城后,薛万彻和房遗爱走到了一起。他经常在房遗爱面前大发牢骚,并和房遗爱秘密商定:"若国家有变,当奉司徒荆王元景为主。"

谋反成员中的柴令武也是驸马,他的身份比房遗爱和薛万彻更尊贵,因为他有一半李唐皇室的血统。柴令武的妈妈是有名的巾帼英雄、李渊的女儿平阳公主,他娶的则是唐太宗的女儿巴陵公主。

这位公子哥和房遗爱脑袋瓜都不大好使,在政治斗争前沿,两人总是站错队。在李承乾、李泰和李治的储位争夺战中,他俩死抱着李泰的大腿不放,把潜力股李治晾在一边;这次二人又同时相中了荆王李元景这座根本不可能挖出煤来的废弃小煤窑。

柴令武本来被任命为卫州(今河南卫辉)刺史,但他不想去地方上任职,便"托以主疾留京师求医"。但柴令武和房遗爱搅到一块儿后,又生出了造反的念头。他秘密地加入这个秘密组织,打算与薛万彻等人一起,将荆王李元景扶上皇位。可是,由于高阳公主和房遗直的诉讼案,他们的计划全部暴露了,六名主谋立即被捕入狱。

这六个主谋的判决结果没有丝毫悬念:死刑。不过,虽然六个人都是死刑,却有两种死法,房遗爱、薛万彻、柴令武被下令斩首;李元景、高阳公主、巴陵公主"并赐自尽"。

看出来了吧,被砍头的都不姓李,姓李的都没被砍头。同样是死,皇室成员可以受到一些"照顾",不用身首异处。这是皇室的规矩,公主、皇子犯了死罪,只能上吊喝药,不能动刀见血。

当死亡来临的时候,谁不渴望再次拥有生的机会呢?连薛万彻那样不怕死的猛人都不想死,在临刑前高声叫喊道:"万彻大健儿,留为国效死,安得坐遗爱杀之!"这位一身军功的大将希望朝廷能够留下他的性命,让他继续为国立功效劳。但他的一切努力都是徒劳。在确定这一点后,他在死亡面前表现出了英雄气概。他主动脱掉衣服,对行刑的刀斧手说:"亟斩我!"

可能是行刑者被他的表现震慑得心里有点发毛,下手的时候使不出力气,一刀下去竟然没把他的脖颈砍断。薛万彻顶着欲掉没掉的头颅大声呵斥那名刀斧手:"胡不力!"惊惧交加的刽子手又赶紧补了一刀,还是没把他砍死,"三斩乃绝"。

故事讲到这儿,"非常6+1"中的"6"完了,只剩下了一个"1"。前面已经提过,这里的"1"指的是吴王李恪。

李恪是唐高宗李治的哥哥,是唐太宗和隋炀帝的女儿生的儿子。他并没有任何谋反之心,却和李元景、高阳公主、巴陵公主一样,被赐自尽。李恪真是被冤枉死的,他是唐朝第一个被诬陷谋反的亲王,也是第一个被冤杀的亲王级的倒霉蛋。而让他倒霉的,正是专案组组长孙无忌。长孙无忌"惦记"李恪已经整整十年了,原因很简单,吴王李恪曾经是太子之位的最有力竞争者。

贞观十七年的太子之争,使唐太宗废黜了原太子李承乾,流放了争太子的李泰,立了性情仁厚的李治为新科太子。可不久之后,唐太宗就嫌李治是个软绵绵的"食草男",想改立李恪,但被长孙无忌劝阻了。就因为这事,长孙无忌暗暗恨上了李恪,将他视作李治最危险的潜在政治对手,总想找个借口把李恪杀掉。

不过,促成这次机会的最重要的一个人不是长孙无忌,而是房遗爱。房遗爱知道长孙无忌的心思,为了讨好长孙无忌,立功减罪,他一口咬定李恪也是这个谋反小集团中的成员之一。

很显然,房遗爱的这个"灵感"来自纥干承基。在贞观年间的争储风波中,谋反主犯之一纥干承基告发了李承乾,唐太宗不仅免去了他的死罪,还把他当做有功之臣,赏给他一个县公的爵位。但房遗爱没有动脑子想一想,人家纥干承基反映的是事实,而他却是诬陷。一个使皇帝的亲哥哥蒙冤而死的危险人物,长孙无忌怎么会、怎么敢让他自由自在地活在世上?所以,对房遗爱来说,他不乱咬李恪虽然也难免一死,但李恪被拉下水后,他会死得更快更彻底。

李恪在唐太宗的儿子中应该算是最优秀的,不但老爸说他"英果类己",后世很多人都给予其非常正面的评价。毛泽东在评点二十四史时,曾对唐太宗不以李恪取代李治的太子之位而深感惋惜,并对唐太宗提出了批评:"李恪英物,李治朽物,知子莫若父。然卒听长孙无忌之言,可谓聪明一世,懵懂一时。"

可以说,李恪死于他的优秀。司马光在《资治通鉴》中一针见血地指出了长孙无忌杀死李恪的动机:"恪名望素高,为物情所向,无忌深忌之,欲因事诛恪以绝众望。"先朝的托孤大臣长孙无忌这次终于逮着了机会,将他送上了断头台。李恪临死前痛骂借机陷害他的长孙无忌,说长孙无忌"窃弄威权,构害良善,宗社有灵,当族灭不久"。

李恪这些诅咒之言只是气愤至极的骂人话而已,当时长孙无忌位高权重,说他会遭受族灭之灾,完全是超出任何人想象的事情。可令人匪夷所思的事情发生了,仅仅过了五年,长孙无忌这棵参天大树真的被政治风暴连根拔起,他和家人个个死于非命,真的应了李恪的那句话。

对于这种历史巧合,将李恪之死形容为"海内冤之"的《旧唐书》说:"无忌破家,非阴祸之报欤?"这虽然是没根据的迷信之言,但也足以让人看出当时民众对李恪冤死的不平之情。

三、才人苦旅

武则天的父亲叫武士彟,母亲的名字现在已不可考,只知道她姓杨,史书称其为杨氏。杨氏和武士彟是奉旨成婚,而且他们的媒人是唐高祖李渊。

武士彟出生在一个商人家庭,早年他是个木材商人,生意做得很大。如果没有万贯家财做支撑,像李渊这样当时权力很大的军阀首领是不大可能和他有深交的。武士彟在隋末弃商从军,在军队里担任了一个管理几十个士兵的低级军官。一个企业的老总心甘情愿地在军队里做兵头将尾,除了社会大乱的客观环境外,还与当时商人极为低下的社会地位有关。

钱多得晃眼社会地位却很低下的武士彟"商而优则军",他想到军队中淘洗自己的出身成分,撕掉自己的商人标签。武士彟当兵不久,李渊就被隋炀帝杨广派到太原担任留守之职,全面主持太原军区的军事防务工作。

李渊是武士彟的老朋友,此前李渊在山西一带围剿起义的农民军时,武士彟多次无偿向李渊提供军事经费,出钱出粮,对李渊帮助很大。李渊担任太原军区司令后,立即将武士彟提拔为专管军队武器和后勤工作的亲信军官。后来武士彟坚定地跟在李渊身后,从太原走向全国,成为最早随李渊打天下的"元从功臣"之一。李渊建唐后,他被封为应国公,官职最高做到了正三品的工部尚书,成为朝廷为数不多的"三品俱乐部"成员之一。

正当武士彟的事业蒸蒸日上的时候,他的家庭却连遭变故,先是一个没成年的儿子死了,紧接着老婆又死了。但这两件事武士彟都没往外说,他悄悄处理完丧事后,还和平时一样上下班,工作一如既往。李渊得知此事后,心里特别感动,评价道:"此人忠节有余,去年儿夭,今日妇亡,相去非遥,未尝言及。"

以武士彟的表现,完全可以当选唐朝国家级劳动模范。毫无疑问,李渊要对这位全国劳模发放奖励了,"奖品"相当诱人——一个美女。李渊亲自出马给武士彟做媒,将杨氏介绍给他做夫人。

杨氏虽然未婚,但当时已经四十四岁了,是一个真正的老姑娘。令李渊万万想不到的是,自己成人之美却好心办了坏事。婚后,杨氏以"奔五"的高龄连续为武家生了三个千金,李唐王朝的掘墓人武则天是第二个。

据说杨氏出生于高贵之家,父亲是曾经担任过隋朝纳言的杨达。纳言在隋朝就是宰相,这个职务在唐朝叫侍中,是三省之一的门下省长官。杨达属于隋朝宗室,和隋炀帝杨广有血缘关系,按说如此高贵的出身是有资格高傲的。不过,这样的出身很可能是武则天的欺世盗名之举,几乎所有权威史籍都不承认杨氏是杨达的女儿。

《旧唐书·则天皇后本纪》和《新唐书·则天顺圣皇后武氏传》把武则天的生平说得很详细,但对于她的母亲出身隋朝宗室之事只字未提。在《新唐书·外戚传》的武士彟一节中,涉及武则天母亲的内容只有"又娶杨氏"寥寥四字。按照常理,如果杨氏果真是宰相的闺女,史册上一定会记上一笔的。

李勣的长孙徐敬业在扬州发动兵变反抗武则天专政时,他的幕僚骆宾王写的那篇著名的《为徐敬业讨武曌檄》的开头就是"伪临朝武氏者,人非温顺,地实寒微"。其中的"地实寒微"就是讽刺武则天家庭出身贫寒。可见当时的人们就不相信她是什么宰相之后。

不过,从杨氏由皇帝亲自做媒这一事实来看,可以肯定杨家也不是毫无背景的。作为当朝天子,李渊是不可能把一个普通民女介绍给朝廷高官当女朋友的。所以,杨家应该是有一定地位的官宦之家。

武士彟在与杨氏共同生活十来年之后,于贞观九年(635年)在荆州都督任上去世。

一家之主去世后,杨氏独自带着三个女儿,日子很不好过。当时武士彟和前妻所生的两个儿子武元庆、武元爽早已成年。这俩没有战略眼光的大老爷们儿非常不地道,经常欺负这四个孤儿寡母,"诸子事杨不尽礼",对杨氏横眉冷对,嫌她们是武家的累赘。没办法,为了生存,杨氏只能忍了。所以,武则天在当上皇帝之后,把武家两兄弟整得很惨,不但害死了他们,连带着他们的儿子也跟着遭了殃。

贞观十一年(637年),女儿武则天被唐太宗选进了后宫。武则天和老李家不得不说的故事开始了。《资治通鉴》在记述这一年所发生的重大事件时,于末尾记下了一句:"故荆州都督武士彟女,年十四,上闻其美,召入后宫,为才人。"

这二十三个字恰如一粒从天外飞来的种子,被埋进浩如烟海的史籍中,再也没有消息。从贞观十二年(638年)算起,在漫长的十六年间,《资治通鉴》上都没有再出现有关武则天的只字片言。直到永徽五年(654年),"武氏"的消息第二次出现。这一年,武则天已经三十岁了。

武则天十四岁进宫,唐太宗驾崩的时候,她已经二十五岁了。那么在宫廷生活的这十一年里,为什么她一直默默无闻、无声无息呢?就让我们跟随历史,走近这位超级女强人的宫廷生活。

可能很多人想不到,在中国大名鼎鼎、家喻户晓的武则天竟然与她的妈妈一样,也是个无名人士。《新唐书》说她名"珝",但这一说法并不被世人认可。"则天"两字是从她被逼退位后,中宗李显给她上的"则天大圣皇帝"这一尊号中节选的,属于荣誉名;"媚娘"是唐太宗给她取的,多少带点暧昧调情的意味,可归于艺名之列;只有"曌"字可以说是这位女皇的曾用名。这个字是在她成为皇帝之后，自作主张造出来的。

武则天入宫那年，唐太宗李世民三十八岁。她的起点还是比较高的，一进宫即被封为才人。按照贞观时期的宫廷制度，才人享受正五品待遇，比一个初级将军的级别还要高好几阶。

毫无疑问，美女武则天是怀着梦想进宫的，她的梦想就是所有被选入宫中的少女们共同的梦想：渴望被皇帝宠幸，为皇帝生下个一男半女。很遗憾，虽然武则天和唐太宗有过床笫之欢，但她没有怀上龙胎。

自古以来，皇帝的心事是最不可捉摸的。他们没有艳遇，艳福却多到泛滥。从实际情况分析，唐太宗在武则天刚进宫的时候，还把这个小自己两轮的漂亮才人当成宠了一阵子，时间一长，就把她甩到一边了。

从此，武则天在大唐深宫内开始了自己长达十二年的才人苦旅。在这段时间，从史册上找不到任何关于她的资料。这期间，她的所思所想、所作所为，全都是空白。由此可见，这十二年里，武则天的生活是多么惨淡。

十二年，一个人才都可堪重用了，而这个才人还在进宫时的那条起跑线上原地踏步。才人在唐初嫔妃体系处于中等位置，上面除去四个一品妃、九个二品嫔，还有三品的婕妤、四品的美人，五品才人排在第十六级。

翻遍史书，才人武则天的唯一一个故事，就是那个许多人早已熟悉的"降马"。

唐太宗有匹膘肥体壮的名马"狮子骢"，脾性十分凶暴，没有人能够降伏它。武则天见到了，自告奋勇地向唐太宗请战，说只要给她铁鞭、铁挝和匕首三样工具，她保准能把这匹烈马驯服。在唐太宗怀疑的目光中，这个才人对皇帝讲出了自己降马的三步措施："铁鞭击之不服，则以挝挝其首，又不服，则以匕首断其喉。"

果然是三招一出，谁与争锋！一个年纪轻轻的小女孩竟然有这么残忍的想法，让戎马一生的太宗皇帝大感意外。据说这个点子受到了唐太宗的赞赏。这里的"据说"当然还是"据武则天说"。

这个故事是武则天在位晚期对当时的宰相吉顼发火时自己爆料的。她因忌恨吉顼与自己的侄子武懿宗争抢战功时那种盛气凌人的姿态，便找茬将吉顼臭骂一顿，并说我当年在太宗那匹无人能制的烈马前表现得如何神勇，你算个什么东西，敢当着我的面轻视我武家人！

资料显示，女皇第一次公开对别人说这个故事时是公元700年，那一年武则天七十七岁，距她初次入宫已经过去六十三年了。虽然这件事符合武则天的个性特点，但由于没有人证，所以我们应保持谨慎的相信态度。

十二年的才人之路，能让武则天回忆起来的"大事"就这么一件，我们应该能想象到武才人当年那种冷风苦雨的困境：天天年年月月，凄凄惨惨戚戚，却无法寻寻觅觅。寻谁？觅谁？皇帝永远在别的女人温暖的被窝里。漂亮的武则天为什么得不到唐太宗的宠爱？推测一下，大概与武则天硬如铁、强似钢的个性不无关系。一个得不到皇帝宠爱的宫廷美女是很失意落寞的，每天都免不了痛苦。

贞观二十二年（646年），即唐太宗去世的前一年，太白金星多次在白天出现。这在古代是件令人恐慌的事情，很多人认为它的出现是不祥之兆。当时的国家天文台官员在搞了一次占卜活动后，向唐太宗呈报了一份内容简短的工作成果汇报："女主昌。"意思是：大唐将要诞生一个女皇帝！

当时政治清明、社会安定，李唐政权的群众基础特别好，完全没有改朝换代前所特有的种种疯狂和荒谬。太史官员到底凭什么断言将有异姓取代李家坐天下，而且这个异姓还是个异性？一直以来，女人都是男人的玩偶和附庸，能当上皇后已经是祖坟冒青烟的幸事了，怎么可能发生女人坐拥天下的事？

更让人感到邪门的是，说女人将主宰天下的，太史官员并不是第一人。据史料记载，当时民间流传着一本《秘记》，大约相当于现在的手抄本一类的东西。《秘记》上说的比太史官讲的更邪乎："唐三世之后，女主武王代有天下。"这句话似乎是专门为武则天量身定做的。四十年后才会发生的事情，《秘记》上竟然记得丝毫不差，这本书的作者真是伟大的预言家！

其实古代曾多次出现类似《秘记》的东西，这完全是无稽之谈。但按照《资治通鉴》中的说法，唐太宗当时是相信的。当他听说大唐不久将要出现一个女王后，吓得一脸煞白，询问国家天文台台长、太史令李淳风："《秘记》所云，信有之乎？"

李台长的回答让唐太宗的脊背不但发冷，而且发麻。他说，我通过观察天象得知，确实有这么一个武姓女人，而且这个人现在已经在皇宫之中，还是陛下的亲近属下。李台长斩钉截铁地断言：不超过三十年，这个人就会君临天下，李姓皇室的子孙将会被斩杀殆尽。

唐太宗听了更加着急，他吐出了一句让人心惊胆战的话："疑似者尽杀之，何如？"按照他这个思路，宫内所有姓武的女人都将成为刀下冤魂。随着屠杀事件的升级，屠杀范围也极有可能扩大到皇宫以外的武姓女人。若真如此，那么武则天必将首当其冲，死在明晃晃的铡刀之下。

不过李淳风没有干火上浇油的事情，他规劝唐太宗要顺其自然，说上天旨意不可违，即使杀掉了一个，上天还会再派一个来的。

一场本来会血流成河的政治事件，在李台长的劝说下化于无形。对于这次神秘兮兮的谶言事件，《资治通鉴》浓墨重彩地予以介绍，但新、旧《唐书》的《太宗本纪》中都没有记载此事，可见这个故事在很多年前就为史家所摒弃了。

根据《资治通鉴》中的记载，《秘记》出现这一年，虽然武则天躲过了一劫，但一个将军却很倒霉地撞到了枪口上，成了牺牲品。这个将军叫李君羡。

李君羡算是一员勇将，他很早就跟随唐太宗东征西伐，从河东战役剿灭宋金刚，到洛阳战场平定王世充和窦建德,再到河北境内挫败刘黑闼等,在多次重大战役中都有出色的表现,是一位老资格的将军。贞观年间,他在对突厥和吐谷浑的战斗中也曾有过漂亮的战绩。在唐太宗登基那年,突厥的颉利、突利叔侄俩带领突厥大军一度杀到距长安城仅四十里的渭水便桥,中途遭到了李君羡和尉迟敬德两人的猛击,这给唐太宗最终与其签订"渭水之盟"增加了一个很重的砝码。突厥军队感到唐军战力不凡,才不敢在唐朝境内太过放肆,与太宗签了个占了点便宜的条约就回家了。唐太宗当时对李君羡痛击突厥军队的战绩特别满意,高兴地夸奖他说:"使皆如君羡者,虏何足忧!"

到贞观末年,李君羡已是功成名就,他的封爵是武连县公,官职是从三品的左武卫将军,专门负责玄武门的安保防卫工作。玄武门是通往大内的唯一通道,当年唐太宗就是通过控制玄武门而登上皇位的。李君羡能在要害部门担任领导职务,足以看出他是唐太宗的心腹将领。

唐太宗很信任李君羡,经常喊他到宫中喝酒吃饭。李君羡想不到,正是吃饭喝酒吃出祸事来了。

某一天,唐太宗又喊来李君羡等一帮亲近将领在宫中喝酒。席间,大概是嫌喝寡酒不热闹,唐太宗便命与席者行酒令凑兴,酒令不是大家熟悉的作诗、划拳或猜老虎杠,而是让人想不到的"使各言小名"。于是乎,一场"小名博览会"开始了。

小名,大家都知道。民间通行的说法是,小名取得越难听、越不正经,小孩就越好养活。李君羡的长辈大约也是这个思路,所以以他取了个"五娘"的小名。想必"五娘"这名字跟他的排行有关。

身材五大三粗,在战场上勇往直前,"所向必先登摧其锋"的大将却有这么一个"娘"的小名,确实能把人雷得外焦里嫩的。当唐太宗得知这名大将的小名叫"五娘"时,也被雷了一下,他愕然了一会儿才反应过来,笑着打趣说:"何物女子,乃尔勇健!"

不想,"五娘"这个小名一出口,李君羡的悲惨结局就注定了。李君羡明明姓李,却和另一个姓氏——"武"字十分有缘。他的爵位是武连县公,职位是左武卫将军,老家在武安县,工作单位在玄武门,小名还叫"五娘",你说这是不是有点太巧了?

果不其然,唐太宗起疑心了,他觉得这个李君羡很有可能就是《秘记》中所说的在三十年后将要夺走大唐天下的那个人。虽然李君羡和"女主"这个特征对不上,但与李淳风所说的"此人已在皇宫之中,而且是皇帝亲近属下"等特征丝毫不差。

被皇帝盯上的人当然没有好结果。不久,"五娘"李君羡就被踢出朝廷,贬为华州(今山西华县)刺史,远离了大唐政治核心。又过了不长时间,唐太宗"下诏诛之",将他斩首抄家,罪名是"与妖人交通,谋不轨"。因为在华州的时候,李君羡和一个"自言能绝粒"的和尚交往密切,整天在一块儿嘀嘀咕咕,神神秘秘地不知道讲些什么,最后被人告发,说他们俩想谋反。

四十年后,当武则天推翻李唐王朝建立大周政权时,李君羡的后人向朝廷提出给李君羡平反，女皇很爽快地就批准了："诏复其官爵，以礼改葬。"不过，此时尚为才人的武则天，正处在"苦其心志，劳其筋骨，饿其体肤，空乏其身"的艰难阶段，不见光明的才人苦旅还没有结束，等待她的将是一段更让人绝望的人生旅程。

四、目标：皇后，皇后！

公元649年，唐太宗李世民驾崩。按照当时的规矩，宫内凡没有生育的嫔妃，必须去长安的皇家寺院感业寺当尼姑。这是一个残酷的规矩，一大群青春年少的美女将被迫永远和古佛青灯做伴，从此，她们的生活中只有孤独和凄凉，无奈和回忆将陪伴她们终老。

帝王就是如此自私和无情。不过，当尼姑总比殉葬要好。武则天没有被活埋，这给了她翻盘的机会。要知道，中国历史上的许多朝代都有强迫嫔妃殉葬的恶俗。秦始皇死后，秦二世残忍地说："先帝后宫非有子者，出焉不宜。"把数不清的年轻生命生生埋进了坟墓里。直到明英宗朱祁镇时，才终结了这个残忍的活人殉葬制度。他在临终嘱托后人："用人殉葬，吾不忍也。此事宜自我止，后世勿复为。"

武则天剪断青丝、斩断情丝在感业寺为尼的日子究竟过得如何，我们也无从得知，因为没有人会在意一个先帝都爱理不理的才人；更没有人会想到，一个已经遁入空门的女人将来会跨越种种不可能，成为皇后乃至皇上！

武则天没有妄想症，所以，她当时也不可能想到，几年后的她竟然会当上皇后。但没想过当皇后并不代表她不想皇上——当然不是那个已经死去的皇上李世民，而是活着的皇上李治。

唐高宗李治当时与武则天应该是地下情人关系，武则天的身份是见不得光的"小三"。儿子和爸爸的女人暧昧，这种有违孝道和礼仪的不伦之恋，即使是贵为皇帝的李治，也不敢将之公开。情郎是当今圣上，更是她"老公"的儿子，自己是个尘缘已绝的尼姑，所以，想必武则天连梦都没有梦过与李治再续前缘吧——他们之间横亘着无法逾越的鸿沟！

对于武则天来说，思念是一堵高高的墙，她在里头，李治在外头。内外有别，武则天似乎只能在尼姑庵中偷偷想念心上人了。她的未来薄如蝉翼，她的前程一片迷茫，她以为她完了。

然而，道路是曲折的，前途是光明的。在她的失望快堆成绝望的时候，希望款款而至——武则天的光明静悄悄地来了。

永徽元年（650年），唐太宗的周年忌日，李治来到感业寺为父亲上香祭悼。正是这次感业寺之行，彻底改变了武则天的命运。《资治通鉴》上，时隔十六年，武则天再次出场："上诣寺行香，见之，武氏泣，上亦泣。"

出现这种场面，我们也能理解。热恋男女一年没见了，乍一见着能不喜出望外、感慨万端吗？可这么一哭，哭出故事来了。两人在庙里执手相看泪眼的事很快就传到了李治的皇后耳中。

李治的皇后姓王，系出名门，还有李唐皇室血统，她的从祖母是唐高祖李渊的妹妹同安长公主。王氏长相美丽，唐太宗在世时钦点她为太子妃。对这个儿媳，唐太宗是很中意的。他在临终前拉着老臣褚遂良的手，嘱托他要好好关照儿媳："朕佳儿佳妇，今以付卿。"登基以后，在那段没有武则天的日子里，李治对王皇后还是不错的。在他即位的次年，正月初一改元永徽，初六就册封王氏为皇后。

王皇后的生活本来应该是很幸福的，因为母仪天下的女人只有一个。可美中不足的是，她结婚多年一直没有生育。

不能生育是王皇后的诸多烦恼之一，还有个争风吃醋的问题也让她伤神不已。当时李治很宠爱雍王李素节的母亲萧淑妃，王皇后对萧淑妃羡慕嫉妒恨。就在她被日渐得宠的萧淑妃弄得食不甘味、夜不能寐时，武则天出现了。她看到了打败萧淑妃的希望。王皇后想加武则天为好友，利用皇帝喜欢武则天这张牌来对付情敌萧淑妃。

这个想法很好，但思路不对。用一个新晋美女去取代一个资深美女，这连换汤不换药都算不上，只能算把大肉包子换成了小笼包子。更要命的是，王皇后眼光失准，她以为自己打出的这张牌顶破天也就是张对自己构不成实质威胁的"老K"，却不曾想这是张化妆蒙面的"老鬼"，顷刻间便将她吞没了。

当她听说了皇帝和武则天"庙会"的消息之后，便打算将武则天请出庙宇，"欲以间淑妃之宠"。这个傻瓜一样的皇后想让武则天在李治面前挑拨离间、搬弄是非，以达到牵制、扳倒萧淑妃的目的。

怪不得说情场如战场，为了赢回男人的心，王皇后连离间计都使上了。不光是离间计，还有瞒天过海计——王皇后"阴令武氏长发"，让她提前为进宫做好准备。一切都安排好之后，王皇后才装着大度贤惠地"劝上内之后宫"。

就这样，武则天如愿以偿。父亲的才人、寺庙里的尼姑——武则天在阔别了宫廷一年后，又回到了大内深宫。不同的是，上一次，她陪睡的对象是现老公的爸爸；而这一次，她陪睡的对象是前老公的儿子。

"二进宫"成了武则天命运的重大转折点。从此，她在宫廷这个欲望战场上纵横捭阖，以袖为刀，长袖善舞，袖过之处，血花飞溅，石榴裙上再也没有了点点泪痕，有的只是别人的斑斑血迹。

循着武则天"二进宫"后的前进轨迹，我们可以得到这么一个答案：从她得宠于李治的那天起，她就在心里种下了成为皇后的种子。武则天一生的经历告诉我们，她是一个权谋高手。她白手起家，弄死了皇后，架空了皇帝，控制了朝臣，然后以周代唐，步步为营步步赢。在一个男权社会中，一个女人需要多么出色的操控能力才能做到这种

四 目标：皇后，皇后！

程度啊！尽管她心肠歹毒、嗜杀成性,但若以历史的眼光看待和评价这个女人,我们应该毫不吝啬地投给她赞赏的目光。那么,她是如何精心设计,最终爬上皇后之位的呢?

苏格拉底曾经说过:"世界上最快乐的事,莫过于为理想而奋斗。"武则天就是这样一个一直为理想而奋斗的人。不过,她的奋斗过程是让无数人失去快乐甚至失去生命的血腥过程。这是一个工于心计的女人,她最初的理想就是成为皇后。为了达到这个目标,她潜伏、伪装、用计,将挡在她通向皇后之路上的所有路障全部清除。极力促成她进宫的王皇后成了她的第一打击目标。

武则天明白,想实现自己的理想,就必须先让后宫之主王皇后实现理想,而王皇后的理想就是使萧淑妃失宠。这对媚力十足的"媚娘"武则天来说,简直不算个事儿。因为李治本来就很迷恋她,再加上她的刻意迎合,李治哪能受得了?不到几个月她就把李治的心思全吸到了自己身上,萧淑妃就被李治抛在脑后。

武则天把主次分得很清,她一边拿脚死死踹萧淑妃,一边用手死死抱住王皇后的大腿。因为她知道,自己的翅膀还不够硬,还少不了皇后那把罩着自己的保护伞。所以她对王皇后低眉顺眼,极力讨好:"初入宫,卑辞屈体以事后。后爱之,数称其美于上。"

这个时期的武则天,思维是很缜密的,她做的每一件事都带着明确的目的。她对王皇后采取的方针是很有针对性的三步走策略:讨好她、麻痹她、干掉她。

很快,王皇后就感觉不是那么回事了。虽然她的目的达到了,武则天成功离间了皇上和萧淑妃的关系,萧淑妃也如她所愿地失宠了,但令她万万没想到的是,在萧淑妃失宠的同时,自己也成了失意人。皇上天天赖在武则天的被窝里,而她和萧淑妃两人都进了冷藏室。

武则天进宫不久就成了后宫里的大红人,并以最快的速度被封为昭仪。昭仪是九嫔中的最高级别。在唐初后宫的等级中,比昭仪级别高的除了皇后,只有四个:正一品的贵妃、淑妃、德妃和贤妃。也就是说,武则天基本没经过打基础的阶段,就直接由尼姑跃升至大唐后宫的第六把交椅。在李世民的手里,武则天磨了十二年,还是个五品的才人;而在李治的手里,不到十二个月,她就蹿升成二品的昭仪。

王皇后终于感觉到危机了,这时候她才知道,她加错了好友,便想把武则天从好友栏删除,拉进黑名单。为了壮大自己的力量,王皇后不计前嫌,又将萧淑妃从黑名单中捞出来,两人结成了统一战线,联手对付咄咄逼人的武昭仪。于是,像当年的曹、刘、孙三国你来我往、打成一团一样,大唐后宫也上演了一曲王、萧、武的"三国大战":"后及淑妃宠皆衰,更相与共潜之。"

三个美女都在李治耳边唧唧喳喳大讲对方的不是,可李治似乎是个"黑哨",他的执法哨声永远都朝着王皇后和萧淑妃猛吹,对武则天除了偏心还是偏心:"上不信后、淑妃之语,独信昭仪。"王、萧二人注定要成为阿娇了,她们不知道,皇帝一旦见异思迁,就算你你把心挖出来给他,他也不会回心转意。李治就像一个坠入爱河的痴情男,

第二卷 武周大帝

对武则天言听计从，她说什么是什么。武则天想为死去的父亲武士彟搞顶高官帽子，便让李治给老爸追赠。武士彟的确是大唐王朝最早的革命家之一，但以他的功劳，踮起脚勉强只能够上二线革命家的资格。为了满足武昭仪的愿望，皇帝李治有的是办法，他玩了一招挂靠法，下诏说要褒赏唐朝建国以来的有功之臣，然后假模假样地挑选了屈突通等十三个获奖者，武士彟也位列其中，被追授为司徒和周国公。司徒是中国最古老的官职之一，早在舜帝时代就出现了。在唐朝，司徒是享受正一品待遇的荣誉官职。皇帝为了奖赏一个人，竟煞有介事地搞了十二个帮衬。

　　从李治这个表彰决定里我们至少可以看出两点信息：一是武则天太得宠了，二是李治太没有原则了。那么李治为什么对这个女人如此着迷呢？对于皇帝来说，唯一不缺的就是女人，更准确地说是不缺美女。试想：武则天从感业寺回宫时已经二十七岁了，以她的姿色，如果与后宫里那些十七八岁的少女比起来，恐怕是占不到什么便宜的。所以可以断定，武则天不可能是李治后宫里最漂亮的女人。可李治为什么对身边的万紫千红视而不见，偏对一个半老徐娘情有独钟呢？原因可能有如下两个方面：

　　一是李治的恋母情结。女方大男方四岁的姐弟恋在现代社会很常见，但在古代，这种情况并不多见，在皇帝身上就更少见了。李治主动抱住一个老婆姐姐不松手，也只有明宪宗朱见深可与之相比了。

　　喜欢搞姐弟恋的李治确实显得有点"非典型"，但若从李治的成长经历来分析，他是有恋母情结的可能。李治的母亲长孙皇后死的时候，李治只有八岁，这么小就失去了母亲，李治等于在单亲家庭长大，这对他性格的形成会产生一定影响。李治和母亲的感情很好，正当他处在对母亲很依赖的年龄时，长孙皇后却去世了，她身上所拥有的那些温柔、果敢、冷静、大方等美德也就成了李治心中永远的怅失。认识了武则天后，李治很可能在她身上隐隐约约找到了一点母亲的影子。

　　客观地说，除了心肠狠毒，长孙皇后身上所具备的女人的优点，武则天是不缺的。武则天对别人也许会冷酷得翻脸不认人，但她对李治肯定是很温柔体贴的。再加上武则天的心智年龄远远超越了她的生理年龄，她处事老成、待人精明，让李治十分佩服，把她当成自己的心灵鸡汤。所以，爱上武则天，让她成为母亲和老婆的综合体，对于李治而言，并不是什么特别难理解的事情。

　　除了恋母情结，第二个比较重要的原因应该是性格的相互吸引。李治是个没有个性的人，父亲李世民最担心的就是他性格"仁懦"。"仁懦"还是照顾他面子的说法，说不好听的，就是他性格懦弱，不像个男人。事实上，李治的个性的确不太阳刚，在处理事情时优柔寡断，缺少决断能力，拿不起，放不下。所以，像李治这样的"小男人"找个性格很刚强的"大女人"就很好理解了。因此，武则天这个有主见的"熟女"才对李治有着某种特别致命的吸引力。

　　为了实现自己的皇后理想，武则天在成为昭仪后就撇开了王皇后，和对方展开了你死我活的争宠斗争。

王皇后的政治斗争经验与武则天相比差距不小。她只知道团结萧淑妃，却"不能曲事上左右"，在皇上李治身边的其他嫔妃面前都表现出一幅倨傲和盛气凌人的样子，群众关系很差，嫔妃们都不喜欢她。而武则天不一样，她不但对其他嫔妃彬彬有礼、客客气气，还本着"敌人的敌人就是朋友"的斗争原则，拉拢一切和王皇后有矛盾的人："伺后所不敬者，必倾心与相结，所得赏赐分与之。"不得不承认，这个武美眉真的太有心计了。结果自然收到了超好的效果："由是后及淑妃动静，昭仪必知之。"好一张密不透风的间谍大网！身边潜伏的尽是女间谍，王皇后和萧淑妃却浑然不觉。

在武则天的精心布置下，对王皇后和萧淑妃不利的大环境已经形成，她们两人不久就将在这场后宫之战中殒命。然而，这场争斗的第一个惨死者不是王皇后，也不是萧淑妃，而是武则天的亲生女儿！

虽然武则天完全掌握了主动权，但她的皇后理想似乎还很遥远。王皇后虽然失宠，但李治并没有产生废黜皇后的想法。废后这事太重大了，如果没有特殊情况，哪个皇帝都不会随便把皇后废掉的，况且王皇后也没什么过错。没过错不是问题，武则天就专门为她量身定做一个错误。

永徽五年（654年），武则天生了一个女儿。此前她已为李治生下了李弘、李贤两个儿子。这个小公主很不幸，在襁褓之中就死于非命，而凶手不是别人，正是她的母亲。

生完小公主，昭仪自然要坐月子，皇后身为一宫之主，哪能不去探视一下呢，面子上的事还是要做的。但是王皇后没有见到武昭仪，因为武昭仪要制造自己不在现场的证据。王皇后只看到了小公主，看到婴儿粉嫩可爱的模样，王皇后把她抱起来摸一下，夸几句。不能生育的王皇后兴许比其他女人更喜欢孩子。

可惜王皇后没想到，让她难过的日子正是始于这一次探望。她前脚刚走，武则天后脚就回来了，走到小公主身边，"潜扼杀之，覆之以被"，然后不动声色，装着什么都没有发生。她把一切都安排妥当了，李治恰好过来看望小女儿。至于他为什么恰到好处地出现，想必与武则天的精心安排有关。

在皇帝老公面前，武则天"阳为欢言"，像往常一样笑靥如花，招呼李治去看娇女。当发现锦衾之中的女儿已经死去时，武则天哭得山崩地裂、日月无光，然后问左右宫女，刚才有没有人来过这里。这句话很关键，能不能把王皇后卷进来，就看这句话。武则天要让李治从话中听出一点名堂，同时又不能让他看出来这其实是自己在玩名堂。可怜可悲的李治已经被武则天玩弄于股掌之间了。

那些宫女们早已被这突如其来的变故吓得花容失色了，见昭仪这么一问，忙不迭地回答说："皇后适来此。"李治一听说皇后刚刚来过，便一口咬定她是杀死爱女的凶手："后杀吾女！"

听皇上这么一说，武则天不失时机地在一旁"泣诉其罪"，哭诉王皇后平时如何视自己为眼中钉、肉中刺，如何刁难、欺负自己……总之是油盐酱醋一起上，味精胡椒一齐撒，将王皇后炒成了一盘色香味俱全却剧毒无比的菜肴。

李治被武则天的哭诉搞得头皮发麻。爱女死后，李治对王皇后的夫妻之情不仅荡然无存，而且生出易后之心，"由是有废立之志"。

这是武则天杀死的第一个亲人，其后，连环杀亲案在她的手下重复上演，她的儿子、她的孙子、她的外甥女，还有她的哥哥，全都死在她的手上。一个以夺取天下为目标的人，除了自己，谁的生命都可以利用。而武则天是以夺取皇后之位为目标的，亲人的生命当然也是可以利用的。

通常情况下，权力越大，亲情就越淡漠。在宫廷那种弱肉强食的环境下，如果一味讲究亲情，基本上是落不到好的。不择手段的暴君，尊贵无比的龙袍里遮掩着太多刺目的鲜血。

杀死女儿只是武则天人生"红色之旅"的开始。她在大唐宫廷"走红"，是踏着别人流淌的鲜血一步一步走的。

小公主事件之后，李治将废王立武计划提上了议事日程。但这事的难度系数可不是一般的高，让李治伤透了脑筋，也让一些名臣付出了生命的代价。

按照当时的情况，李治要把武则天扶上正宫娘娘的位子，第一个绕不过去的人就是他的舅舅长孙无忌。长孙无忌是开国元勋，又是唐太宗托孤大臣，无论从哪个方面说，要废黜皇后、另立新后必须征得他的同意。但长孙无忌是不可能同意的。客观地讲，李治也确实没理由跟王皇后离婚。皇后遵守妇道，在生活作风上没有问题，而且她血统纯正，还是先帝亲自指定的皇后人选，怎能无缘无故地说休就休呢？至于她不能生育的问题，是根本不值一提的。

然而这些原因都不是长孙无忌最不能接受的，矛盾的症结就在于，他强烈反对的皇后人选正是李治最力挺的人。舅舅认为，武则天曾是唐太宗的才人，现在儿子要将老子的小老婆变成自己的大老婆，这如何向天下黎明百姓交代！

李治也知道这个问题很棘手，便决定先与舅舅搞好关系，打算让他支持，带动其他朝臣支持。长孙无忌官居太尉，在朝中威信很高。在这件事情上，如果长孙无忌不反对，其他朝臣的反对声音将会变得非常微弱。

打定主意后，李治和武则天手拉着手，"幸太尉长孙无忌第"，"载金宝缯锦十车以赐无忌"。可以想象，宴会的气氛热烈欢快，宾主会谈深入友好的。史书上说，几个人"酣饮极欢"，李治还当场拍板，"拜无忌宠姬子三人皆为朝散大夫"。不得了啊，朝散大夫可是五品官呢，李治三杯酒下肚，就给舅舅小老婆的三个儿子都封了朝官！

李治觉得，这样一来，舅舅怎么着也该有点回报了吧！于是，他有意无意地把话题引到了废立皇后的问题上来，说自己对王皇后不能生育的问题很苦恼。

话说到这个分上，礼送到这个分上，双方谁还不知道是怎么回事啊！李治希望舅舅看在那么多财物和官帽的分上，顺着自己的话说，既然这个皇后不能生，那就换个能生的皇后呗。若真是这样，那就是皆大欢喜了。事实却是"无忌对以他语，竟不顺旨"，根本不接李治的话头。"上及昭仪皆不悦"，两人用心良苦却成空，这次随皇帝家访也让武则天深深地恨上了长孙无忌。

为了让长孙无忌支持自己，武则天耐着性子放下架子，"又令母杨氏诣无忌第，屡有祈请"。但无论是她，还是她的老公、她的母亲，结果都是一样的："无忌终不许。"

李治拿态度强硬的舅舅没办法，便想退而求其次，增加个妃子编制，在四个妃子之前新设一个"宸妃"，其地位在四妃之上、皇后之下，而武则天自然就是宸妃的候选人。可是在唐朝之前，历史上从来没有过这个名词，更别说用它作为爱妃的荣誉称号了。

但李治想给武则天一个安慰奖也只是个美好的愿望。侍中韩瑗、中书令来济听说了皇帝这个动议后，毫无商量余地地就把安慰奖奖杯给没收了："妃嫔有数，今别立号，不可。"

接二连三地遭到臣下的拒绝和制衡，李治觉得伤自尊了。当时的李治虽然是皇帝，但在某些方面的执行力是要打折扣的。权力集中在以长孙无忌为首的一帮重要大臣手中，像褚遂良、李勣、韩瑗、来济、于志宁这些位高权重的宰相基本都看着长孙无忌这杆旗，长孙无忌刮什么风，他们就下什么雨。不过，长孙无忌行事是完全站在朝廷立场上的，没有任何乱政的劣行。

这帮曾经与唐太宗同朝共事的老臣可能是以要求李世民的标准来要求李治的，他们没想过，像唐太宗那样的人，多少世纪才能出一个呀！其实，在立宸妃这个问题上，这帮宰相们做得有点过了。从道理上讲，他们反对废后重立是正确的，但皇帝已经作了让步，他只是想提拔一下自己心爱的女人，并不是什么违反原则的大事情，根本无需一点面子都不给，把一国之君逼得狼狈不堪、可怜巴巴的。如果要反对，应该在儿子将老子的侍妾接进宫廷的时候就表示反对。

这次碰壁事件使李治大为恼火，他觉得这帮贞观老臣无论是在政治上还是在生活上都给自己带来了巨大的压力。也就是从这个时候开始，李治和武则天"鸳鸯合璧"，为废后立后的问题与长孙无忌们展开了正面交锋，从而拉开了高宗朝恐怖政治的序幕。正式点燃战火的是中书舍人李义府。

李义府是个大大的奸臣，《新唐书·奸臣传》只列了十来个人，他就是其中之一。李义府一生虽然干了不少坏事，却因为坏得具有李氏特色而为后世贡献了一个成语——笑里藏刀。他的特点是"貌柔恭，与人言，嬉怡微笑，而阴贼褊忌著于心，凡忤意者，皆中伤之"。因为这一肚子异于常人的坏水，李义府"荣膺"两个外号：一个是"笑中刀"，这就是笑里藏刀的来历；还有一个是"李猫"，形容他表面忠厚、内心狠毒。

在李治提拔武则天的计划泡汤时，李义府任中书舍人。这个职务是正五品，属于中书省高层管理人员。中书舍人是个文化含量很高的工作岗位，专门负责为朝廷起草诏书、表章等工作,能在这个岗位上独当一面的都是大学问家。李义府虽然人品很差,却很有才,他在贞观时期就因文采出众和来济两人并称"来李"。

李义府因为圆滑阴狠,一向遭到长孙无忌的鄙视,被他随便找了个不是,下放到遥远的大西南,"左迁壁州司马"。

本来李义府下放到小县城已成定局,因为皇帝的敕书都已经拟好了,只等门下省办个审批手续就可以公布执行了。而门下省侍中韩瑗也是长孙无忌阵营的,这种普通的人事变动他是不可能卡着不签字盖章的。

令长孙无忌他们没想到的是,李义府是中书舍人,而敕书就是中书省负责起草的,也就是说写这个敕书的都是李义府的同事,所以,敕书还没发到门下省时,李义府就已经"密知之"了。笑里藏刀的李舍人这次可笑不出来了,他觉得到那个山旮旯里做官还不如在长安城什么事不干七逛八逛舒坦呢。他心里有一百个不愿意,便找同事王德俭,寻求能留在京城的办法。

王德俭给他出了一个好主意,说现在皇上超想立武昭仪为皇后,但苦于朝中没人呐喊支持,如果"君能建策立之,则转祸为福矣"。其实给他出这个主意的王德俭也不一定就是诚心帮他。因为第一个支持武则天,风险是很大的,当时谁都知道和长孙无忌唱对台戏的后果是什么。所以即使大家都了解皇帝的心思,也不敢表示支持。

李义府可不这么想,他一门心思就想留在繁华的大长安。于是,李义府豁出去了,写了一封奏折,利用值夜班的机会将奏折直接由内宫递交给皇上,请求废黜王皇后,立武昭仪为皇后。正是这道奏折改变了李义府后半生的命运。

李治接到奏章后,大喜过望,终于看到一个把话说到自己心坎儿里的朝臣了。他马上作出了一系列令李义府幸福到眩晕的反应:"召见与语,赐珠一斗,停司马诏书,留居旧职。"

根据李治一直以来的行事风格,这样雷厉风行、丝毫不拖泥带水,而且隐隐透着一股要与舅舅对着干的倔强措施,应该是别人给他出的主意,而这个人肯定是废立皇后最大的受益人武则天。情况也确实如此,在李治赏赐了李义府之后,"昭仪又密遣使劳勉之"。李义府这单攀龙附凤的生意真是赚大发了,吃了皇帝又吃了昭仪,而且还都是皇帝昭仪兴高采烈地主动送上门的。

这时候的情况隐隐表明,武则天已经开始以自己的身份影响唐朝的政治进程了,只是此时的她还是一个不敢站到前台的幕后推手。而李义府正好成了武则天通往皇后之途的第一个重要助推器,也是她公开推出的一个炒作对象,炒作的目的就是要拿李义府制造出千金买骨的示范效应。她要让朝臣知道,支持皇后的人位子会有的,帽子也会有的。

在这个思路的支配下,李义府迅速被炒成了爆米花,身价和出场费紧跟着飞速暴涨,从中书舍人被越级提拔为中书侍郎。中书侍郎是中书省仅次于中书令的正三品高官。李义府连升两级，一步登天，成为大唐省部级领导干部，不久又被授予同中书门下三品，进入宰相行列。从司局级到副总理，李义府只用了几个月的时间。

对于以出人头地为最高目的的朝臣来说，还有什么比这样活生生的事实更具说服力的呢？还有什么诱惑比"五子登科"更能撩拨起他们内心发烫的欲望呢？很快，"李义府效应"开始显现，不少朝官以李义府为榜样，向皇帝昭仪身边靠拢。卫尉卿许敬宗、御史大夫崔义玄、御史中丞袁公瑜等人都倒向了昭仪阵营。

有了一帮明确的支持自己的粉丝后，李治再度向舅舅提起废立皇后的议题，双方在永徽六年（655年）九月发生了一次碰撞激烈的交锋。

某日，李治召长孙无忌、李勣、于志宁、褚遂良到内殿议事。一接到通知，大伙都明白皇上要跟他们谈什么。这四个人是当时朝中最德高望重的四个人，朝廷的任何事情，只要这四个人点头就不会遇到什么阻碍了。不过，李治摆出"不立武氏不罢休"的高压架势，已经使这个集团内部发生了裂变，四个人的立场由先前的铁板一块裂成了愤青派、游客派、潜水派三种。

帮主长孙无忌和褚遂良属于愤青派，两人坚决反对、誓死不同意立武则天为皇后；游客派非于志宁莫属，他担心引祸上身，把自己的角色定位为"打酱油"的游客。皇上召他们四个人谈话时，他一句话也不讲，不说同意，也不说不同意。当长孙无忌和褚遂良与李治进行激烈争论的时候，他默不作声，不向任何一方拍砖。四人中最滑头的当属李勣。李勣听说皇上叫他去内殿，当即"称疾不入"！李勣的宗旨很明确：潜自己的水，让别人冒泡去吧。事实证明，冒泡的最后都成了冒失鬼。

在长孙无忌、褚遂良、于志宁三大老臣面前，李治老话重提，他先对舅舅说："皇后无子，武昭仪有子，今欲立昭仪为后，何如？"但这次长孙无忌不准备表态，这倒不是他想打酱油或潜水，而是正在执行褚遂良早已安排好的斗争策略。

进殿之前，褚遂良就曾对长孙无忌说，皇上为中宫之事态度坚决，"逆之必死"，而他决定反对到底，但他不愿意让长孙无忌和李勣受到伤害。他说长孙无忌是皇帝的舅舅，而李勣是国家功臣，他不想看到皇帝因这件不光彩之事担上"杀元舅及功臣之名"，所以他决定由自己做恶人出来反对。

所以，当李治向舅舅征询意见时，不等长孙无忌开口，褚遂良立即表示反对："皇后未闻有过，岂可轻废！臣不敢曲从陛下，上违先帝之命！"见褚遂良把老子抬出来压他，李治当场就软了："上不悦而罢。"

可能当晚武则天吹枕边风，给李治打了气，第二天，李治又把三人找去说这事。

褚遂良被李治这块疯狂的石头连续砸得都快昏了，没办法，这次他退了一步，原则上同意李治废旧立新的想法，但还是坚持拒立武则天的基本底线："陛下必欲易皇后，伏请妙择天下令族，何必武氏！"他苦口婆心地劝皇帝说，武氏以前侍奉先帝的经历，众人皆知，如果你立一个与你父亲上过床的女人作为皇后，这会产生多坏的影响，当今及后世的天下人将如何评价你？

这番合情合理的话把李治噎得不轻，"帝羞默"。但李治已然完全被武则天迷住了，一定要把武则天拉上皇后的宝座。

面对固执的皇帝，固执的褚遂良以辞职相抗，他将上朝的笏版搁在宫殿的台阶上，趴在地上朝李治磕头，把额头撞得砰砰作响，血流满面地说："还陛下笏，乞放归田里。"

李治气坏了，命令侍卫将他轰出去。此时，一直在后殿偷听的武则天也咬牙切齿地大骂褚遂良："何不扑杀此獠！"她真的太过分了，一个女人竟然当着其他朝廷重臣之面叫嚣着要将先朝托孤老臣、当朝宰相直接打死，那种凶恶、霸道以及急不可耐的权力欲望顿时展露无遗。

关键时刻，长孙无忌挺身而出，以"遂良受先朝顾命，有罪不可加刑"的豁免权为由，将褚遂良保了下来。一场立后风波将宫廷闹得鸡犬不宁。这个时候，朝廷上下对是否立武则天为皇后分成了三个派系：支持派、反对派和观望派。

观望派的代表人物当属李勣和于志宁，这两大宰相貌似中立，其实是在看别人掐架，一旦哪派占了上风，他们立刻就会变成上风头的那一派。

支持派都是武则天的心腹，以李义府、许敬宗、崔义玄及袁公瑜等人为代表，他们天天高呼口号，巴不得武则天马上登上皇后之位，好让他们跟着发财发达。

反对派的人，以正统的道德观评价，个个都是忧国忧民的正人君子。这一派除长孙无忌、褚遂良，韩瑗和来济的反应最为强烈。两人都曾多次"涕泣极谏"，特别是韩瑗，连着好几天跑到李治跟前劝谏，激动得差点昏过去；来济则以周文王姬昌和汉成帝刘骜两个帝王不同的立后思路引出盛衰不同的两种结果，给李治摆事实、讲道理，希望他崖前立马。但一切都是枉然，"上皆不纳"。

最后让李治下定决心立武则天为皇后的人却是观望派的李勣。李勣在做了一段时间的潜水者后已看出了武则天的强势，他马上结束潜水生涯，开始登陆发言。

有一次，李勣入宫朝见天子的时候，李治又逮着他询问对立武昭仪为皇后一事的看法。李勣的回答让李治喜出望外："此陛下家事，何必更问外人！"李勣的这句话后来成了历史上皇帝们处理宫廷事务的黄金必杀句。开元年间，当唐玄宗在废立太子问题上遇到阻力时，奸臣李林甫就曾以"天子家事，外人何与邪"这句话来给皇帝打气。

李勣这句等同于"我顶你"的回答像给李治打了鸡血，让他陡然间坚定了信心。本来那时候他已经被几个老臣坚决反对的态度弄得有点举棋不定了，这点可以从他与李勣的对话中看出来。当时李治问道："朕欲望立武昭仪为后，遂良固执以为不可。遂良既顾命大臣，事当且已乎？"

如果李勣这个时候和褚遂良一样，把笏版一甩，说如果你要立武昭仪，就先把我给开了吧，说不定这事就会暂时搁置下来了。但李勣没有甩笏版，而是把几十年的老同事褚遂良给甩了。他的回答给李治重新注入了勇气和力量，于是"上意遂决"——从这一刻起,他彻底地下定了决心,要把换后之事进行到底。

李勣是四个元老重臣中唯一一个支持武则天的人。于志宁虽然没有出面反对武则天,但他也没有说支持武氏。因为嫌他在立后这件事情上充当哑巴,不为自己说话,武则天掌权后还进行了秋后算账,将于志宁贬出朝廷。而另外两位老臣都因反对武氏而命丧他乡。

李勣是唐朝政坛的不倒翁,他像一根老油条,一生历经唐高祖、唐太宗、唐高宗和武则天四朝,犹如一本"常销书",每个皇帝都喜欢翻他读他,这与他精明圆滑的为人处世风格有很大关系。不过,在高宗立后这件事情上,如果按照常理,他的行为是置是非观念而不顾的政治投机行为。从这点上讲,晚年的李勣在人品和气节上绝对要逊于褚遂良等人。其实,每一个朝代都会有这样的良心人士,他们为了真理之火不被扑灭,为了秩序法制不被破坏,在权力甚至屠刀面前坚持原则、决不退缩!

随着李勣的加入,西风压倒了东风,支持派压倒了反对派。褚遂良被贬为潭州(今湖南长沙)都督。看看长沙离西安有多远,就知道武则天对褚遂良的恨有多深!

武则天的好日子终于到来了。公元655年十月,李治下诏将王皇后和萧淑妃废为庶人,册立武则天为皇后。册立皇后的诏书很有意思,估计李治为了怎么措辞费了不少脑子。武则天毕竟是曾经侍奉过自己父亲的女人,而现在作为儿子的他要将这个女人册封为皇后,这事太不光彩了,所以必须找个冠冕堂皇的理由。于是他说,武则天在当先帝才人的时候,温柔贤淑、团结嫔妃、和气待人,好得不得了,最后他父皇"每垂赏叹,遂以武氏赐朕"。看得出,李治实在想不出其他更符合逻辑的理由了。

相信只要大脑里装的不是果冻的人,就绝对不会相信这事。唐太宗乃一代明君,当时他若是知道李治和武则天有私情,必不能容忍。

李治心里也知道这个谎扯得不圆,所以特意在"遂以武氏赐朕"后面加了"事同政君"四个字。"政君"指的是汉元帝刘奭的皇后王政君,元帝的这个皇后确实是他老爸汉宣帝从自己的后宫中挑出来赏赐给他的。不过这与李、武二人的情况有着天壤之别和本质上的不同。

刘奭当时特别宠爱太子妃,可太子妃不幸早逝,而他又将太子妃病亡的原因归咎于其他妃妾的诅咒,所以这位太子敌视自己宫中所有的妃妾,拒绝和她们亲近,整天沉浸在伤痛和思念之中。汉宣帝为了尽快让儿子走出感情的沼泽,便从自己宫中选了几个漂亮的宫女送到刘奭跟前,让他从中挑选一个美少女作为太子妃。王政君就是在这次随机选择中成了幸运儿。李治把这事翻出来作为前例写进册封诏书里,颇有点此地无银三百两的意思。

王政君是汉宣帝宫中最底层的宫女,主要工作是干日常杂事,别说不可能与皇帝有"一夜情"的机会,就连平时见不见得着皇帝都是未知数。而武则天则是唐太宗有名有分的才人,是拿了结婚证的。人家王政君和汉元帝属于初婚,而武则天先是跟唐高宗私通，接着丧偶再嫁，李治硬要把两码事说成是一码事，只能说明他有多么心虚了。

从才人到尼姑，从尼姑到皇后，武则天这样的人生经历也只能用"神奇"来形容了。这个神奇的女人以神奇的魔力使自己的人生发生了超乎神奇的改变，她只用了五年的时间就坐上了皇后的宝座，实现了她人生的第一个"后来居上"——后来的宫娥扳倒了先前的皇后。

永徽六年十一月初一，武则天被正式册立为大唐皇后。在喜气洋洋的音乐声中，在此起彼伏的道贺声中，她可以名副其实地高歌一曲《好日子》了！

五、顺我者昌，逆我者亡

进位六宫之主以后，武则天的权势更为熏人，在大唐帝国，她成了一个权力无边的女人。权力很快变成了武则天毫无顾忌的杀人武器，她把至高无上的皇权揉成了锋利无边的弹簧刀，以残酷的屠戮出了自己的终极人生目标。

武则天为达到目标不择手段，不分亲疏。在她的人生词条排行榜上，"追求权力"永远排在第一位，在攫取权力和控制朝政的路上，她以刀为步，以杀树威。她的权谋之路，可以用两句话来形容，一句是"顺我者昌，逆我者亡"；还有一句是"谁影响我个人发展一阵子，我就影响他人生命运一辈子"。

武则天的所作所为告诉世人，她是一个很记仇的女人，她恨你就一定要灭了你。所以，在一千三百年前的唐朝，让谁恨也别让武则天恨，让她恨是件比死亡更恐怖的事情。她的情敌王皇后和萧淑妃就遇到了这种恐怖度远甚死亡的事情。

王、萧两人被废黜以后，武则天命人把她们关在宫中一个偏僻的小房子里，房子"封闭极密，惟窍壁以通食器"。当年光鲜亮丽、尊贵无上的国母皇后和贵妃娘娘，此刻却被禁锢在一间不见天日的号房里，吃喝拉撒睡都在这么一个小空间里。

有一天，李治突然想起了昔日的皇后和爱妃，便来到了关押两人的院落。当他看到二人的处境如此凄惨时，内心受到了极大震撼，当场便对两人打保票说："朕即有处置。"不料，李治的这句话却让王皇后和萧淑妃的命运变得更惨，他成了间接害死这两位美女的凶手。

皇帝密会老情人的消息很快就被人报告到了现任皇后那儿，武则天听说后，立刻是怒火烧炸了醋坛子。在李治对两人作出重新安排之前，武则天就提前进行了安排，她干了一件恶毒无比的事情——派人把这两人整死。她对两人做了三件事：一是"杖王氏及萧氏各一百"，二是"断去手足"，三是"投酒瓮中"。做完这些事后，她还咬牙切齿地说："令二妪骨醉！"

很显然，武则天的这种野蛮虐待法是师从吕后，这与《旧唐书》上说她"素多智计，兼涉文史"是相符的。武则天应该很早就对吕后进行过深入细致研究，她不仅把吕后发明的酷刑发扬光大,而且还对吕后的权谋政治之路进行过系统的分析梳理。

唐高宗去世那年,武则天决定"追王其祖,立武氏七庙"。当时只有天子才拥有这个资格,而武则天只是皇太后,按照儒家礼制,她的祖先是不能享受这种待遇的,这应该是件严重违反当时社会礼制的事情。宰相裴炎劝武则天不要做这种出格之事,并且拿生前显赫、死后却遭到灭族的前车之鉴吕后来警告她:"独不见吕氏之败乎!"不料武则天张口就回答裴炎说:"吕后以权委生者,故及于败。今吾追尊亡者,何伤乎!"

这话还真说到了点子上,吕家势力最后被彻底铲除确实是因为吕产、吕禄等人没有控制住至关重要的军政大权,由此可见武则天对吕后之事是多么的熟悉。如果没下工夫将其生平事迹材料吃深吃透,怕是说不出这样的话!我们由此可以得知为什么武则天一生都紧握权柄,不将重要权力授人。武则天称帝后,对权力控制得很紧,甚至一个太学生请探亲假都要她亲自批准,难怪狄仁杰会对她提出强烈批评。

所以说,武则天不是一个简单的女人,而是一个复杂的女人;不是一个围着柴米油盐转的女人,而是一个理想明确、目标远大的女人。在她离别母亲进入皇宫的那天,母亲流泪恸哭,她却没有一点悲伤的表情,反而神色自如地劝母亲:"见天子庸知非福,何儿女悲乎?"她真的是带着理想和希望入宫的。也许对她而言,不想当皇后的才人不是好才人,不想当皇帝的皇后不是好皇后。

阴谋家对历史了然于胸是一件很可怕的事情,因为这会产生更多、更可怕的阴谋,而几乎每一场阴谋都与谋杀相牵,都会有无辜者葬身黄泉!

熟悉历史的武则天是一个天生的宫廷阴谋家,她太熟悉权坛上的斗争了,所以在初期排除异己的道路上,她不动声色、不露痕迹、不抛头露面,只是通过许敬宗和李义府两个经纪人来对反对自己的大臣进行清洗,这点正如《新唐书》中对她"有权数,诡变不穷"的评价。武则天登上皇后之位后,她最想干掉的人就是曾经不顾一切反对自己的长孙无忌和褚遂良。

唐朝时,长沙的地理位置偏僻,人烟荒芜,西汉著名文学家贾谊就曾经被贬谪到这里。但是到潭州只是褚遂良苦难生涯的第一站,记仇的武则天不可能就这么便宜了他。一年后,他再遭贬谪,由潭州都督转为贵州刺史,又南下了一大步,从长沙跑到了桂林。千万别以为这已经到边境了,没地儿可贬,没南可下了。才过了三个月,又一道命令任命他为爱州刺史。爱州在现在的越南清化,那会儿可没多少人愿意去那地方,又远又荒。可怜褚遂良生命中最后的几年时光,差不多都是在"走啊走"中度过的。到达爱州后不久,这位充满正义感的著名书法家就郁郁而终,终年六十三岁。

看出武则天用软刀子杀人的意图了吗?越南清化和西安有万里之遥,其间山高林密、沟壑纵横、环境险恶,让一个六十多岁、平时在大城市过惯了的花甲老人,或骑马颠簸或徒步攀行去进行万里长征,这不是想让他死是什么?如果单纯是贬谪,潭州都督就够了,而如此一而再、再而三地让他南下,明摆着就是要往死里整他。

褚遂良被贬出京城后，长孙无忌便突兀地站在了武则天面前。对于武则天来说，无论是从个人情感方面来讲，还是从政治斗争的需要来说，这棵大树都必须放倒。

从个人情感方面说，武则天一直对这个舅舅恨得牙根痒痒，长孙无忌"受重赐而不助己"，所以她"深怨之"。从政治上来说，武则天要想达到控制朝政的目的，就必须把位高权重且与自己唱反调的贞观老臣拍死在沙滩上。另外，击倒长孙无忌还能起到杀一儆百的效果：他都被我干掉了，你们谁还敢跟我唱对台戏？所以，她必须干这一票。

武则天打击褚遂良和长孙无忌的方法很像燃放一个"二踢脚"，先把底层的引信点着，用前面"嘭"的一声引出后面更响亮的"啪"的一声。

既然褚遂良已经被点着，长孙无忌被引爆的命运已不可避免。武则天命令许敬宗紧盯长孙无忌，"伺其隙而陷之"。

许敬宗可是干这种事的老手。他在《新唐书·奸臣传》中可占据着重要位置呢！许敬宗虽然品德不好，但文采很好，算得上一个才子。唐太宗就很欣赏他，经常让他起草文件或诏书，而许敬宗每次交上去的文字都让唐太宗十分满意。

东征高丽时，许敬宗作为随军秘书更是表现优异，经常"立于马前受旨草诏书"，跟一个战地记者似的，而且每一篇文字都"词彩甚丽"。在没有时间查阅书籍的情况下，每一道诏书都在短时间内一挥而就，而且还让见多识广的唐太宗"深见嗟赏"，可见许敬宗的肚子里确实有货。

许敬宗对后世最大的贡献就是主持编纂了一部大型诗文总集《文馆词林》。这部书多达一千卷，选录了汉朝至唐初的大量诗文。能成为规模如此宏大的纯文学书籍的总编辑，说明许敬宗的文才是得到当时承认的。

但有才并不代表有德。许敬宗在奸臣传中排名第一，应该有两个原因：一是篡改历史，二是陷害忠良。

许敬宗是唐朝的史官，他很早就与房玄龄一起从事修史工作。贞观中期，当唐太宗下定决心要私观国史时，被逼得没法子的房玄龄只好把《高祖实录》和《太宗实录》的删改版上呈唐太宗阅览，其操刀人就是许敬宗。

那一次篡改历史虽然可恶，但尚可理解，主要责任应由房玄龄承担，许敬宗只能算从犯。但进入高宗朝以后，许敬宗坐到了房玄龄当初的位置上，开始全面监修国史。这时候的他，职业道德较之以前大幅度倒退。他的老上级房玄龄是在受到唐太宗的巨大压力下才昧着史官的良心，搞了一本手抄本交上去的。到许敬宗主持工作时，就变被动为主动了。他肚子里的坏水漫了上来，竟然按照个人好恶，私自改起了国史。

他改史的原则是：凡是得罪过他或者他不喜欢的人，统统写得一团糟，使劲往他们身上泼墨；凡是他家的亲戚或他喜欢的人，他会运用无中生有、移花接木、张冠李戴等方法，把他们写得完美无瑕。

唐初宰相封德彝曾经说过："昔吾见世基死，世南匍匐请代；善心死，敬宗蹈舞求生。"这句话是有故事的,一个关于许敬宗的很不光彩的故事。

许敬宗的父亲许善心和著名书法家虞世南的哥哥虞世基都是被宇文化及杀死的。当时,虞世南听说宇文化及要将哥哥斩首的时候,跪在地上请求代替哥哥去死,希望能用自己的命换回哥哥的命。而许敬宗却与虞世南的表现大不一样,他磕头如捣蒜,差点把地板砖都撞碎了。当然,他并不是要代老爸去死,而是苦苦哀求饶自己一命。

这事经封德彝的大喇叭广播后,世人皆知,大家都很不齿于许敬宗在死亡面前那种没有气节的表现,把他的脊梁骨子戳得生痛。许敬宗心里对封德彝恨得咬牙切齿,但也只能隐忍不发。就因为这句话,封德彝得罪了这个造假办主任,然后被许主任结结实实地黑过一回。没关系,既然没机会找黑社会黑他,那就用黑墨汁黑他,许敬宗"至立《德彝传》,盛诬以恶"。

对于自己小圈子里的人,许敬宗却大搞嫁接技术。许敬宗的儿子娶了尉迟敬德的孙女为妻,所以许敬宗在给尉迟敬德作传的时候,有意将唐太宗赐给长孙无忌的《威凤赋》写成是赐给尉迟敬德的。

除了上面说的这些手法,许敬宗还利用修史的权力大搞创收,干起了跟现在发表论文收取版面费差不多的龌龊事。当时有个叫庞孝泰的少数民族将领,在跟随名将苏定方征讨高丽时,他率领的部队畏敌惧死,被高丽军打得惨不忍睹,死伤了好几万唐军,影响了整个战局,导致唐军退兵。

许敬宗在收受了庞孝泰奉送的金元宝后,将胆小鬼写成了大英雄,说他"屡破贼,唐将言骁勇者唯苏定方与孝泰"。国家历史居然变成了一手交钱一手发稿的有偿服务,许敬宗可以说是中国史官群体中的败类之一。历史上许多史官为了秉笔直书,宁愿被砍头也不愿做假账、说假话。在那些为了坚持保留历史真相,死也不改初衷的同行面前,许敬宗显得太渺小了。

陷害忠良指的当然是他陷害长孙无忌一事。许敬宗是武则天的铁杆支持者,他和李义府是最早拥护武则天当皇后的朝臣。在李义府向高宗提交请立武则天为后的奏折后,政治敏锐性很强的许敬宗就决定加入武则天团队。别的大臣还在小心翼翼观察风向的时候,他就多次跑去游说长孙无忌,请求支持武则天,但每次都被长孙无忌骂得灰头灰脸的。

为了制造有利于武则天的舆论氛围,许敬宗说过一句名言:"田舍翁多收十斛麦,尚欲易妇。天子富有四海,立一后,谓之不可,何哉?"武则天听到这句许氏名言以后,立刻"令左右以闻",第一时间命人把这句话报告给了李治,想让李治听到后下定决心。言下之意是告诉他,你一个皇帝,不会连庄稼汉的勇气都比不上吧。

长孙无忌的冤案源于一个与前太子有关的冤案。李治立的第一个太子是他的长子李忠。李忠本来是没有机会登上储君之位的,因为他的母亲是一个地位低贱的普通宫女,虽然他拥有长子身份,但长不如嫡,只有皇后嫡生的长子才是皇位的当然继承人。可是，能生出嫡子的王皇后却没有生育功能，这就给了李忠进位的机会。

王皇后考虑到应该给自己找座可以依靠的大山，便在长孙无忌、褚遂良等大臣的支持下，劝说李治立李忠为太子。原因很简单呀，王皇后觉得自己帮李忠谋得了太子地位，将来这孩子登基当了皇帝，肯定会知恩图报，不会亏待自己的，自己的后半生也就有了保障。那时候武则天还没有"二进宫"，李治觉得李忠也是自己的亲儿子，既然皇后没有儿子，立长子也说得过去，于是李忠荣幸地成了大唐的第五任太子。

如果没有武则天，李忠的前程也许会一片光明，铺满锦绣。但随着武则天夺权成功，这孩子的命运变得很惨，先由太子变成亲王，再被废为庶民，被囚禁在关押前废太子李承乾的那座老宅子里。这个十几岁的半大小子被剥夺了太子之位后，整天生活在恐惧之中，总是担心自己遭到暗杀。在被贬谪到房州的那段时间里，他经常"私衣妇人服以备刺客"。在被废黜到被害死的几年间，李忠成了武则天手上的一颗政治棋子，被武则天多次利用，只要她想扳倒谁，就诬陷谁和李忠谋反。这次她想扳倒长孙无忌，所以理所当然地会说长孙无忌想和李忠谋反。

得到武则天授意的许敬宗在审理前太子宫官员韦季方于朝廷互结朋党、拉帮结派一案时，对韦季方进行刑讯逼供。韦季方被整得痛苦不堪，便在狱中自杀以求解脱，不过最后又被抢救过来。

他这一自杀，让许敬宗利用上了。许敬宗向李治报告说：韦季方是畏罪自杀，他和长孙无忌早就相互勾结，试图谋反，阴谋推翻现政府，并于事成后由长孙无忌执掌国家大权。而今东窗事发，韦季方打算丢卒保帅，所以想自杀了事。

这个理由编得有模有样，有动机有过程，足以让糊涂的李治上当受骗。许敬宗是个才子，但才子如果是流氓，就比单纯的流氓可怕一百倍；如果才子是个政治流氓，其可怕程度更无法估量。许敬宗就是一个地道的才子加政治流氓，他的疯狂报复导致唐朝的政坛发生了强烈的地震，给国家带来巨大的灾难。

控告长孙无忌谋反已经不是第一次了，永徽元年（650年）就有一个洛阳人告长孙无忌想谋反，结果"上立命斩之"。但这次不一样了，虽然舅舅还是那个舅舅，皇帝还是那个皇帝，但告状的却不是一个普普通通的告状人了。

李治一开始不相信舅舅有谋反之心，他对许敬宗说："岂有此邪？舅为小人所间，小生疑阻则有之，何至于反！"许敬宗很了解这个年轻皇帝的心理，他知道，只要自己坚持忽悠，一定会得到让自己满意的结果的。于是他摆出一副为国为民、正气凛然的样子说，他对这件案子从头到尾进行了详细调查，发现长孙无忌谋反的征状已经十分明显，在这种紧急情况下，皇上却仍然持怀疑态度，恐怕不是国家之福。果然是老奸巨猾的才子，一句话就把李治的外甥身份架到了国家领导人的高度。

软巴巴的李治听到这些话，马上就哭了起来，边哭边说：我们李家真是不幸，亲戚当中不断有人生出异心，往年高阳公主和房遗爱谋反，现在舅父又要谋反，简直让我没脸再见天下百姓。末了,他眼泪汪汪、抽抽搭搭地问许敬宗:"兹事若实,如之何?"

问许敬宗怎么处理这事,不就相当于杀猪的询问买肉的吗?答案当然只有一个字——杀。为了让李治将长孙无忌治以死罪,许敬宗充分发挥了自己的才能,他有条有理地从两个方面分析了长必杀孙无忌的道理。

首先是恶言恐吓。他说长孙无忌乃元老重臣,担任丞相三十年,"天下服其智,畏其威"。他警告李治说,长孙无忌一旦谋反,将无人能制,到时候皇上您就等着拱手让位吧。硬的说完他又说软的,开始好言劝诱。许敬宗唯恐无忌不死,他引经据典、滔滔不绝,将自己渊博的文史知识发挥到了极致,分别引用了宇文化及、汉文帝及奸雄王莽、司马懿等正反两面教材,对李治实施心理战,一门心思要把长孙无忌送进鬼门关。

关于人才,荀子曾有过一段精辟的论述:"口能言之,身能行之,国之宝也;口不能言,身能处之,国之器也;口言善,身行恶,国之妖也。"对号入座的话,许敬宗和李义府应当属于第三级,他们都是国妖,嘴上说得冠冕堂皇,私下里却干尽坏事。

可惜李治没有生就一双能识别妖孽的火眼金睛。听了许敬宗的一番忽悠之后,李治完全相信了舅舅要谋反的言论,觉得如果不采取措施,自己的末日就提前到来。于是他立即下诏削去长孙无忌的太尉之职及所有封邑,将其流放黔州。

又是黔州。黔州这个地方似乎成了李唐皇家首选的流放地,四十年间共有四位皇子和一位重臣被流放到这个地方,除了长孙无忌,还有前太子李承乾、前太子李忠和两个"十四子"——唐高祖的十四子霍王李元轨、唐太宗的十四子曹王李明。

不过,李治虽然撤掉了长孙无忌所有的官职,却又对其"准一品供给",就是在流放期间,继续按照官员最高的生活标准供应长孙无忌。根据《唐六典》记载,当时一品大员的生活物资供应相当充足,每天的食物配给有二十多种:每日白米二升,粳米、粱米三升,油醋蒜椒蜜水果若干;荤食按月供应,每月羊二十口,猪肉六十斤,鱼三十条。

这个处理结果很滑稽,也有点奇怪,长孙无忌到底是不是反贼?如果是,依照法律,他当为灭族死罪,怎么还能享受朝廷一品大员的待遇?从历史上来看,对于谋反者,即便是最仁慈的帝王,或念及亲情不忍杀害,至少也会给谋反者来个终身监禁,让其与外界永远失去联系,以免生出事端。如果像长孙无忌这样,把反对党首领长途押送到千里之外,不正好让他的同谋者有机可乘吗?这样的道理李治怎会不懂?就算他不懂,精得能捉鬼的许敬宗、武则天还会不懂吗?可见,武则天团队的成员和李治心里都清楚,长孙无忌没有同伙。

既然李治明明知道长孙无忌不会谋反,为什么还要昧着良心将舅舅以谋反罪流放呢?这里面应该有两个原因。

一是李治是个妻管严,在感情、心理上都很依恋武则天,不想让武则天不高兴,想顺着她的意思办事,以讨得她的欢心。他知道皇后想把长孙无忌赶出朝廷,所以在这个问题上采取了默许和纵容的态度。

道理很简单。如果李治想知道长孙无忌是否真的有谋反意图,自己向舅舅当面求证一下总是人之常情吧?退一步讲,就算他不想亲自出面,国舅谋反这么大的案件,派个专案组调查核实一下当是应该的吧!但这些李治都没做,他仅仅是听了原告的汇报就把被告按照谋反罪给定性了。

后世史家对李治这种偏听偏信的做法都表示惊讶和不满。针对许敬宗的这种"奉命陷害",《资治通鉴》中的文字表述是"上以为然,竟不引问无忌";《旧唐书》说的更直接:"帝竟不亲问无忌谋反所由,惟听敬宗诬构之说。"这里的两个"竟"字足以表达史家的观点和倾向了。

长孙无忌在黔州待了三个月后,厄运再次到来。在武则天的授意下,朝廷对长孙无忌谋反案进行重审。不必对这件压根没审过的案子又弄出个"重审"感到惊奇,"重审"的目的只有一个:上次没把他审死,这次一定要把他审进棺材里。

其实也没什么好审的,许敬宗派团队成员袁公瑜赶赴黔州去结果长孙无忌,袁公瑜到了之后就"至则逼无忌令自缢"。

长孙无忌谋反案是彻头彻尾的栽赃陷害。长孙无忌不可能有谋反之心,他甚至没有过分炫权霸道、败坏朝纲的恶行。李治这孩子,完全是娶了媳妇儿忘了舅。如果没有舅舅的支持,就不可能有李治的一切。单就这件事而言,李治就是一只白眼狼,面对一路陪伴、呵护自己的舅舅,他不但没有反哺,而且反咬一口,何其狠哉,何其悲哉!

长孙无忌死前,一定是悲怆满怀。自己一生追随英明的唐太宗纵横天下,也称得上是英雄一世,想不到竟让一帮蝇营狗苟的小人百般侮辱。他一定还会觉得心痛不已,不明白为什么自己一手带大、一生力挺的外甥会如此绝情地要将他这个忠心耿耿的亲舅舅置于死地。也许最简洁的解释就是那句俗语:伴君如伴虎。

皇帝就是老虎,你永远不知道他什么时候发怒,永远不知道他为什么发怒。可是拿老虎来形容李治似乎又太过抬举他了,因为他充其量只能算只猫,他的老婆武则天才是真正的老虎。

在长孙无忌谋反一案中,武则天大搞株连,将褚遂良、韩瑗等反武派大臣悉数牵扯进来,诬告他们是一个谋反共同体。于是李治又下了一道恶狠狠的诏书,追夺此时已经死去的褚遂良生前一切职务和封号,同时下令将被贬谪到外地的韩瑗就地斩首。

韩瑗很幸运,因为在斩首诏书到达时,他已经因病死亡了。相比血腥的砍头,得病而死是多么幸福的一件事啊。萧淑妃的儿子许王李素节在被押解到洛阳斩首的路上遇到一支送葬队伍,这位四十三岁的亲王对着那些哭丧的人群感叹道:"病死何可得,而须哭哉?"

长孙无忌、褚遂良及韩瑗三人的死,对朝政产生了极坏的影响,三位元老重臣的殒命成为高宗朝政治风气的分水岭。从这个时候起,贞观以来形成的大臣谏谏不休、皇帝从谏如流的黄金时代已经宣告结束。

流水落花春去也，天上人间。繁盛的贞观时代恰似点点落花，用它的灿烂艳红装饰着永徽这道流水，只是这汪流水并没有让落花过多停留，而是带着日渐沦落的残红漂向了万劫不复的深渊。

所有人都看出来了，可以与天斗，可以与地斗，但千万不要跟皇帝的老婆武则天斗，与地天斗也许会其乐无穷，但若与则天斗，结果会其惨无比。谁不怕自己的骨头成为武则天的磨刀石啊，在寒光闪闪的斧子面前，万马齐喑的局面出现了，所有大臣都自愿装聋作哑，不再就朝廷事务进谏。一切都是皇帝英明皇后神武，一切都是热烈拥护、一致通过，反对的声音、不同的意见至此灭绝。这种可悲的状况一直持续了很久，史籍对此的描述是："自褚遂良、韩瑗之死，中外以言为讳，无敢逆意直谏，几二十年。"

直到公元682年，监察御史李善感对李治不顾国内经济状况恶化、边境军事紧张和长安、洛阳"两京间死者相枕于路，人相食"的惨状，大搞四处封禅、营造宫殿等劳民伤财的行为提出批评时，这种可悲的"言塞湖"情况才有所改变。所以对李善感的这次久违的进谏，历史上评价很高，谓之"凤鸣朝阳"。这时候离长孙无忌、褚遂良之死已经过去二十多年了。

这个时候，大臣之所以敢进谏，并非因为李治的思想进步了，而是因为他背后有个思想开明的武则天。当时的朝政已经完全被武则天掌控，大臣进谏，名义上是给皇帝进谏，其实多半是说给武则天听的。

这很耐人寻味，武则天在当上皇后初期总是怂恿李治杀死那些进谏的大臣，而当她自己建立了大周政权成为皇帝时，却提倡大家积极进谏。这种前后不一的行为显示出了她的精明和聪明。所以，李治一生都被她捏在掌心里是再正常不过的事情了。

六、生命不息，杀亲不止

如果说武则天是个"杀人狂"，一点也不过分，她一生杀人如麻，难以计数。在《新唐书·则天皇后本纪》中，"杀某某"、"杀某某某"的记录满目皆是。

据林语堂统计，武则天执政前后，一共杀死了九十多名皇室成员和王公大臣。这还只是直接死于她手的人员，如果算上灭族及其他间接死于其手的人员，也许用"不计其数"这个成语来形容最合适。

历史上，为了权位，杀死不计其数的反对者或竞争对手的帝王其实也是不计其数的。相对于极具诱惑力的皇位而言，鲜血汇流成河和尸体堆积如山并不算是多么新鲜的事情。但像唐代女皇武则天那样，杀起自己的亲人来眼不眨、心不跳的帝王却算得上是鲜见。为了权力，武则天从不讲究血缘亲情，儿子、女儿、孙子、外甥女……无论是谁，只要她觉得这个人对自己的权力有一丁点的威胁，她绝不手软。我们都听说过"虎毒不食子"这句话，可是，武则天却残忍地亲手杀死了自己的好几个子女。

武则天和唐高宗李治一共生了六个子女,四个儿子,两个女儿。不过,做武则天的儿女是很痛苦的事情。这位女皇的六个子女中,除了太平公主,个个都命运多舛。对天下很多孩子来说,"妈妈"这个词溢满了亲情和甜蜜,但武则天的子女绝没有这种感觉,他们不是被妈妈整死了,就是整天担心被妈妈整死。

她的大女儿刚满月就被她掐死在摇篮之中,大儿子李弘、二儿子李贤,也都死在了她的手上。三儿子李显,就是后来的唐中宗,被她从皇帝宝座上揪下来流放加软禁了十几年。小儿子李旦知道老娘的厉害,在她面前老实得跟乖孙子一样,唯唯诺诺、窝窝囊囊,才没吃苦受罪。

六个亲生子女竟被她亲手杀死了三个,这样的女人,这样的母亲,你见过吗?对自己的亲生子女尚且如此,对那些敢反抗自己的亲戚,这位空前绝后的女皇自然更不会手软。第一组死于非命的,就是她的姐姐武顺和她的外甥女魏国夫人贺兰氏。

武顺是武则天的姐姐,她的丈夫贺兰越石早逝,她带着一儿一女寡居。由于妹妹是皇后,武顺和女儿便经常出入皇宫大内。不久,武顺母女俩就都被皇上妹夫当窝边草给吃了:"皆得幸于上。"有了这层关系,武顺被李治封为韩国夫人。按照规矩,只有一品文武大员及国公的母亲或妻子才有资格被封为"国夫人"。而武顺的老公生前只是亲王府的一个普通公务员,她显然不符合封赏标准。但在情人面前还讲什么原则?

只是这个韩国夫人太没享福的命了,前脚被天子看上,后脚就死掉了。韩国夫人具体的死因,正史上没有给出明确答案,只有武则天才知道。因为这事多半和武则天脱不了干系,姐姐很有可能是被患有"恐韩症"的妹妹害死的,武则天怕韩国夫人得宠后影响到她的皇后地位。

不过,武则天那个青春貌美的外甥女的死因,史书上记得可是清清楚楚——被姨妈毒死的。原来,韩国夫人死后,李治又移情于韩国夫人的女儿,将老情人的女儿封为魏国夫人,并且对这个小自己很多的美娇娘十分着迷,特别想给她一个名分,想把她从临时工弄成后宫里的正式工,但他又"心难后,未决"。

事实已经很清楚了,一个皇帝连自己内宫那点事都不敢做主,更别提外朝那些国家大事了。这个时候的唐高宗李治,已经完全是徒有皇帝之名了,一切权力都属于皇后。如果皇后没授权批准,李治是没有自由恋爱的权力的。其实从长孙无忌和于志宁等人被贬出京城那年起,朝政大权就已落入武则天之手,《资治通鉴》上说得很直接:"自是政归中宫矣。"那一年是公元659年,武则天三十五岁。

因为武则天的存在,唐高宗时代的后宫变成了一个恐怖魔窟,李治爱谁谁死。当时的情况就是魏国夫人无处安放。李治想把魏国夫人变成嫔妃的打算激怒了武则天,她决定除掉这个被李治视为宝贝心肝的外甥女。

武皇后很快精心布置了一次借刀杀人的"连环杀亲计",也可以称为一揽子的杀人计划,只需一个理由就可以把自己讨厌的亲戚全部除掉。武则天选中的刀就是自己的两个堂哥武惟良和武怀运。这倒霉的哥儿俩是武士彠哥哥的儿子,他们和武则天的血缘还是相当近的,但碰到这个内心恶毒的堂妹,他们也只能自认倒霉了。

唐朝的官场有个今天看起来很可笑的风气——献食,就是下属官员向上级领导进献好吃的食物,以此博得领导的好感和欢心。武家兄弟也想讨好一下皇帝和皇后,便精心准备了一份好吃的献到宫里,希望皇帝吃完后能抹着嘴巴说句"味道好极了"的赞语。除了有种肉酱,不知道武家哥儿俩到底还进献了些什么食物,反正肯定是五花八门,只要是特色美味,都直接往宫里递。

武家两兄弟就这么一献,便把自己的性命献给堂妹武则天了。武则天在两个堂哥进献的食物里动了一点手脚,"密置毒醢中,使魏国食之,暴卒"。后面的情节谁都能想象到,武则天假装震怒,说武家兄弟在食品中投了毒,害死了自己亲爱的外甥女,并以最快的速度将两人斩首。速度不快不行呀,万一武家兄弟喊冤乱说怎么办?

武则天好手法,随便一嫁祸,三颗眼中钉就全被拔除了。她的这次拔钉行动可称之为除"新仇旧恨"行动。"新仇"指的是新近得宠于李治的魏国夫人,而"旧恨"当然是武惟良和武怀运了。

这旧恨与武则天过去的生活有关。这两人和武家其他家庭成员一样,在武士彠死后,对武则天母女十分刻薄无礼。武氏母女,尤其是武则天的母亲、荣国夫人杨氏念念不忘过去武家人慢待自己的行为。在女儿成为权倾天下的皇后以后,杨氏觉得可以扬眉吐气了,开始变得趾高气扬起来。有一次,为了炫耀一下自己的身份,杨氏大宴宾客,将武家所有的亲戚朋友全部召集到一起大吃大喝。杨氏这样做并不是因为她热情好客,而是想体会一把被人恭维、高高在上的感觉。那感觉,不用说,一定相当爽。

当时武家人确实是沾了武则天的光,所有在官场的武家人都被提拔成了三品、四品高官。所以在酒席上,荣国夫人杨氏扬扬自得地问武惟良等人:"颇忆畴昔之事乎?今日之荣贵复何如?"

问这种话的人最想听到的回答并不是对方点头说"是是是、对对对",而是对方以巴结的态度自我检讨说,对不起,我们今天的幸福生活都是您老人家给的,过去我们有眼无珠,没有看出夫人的神贵之相,希望夫人大人不计小人过,肚子里能撑船,不要跟我们一般见识。

如果那些姓武的男人们圆滑一点,稍微低下头,说一通奉承之言,满足一下她的虚荣心,让她的心里爽一把,结局将会是比较圆满的。可惜武家男人并不买荣国夫人的账,态度还像以前那样。武惟良、武元庆等人根本不吃杨氏那一套,还挺着脖子回答杨氏说,我们是功臣之后,很早就进入政府做官了。言外之意就是自己沾的是祖宗的光,并没有沾皇后的光。这话把武则天的老妈气得差点噎成肠梗阻。没有什么悬念,武家人该倒大霉了。

武则天得知此事后,马上给李治上了一封奏折,请求皇帝将武惟良、武元庆和武元爽外放到偏远的地方担任刺史。而且武则天在奏折中把这件本属公报私仇的事情弄得立意高远得不得了,她一脸正气地说,这三人都是自己的哥哥,如果他们在朝廷身居高位,大家会说皇帝任人唯亲。为了显示朝廷的公正公平,就让这三个哥哥上山下乡,到艰苦的地方去接受锻炼吧!

结果,武元庆被调到了今天的四川平武,他到达任职地不久就忧惧而死。武元爽就更不爽了,他先是到濠州(今安徽凤阳)担任刺史,接着又被贬到天涯海角的振州(今海南三亚),不久也死在了那里。三个人中唯一活命的武惟良没想到自己这个皇后堂妹的能量竟会如此之大,弄死他们比捏死只蚂蚁还简单,所以后来他变老实了,正因为如此,才有了后来武氏兄弟巴结的献食行为。

毒死了外甥女后,武则天又把目标对准了外甥贺兰敏之。贺兰敏之是魏国夫人的哥哥,魏国夫人死后,李治看到前来悼念的贺兰敏之,满心伤悲地对他边哭边说:"向吾出视朝犹无恙,退朝已不救,何仓卒如此!"

可是对于皇帝这种疑惑的感叹,"敏之号哭不对",他好像没听见皇帝的说话,也没按礼节对帝国最高领导人劝说几句"请节哀顺变"或者对皇帝疑惑的感叹附和几声,只是一个劲儿地自顾自放声大哭。武则天听说了这个反常情况后,马上作出了自己的判断:"此儿疑我!"

事实上,贺兰敏之的哭而不答应该包含着对皇帝李治的不满和对姨妈武则天的畏惧与无奈。一方面,他可能在心里责怪李治没有保护好自己的妹妹;另一方面,他虽然知道这事是姨妈干的,但慑于皇后之威,他不敢也不能说出心里的想法。在这种情形下,他的痛哭其实是对武则天的愤怒、抗议和诅咒。聪明过人的武则天焉能不知,自此,她开始恨上了外甥。

武则天刚得宠时,对贺兰敏之非常关照,当武元庆、武元爽死后,她便将贺兰敏之过继给老爸武士彟当后人,以延续武家的香火。贺兰敏之过继给武士彟后改姓武,变成了武敏之。他得到了很多好处,继承了武士彟周国公的爵位,还被调到朝廷任职。武敏之这个人是个十足的恶少,他的存在让我们充分见识了武氏一脉的淫荡无耻。

《旧唐书·贺兰敏之传》中有这样一句话:"敏之既年少色美,烝于荣国夫人。"《资治通鉴》上也有"敏之貌美,烝于太原王妃"的记载。太原王妃和荣国夫人都是指武则天的母亲杨氏。这个史实真有点让人受不了,绝对算得上是古今奇闻,很难找出第二例。这个外婆真是个狼外婆,准确地说应该是"色狼外婆"。

杨氏的心肠也特别狠毒,武氏弟兄被放逐就是她指使武则天干的。在把武惟良等人贬谪后,杨氏还觉得不解恨,又把过去看不起自己的武怀运的嫂子善氏没入宫廷为奴,然后"令后以他事束棘鞭之,肉尽见骨而死"。真是"有其母必有其女"呀。这种痛苦的死法,也只有武氏母女能想得出来。

不过,武则天杀贺兰敏之并不是因为他和杨氏之间有不伦私情,而是因为他犯了

六　生命不息,杀亲不止

贪污罪和强奸罪。

杨氏死后,武则天拨给贺兰敏之一笔巨款,要他铸造一座佛像为母亲祈福。武则天虽然对别人凶残恶毒,对母亲却很孝顺,在任何历史资料上都找不到她对母亲不好的文字记载。可是这个大孝女给死去的母亲祈求阴福的钱,竟然被贺兰敏之贪污了,"敏之自隐用之"。你说武则天能不介意吗?这是其第一罪。

贺兰敏之虽然是个花样美男,长相英俊,却喜欢摧花辣手,这个纨绔公子的好色荒淫简直到了无法无天的程度。官员杨思俭的女儿因为姿色秀美,被李治和武则天同时看中,将其定为太子妃,并排定好了大婚的日期。就连身份如此特殊的候补皇后,贺兰敏之都敢非礼,"闻其美,强私焉"。结果,这桩婚事也就泡汤了。

对太子的未婚妻都敢下手的人,还有什么女人是他不敢动的呢?武则天的爱女太平公主小时候经常去外婆家玩耍,小公主出门,旁边肯定会跟着一帮宫女。这些随从女孩全部成了贺兰敏之的玩物,"敏之悉逼乱之"。

由于他作恶太多,武则天终于按捺不住,下令将他流放到国土最南端的雷州,即今天的广东雷州。但他走到半路就被武则天派人"以马缰绞死"。

这样的人活着会让更多的人痛苦,死了也好,属于罪有应得。虽说他也算是武则天的亲人,但在武则天所杀的亲人中,他是最该死的一个!而接下来面要讲的这个冤死者,身份很特殊,因为他是武则天的亲儿子——太子李弘。

李弘是武则天和李治的儿子,嫡长子,皇位继承人的不二人选。他的人生之路比溜冰还顺,在老妈武则天当上皇后的第二个月,前太子李忠就被废黜,当时只有四五岁的李弘便理所应当地接过了皇太子的权杖。

李弘是个好青年,小伙子遗传了李治和武则天两人的核心优点:有仁有义、个性鲜明。他有着老爸那样的仁义心肠,却不像老爸那样优柔寡断,他非常有主见,其性格中反而透出一丝跟老妈一样的果敢。"仁"是太子李弘最突出的标志,在他短暂的二十四年的生命中,"仁"字贯穿始终,让人感动,使人敬佩。

李弘在少年时代听老师郭瑜讲解《春秋左氏传》时,曾有过一次罢课拒读行为,原因是李弘认为教材中有"少儿不宜"的内容。在读到楚成王的儿子熊商臣因太子废立问题而逼死自己的父亲时,他厌恶地对授课老师表示自己"不忍闻,愿读它书"。

这孩子纯净得跟水晶一样,眼里揉不得沙子。当然了,站在李弘的立场上,他反感书中以下犯上、血腥杀戮的内容是应该赞赏的,这很好地说明了这位太子没有此类野心,是个仁厚的正人君子。

那位郭老师也真好,是个重视学生心理的教育专家,他因材施教,让李弘改学最感兴趣的《礼记》。学习《礼记》长大的孩子,懂得仁义道德也就不足为奇了。

正是因为李弘的仁慈之心,唐朝很多士兵的家属才逃脱了沦为奴婢的悲惨命运。唐高宗时期,朝廷连续不断地对高丽、吐蕃和西突厥进行军事打击。既然是上战场,肯定会有一部分胆小鬼开小差当逃兵。为了遏制这种严重影响军队士气和战斗力的行为,朝廷当时针对中途溜号的逃兵,制定了特别严厉的处罚措施。逃兵如果不在限定的期限内主动向朝廷自首,或者出现过两次逃跑行为的士兵,一经抓获,立即处斩。

不要以为只把逃兵处死这事就完了,还有附加措施呢,逃兵"家属没官",一人犯罪,全家坐牢,妻子儿女一个都跑不掉,全部被没收成为朝廷的财产,男的当奴,女的为婢。朝廷这样做,显然是将后方的士兵家属作为人质,绑架在前方作战的士兵,跟绑匪差不多!而且这种处理逃兵的方法还存在一个巨大的漏洞:唐军每战结束后便开始统计士兵人数和阵亡情况,没看见尸体和没见着活人的士兵,一律打入逃亡者名单。

这种残忍的株连政策和有失公允的统计手段遭到了太子李弘的反对。他给李治上了一封奏折,说军队这样的统计方法非常不科学,会冤枉很多在战斗期间遇到各种意外情况的士兵,并在奏章中列举了很多种特殊情况:比如有的同志可能在野外被敌人活捉了,有的可能在渡海作战时遭遇了船沉人亡,有的虎胆英雄们可能深入到敌国腹地而有去无回,还有的也许是因为生病而暂时掉队了……

这些情况是客观存在的,战场上的情况千变万化,一个生命悄无声息消失的现象是难以避免的。所以李弘请求朝廷废除这项很不人道的连坐制度,对逃亡士兵家属"免其配没"。李治觉得太子的话很有道理,便采纳了他的建议。

一次偶然的机会,李弘看见了被囚禁在宫里的两个姐姐——义阳公主和宣城公主。这两个苦命的女孩是萧淑妃的女儿。萧淑妃死后,姐妹俩一直被武则天囚禁在宫里。李弘发现这两个公主的时候,萧淑妃死了已经有二十多年了。当李弘得知这两个三十多岁的姐姐还没有出嫁时,既惊讶又难过,立即给父皇上奏,请求为两位公主选合适的婚配人家。

武则天为这事大动肝火,史料记载,"武后怒,即以当上卫士配之"。那两个当班的保安太幸运了,早晨出门的时候还是个站岗放哨的,晚上回家时就成驸马爷了。这俩美眉虽说年龄大了点,但可是正宗的皇家公主。按照惯例,男人只要娶了公主,就会被晋封驸马都尉,从五品,属于高干,从此也就可以告别保安生涯了。

其实不仅是那两个保安很幸运,两个公主同样也很幸运。因为她们终于也有丈夫、有家庭了,虽然老公的地位不高,但嫁人总比被软禁好,况且婚姻是否幸福,与配偶的家庭地位、职务高低根本没有必然关系。

不过,李弘给姐姐们送去了幸福,却给自己带来了灾难。正是因为这件事,李弘失去了母亲的宠爱。武则天觉得他应该与自己一条心,而不应该为自己情敌的女儿说好话。于是,在这件事发生后不到二十天,二十四岁的李弘就死于宫中。

关于李弘之死,一直以来存在着病死和被母亲毒死两种说法。《资治通鉴》上只记了一句模棱两可的话:"时人以为天后鸩之也。"而《新唐书·高宗本纪》中则直接记有"天后杀皇太子"之言。

其实，如果说李弘是病死的，确实很难让人相信。为什么他早不病死晚不病死，偏偏在得罪武则天后就立刻病死了？为什么只要武则天一不高兴，她讨厌的亲人就会病死呢？这也太诡异、太巧合了吧！而且这才刚刚开了个头，大儿子李弘死了，马上轮到了二儿子李贤。

李弘死后一个多月，李贤就按照皇位接班制度，被立为太子。可是，有权欲那么强烈的老妈在，这个太子可不好当。只要不听妈妈的话，谁当太子谁死，就这么简单。但这个老二李贤一点都不"二"，他比他的哥哥更强硬、更有主见。

李贤成为太子时已经是二十二岁的青年了，这个"皇二代"很出色，他并不是皇家常见的那种百无一用的花花男，而是一个有文化、有思想、有智商、有远见的优质男。该男七岁时就能读《书经》、背《诗经》，后来又组织一批专家学者给《后汉书》做注。

对这样一个聪明能干的儿子，李治非常满意，经常命太子监国，把很多朝政都交给他处理，还曾特别下诏表扬他。李治在诏书中不但夸太子"治事勤敏沉毅，宽仁有王者风"，而且对国家未来的美好前景充满信心："瞻望来兹，国家得贤明之主，百姓乐太平之治。"看这情况，想必如果这孩子将来当了大唐领导，国家实现小康盛世指日可待呀！

一般情况下，儿子有出息，父母当然高兴。但唐朝这个第一家庭不是这样，别瞧爸爸高兴得恨不能来两个后空翻，但妈妈很不高兴，不仅不高兴，而起还烦着呢！因为这个儿子跟她也不是一条心，还是个厉害的角色，不听她的话，不买她的账，这让想当大唐领导的武则天很担心、很烦心，最后心心相叠，终于演变出了杀心。

李贤当太子那会儿，武则天基本都住在东都洛阳——因为她怕鬼。这个可不是搞封建迷信，史书上确实是这么讲的，而且这事与被武则天害死的王皇后、萧淑妃有关。

武则天整死了这两个情敌后，在宫中"频见二人被发沥血为厉"，于是得上了两个后遗症——怕鬼、怕猫。这应该是一个人做了亏心事后出现的幻视现象。武则天可不懂这些，她只相信自己看到的情景，便命人在洛阳大造宫殿，然后把家搬了过去，一生都住在洛阳不挪窝，直到晚年才敢回长安。

武则天怕猫则是源于萧淑妃的诅咒。萧淑妃在遭受"骨醉"惩罚前曾咬牙切齿地诅咒武则天说："愿他生我为猫，阿武为鼠，生生扼其喉。"这个生前在宫心计中落败的女人把报仇的希望寄托在了死后的投胎转世中。

可是这个诅咒把武则天吓得要命，《资治通鉴》上说，自萧淑妃此咒一出，"由是宫中不畜猫"。其实这是以讹传讹，因为武则天后来还是养过猫的。

公元692年，在萧淑妃去世三十多年后，随着时间的推移，武则天的恐惧心理消失了，又在宫里养起了猫。这次她玩的还是新花样，把猫和鹦鹉放在一个笼子里饲养。过了一段时间，猫和鹦鹉和平相处，互不侵犯，这让女皇特别有成就感。于是她喜滋滋地叫人把这两个宠物"出示百官"，想让文武官员们开开眼，看看这猫多好多乖，丝毫不侵犯与它住在一起的鹦鹉。可就在她满耳都是大臣的恭维之声时，令"太后甚惭"的景象出现了:"传观未遍,猫饥,搏鹦鹉食之。"

这个情节富有戏剧性和喜剧性。这猫太不给面子了,让女皇当众羞愧尴尬。不过,在武则天面前,也只有畜生才敢这样。只是这个闹剧发生时,太子李贤已经死去七八年了。在被母亲逮捕之前,李贤一直与母亲分住两地,武则天在洛阳,李贤在长安。可能因为家族中发生了太多非正常死亡事件,李贤对武则天有着较强的戒备心。

武则天感觉到了来自太子的压力,她希望儿子是关在笼子里的鹦鹉,死生之命完全掌握在自己这只猫王手上。但越来越多的迹象显示,儿子不愿钻进她编好的笼子里。她清楚地知道,如果事情按照这种态势发展下去,等太子登基后,自己的权力毫无疑问将会被全部收缴。这是以权力为生命甚至把权力看得高于生命的武则天所不能接受的。于是她开始有目的、有针对性地敲打这个还处在长翅膀阶段的太子。

武则天知道太子喜欢看书,便叫人现编了两本书送给太子,一本是《少阳正范》,一本是《孝子传》。"少阳"是东方的意思,后来也成为东宫太子的代称。简单地说,这两本书可以统称为太子、孝子守则。

武则天的用意很明显,她是想通过送书来警告李贤,你很不会做太子和孝子,一点都不听妈妈的话。而在武则天看来,把权力让给她,不跟她争权就是对她最大的孝。

不光是送书,她还给儿子写信呢,不过信中写的绝不是什么关心儿子日常生活的话,武则天也不可能写出这种温情的家信。武则天的核心竞争力正是她的姓——"武",她给儿子李贤的信中充满了武风武斗的特色:"数作书以责让贤。"

母亲不停地严厉批评李贤,让他"愈不自安",他时时担心母亲会突然采取行动把他废黜或者使他"病死"。就在李贤和母亲矛盾趋于激化的时候,他又听到了在宫中流传的一些小道消息,说他并非是皇后所生,而是老爸和韩国夫人的儿子。

这事太让李贤纠结了。因为这么一来,自己喊了几十年的妈妈一下子就变成姨妈了。虽然小道消息没什么权威性,但"无风不起浪"这句俗语在任何朝代都有人相信。这消息让李贤很受伤,很疑虑,由于武则天对他过于严厉,有时候他甚至相信这条满宫飞的流言是真的。

这事到底是真是假,目前没人能说得清楚,这可能是个永远的历史之谜,无人能看透了。世间事有很多本来就让人看不透,但有一个人却说他不仅能看透人间的人事,还能看透阴间的鬼事。这个人名叫明崇俨。除了李治、武则天,现如今估计没几个人会知道这姓明的。就是这个人促使武则天对自己的又一个儿子下了狠手。

从明崇俨的个人资料上看,他似乎是个全能型人才,游医、算命、跳大神……可谓什么都干过,对哪行都略懂。他说自己会法术,能与鬼神对话、叫鬼神办事。

话说某年夏天,李治突然想看看雪。可是夏天看雪,这怎么可能?不过,只要有明大仙在,一切皆有可能,"崇俨坐顷取以进,自云往阴山取之"。明崇俨说这雪是自己刚才亲自从阴山上取来的。

阴山离洛阳有多远，相信大家都明白。但是对于这种荒诞的说法，李治和武则天就很相信，他们把这个大仙当神一样地供着。尤其是武则天，特别信任他，跟明崇俨的关系好到了促膝谈心的地步，还把他提为正四品官员。

明崇俨在武则天身边充分发挥了自己的相面特长，他知道武则天讨厌李贤，便投其所好地给武则天的两个小儿子看相，把老三英王李显和小四相王李旦夸得就像两朵花似的，还说"太子不堪承继，英王貌类太宗"，又说"相王相最贵"。

这话后来传到了太子李贤耳中，李贤当然很生气，对明崇俨只有一个字：恨。正是因为李贤对自己身边的红人又气又恨，武则天才怀疑儿子一定是瞒着自己干了不可告人之事。就在太子对明崇俨气恨交加时，明崇俨却出事了，突然被人杀害。这在当时可是件震惊朝野的大案要案。武则天立即指示唐朝的公检法部门集中力量侦破此案，缉拿凶手。但查来查去，毫无线索。当时民间传言说："崇俨役鬼劳苦，为鬼所杀。"

武则天知道这件案子肯定有鬼，而且她怀疑这个鬼就是太子李贤。武则天觉得太子暗杀自己的亲信是在向自己示威挑战，所以她决心除掉这个在权坛上和自己竞争的对手，哪怕是自己的儿子，她也毫不手软。在她看来，没有儿子，只有权力。这次武则天要一步到位，直接整死李贤。

老规矩，武则天祭出了自己的杀人"三件宝"：下毒、巫蛊和谋反。下毒，她常干的；告人搞迷信诅咒，她也干过，王皇后的妈妈就被她以这个由头整过；这次她又开发出了一个新品种：告太子李贤谋反。

这个谋反案的导火索说起来很可笑，应该算是一件桃色事件，不过两个当事者都是男人。李贤好像是个同性恋，因为史料上说"太子颇好声色，与户奴赵道生等狎昵，多赐之金帛"。

这让武则天逮着把柄了，因为这也是太子的生活污点呀，便"使人告其事"。可是向朝廷告状不就是向武则天告状吗？于是武则天在接到状子之后，马上派遣自己的亲信去核查这事。

这一查不打紧，查出了一个大意外。本来是调查太子的个人生活作风问题，结果却发现了一个危害国家安全的重大问题！原来，太子桃色事件调查委员会成员"于东宫马坊搜得皂甲数百领"。

哎呀呀！这个问题就严重了，太子竟然在马棚里私藏了好几百件盔甲武器，谋反意图那是昭然若揭呀。看来太子一切都已经准备妥当，就等着行动信号了。

出现这种情况，李贤自然无法解释清楚，他就是用漂白粉也漂不白自己了。家里摆着那么多盔甲，不是想谋反，难道是想换着穿吗？唐朝法律规定，未经批准，任何人不得持有武器。当时，连民间养马都是被禁止的，因为马属于军用物资，私人不得拥有。朝廷之所以这样规定，就是担心有人造反。现在，可以武装一个加强连的武器当场从东宫马棚里被搜了出来，还有啥说的？太子谋反的这顶黑帽子是戴定了。

这件谋反案上报到李治那里时,一向钟爱李贤的李治并没有将其当成是一件多么严重、多么了不起的案子,而是"迟回欲宥之"。李治没有对太子采取什么惩罚措施,反而有意拖延时间,打算原谅李贤。

故意磨洋工的李治让武则天大为恼火,她要求李治以天子的名义对谋反者采取严厉的处罚措施,理由十分充分:"为人子怀逆谋,天地所不容;大义灭亲,何可赦也!"从武则天这句话的中大家可以明显看出来,这夫妻俩到底是谁在当家做主了吧。这完全是命令的口气啊!

皇后急了,皇帝怕了。李治被迫下诏废黜李贤的太子身份,贬为普通百姓,并将其流放巴州(今四川巴中)。三年后,在李治驾崩仅两个多月时,武则天就派人到流放地逼李贤自杀身亡,又一个儿子死在了亲生母亲手上。

李贤死前不久,曾写过一首《黄台瓜辞》:

种瓜黄台下,瓜熟子离离。
一摘使瓜好,再摘令瓜稀。
三摘犹尚可,四摘抱蔓归。

这首诗他是写给母亲看的,只是此时,除了权力,已没有任何东西能打动他那位铁石心肠的母亲。他们四兄弟就像四只嫩瓜,在母亲眼里,他们只是她在攀登权力高峰途中解渴、充饥的美味而已。

如果仔细分析一下太子谋反案,我们会发现,这里面有许多不符合常理的地方。

首先,作为太子,李贤没有谋反的必要。因为太子是皇位的合法继承人,那个位子本来就是他的,他为什么要莫名其妙地去谋反呢?况且李治那时候疾病缠身,身体非常糟糕,随时都有驾崩的可能,李贤随时都有可能登上皇位,希望每时每刻都摆在他面前,他至于冒着杀头的危险,提前去抢那把迟早会属于他的椅子吗?

历史上的宫廷谋反案例确实很多,但太子谋反的很少,没有政敌觊觎的太子谋反事件少之又少。连糊涂的李承乾在回答父亲李世民质问他为什么要谋反时,都知道以"臣为太子,复何所求"之言来为自己辩解,更何况是比李承乾聪明、理智得多的李贤?

其次是谋反的针对性问题。假如说李贤想谋反,那么他要针对谁实施谋反行动?在长安他是老大,一切由他说了算,而他要铲除的对象父皇李治则远在洛阳。洛阳和长安相隔两百里,这么远的距离,他怎么谋、怎么反?难道他会带着人马长途跋涉地到洛阳去行刺吗?再说了,若是真要谋反,他私藏的那几百件武器能顶什么用?几百个全副武装的士兵,如果没有皇帝颁发的兵符,根本到不了洛阳,他们一出长安城就会被京城卫戍部队拦截逮捕。因此,说李贤谋反应当是诬告,而且极有可能是栽赃诬告。

武则天是否有栽赃的动机我们不必去讨论,都摆在那儿呢。之所以说李贤是被栽赃诬告的,是因为栽赃他的条件十分充分。在搜查太子宫的时候,李贤不在长安,他被武则天召往洛阳公干。谋反者不在家,当然是想从谋反者家里查出什么就有什么了。

武则天就这样亲手杀死了她最优秀的两个儿子,也正是因为太过优秀,他们才必须死,武则天担心自己将来驾驭不了这两个儿子。这与她残杀李唐皇室成员的思路是一样的:"有才德者先死。"所以此时的唐朝皇室中出现"生的平庸、死的优秀"的现象也就很好理解了。她没有杀死的两个儿子李显和李旦,都属于平庸之辈。如果他们像两个哥哥一样优秀,想必也早就"被谋反"了吧。

武则天一生直接或间接所杀的亲人远不止这些,她是一个缺少正常人伦、内心毒到能让正常人精神恍惚的疯狂的女人。她的确与众不同,就像她能与众不同地成为女皇一样,几千年的历史长河中,她是唯一一个。

七、一山能容二虎

中国有句俗语:一山不容二虎。皇帝对自己的江山本应该像虎王对待它的领地一样,具有绝对的独占性和排他性。要是有只外来老虎想占领虎王的领地,虎王肯定会跟它决斗,以命相搏。其他的老虎想住它的豪华虎窝、娶它的漂亮虎妻、夺它的无上虎权,它能不拼命吗?这才是"一山不容二虎"的正解。

毫无疑问,李治是唐朝的虎王。但大唐这座山头上并非只有一只老虎,而是有两只。皇帝李治算一只,还有一只是皇后武则天。这真应了那个小笑话:一山不容二虎,除非一公一母。

不过,治理天下不是其他,不可能讲究"男女搭配,干活不累"的。皇帝们在这个问题上基本都遵循着一个原则:只有老虎,没有老婆。同性相斥,异性也相斥。然而,李治和武则天这两只老虎却在最高权力的顶峰上共处了三十年。

其实一点也不奇怪,这两只老虎之所以没有火拼、没有决斗,是因为公老虎太过女性化,而母老虎太男性化了。在这三十年间,李治这只公虎完全被母虎武则天制服、压倒着,致使大权旁落,最终成为朝政的旁观者。

武则天在驱逐、迫害了一帮贞观老臣后,凭借自己在朝廷中的势力,开始左右朝政。而在武则天特别想抓权的时候,李治似乎想皇后之所想,专门给她送权来了。不是他们两人心有灵犀,而是李治革命的本钱——身体出了问题。

李治的身体很不好,患有严重的头痛病,这种病发作起来非常痛苦,头痛欲裂、目不能视。可是皇帝每天都要处理大量政务,眼睛不能看东西,怎么批阅全国各地呈送来的奏折呢? 正是在这种情况下,李治决定让自己的女人——皇后武则天替自己决断政务,于是她成了李治的"博士伦"。

这个"博士伦"还真有点博士的水准,处理起五花八门的政务来有条不紊、得体大方,让李治十分满意。他觉得她将事务收拾得妥妥帖帖的,不愧是自己的好参谋、好助手。为了落个清闲自在，李治便经常将朝政交给武则天处理，久而久之，武则天变得"权与人主侔矣"。

历史上像李治这样主动把朝政交给皇后全权打理的皇帝太少了。我们该如何评价李治的主动送权的行为呢？说他太昏聩、太糊涂？揶揄他没有脑子？批评他缺乏眼光？或是兼而有之？作为一个皇帝，李治应该从前代因后妃干政而引发的宫廷事件中吸取经验教训，让后宫远离朝政，远离李唐天下的权力中枢。如果一定要政治帮手的话，可以让太子协助自己嘛，他的前两个太子李弘、李贤能力都很不错，足以胜任监国之事。李治却弃储君而选皇后，实在不是一个有思想、善思考的明君能做出来的。至少可以说，李治是个晕晕乎乎、半梦半醒的"老好"皇帝。

武则天能在当朝皇帝还在位的时候就做到一手遮天，除了李治的软弱可欺外，还在于她自身具备的极高的个人素质。这个女人不寻常，情商智商、阴谋阳谋、思想理想、手段手腕……尔虞我诈的宫廷职场和权力角斗场上所需要的东西，她样样不缺。唐史在讲到武则天帮李治处理朝政时对她的评价是："后性明敏，涉猎文史，处事皆称旨。"这样一个聪明机敏、精通文学和历史的女首长怎么可能会让性格阴柔的李治皇帝不满意呢！

阿基米德曾经说过："给我一个支点，我能撬起整个地球。"如果这句豪情满天的话语换成武则天来说，就是："给我一个支点，我能撬起整个大唐！"这还真不是玩笑话，从历史上来看，武则天真的以李治为支点，把一个硕大的唐朝给撬了个底朝天。今天，我们从历史的天空中俯视这个不可思议的杠杆运动，能够清楚地看出武则天的权力膨胀过程可以分为三个阶段。

第一个阶段是武则天当上皇后的最初十年。这十年武则天一直躲在李治的身后，像一个狙击手，拎着一把狙击枪，以李治的肩膀为支架，定点清除与自己不一心的大臣。这一阶段最具代表性的事件就是长孙无忌、褚遂良等一帮元老重臣被相继赶出朝廷、死于非命。

第二阶段是她帮李治决断朝政的这个时期，从龙朔元年（661年）到麟德元年（664年），约五年。这是武则天从幕后向台前移动的重要时期。代表事件有李义府腐败事件和上官仪被杀事件。

李义府不但是个小人，而且是个狂人。他以皇后为后台，做事十分出格，什么案子都敢犯。有一次，他见一个女犯罪嫌疑人长的特别美艳，就想把她弄出来纳为小妾，便命大理寺法官毕正义将这个美女犯人无罪释放。这个叫毕正义的法官真是辱没了自己的好名字，他为了巴结宰相李义府，马上判决那位美女无罪，将其释放。这一枉法案件很快就遭到了监察官王义方的弹劾。李义府得知自己被告发后，竟然又胆大包天地"逼正义自缢于狱中"。

然而令人大跌眼镜的是，李治得知此事后，不但没有处罚李义府，反而给王义方扣

七　一山能容二虎

上了一顶"毁辱大臣,言辞不逊"的帽子,将其贬出朝廷。

称得上"言辞不逊"的,不是王义方,而是李义府。王义方要向李治宣读自己弹劾李义府的奏折,要求李义府依法回避。但李义府根本无视王义方的存在,不拿他当回事,吊儿郎当地"顾望不退"。最后在王义方的强硬坚持下,李义府才不得不悻悻离开。

我们从此事可以看出武则天此时对李治的影响力有多么大。李治不处罚罪大恶极的李义府,并非因为他不知道李义府有罪,而是因为"打狗须看主人面"。他知道李义府的主人是皇后,拿李义府开刀,就等于向皇后亮家伙,这是他不愿也不敢的。

有武则天撑腰,李义府后来简直不把李治放在眼里。他"恃中宫之势,专以卖官为事",伙同家人大肆卖官,不管是谁,只要拿钱来,都能加官晋爵。他也没有亏待自己,"诸子孩抱者并列清贵",还在吃奶的孩子就开始"吃空饷"了,工龄和年龄一样长。但真正能体现李义府强大势力的还是咱们下面要说的这件事。

李义府过于嚣张的行为终于引起了李治的不满。李治想提醒他收敛一下,便对他说:"卿子及婿颇不谨,多为非法,我尚为卿掩覆,卿宜戒之!"李治此时的态度是心平气和、态度平缓的。

但是李义府的反应非常大,嘭的一声就炸开了。他"勃然变色,颈颊俱张",凶巴巴地反问:"谁告陛下?"李治回答道:"但我言如是,何用问我所从得邪!"

这个镜头真让人觉得不可思议!一个腐败分子听了皇帝的警告,不仅不冒冷汗,还要皇帝说出举报者的名字。这皇帝还是皇帝、臣下还是臣下吗?为什么李义府敢拿皇帝不当回事?为什么一个臣下敢对君主这般不恭不敬?不是李义府的脑袋硬,也不是李义府不怕死,而是李义府知道自己不会死,他知道当今皇帝不能把自己怎么样,因为他上面有人。这件事再次证明,当时的李治虽然很光鲜地站在唐朝这座豪华宾馆的大堂里,但朝政大事却完全掌握在后台经理武则天的手里!

从李义府接下来的行为上看,他对李治的轻蔑已经到了骨子里。李治警醒、诘问他之后,他"殊不引咎,缓步而去"。李义府的"缓步"和李治的"从容"真是形成了绝妙的对比。

对于李治在这一时期的处境,唐史是这样说的:"上欲有所为,动为后所制,上不胜其忿。"武则天的"专作威福"几乎使李治完全失去了处理朝廷重大事务的权力,这让一直受欺负的李治愤怒了。他觉得自己不能再这样窝囊下去了,就决定对皇后采取措施。兔子急了还咬人呢,李治好歹还是只老虎。

就在李治心中怒火燃烧的时候,武则天干了一件玩火的事——找来一个道士在内宫搞起了驱鬼念咒的巫蛊活动。这类活动在历代宫廷都是禁止的,这一点武则天应该很清楚。她敢知法犯法,是因为她觉得自己就是法,没人敢干涉她的事情。可让她不曾想到的是,这次的嚣张行为差点使她在阴沟里翻了船。

那时候,虽然和尚道士可以出入宫廷,但男人不准在大内过夜是铁律。内宫里面,除了未成年的小皇子,只允许有皇帝一个真男人存在。武则天却把一个叫郭行真的男道士连日累夜地留在自己的内宫,还以道士做法时不能有任何干扰为由,禁止所有人进入或者靠近她的寝宫。

很快,一个太监将此事报告给了李治。这两件事情当然让李治震怒异常,他决定给皇后点颜色看看,于是"密召西台侍郎、同东西台三品上官仪议之"。"西台侍郎"其实就是大家熟悉的中书省二把手中书侍郎,"同东西台三品"就是同中书门下三品。这些官名都是武则天有事没事时瞎改的。

上官仪给皇帝出了个釜底抽薪的主意:"皇后专恣,海内失望,宜废之以顺人心。"李治一听,马上就同意了,当即吩咐上官仪草拟废后诏书。这绝对是因为武则天把李治欺负得太过分了,不然,以李治那优柔寡断的性格和对武则天的痴迷程度,不可能答应得那么干脆。

就在武则天将要重蹈王皇后的命运时,大唐宫廷上演了一次"窃听风云",挽救了武则天。"左右奔告于后",武则天得到这个犹如晴天霹雳般的消息后,立即选择了以快打慢的策略,突然出现在李治面前,当面质问李治为什么要废掉她的皇后之位。不过,武则天在李治面前没有使用普通女人惯用的"一哭二闹三上吊"的常规手段,没有像一个即将遭弃的黄脸婆那样,泪眼婆娑地絮叨些怨妇之语。武则天咄咄逼人地严厉责问,从精神上震住了李治,使得李治一看到她就什么都不敢说、什么都不敢做了,唯一敢说敢做的就是讨好她、奉承她。

这是一次超级成功的危机公关行动,武则天在李治还没来得及展开布置的时候,就以动制静,将危机化解于无形。而且武则天来的真是时候,当她跑到李治跟前时,"诏草犹在上所",废后诏书都已经写好,摆在办公桌上了,就等着李治签字盖章了。可见,如果武则天没有主动出击或者来晚一步,这次她很有可能会成为一个"废人"。

我们很难弄清楚李治为什么那样害怕武则天,为什么他在武则天面前只能俯首称臣。我们只知道,当武则天气呼呼地找到他时,他与上官仪讨论废后计划时的那种坚定、从容刹那间全部崩溃,取而代之的是一副低眉顺眼的模样,连说话都小心翼翼,生怕磕着碰着武则天,废后的想法早跑到爪哇国去了,"复待之如初"。

为了推脱责任,也是"恐后怨怒",李治毫不犹豫地把上官仪当做消火降压商品卖给了武则天。他对武则天说:"我初无此心,皆上官仪教我。"就是这句话把上官仪送上了断头台,也就是这句话使上官仪成了高宗朝最冤屈的悲剧人物。

上官仪是一个知名度相当高的大才子,诗名满天下。他的诗藻华丽、格律工整,被称之为"上官体",时人竞相模仿。这个惹上武则天的大才子算是倒了大霉了,以"逆我者亡"为做人准则的武则天岂能放过在自己头上动土的人?很自然、很简单也很快,上官仪就被查出有谋反意图。

一天,许敬宗向朝廷奏报,说上官仪和废太子李忠相互勾结,试图谋反。可李忠那时候正在千里之外的流放地——黔州,整天提心吊胆地观察朝廷有没有派杀手来刺杀自己。这两人一个在南,一个在北,远得八百竿子都打不着,怎么勾结谋反?

但是武则天说谁想谋反,那谋反就可以不分距离、不讲时空。于是,反贼上官仪被下令斩首,他的儿子上官庭芝被连坐斩杀,家产全部抄没充公,上官庭芝的老婆和几个月大的女儿上官婉儿入宫为婢。那个可怜的皇子李忠,最终被他的爸爸下诏赐死。

李治的儿女们有这样一个爸爸,真是他们的悲哀。我们不从皇帝的角度去说,单从父亲的角度来看,李治就是一个不称职甚至可以说是失职的父亲。他的八个儿子除一个早夭外,有五个是被武则天害死的,那两个活着的,武则天也一直想害死他们。四个女儿的命运也很凄惨,一个女儿在婴儿床上就被掐死了,两个大点儿的女儿被关在皇宫看守所里,虚度了二十年的青春岁月。算起来,只有那个早死的儿子和小女儿太平公主是幸福的。

让人不明白的是,武则天就在他的眼皮底下折磨、虐杀着他的子女,让他们过着地狱一般的生活,李治却没有任何作为。他到底在干什么?他到底在想什么?他的人伦之情到底去了哪里?他是堂堂的一国之君,为什么不出手保护自己的骨肉?

李治和萧淑妃生的儿子许王李素节在十二三岁时,因受母亲的牵连被贬出京城。他在外地孤孤单单地过了十年,都没有见过父亲。他特别想回长安看父亲一眼,为此饱含深情地写了一篇《忠孝论》呈送给李治,希望能感动父亲,促使父亲下诏,准许自己回京城探亲。但此事被武则天知道后,不但不准他回京,反而把他从亲王降为郡王,同时将他从离长安较近的河南贬到江西。直到父亲死去,他也没能再见上父亲一面。

上官仪事件之后,武则天加大了对李治和朝政的控制力度,唐朝正式进入"二圣"时代。顾名思义,"二圣"就是有两个皇帝。上朝的时候,李治坐在前面,武则天"垂帘于后,政无大小皆与闻之"。这就是中国人超熟悉的"垂帘听政"了。

女人垂帘听政在中国历史上曾多次出现,但大多是因为继位的皇帝年龄太小,无法胜任本职工作,迫不得已才由太后出面代行皇帝的职权。像李治这样思维正常的成人皇帝身后却长时间坐着一个垂帘的女人,在中国历史上是空前绝后的。

"二圣"的出现使唐朝的政治开始"武化",所有的事情都是武则天说了算,"天下大权,悉归中宫,黜陟、生杀,决于其口,天子拱手而已"。"二圣"时期的李治就是个甩手掌柜,清闲得什么事儿都没有,只能甩甩手活动活动筋骨了。

武则天的权力膨胀到达顶峰是在第三个阶段,时间从麟德二年(665年)到弘道元年(683年)——李治病死那年。这一时期已经无所谓什么代表事件了,因为唐朝已经完全是武则天的天下了,她就差一个皇帝的头衔。在这个阶段,武则天又做了两件前无古人、后无来者的事情。一是泰山封禅。公元666年,在唐高宗李治封禅泰山的时候,武则天竟然以"亚献"的身份,紧跟在皇帝首献之后祭拜天地。这在中国历史上是破天荒的。在封建社会,封禅是一项神圣的活动,自从这项活动诞生的那天起,从未有女人参与祭拜仪式。本来高宗的封禅议程安排上是没有武则天的名字的,作为皇后,去看看热闹是可以的。但武则天觉得不行,她坚持要参与献祭活动。二是她抛弃了皇帝、皇后这个称呼,在此基础上搞了个升级版本,将皇帝改称天皇,皇后改叫天后。

唐高宗在位后期,武则天的主要任务和工作中心都已经发生变化,她不用再像前期那样挖空心思地用陷害别人的手段来抢权夺权了。因为该抢的该夺的她都已经抢过来夺过来了,没抢没夺的就剩下李治屁股底下那把椅子了。武则天知道,那把椅子绝不能强抢,弄不好会把自己的身家性命搭进去。不过,她的眼睛一直没离开过那把椅子,她在第三阶段的工作就是以椅子为中心循序渐进展开的。

这期间,武则天着重在朝中培植自己的势力,为在李治驾崩后控制朝政走向做好一切准备。她团结了一大批当时的著名学者,名为编纂书籍,发展文化事业,实际上却是醉翁之意不在酒。她偷偷把许多奏章表疏拿给他们参决,一来可以锻炼学士们的议政能力,二来可以牵制和限制宰相们的权力。

到了执政后期,李治的身体每况愈下,头痛和眼病折磨着李治,以至于他对皇位失去了兴趣,一度想把国家大权交给武则天:"上苦风眩甚,议使天后摄知国政。"不少朝臣反对李治这种莫名其妙的想法,宰相郝处俊言辞激烈地批评他说:"陛下奈何以高祖、太宗之天下,不传之子孙而委之天后乎!"

李治如此关照老婆,老婆对他却不咋的,一门心思地盼着他快死。公元683年十一月,李治驾崩前的一个月,他的头痛病再次发作,眼睛完全看不见东西,急召御医秦鸣鹤前来诊治。秦鸣鹤诊断之后对李治讲,要想止痛复明,必须"刺头出血"才行,就是拿根针在李治头上的穴道部位刺戳,而且还必须要刺到流血才有效果。

武则天一听御医之言,急得不得了。千万不要以为她是因为医不好李治的病而着急,恰恰相反,她生怕御医把老公的病医好了。见秦鸣鹤说得那么胸有成竹,武则天想以暴怒的责骂吓阻他对李治的诊疗:"此可斩也,乃欲于天子头刺血!"这个理由貌似好崇高、好伟大、好冠冕堂皇,其实是好阴险、好歹毒,包含着不可告人的目的!《资治通鉴》也说武则天斥骂御医的目的是"不欲上疾愈"。

武则天是真的不想让李治的病痊愈,她从心底希望李治早点死去,免得碍手碍脚的。武则天已经很不耐烦了,她等得太久太长了。李治患头痛病的时间确实很长,史籍上第一次说他有头痛病的时候是显庆五年(660年),到李治去世时,他的头痛病病史已经有二十多年了。

御医秦鸣鹤被武则天骂得很囧,见皇后发怒,吓得不住叩头。病人李治倒很配合,替他辩解道:"但刺之,未必不佳。"结果秦御医在李治的百会和脑户穴上刺了几下后,李治马上高兴地大喊:"吾眼明矣。"

可惜,李治高兴得太早了。我们姑且把李治的这次惊喜当成回光返照吧,因为他已经病入膏肓,无法再战胜病魔了。针灸之后的第二个月,李治因病医治无效,在洛阳真观殿驾崩。临终前,他进行了最后一次改元。他本想登上城楼宣布大赦诏书,却"气逆不能上马"。无奈,他只好在殿前对百姓宣诏。

李治尽管有些昏聩,但本质是善良爱民的。他为帝期间,没做过什么耸人听闻的害民之事。在宣读完大赦诏书后,他还牵挂着黎民百姓,问身边的侍臣:"民庶喜否?"

人生匆匆,白驹过隙。他永远地闭上那双时时常看不见东西的眼睛。朝中只剩下一只老虎了,再也没人能挡着武则天了。从此,她可以虎啸山林、大展拳脚了。

也许是为了让这只老虎跑得更快,李治在遗诏中规定皇太子"枢前即位"的同时,竟然还赋予皇后一项特权:"军国大事有不决者,取天后处分。"正是这句话,为武则天以后主政提供了法律依据。

李治去世那年,李显已经二十九岁了。不知道李治出于何种考虑,一定要给这么大的儿子安排一个监护人。说不清,道不明,看不穿,悟不透,想不通……

八、马踏半岛

李治在位期间,唐朝的边境局势整体是稳定的,而且国土还向东西大面积拓展,今天的朝鲜半岛和部分中亚国家也被纳入了大唐的疆域。在李治执政的三十年间,唐朝的边境战事主要分为三大块:一是平定西突厥,二是占领高丽,三是安抚吐蕃。

公元657年,唐朝名将苏定方率军一举击溃西突厥,并在其故地设置了两个都护府,牢牢控制住了那里的局势,为唐朝建立了一个固定的经营中亚的基地。在这次战斗中,西突厥的可汗阿史那贺鲁被唐军生擒活捉。他成为俘虏后没有主动磕头请求饶命,而是主动要求把他杀了:"愿刑我于昭陵之前以谢先帝。"他求死的理由是"先帝遇我厚而我负之"。

阿史那贺鲁在贞观年间被唐太宗任命为瑶池(今新疆地区)都督府都督,可谓军权在握。唐太宗在世的时候,他老实得很,在西部边境为唐政府戍边守疆,兢兢业业,勤勤恳恳。可唐太宗一死,他马上就拥兵自立,脱离了唐中央的领导。

其实不光是这个阿史那贺鲁都督,在李世民死后的头几年,唐朝边境出现了一股造反热,许多少数民族将领相继宣布独立,不再接受长安政权的领导,害得刚上任的新皇帝不得不派人四处灭火。

这种情况的出现让人不得不更加佩服唐太宗的伟大。他活着的时候,那些桀骜不驯的少数民族都对他毕恭毕敬,谁也不敢跳出来惹事。李世民身上有一种超乎常人的"天可汗"的领袖魅力和威仪,只要他活着,就是大唐的定海神针,头再难剃的刺头都心悦诚服地无条件地对他顶礼膜拜。当他去世的消息传出后,好几百个在长安工作、生活和来长安出差的少数民族兄弟,"恸哭、剪发、劙面、割耳,流血洒地"。还有几个比动刀子自残更猛的,猛将阿史那社尔和契苾何力向刚刚即位的李治上奏,请求自杀为唐太宗殉葬。吐蕃的领导松赞干布更是十分仗义，他在唐太宗驾崩的当年致书大唐，立场鲜明地支持新帝："天子初即位，臣下有不忠者，当勒兵赴国讨除之。"这话说得人心里暖暖和和的。只是这位唐朝的铁杆国际友人说完这话后不到半年就病死了，吐蕃大权落到了丞相手中。其后，这个高原民族开始了扩张之路，不断对唐朝发起进攻，逼得李治不得不多次对吐蕃用兵，却败多胜少。

不过，在唐高宗时期，国家动用军队最多、用兵规格最高、持续时间最长的重大战役应该是灭百济、平高丽之战。新罗和百济在朝鲜半岛的南边，两国一东一西瓜分了南半岛，高丽一家占据了北半岛和今天中国的吉林、辽宁部分地区。自唐建国以来，高丽、百济、新罗三个国家从来就没消停过，三方一直是你抢我家地、我杀他家人、他夺你家城，打得像根麻花似的。每次的结果都一样，哪一方吃了亏、撑不住，就会跑到三方共同朝贡的老大——唐朝天子那里告状，可怜兮兮地请求老大出手制止对方的进攻。每当这时候，大唐皇帝都不会袖手旁观，总是会派遣人员带着消防车和灭火器跑到半岛上对着不依不饶的一方一顿猛浇狂喷，示威加军演一番后就把事态压下去。

唐太宗征伐高丽就是一个很好的例证，虽然最后没能如愿拿下平壤，但唐军摧枯拉朽、激昂澎湃的攻势把高丽王吓得眼珠子都差点掉了下来，从此再不敢跟长安叫板，猫着腰装起了孙子，老实了好些年。

但高丽人阴坏，他们自己很少在战场上动手，一直在背后给自己的盟友百济出主意，怂恿百济进攻新罗。高丽和百济共穿一条裤子，两家都死盯着新罗的大片土地，想灭掉它，然后把它的城池你一座我一座给分了。

贞观和永徽年间，新罗的两任国王都是女性——善德女王和真德女王姐妹俩。新罗老国王没有儿子，死后把王位传给了女儿。永徽初年，抵挡不住百济攻势的新罗女王真德向大唐求救。为了表示对唐王朝的忠心和虔诚，真德女王创作了一首二十行的五言长诗《太平颂》，并亲自操针刺绣，一笔一画地绣出了整整一百个方块汉字，派人千里迢迢地送到长安，敬献给大唐皇帝李治。

新罗每年都向长安进贡，这等于是在向唐老大缴纳保护费。当然，百济、高丽也是每年都不欠费。不过既然都是缴费用户，那唐老大就只能一碗水端平了。于是，当真德女王投诉百济不老实的时候，李治马上就做出了回应，拟了一道《与百济王义慈玺书》送给百济国王扶余义慈。这封玺书现在还一字不缺地保存在《全唐文》中。

在玺书中，李治像当年唐太宗警告高昌王麴文泰一样，以大国首脑的身份，用不容置疑的严厉口吻敦促百济"归所侵之城，若不奉诏，即自兴兵打取"。

李治可不是在恐吓百济王，而是在实实在在地警告他。如果扶余义慈拒绝执行诏令，唐军会随时出兵百济，把他们的国家给端了。唐朝在当时真的是一个巨无霸，狠得不得了。你还别不信，这里插叙一个能证明唐朝威力的小故事。贞观二十一年（一说二十二年），王玄策奉命出使天竺（今印度）。当时那块土地分为东、西、南、北、中五天竺。王玄策一行三十人到达天竺后，五个天竺国纷纷向大唐使节进献礼物，请求去长安朝贡。但这种中印人民友好的气氛很快就被中天竺的一个叫阿罗顺那的抢劫者给破坏了。他见唐朝使者收到那么多贵重的礼物，很是眼红，于是歹念一生，趁着中天竺国王突然死亡的时机，不但宣布自立，而且发兵把三十名唐使全部抓了起来，并"尽掠诸国贡物"。

阿罗顺那以为自己这次权财兼得，不料却栽在了王玄策手上。在阿罗顺那抓唐使的时候，机敏的王玄策只身逃脱。这位外交家跑到与天竺相邻的吐蕃后，随手写了一道征兵命令，要求吐蕃和泥婆罗（今尼泊尔）国王立即派兵随自己去攻打中天竺。

吐蕃和泥婆罗一点儿都不敢怠慢，马上征调了九千名精兵跟着王玄策去灭掉中天竺，活捉了抢劫犯阿罗顺那，并把他押到长安献俘。一个大唐的外交使节就能轻而易举地调动别国的武装部队，可见那时候的唐朝是多么强大！

高宗初年，唐军的战斗力还是很强的，灭掉百济这样一个只有四百万人的小国，根本不算一回事。所以李治才底气十足地命令百济王停止一切针对新罗的军事行动。

百济王此时若是意识到李治发出警告的严重性，立即休兵熄火，也就没事了，还可以继续在岛上吹海风吃海鲜，住在海景王宫里过自己的小康生活。但扶余义慈毫无自知之明，竟然无视大唐天子的警告，继续我行我素，丝毫没有停止对新罗的攻击。显庆五年（660年），百济在高丽的支持下，再次对新罗发动大规模的军事进攻，新罗国王遣使向唐廷告急乞援。唐廷震怒了，正式对百济宣战。

公元660年，李治诏令大将苏定方为神邱道行军大总管，率领十万大军，水陆两路并进，杀向百济。苏定方指挥唐军运兵舰船从今天的山东荣成出发，横渡黄海，笔直插向对岸的百济王国。

百济为了阻止唐军登陆，在熊津江（今韩国锦江）入海口一线部署了大量兵力。但百济军也只能欺负新罗军，与从战火中历练起来的唐军对阵，只有逃跑或者挨打的份。被无坚不摧的唐军一顿猛杀后，"百济死者数千人，余皆溃走"。

首战告捷后，苏定方命令唐军水陆齐进，陆军登岸追击敌军，扩大战果；水军则进入熊津江，溯江而上，扑向百济都城泗沘。

扶余义慈一看这阵势，顿时慌神了，赶紧实施全国总动员，调动全国所有力量在都城之下进行拼死抵抗。不过，百济军不是唐军的对手，扶余义慈更不是苏定方的对手。

苏定方在唐代名将中应该处于第一方阵，他战功显赫，一人灭掉了三个反唐的国家，并将这三个国家的国王全部活捉，百济王就是其中之一。苏定方的战绩虽然比不上李靖、李勣，但他以自己的战斗历程创造了唐代一个无人能够超越的"之最"——他是唐朝转战距离最长、作战空间跨度最大的一位将军。

东边，他打过朝鲜半岛；西边，他灭掉了西突厥，将唐朝的势力范围推进到今天的咸海和帕米尔高原以西。他的几个极东、极西的作战地点比中国现在版图上的东西距离还要远很多，他是把大唐的西部边界开拓得最远的人。这一时期也是唐朝国土面积最广的时期，总面积超过一千二百万平方公里。

像突厥那样强悍的游牧民族政权都被苏定方轻而易举地消灭了，百济这样的迷你国又怎能挡得住苏大将军的攻伐呢？双方一场大战过后，百济军全线崩溃，被唐军斩杀了一万多人。才干了两仗，百济三分之一的国防军就报销掉了。剩下的百济士兵一看，这仗没办法打了，赶紧的，继续跑吧！

其实士兵们还在抵抗的时候，百济国王扶余义慈就带着太子向北方猛跑，都城也不要了。很快，泗沘城就被唐军包围。当时守护都城的是扶余义慈的二儿子扶余泰。见父亲和哥哥都跑了，扶余泰想过回国王瘾，便宣布自立为王，并率众固守都城。

太子的儿子扶余文思尚在城中，他见叔叔这么做便寻思开了："王与太子皆在，而叔遽拥兵自王，借使能却唐兵，我父子必不全矣。"既然这样了，那自己也赶紧跑吧。于是扶余文思"与左右缒而出"，从城楼上垂下一根绳子，顺着绳索刺溜一下就和叔叔一个城内、一个城外了。

群众的眼睛是雪亮的，一座孤城怎能守得住？城内百姓见太子的儿子和他的亲信都出城投降唐军了，也都不愿在城里等死，个个都以太子的儿子为榜样，从城上垂绳而下。一时间，城墙上千绳竞垂，墙面上到处都是蜘蛛人，场面相当壮观。

扶余泰无法制止众人逾墙而出，无奈之下，只得主动开门投降。紧接着，北上逃命的扶余义慈和太子也不得不老老实实地到苏定方军营投案自首，请求宽恕饶命。

至此，百济就算灭亡了。唐朝在百济故地设置了五个都督府，将其纳入大唐版图。苏定方在打下百济都城后，就班师回国了，并一船带走了被俘虏的百济王扶余义慈及其他所有王室成员。为了安定百济的局势，唐军大将刘仁愿继续率军驻扎在泗沘城，以防这个地方出现死灰复燃的情况。

后来还真是出现万一了，而且这个万一给唐朝带来了不少麻烦，让百济又做了三年俯卧撑才彻底卧到地上撑起不起来了。

看着唐军主力回国，本来已经归顺唐军的百济王扶余义慈的堂弟扶余福信见泗沘城屯驻的唐军数量不多，便和一个叫道琛的和尚联手，在倭国（今日本）的支持下，把扶余义慈一个远在日本的儿子扶余丰迎回半岛立为国王，试图复国。

扶余丰为王之初，百济军依仗人多，包围了唐军驻守的泗沘城，希望能夺下故都。但刘仁愿凭城固守，百济军无计可施，只能在城外打转，后被渡海前来增援的唐军名将刘仁轨和新罗联军击溃，一仗就杀死了一万多名百济兵，成功解除了泗沘城之围。

因为不是一线当红将领，所以很多人不太熟悉刘仁轨。其实这位将军在中国历史上是一个具有划时代意义的人物，他是第一个把日本军队杀得片甲不留、哭爹喊娘的中国人。这事就发生在死灰复燃的百济时代。

刘仁轨到达百济后，和刘仁愿一起固守泗沘城。当时唐军在百济的驻军偏少，面对占据兵力优势的百济军,刘仁轨采取了深沟高垒的防守策略,不与百济军进行正面交战,而是在与对方的相持中等待出击时机。

军事形势对唐军十分不利,泗沘城是唐军在百济国内占据的一座孤城,其他郡城都响应扶余丰,站到了唐军的对立面。泗沘城就像大海中的一叶孤舟,陷入百济人的包围中。扶余丰和他的叔叔扶余福信以为唐军必定会迫于形势退兵回国,就气焰嚣张地派人不阴不阳地问刘仁轨:"大使等何时西还,当遣相送。"让这叔侄俩没想到的是,刘仁轨在周围都是敌人的泗沘城里和他们相抗了两年,这一对叔侄都起了内讧、开始火并了,他还岿然不动。

这支唐军像一把尖刀插在百济的心脏部位,一方面使扶余丰等人日夜不能安心,另一方面也为后来的援军一战击平百济提供了重要保证。如果刘仁轨此时退出百济,必有大量日本军队登陆朝鲜半岛,帮助百济攻击新罗、阻击唐军。而且那时唐军已经开始了对高丽的军事行动,因此,从战略上看,唐军守住了泗沘城,就避免了高丽和百济连成一体,阻止了两者之间的互相支持,为高丽战场上的唐军减轻了军事压力。

刘仁轨把这些问题看得特别清楚,所以,当李治以"一城不可独固"为由命他撤退到盟军新罗境内或者直接率军泛海回国时,他说泗沘城的军事意义重大,坚持不撤。精明的刘仁轨不撤军自有他不撤的道理,他很早就预料到扶余丰和扶余福信会产生内讧,说他们之间"表合内携,势不支久",鼓励手下的将士"坚守伺变以图之"。

果如其言,这两个扶余氏真干起来了。叔叔扶余福信想杀掉侄子,自己做国王,便假称自己生病,"欲俟丰问疾而杀之"。但是他的演技似乎不太行,侄子早就知道他是在钓鱼,便将计就计,带着一帮亲信以探病为名将叔叔杀死在病床上。

扶余丰除掉叔叔后,立即向高丽和日本请求军事支援。日本早就有染指朝鲜半岛的心思,接到扶余丰的鸡毛信后,在前期对百济已经有军队援助的情况下,再次派出四百多艘战船急赴百济参战。

在扶余福信被杀后,唐军决定对百济军发起总攻。李治命令孙仁师率领军队前去支援,此时他带着大量给养,正好乘船到达泗沘城。于是,刘仁愿、刘仁轨、孙仁师决定集中兵力,从水、陆两个方向攻打扶余丰所在的周留城。三人的具体分工是:刘仁愿和孙仁师从陆路进攻,刘仁轨率领唐、新水军战舰沿熊津江逆流而上,与陆军部队在周留城下会合,然后夹击城池。于是,一次对东北亚地区历史影响深远的偶遇出现了!

刘仁轨带着一百七十艘战舰和一万多名唐、新联军到达熊津江支流白江口时,与日本水军猝然相遇。这是公元663年八月二十七,一个值得中国人记住的日子。日本水军在见到唐军后,立刻不知高低地发起了冲锋,很快就吃了大亏。因为日本的造船技术很落后,驾驶的舰船跟他们的身高一样,十分低下。而唐军的战舰高大结实,士兵在舰船上居高临下地朝日军刺戳、放箭,轻松得就跟平时军事训练课上练习刺杀、射击一样,日军自然死伤惨重。

这场水战持续了十余天,日军虽然在人数和战舰上占有绝对优势,但由于舰船和武器装备、战术思想落后,被唐军揍得晕头转向,最终全军覆没。据日本史书记载,在最后一天,日舰指挥官竟愚蠢地命令所有舰船不顾一切地向船坚器利的唐军冲锋,结果被唐军的战舰像包饺子似的团团围在中间,完全失去了抵抗能力,想跑跑不出去,想打又够不着。在将日舰困成瓮中之鳖后,刘仁轨下令用火攻日军的船舰。无数支带着火苗的利箭不停地射向挤在一起的日舰,烈火熊熊之中,日军士兵烧死的、跳海淹死的、被唐军杀死的,不计其数。那场面,就像赤壁大战再现。《旧唐书·刘仁轨传》形容这次火烧日舰的情形时说:"烟焰涨天,海水皆赤。"

这一仗打完了,百济也就跟着玩完了。扶余丰见这么多援军都被唐军一次性消灭了,知道大势已去,跑到高丽过流亡生活去了。至此,立国六百八十年的老字号国家百济正式宣告灭亡。

白江口之战是唐朝给中古时代日本的一记响亮的耳光,这一巴掌把日本人甩得心惊肉跳,也把他们从自大自傲的无知状态打醒了。他们看出了自己与大唐之间的巨大差距,开始改变态度,对唐朝弯腰低头,以唐朝为师,不断从国内选派遣唐使到中国留学,学习中国的先进文化和政治制度等。自唐代以后的一千多年里,日本一直保持着这种极度虔诚的"崇洋"心理,对中国崇拜不已。现在在日本影响很大的报纸《朝日新闻》,其报头"朝日新闻"就是集的唐朝大书法家欧阳询的字。

白江口之战也是中国和日本发生的第一次战争。此役过后,日本势力彻底退出了朝鲜半岛,未敢再涉足半岛地区事务,直到九百多年后的1592年,日本野心家丰臣秀吉才第二次率兵攻占朝鲜,那次日本被明军打得夹着尾巴逃回去了。

收拾了百济后,唐廷的目光并没有从朝鲜半岛移开,而是继续寻找机会,准备打掉在半岛地区最不安分的高丽。机会很快就来了。在李治封禅泰山的那一年,高丽大权臣泉盖苏文(原名渊盖苏文,因避唐高祖李渊名讳,改为泉盖苏文)死了,他的大儿子泉男生接替了他的莫离支(宰相)职位。

爵位世袭是正常现象,但职位是不能世袭的,任何朝代都没有这规矩。高丽国的宰相死了,宰相的儿子却继续当宰相,照此模式,儿子的儿子、儿子的孙子以后岂不都是宰相了?这只能说明一个问题,当时高丽的朝政把持在泉盖苏文家族手中,真正的国王高藏则是有名无实的傀儡。

泉男生掌权后做的第一件事是"出巡诸城",他想下基层多了解一些情况,顺便让大家知道,现在俺爸不在了,俺是老大。当老大虽然很威风,当然也存在着很大的风险,因为太多人会眼红老大的幸福了。泉男生这个老大很快就被老二给废了,他的弟弟泉男建在他出城巡视后不久就夺了他的位置,当起了宰相。

这下泉男生傻了,他没想到一次临时出差会变成了永久开除,这下是有家难回了。弟弟当然巴不得他赶紧回去呢,所以派人以国王的名义召他回城。泉男生可一点也不傻,这时候回城不是拿头去喂铡刀吗?他当然不干。这可让泉男建找到借口了,便以不遵王命为由,发兵征讨他。为求保命,泉男生只得改变国籍,转身投靠了唐朝,派自己的儿子前往长安请求保护。

李治收到求救信后,大喜过望,立即派遣大将契苾何力火速增援泉男生,并命令庞同善、高侃两将率兵随后跟进,共同出击,正式吹响了平灭高丽的冲锋号角。唐军几乎没费什么力气就大破高丽军团,将泉男生从危境之中解救出来。李治对泉男生极尽优待,将他封为正二品高官。泉男生的出现,为唐朝灭掉高丽提供了一个极好的契机,因为他对高丽国了如指掌。

三个月后,唐军对高丽发起了致命攻击。这一次,李治请出了大唐的"镇国之宝"李勣,任命他为辽东战场总司令,统率契苾何力、薛仁贵、高侃、郭待封等名将,以泉男生为向导,开赴东方前线。

这次东征有别于以往的任何一次,唐军在高丽境内长驱直入,一路势如破竹,跟大扫除似的,仅用九个月的时间就马踏半岛,攻陷高丽全境。东征的细节不再多说,这里主要介绍一下在本次东征行动中表现最为抢眼的战场明星薛仁贵。

薛仁贵和高丽是分不开的,可以说,高丽成就了他的辉煌军功。民间广泛流传的小说《薛仁贵征东》讲的就是他东征高丽的故事。在此次平灭高丽之战中,薛仁贵的战绩遥遥领先,他在战场上的两次大胜使高丽军实力大减、士气大衰。

第一次胜利是在战役打响后不久。东征军主将之一高侃在与高丽军的一次对攻中失利,唐军在败退时被庞大的高丽军团紧追不舍。危急关头,薛仁贵瞅准时机,在高丽士兵全心全意追赶前面的唐军时,指挥自己的军队突然拦腰冲向高丽军,打高丽军一个措手不及,一战"斩首五万余级"。

战争进行到第三个月的时候,薛仁贵受命带着三千名士兵去攻打扶余城(今吉林四平)。让三千人作为前锋去攻城拔寨,简直无法让人产生自信:"诸将以其兵少,止之。"但薛仁贵力排众议,抛下一句兵"在善用,不在众"的话后,一马当先,带着三千精兵找高丽军拼刺刀去了。

这老兄真牛,带着三千人取得了两大骄人战绩:"杀万余人,拔其城。"攻占了扶余城后,他还乘胜追击,迫使扶余城周围的四十多座城池望风而降。怪不得朝廷派到前线观战的特使在回到长安后,斩钉截铁地对李治说出"薛仁贵勇冠三军"的评语。

其实这次东征高丽,李治本来是准备御驾亲征的,最后因为武则天的反对而不得不作罢。不过,像李治这样不懂军事的皇帝不御驾亲征最好,他要是真上了战场,只能是将士们的累赘。

战争,让女人走开;战场,让皇帝走开!

虽说战争让女人走开,但女人却能让自己的男人成为战争大片中的主角。高丽战场上的主角薛仁贵就是被女人推上战场的,而这个女人正是他的老婆。

说来也许很多人都不相信,这位战功赫赫的大将其实一直都没有参军的理想,他很满足于日出而作、日落而息的田园生活,三十多岁的时候他的身份还是"以田为业"的农民。因为一次偶然事件中他老婆偶然的一句话,薛仁贵才报名参军了。薛仁贵的老婆柳氏不是一般的家庭妇女,可以说是一个高级伯乐,就是她成功发掘出了当时还天天在家掘地的薛仁贵这个军事奇才。

事情的起因是薛仁贵想改葬自己的祖先。贞观末年,薛仁贵想把先人的坟墓迁埋到一个风水较好的地方。就是在这个时候,柳氏运用"一拍二推"的手法,把这个本来一心在地里刨食的老公说得热血沸腾,激情澎湃地参加了革命队伍。

当时唐太宗准备出兵攻打辽东,于是朝廷面向全国招募军士。柳氏很想让自己的老公去千里边防显身手,便对薛仁贵说:"夫有高世之材,要须遇时乃发。"毫无疑问,这一拍肯定是有效果的,不然柳氏也不会继续劝他说,当今天子为征辽东,求将若渴,这样好的机会,"君盍图功名以自显?富贵还乡,葬未晚"。

在老婆的鼓励下,薛仁贵报名参军,到了高丽战场,并且大显身手,在战场上脱颖而出,最终如他老婆所希望的那样:功成名就,富贵还乡。但这些都不是最重要的,最重要的是薛仁贵曾经救过李治的命。如果不是薛仁贵冒着生命危险叫皇帝快跑,那么发生在永徽年间的那场山洪绝对会把李治卷走的。

在这次征服高丽的战争时,有这么一个有趣的小插曲也是要说一说的。

考虑到朝鲜半岛的地理形势,唐军每次攻伐朝鲜,采用的战术都是海陆两军左右开弓的组合拳,这次也不例外。在陆军疾风暴雨般进攻的同时,唐将郭待封率领水军从海上直扑高丽都城平壤。为了保障水军的后勤供应,李勣特地派遣将军冯师本负责给水军运送粮食、武器等战略物资。可冯师本指挥的满载着粮食的运输补给船在海上遇险,致使舰船伤损,无法按照事先约定的时间到达郭待封部。

这可把郭待封急坏了,他的部队都是战斗兵员,只带有少量的粮草物资。原以为后方粮草能够及时补充,不想自己军中的粮食都吃光了,还看不到补给船的影子。他想写封信送给李总司令,叫总部火速送粮过来,但又怕信件在途中被高丽人截获,所以心情矛盾、举棋不定。

军中缺粮是军事机密,绝不能让敌人知晓。在吃不饱的情况下,只能以静制动,不然,几次高强度的战场冲锋后,整个军队就垮了。

郭待封左思右想,终于想出了一个很保险的方法,"作离合诗以与勣"。他在诗中隐晦地告诉李司令,这边缺粮了,没吃的了,快点送粮食来吧!

李勣接到诗后大怒。他负责指挥调度整个东征军,正忙得脚后跟打后脑勺呢,没想到在军情如此紧急之时,这个水军主将还有心思和自己玩小资情调,漂洋过海只为送来几句破诗,当时就气得不行:"军事方急,何以诗为?必斩之!"

其实,李勣的误会正是来自这种叫做"离合体"的诗歌样式。离合诗可称之为真正

八 马踏半岛

· 205 ·

的文字游戏,它根据汉字的上下、左右等结构特点,在诗句内拆开整字,取其一半,再与另一个字的一半拼成一个新字,先离后合,故称之。

李勣是个军事家,打仗是行家里手,对诗词却是一窍不通,哪能看得懂其中的玄妙机关?多亏了司令部的机要秘书元万顷,他看出了诗中的门道后为李勣解释了其中的含义,恍然大悟的李勣赶紧派遣舰船给郭待封送去了粮食和武器。这场情报风波差点让郭待封变成了"郭待斩",他真要是被李勣给斩了,岂不冤死了?

668年八月,李勣指挥唐军主力强渡鸭绿江,突破高丽的最后一道坚固防线,抵达高丽国都平壤城下,包围了平壤城。战斗过程没什么可说的,因为高丽军的精锐已经完全被摧毁了,守军的斗志和精神也都垮了,他们知道平壤必破,高丽已陷入绝境。

没有任何外部力量可以来救援平壤,国内军队全军覆没,曾经最铁的盟友百济早已灭国。而此时围困平壤的三国联军——唐军、新罗军和泉男生军,正在平壤城下跃跃欲试呢。

投降,只有投降。在坚持了一个月后,高丽国王高藏派泉男产举着白旗,带着政府高级官员前往东征军司令部,向李勣投降。

平定高丽后,李治下诏在其全境设置四十二个州、一百个县。为了稳定当地局势,又在其地驻兵两万,成立安东都护府,下辖九个都督府,以薛仁贵为高丽故地最高军事首长——安东都护府都护。

其实,百济、高丽这两个国家消失后,最大的受益者不是唐朝,而是新罗。因为唐朝是平壤的匆匆过客,只停留了很短的时间,仅过了八年,唐军就全部撤出平壤。而这次撤离不是什么战略转移或主动撤退,就是迫于无奈,不得不撤,因为新罗在捣乱。

原来,新罗国王对唐朝"吃独食"的行为十分不满,他觉得大唐应该将高丽和百济的土地分一点给新罗。唐高宗李治在对这件事情的处理上确实很不成功。

在攻打这两个国家时,新罗一直出粮出兵,积极配合唐军作战,连国王都亲自上场指挥了。但最后的胜利果实,新罗却连边都没沾上。于是新罗王便支持、怂恿高丽遗民反抗唐朝在平壤的统治,不断给唐军制造麻烦,同时自己也在高丽灭亡一年后与唐朝反目,率兵向唐朝发起进攻。

按说地广兵多的大唐搞定新罗这样的蕞尔小国是没什么难度的,但此时非同往日,强大的吐蕃王朝已经与唐朝短兵相接了。吐蕃来势凶猛,在唐朝西北边境攻城略地,如入无人之境。为形势所迫,唐朝廷不得不从东线向西北增兵,曾经多次征战半岛的薛仁贵、契苾何力、高侃、郭待封等人都被调往西北战场与吐蕃军队决战。即便是这样,在唐、吐冲突中,唐军也多半处于挨打的地位。来自吐蕃强大的军事压力使得唐军无暇腾出手来控制朝鲜半岛的局势,最终使得新罗将唐军逼出平壤,从而占领了百济全境和高丽故地南端,统一了朝鲜半岛。

从此,朝鲜半岛乱糟糟的三国时代正式结束,三个国家中实力最弱的新罗捡了个大便宜,成了半岛的统一之主。此后,朝鲜半岛几乎一直都只存在一个统一的国家。

最后,咱们再来说几句在这次击破高丽之战中居功至伟的总指挥李勣。平灭高丽,是既能做将军冲锋杀敌又能当元帅用兵帷幄的李勣送给大唐的最后一个大礼包。高丽之战结束后一年,这位在唐朝将星中熠熠生辉的传奇名将就去世了。在凌烟阁二十四功臣中,李勣是最后离世的。随着他的死去,曾经为唐朝创造了不朽功绩的二十四位文臣武将全部成了历史。

李勣是唐朝政坛上的一个奇迹,他历经李渊、李世民、李治三朝而巍然不倒,每一个在位的皇帝都对他青眼有加。这不仅与他确实能征善战、是国之栋梁有关,也和他高超的政治技巧有关。当年李世民打算发动玄武门政变时,面对李世民的试探,他保持中立;当李治想立武则天为皇后时,他看似无意却是有意地往武则天的锅灶里塞了一把柴,以"好汉不吃眼前亏"、"识时务者为俊杰"的态度,使自己避免了像长孙无忌、褚遂良那样的凄惨结局,最终荣华富贵一生,安然终老。

可以说,他是一个厚黑学的专家。但是这位政坛上的泥鳅在亲人面前的表现,却让人无法不为之动容。李勣有个姐姐,她有一次生病,身为朝廷宰相的李勣"亲为之煮粥"。可毕竟是饭来张口惯了,下厨熬稀饭这项业务对李勣来说相当生疏,一不小心,火苗把他的胡须都烧掉了。姐姐见一把年纪的弟弟如此狼狈,便心疼地嗔怪道:"仆妾幸多,何自苦如是!"而李勣的回答真的太让人感动了:"姊多疾,而勣且老,虽欲久为姊煮粥,其可得乎!"

大唐王朝没有忘记李勣的伟绩,在他去世九十年后,唐肃宗李亨从中国历史上挑选出了"十哲"名将配享武成王(即姜太公)庙。"十哲"之中,唐朝有两人上榜,分别是李勣和李靖。

九、扬州兵变

在说兵变之前,先得说说朝廷政变。因为从某种程度上说,兵变是由朝变引发的。

唐高宗李治死后,唐朝变成了武则天的天下。武则天的权力人生以李治去世为分界线,可分为前后两个阶段。前一阶段虽然也是她做主的时候居多,但毕竟是"二圣"时代,在有些事情上,李治也是可以做主的;后一阶段则完全变成了武则天的独角戏。

李治去世这一年,武则天办了三件让自己很高兴的大事,分别是废了一个皇帝、立了一个皇帝、平了一场兵变。

首先被废掉的是继李治之后登基的唐中宗李显。李显即位后自信心爆棚,觉得老子是天下第一了。刚改元没几天,他就把岳父韦玄贞从一个从八品的基层小官提拔为刺史。初出茅庐的李显似乎高兴得有点忘乎所以,忘记老妈的存在了。要知道在唐朝,只要是刺史,最低都是四品。

任人唯亲这事即使发生在今天，也不会让人感到多意外，朝廷其他官员即使嫉妒，也只能私下里长叹几声。可没过几天，李显又要给岳父提职，准备让他担任侍中，这可是进入正二品的宰相行列了。

宰相裴炎坚决反对皇帝的这项任命。李显见裴炎竟敢不执行自己的命令，气得大发雷霆，说："我以天下与韦玄贞，何不可！而惜侍中邪！"大家都听得出来，这只不过是年轻气盛的皇帝在自己的权威受到藐视的时候说的一句气话而已。其实这话要搁普通人身上，就是说得再严重点儿都不要紧。从李显嘴里说出来倒也不要紧，因为他是皇帝。可惜他偏偏是个做不了主的皇帝，所以说出这样的话就很要紧了。

很快，李显就尝到了祸从口出的厉害，他因为自己的这句气话失去了皇位，并付出了被软禁十五年的代价。在他说完这话不久后的一天，武则天调集羽林军控制了皇宫内殿，然后突然命人在朝堂上宣读皇太后诏令："废中宗为庐陵王。"李显听到这个诏令时，应该是惊讶得不敢相信。根据史料"扶下殿"的记载分析，李显当是被人强制性地从御座上拽起来押走的。

他当时肯定是懵了。这到底是怎么一回事啊？怎么事先一点征兆也没有啊？在被从御座上架起之后，他不满或者说不解地问母亲："我何罪？"武则天说："汝欲以天下与韦玄贞，何得无罪！"

其实根本无道理可讲，母子间的一问一答已让我们充分感受到了李显他妈的荒唐与霸道。这纯粹是欲加之罪，何患无辞嘛！仅仅因为一句不着调的气话就把一个皇帝给废了，还有王法吗？不过，跟武则天就别谈什么王法了，她就是大唐的王法，说你有罪就有罪，没罪也有罪。

李显就这么"被有罪"了。公元684年二月，才当了一个多月皇帝的李显在被剥夺了皇帝之位后，又被贬出都城，几经辗转，在房州（今湖北房县）提心吊胆地过了十几年，直到公元698年才再次回到长安。

本来有四个儿子的武则天，这时身边只剩下一个小儿子李旦了，于是李旦被立为皇帝。一切不能自己做主的皇帝都是纸皇帝，李旦就是个标准的纸皇帝。他没有任何权力，一切"政事决于太后"，李旦需要做的事很简单，就是按武则天说的办。

李旦这个皇帝当了还不如不当。自从成为皇帝后，武则天"居睿宗于别殿，不得有所预"。以前做亲王的时候，他还能自由活动，现在当了皇帝，反而处处不自由了。从武则天方面来说，肯定要加强对皇帝的监视和控制，不然万一他跑出去到处搞串联、拉关系，把自己放倒了怎么办？

虽然武则天在六年之后才以武周取代了李唐，但新旧《唐书》都将唐睿宗称帝的这几年放入了《则天皇后本纪》之中。《资治通鉴》同样如是，把唐高宗李治死后的这段时间的《唐纪》内容单列为《则天顺圣皇后》。其实在大家看来，此时的历史已经进入了"则天朝"——尽管武则天还没有称帝。

李旦这个人一生谨小慎微,在武则天面前的唯唯诺诺与老爸李治、老哥李显比起来,是有过之而无不及。不过,碰上这么一个强势的老妈,他也只能学乖装孬,以儿子的身份做孙子的事情,不然就跟他的两个哥哥一样死于非命了。在李旦碌碌无为的人生中,除了有李隆基这样一个声名显赫的儿子外,就没什么能在唐朝皇帝中排得上号的了。如果非说不可的话,还有一项——他是唐朝皇帝中更改名字最多的一位。

李治和李旦父子就这样一直生活在武则天的威权之下。如果将武则天比作一个皮影戏爱好者,在李治时代,她还是犹抱琵琶半遮面地躲在台后,把着李治的手操纵着他;而到了李旦时代,武则天已毫无顾忌地甩掉皮影,直接站到台上表演真人秀了。

随着武则天的高调亮相,武家势力在朝廷迅速坐大,武元庆之子武三思、武元爽之子武承嗣皆官居宰相,加上其他武姓宗族成员,朝廷中出现了"武起李伏"的情况。武家成员有武则天做靠山,个个趾高气扬,而李唐皇室成员则"人人自危,众心忧愤"。

此时的武则天大概已经生出当皇帝的念头,只不过时机尚未成熟,要想革命成功,还需要运作和预热一些时日。而以武承嗣、武三思为首的诸武集团也在积极为武则天出谋划策,劝姑妈"去唐家子孙,诛大臣不附者",对一切阻挡她称霸天下者格杀勿论。

一时间,凡是让武家人盯上的,凡是亲近李唐宗室的朝廷官员纷纷遭到打压,被贬谪、流放、降职的人不计其数。扬州兵变的六位发起人就是在这种政治环境下抱团起事的。没想到,一场规模巨大的兵变竟源于一次偶然的相遇。

兵变的主角是李勣的长孙徐敬业。徐敬业是一个"官三代"。他老爸死得比他爷爷还早,作为长子的长子,在李勣死后,徐敬业很幸运地继承了李勣的英国公爵位。

徐敬业当时还叫李敬业。徐敬业在扬州起兵后,武则天不仅下诏削去了徐敬业的父亲李震和爷爷李勣的所有官职、爵位,还把死于十五年前的李勣的坟墓挖开,毁坏这位名将的尸体。公元684年,官场失意的徐敬业和弟弟徐敬猷在扬州遇到了另外四个官场失意人的骆宾王、魏思温、唐之奇、杜求仁,这六个哥们儿虽然年龄、职位各不相同,却有一个共同点:都是遭贬谪之人,都被朝廷打击过。

不过,也不能因为他们被朝廷处理过就断定他们一定是坏分子。政治历来都不纯粹,中间掺杂着统治阶级的主观情感。六个有共同语言的天涯沦落人聚在一起,肯定对朝廷有这样那样的不满和意见,肯定有发不完的牢骚、叹不完的气。让人没想到的是,他们在相遇相商后竟然达成了一致:推举徐敬业为首,起兵谋反。

这完全是一次随机造反,跟现在的流窜作案性质差不多。徐敬业这六个人事前没有串联、没有计划,更没有人想过要造反,他们是十足的临时起意,决定造反比现在几个朋友在酒吧里决定双休日去哪儿郊游还简单!

制定好计划后,大家开始为实施计划想点子。魏思温的点子最多,他设计了一个两步走的谋反步骤:先演双簧,再撒谎。

魏思温先找到自己的死党监察御史薛仲璋,让他向朝廷提出请求到扬州出差。这个薛仲璋可是有背景的人物,他是当朝宰相裴炎的外甥。只要有背景,什么样的风景看不到?宰相的外甥想公费旅游一次,这能叫事儿吗?朝廷很快就批准了他的请求。

薛仲璋以监察御史的身份到达扬州后,与六个人提前安排好了双簧戏的内容。当薛仲璋假模假样地在公开场合巡视时,魏思温安排的一个托儿向他举报说:有人要谋反!不过他举报的对象不是想谋反的徐敬业一伙人,而是根本没想谋反的扬州大都督府长史陈敬之。薛仲璋早就准备好了捆人的绳子,马上一脸凛然、一副高度负责的态度将陈敬之逮捕下狱,没几天就把他杀了。

过了几天,徐敬业来到大都督府,说自己受朝廷委派,来主持都督府军事工作。他还说自己接到皇帝密旨,命令他发兵南下讨伐聚众谋反的高州酋长冯子猷。高州在今天的广东境内,离扬州远着呢。徐敬业要的就是这个远,胡扯的事情当然是越远越没法对证。该扯的谎扯了,该演的戏演了,该杀的人杀了,他们觉得是时候该反了。于是徐敬业正式在扬州起兵,宣布讨伐武则天。徐敬业在起兵之初做的两件事,一下子就帮他打开了工作局面。

第一件是制定了正确的行动纲领——匡复庐陵王。这个行动纲领特别高尚,特别纯净,也特别光明正大。他首先向大家表明了,他不是为了个人恩怨才起兵伐武的,而是因为不满前任皇帝无端遭到废黜!他要做赴汤蹈火的李唐忠臣,推翻牝鸡司晨的武太后,光复李家皇位!

这个理由简直太充分了,被废黜皇位的唐中宗李显此时正与后来的韦皇后在房州被监视着呢。李唐皇室在社会中是很有威望的,民间普遍对武则天弄权很反感,非常同情李唐皇子的遭遇。根据史料上的记载,唐朝民众对李唐皇室的感情是真挚而持久的。公元698年,为了迎击入侵河北的后突厥,已经称帝八年的武则天下令在全国招募军士。但过了一个多月,报名参军的还不到一千人。而当武则天任命太子李显为讨伐突厥大元帅时,招兵形势突然发生了令人意想不到的变化:"及闻太子为帅,应募者云集,未几,数盈五万。"这事让武则天不由得发出一声叹息。

这就是人气,这就是李唐王室品牌的号召力,不服不行。所以,当徐敬业将"反武拥李"这面大旗举起来后,十天时间就呼啦啦聚来了十几万士兵,这些人都是冲着徐敬业喊的政治口号来的。

他做的第二件事情更牛——让一个超牛的书生写了一篇超牛的文章!超牛的书生就是"初唐四杰"之一的骆宾王,而这篇超牛的文章就是名垂千古的《代李敬业传檄天下文》,又名《讨武曌檄》。

骆才子的这篇战斗檄文把武则天刻画得面目可憎,将徐敬业描绘成社稷忠臣。那些看过檄文的民众甚至觉得,要是不加入拥徐反武的队伍,就不是一个有良心、有正义感的好公民。从文字上看,《讨武曌檄》写得大气磅礴、激情澎湃,读之令人觉得热血沸腾。檄文中把武则天骂得体无完肤,说她"洎乎晚节,秽乱春宫","杀姊屠兄,弑君鸩母"，"包藏祸心，窥窃神器"……好家伙，这女人几乎被骆宾王说成了一个"全才"，她集欲女、野心家、杀人惯犯等人间顶级大恶于一身。这样看来，她确实"神人之所同疾，天地之所不容"，人人得而诛之！

最妙的应该算檄文的最后一句："试观今日之域中，竟是谁家之天下！"作者用一种不满不平的口气登高疾呼：这天下到底是姓李还是姓武？其实他这也是在愤懑抗议：这天下已经完全变成武家的天下了！话外之音很明显：大家应当谴责她，群起推翻她。

武则天在看到这篇檄文后没有说别的，而是像记者一样问身边的人："谁所为？"得知这是骆宾王的手笔时，武则天没有咬牙切齿地破口大骂，反而很惋惜地感叹道："宰相之过也。人有如此才，而使之流落不偶乎！"

武则天的确不是一个简单的女流之辈，当她看到这篇檄文时，徐敬业的十几万讨伐大军已经在东南方向风卷残云般攻城拔寨了。而她不但没有心慌意乱，还真心实意地为反叛者的绝世文采拍案叫好，为宰相没有发现这样的才子而深感不满！这份从容和淡定让多少须眉自愧不如！

《讨武曌檄》是中国历史上知名度最高的战斗檄文，没有"之一"。檄文不见得写的都是真人真事，应该是在尊重事实的前提下，进行了一些艺术加工。就像武曌没有《讨武曌檄》中写的那么不堪一样，徐敬业更没有檄文中说的那么崇高伟大。他其实就是一个智商平平的官宦子弟，虽然说不上纨绔，但身上还是带有太多富家子弟的特征：盲目自大、刚愎自用、头脑容易发热、目光相当短浅。如果不是这样的话，他这次起兵也不会那样迅速地失败了。

其实，徐敬业选择扬州作为起事地点是很合适的。扬州的地理位置非常好，长江和京杭大运河在这里交汇，交通四通八达。这里一直是唐朝东南方的重要军事基地，早在李渊时期，朝廷就在这里设置了扬州大都督府。武德初年，河间王李孝恭平定了扬州西边的辅公祐叛乱后，就被李渊任命为扬州大都督。目的不言而喻，希望这位大唐宗室名将坐镇扬州，震慑东南方的不安分势力。

请不要把扬州城里的大都督府混同于都督府。大都督府的最高军事长官叫大都督，根据唐制，"总十州者为大都督"，所以，一个大都督能调动指挥十州的兵马，统管十名都督，相当于现在的大军区司令，而都督只是军分区司令。当时担任扬州大都督这个重要职位的都是李唐宗室成员，李世民的爱子李泰在最受宠的时候就被李世民封为"遥领扬州大都督"。所谓"遥领"就是人在长安，不需要亲自到扬州赴任，可以隔空处理那里的军事事务，也可以派个代理人过去主持工作。

徐敬业造反那时候，扬州大都督之位还空缺着呢，因为武家子孙多是平庸之辈，而武则天又不愿意让这个重要职位落到李家人手中。当时主持扬州大都督府全面工作的就是被徐敬业杀掉的大都督府长史陈敬之。

另外，扬州东临大海，徐敬业在这个地方谋事可谓占据了地利，不用担心东边会出

九　扬州兵变

现征剿自己的朝廷军队;而扬州之南就是长江天险,这个方向一时半会也不可能出现追堵自己的力量。再者,扬州距唐朝的两个政治中心都很遥远,离长安有两千七百里,到洛阳也有一千八百里。这么长的距离足以让朝廷消息滞后,所以,如果徐敬业指挥十几万士气高涨的军士一路向西,快速冲向大唐的政治心脏洛阳,这场兵变可能会有另外一个结果。

然而,徐敬业的行动让我们看清了这个贵族子弟的头脑和目光,他在胜利还没到来的时候,就被自己预支的胜利把头脑冲昏了。徐敬业没有想到,自己的振臂一呼竟引来了数以十万计的追随者,他的心态发生了一些微妙的变化。也许当初几个人密谋兵变时,他确实产生过帮助李显复位的想法,但见队伍发展如此之快后,便生出了单起炉灶的念头,想在南方另立一个朝廷,落户扬州。

他的军师魏思温早就给他画好了正确的进攻路线图:率军渡过淮河,一路向西疾进,围攻东都洛阳,逼迫武则天交出权力,还政于庐陵王李显。魏思温对徐敬业说,你既然以恢复李家皇权为口号,就应该大张旗鼓地挥军直趋洛阳,这样会得到更多人的支持,"天下知公志在勤王,四面响应矣"。

但薛仲璋建议先南下攻取常州、润州,以此作为根据地,然后再北上以图中原。薛仲璋和徐敬业想到一块儿去了。他们之所以偏向南下,是因为看上了金陵(今江苏南京)那块宝地,觉得那里王气很足,又有长江作为屏障,特别适合作为都城。

魏思温当然坚决反对他们这种庄稼还没种到地里就想着怎么分粮卖粮的不切实际的想法。他苦口婆心地劝徐敬业北上洛阳,说山东豪杰大多对武氏愤懑不平,听说英国公举事,"皆自蒸麦饭为粮,伸锄为兵,以俟南军之至"。魏思温这话说得有点吹牛了。当时是有不少人支持他们,但还没有到"箪食壶浆,以迎王师"的地步。

最终,徐敬业还是没听魏思温的建议。野心膨胀的徐敬业舍魏就薛,他命令大军火速南下,攻打润州。魏思温见徐敬业执意如此,便失望地对同党杜求仁说出了自己的预言:"敬业不并力渡淮,收山东之众以取洛阳,败在眼中矣!"

徐敬业的行为不得不让人想起了杨玄感,他似乎是全盘拷贝了杨玄感当年的模式。谋士给主将指出了一条正确的道路,但主将偏要反其道而行之,最终出现快速崩盘也是在意料之中的。

崩盘之前,徐敬业有过一段短暂的欣喜,因为他攻打润州城时相当顺利。润州是今天的江苏镇江,离扬州只有五十里,徐敬业带着那么多人马扑过去,很快就把小小的润州给端了。有意思的是,润州刺史李思文正是徐敬业的叔父。这位叔叔和侄儿的立场不同,他坚决拥护朝廷。在得知徐敬业叛变后,他"先遣使间道上变"。

徐敬业攻下润州后,恨恨地对被俘虏的叔父说:"叔党于武氏,宜改姓武。"这事更有意思,改姓的事经常见,但晚辈改长辈姓氏的,倒还真没见过。这事让武则天觉得很新鲜,在徐敬业兵败后,武则天对李思文说:"敬业改卿姓武,朕今不复夺也。"

也不知道李思文听到这话后是否开心,这可相当于是皇帝赐姓了。武则天当政期间,武姓很吃香,唐朝所有姓武的都沾了这个姓氏的便宜。武则天曾经宣布:全国所有姓武的都不用向朝廷交纳赋税。

有想钱想疯的,有想权想疯的。徐敬业属于后者。他的权力野心就像野草一样疯长,他迫切想在南方自立为王,过把皇帝瘾。

谁不想做皇帝呀?但有些愿望注定是不可能实现的,灰太狼想吃到喜羊羊,怪兽想打败一次奥特曼,妖怪想吃上一口唐僧肉……这都是不可能实现的。历史证明,百分之九十九以上想做皇帝的人,最后的结局只有一种——死。徐敬业也不例外。

扬州兵变爆发后,武则天任命李孝逸为元帅,率领三十万大军去南方捉拿徐敬业。这李孝逸可不是一般人,来头很大,论辈分,他是李治的堂叔,也就是庐陵王李显的爷爷。武则天派根本不会打仗的李孝逸担任平叛总指挥,是有很深的政治用意。徐敬业提出的口号是匡复庐陵王,李孝逸出马就等于堵住了徐敬业的嘴巴,并且让天下人都知道,徐敬业是打着李家的招牌犯上作乱!要不,李孝逸怎么会被气得都亲自领兵去剿杀反贼了呢?主帅不会打仗没关系,还给他配有会打仗的副将呢。最重要的是,在这次的东征军团中有个人很会打仗,他就是魏元忠。

魏元忠也是唐初名人,这次被武则天任命为监军。监军一般都由皇帝最信任的人担任,是代表皇帝监督军队最高统帅的人,为的是防止军队领导变心眼、生二心,做出什么对朝廷不利之事。初唐时期的监军还是起到了一定的积极作用的。武则天这次能够成功收拾掉徐敬业,监军魏元忠就有很大的功劳。但到中唐以后,皇帝总是派遣宦官去充当监军,这些宦官经常拿着鸡毛当令箭,把军队搞得一塌糊涂、不可收拾。

李孝逸率领的三十万政府军经过十几天的急行军,抵达了淮河沿线。徐敬业在得知朝廷军队开始东进后,也做好了一切战斗部署。他将军队主力分成三支,一支由弟弟徐敬猷率领北上,进驻淮阴(今江苏淮阴);一支由部将韦超统率向西进发,屯扎在都梁山(今江苏盱眙);而他则带着精锐部众,在今天的高邮湖的支流一个叫阿溪的地方严阵以待。徐敬业排了一个三角形的军阵,前面的两支军队紧贴淮河。他希望能够拒敌于门外,希望弟弟和韦超变成自己的两个拳头,将远道而来的政府军打散打残。

李孝逸到达前线后立刻就和徐军交上了火,政府军首战不利,损兵折将。李孝逸害怕了,磨蹭着不敢再挥军向前。关键时候魏元忠发挥作用了,他做起了李孝逸的思想工作,说你带着大军盘桓不前,会让很多人失望的,"万一朝廷更命它将以代将军,将军何辞以逃逗挠之罪乎"。这话说到了李孝逸的命门上,别人失不失望他无所谓,他害怕的是武则天对他失望,因为她的失望意味着他的绝望。

武则天不放心李孝逸,在久久得不到前方传来的战场捷报后,她又命令大将黑齿常之率军开赴东南前线增援。这下李孝逸更害怕了,要是被后来的黑齿常之抢了头功,自己逗留不前、延误军机之罪怕是脱不了。于是他赶紧命令士兵突击,猛攻徐军。

九　扬州兵变

就这么一冲,还真赢了,唐军不仅把徐军打得稀里哗啦的,还斩杀了对方的一名大将。这次胜利给了李孝逸信心,他开始组织大家商量怎么打掉挡在自己对面的敌人。在战前碰头会上,所有将领一致提出,都梁山的敌人不能打。他们认为韦超占据着有利地形,如果强攻,己方必将出现重大伤亡,且己方的骑兵在山地也无法展开进攻。所以诸将建议,留下一部分兵力牵制都梁山的敌人,然后"大军直趣江都,覆其巢穴"。

这似乎是一个不错的点子,毫不犹豫地甩掉路上的障碍,指挥主力部队直接杀向徐敬业的老窝扬州城。魏元忠却坚决不同意这个作战方案,他认为应该先行攻击徐敬猷的阵地。但其他将领都讲先攻徐敬业好,说:"敬业败,则敬猷不战自擒矣。若击敬猷,则敬业引兵救之,是腹背受敌也。"

这当口,魏元忠依然坚持己见,一人舌战群将。他从正反两个方面分析了必须先打徐敬猷、后攻徐敬业的道理。魏元忠说,"贼之精兵"都集中在徐敬业一处,如果先打叛军大本营,必将遭到对方破釜沉舟似的激烈反击,"万一失利,大事去矣"。

他的分析是有道理的。徐敬业所在的高邮是护卫扬州的北大门,对徐军来说,高邮之战不能失败,只能胜利。所以,徐军肯定会拼死一搏。因此,对这样的军队发起攻击是会造成重大伤亡的。假如政府军和徐军在高邮开战,政府军是伤不起的。几十万人的混战,如果落败必定一败涂地,大伙纷纷逃命,很难有组织再战的机会。另外,如果政府军与徐敬业部决战,徐敬猷、韦超突然包抄上来,那浩浩荡荡的三十万人岂不是要被叛军包饺子了?

如此看来,徐老大确实不该打。但对于徐敬猷,魏元忠觉得绝对该打,他提出了三条该打的原因:一是统帅无能,二是士兵羸弱,三是对方主力来不及救援。魏元忠说徐敬猷"出于博徒,不习军事","其众单弱,人情易摇",这样一支兵力单薄、战斗力薄弱的乌合之众必定一击必溃,"大军临之,驻马可克"。

魏元忠真是个全才。身为一名文官,他却能把战场形势分析得头头是道,简直比武将还武将。对于武将们要把首攻目标放到徐敬业身上的想法,魏元忠的看法是:"今不先取弱者而遽攻其强,非计也。"

李孝逸很识时务地听从了魏元忠的建议,决定先捏软柿子。他马上率重兵攻打徐敬猷和韦超,用集结优势兵力、各个击破的方法先后打垮了徐军的这两支前锋部队。

灭掉徐敬猷和韦超两军后,政府军全线压向徐敬业驻守的下阿溪,与徐敬业隔溪而对。徐敬业以下阿溪作为天然防线,派精兵沿溪岸阻击政府军。

魏元忠估计得果然没错,徐敬业这个阵地上的士卒十分悍猛,给渡溪而战的政府军造成了不小的伤亡。交战初期,政府军完全处于下风,多次强渡下阿溪皆被重创而回,连后军司令苏孝祥都在渡溪之战中阵亡了。苏孝祥当时带着五千人悄悄乘船,本想趁着黑夜偷偷摸到对岸,结果被徐军发现,纵兵大击,"士卒赴溪溺死者过半",主将苏孝祥与徐军大战几番后当场阵亡。

这种连败之势又让李孝逸害怕了，"孝逸惧，欲引退"。李孝逸当时带着三十万大军，其兵力可比徐敬业多了一倍还带拐弯，仅仅因为几次小规模交战的失利，就打算拍屁股走人。他也不用脑子过一下自己的行为，就算他能安全无虞地跑回洛阳，武则天会让他这个败军之帅安全无虞吗？

就在李孝逸打退堂鼓的时候，魏元忠又给他出了个好主意：用火攻。当时正值冬季，下阿溪一带遍地生长的芦苇已全部干枯，而政府军恰好处于徐军的上风头，此时用火烧叛军自然是再好不过的办法了。

李孝逸也觉得放火这主意挺好，便命令士兵多备火种，准备冲到对岸去杀人放火。一切收拾妥当后，政府军全线出击，杀向徐敬业。徐军士兵由于连日作战，精神和身体都已经相当疲惫，在政府军大规模的冲锋下，很快处于劣势。就在徐敬业打算重新排兵布阵的时候，几十万政府军突然间全部变成了"纵火犯"，他们在干枯的芦苇丛中放起火来。这是徐敬业绝对没想到的事情，不然他也不会一点防火意识都没有。从芦苇开始燃烧的那一刻起，徐敬业的败局便已经无法挽回了。

干枯的芦苇多好烧呀，见火就着，再加上有大风的助燃，刹那间大火就吞没了徐军的整个战场，芦海变成了火海。水边的芦苇滩上，有人哭，有人叫，当然，也有人笑的。政府军的将士们都在笑着祈祷：让大火烧得更猛烈些吧！

战场根本不用打扫，一切让火做主了，该烧的不该烧的全都烧成了灰烬。徐敬业的军队彻底溃败，七千多人被当场斩杀，其他被烧死的、淹死的"不可胜纪"。

兵败后的徐敬业在李孝逸的跟踪追击下开始了逃亡生涯，他和弟弟一起带着一部分士兵保护着妻子儿女从扬州跑到润州，然后又狂奔到海陵（今江苏泰州），准备从海路逃往高丽。但叛军首领沦落到这个地步，想活命是不可能的。跟很多兵败后遭到部下斩杀的首领一样，徐敬业最后也被跟着他逃命的那些看不到前途和希望的部下杀死了。他的部将王那相组织哗变的士兵，将徐敬业和徐敬猷斩首，然后把他们的头颅送到了洛阳。徐敬业的头还是很值钱的，扬州兵变爆发后，武则天曾向全国发出悬赏："购得敬业首，授官三品，赏帛五千"。

从九月下旬开始到十一月中旬结束，开门试营业还不到两个月，徐敬业发动的扬州兵变就关门大吉、烟消云散了。其实，这就是一群糊涂的人稀里糊涂发动的一场糊里糊涂的兵变，成功的可能性微乎其微。分析一下扬州兵变的整个过程，可以发现至少有三个原因注定它必然会以失败而告终。

第一是兵变的前进方向和兵变之初提出的政治纲领脱节。徐敬业起兵时提出的政治纲领是"匡复庐陵王"，可他后来的实际行动却与口号背道而驰。他要是真心想辅佐庐陵王复位，应该挥军北上，怎么反而掉头南下了呢？这种"打着红旗反红旗"的做法让人看到了他的真实意图——分裂朝廷，自己称帝。魏思温在徐敬业决定南下时就准确地预测出了他的结局："自谋巢穴，远近闻之，其谁不解体！"

九 扬州兵变

这种做法的确很短视，也很愚蠢。看见徐敬业这样做，本来有心支持他的民众都把他当成了过街老鼠，扬州附近州县对攻城的徐军进行激烈反击，就是最好的证据。后来，朝廷大臣、著名诗人陈子昂对徐敬业兵变之所以形不成气候的分析就很到位："百姓思安久矣，故扬州构逆，殆不五旬，而海内晏然，纤尘不动。"

第二是因为当时的社会大环境不具备起兵的条件。当时唐朝的社会环境相对比较安定，人民的生活还算过得去。民间虽然也时有小暴动发生，但没有出现大规模的民变，说明群众整体上对朝廷是认可的，这就决定了民众对徐敬业昭然若揭的不臣之心必然会产生反感。而任何没有民众基础的暴动、兵变，都是不可能成功的。所以，缺乏群众支持的徐敬业是无根之木、无源之水，只能等着烂、等着干。

另外，从政治环境来看，当时武则天虽然已经临朝称制，但还没有称帝，大唐天下名义上还是李家的。因此，许多不了解朝政内幕的中下级官员对朝廷还很忠诚。比如在苏孝祥阵亡的那场偷袭战中，朝廷中级军官成三朗被俘后的表现就很能说明这一点。当时唐之奇为了鼓舞军队士气，故意对大家说在战场上生擒了政府军的最高统帅，指着成三朗对部众说："此李孝逸也！"军士们听说抓住了敌人的最高领导，都欢呼雀跃。但成三朗在即将被处斩之际大声澄清说，他只是一名普通的军官，并不是李孝逸，而且视死如归地对徐军将士说："我死，妻子受荣；尔死，妻子籍没，尔终不及我也！"

而对朝廷中的高级官员们来说，武则天独断朝纲已经不是一年两年的事了，大家早就接受现实了。同时，武则天主政最黑暗的时期还没有到来，可怕的告密、酷吏和大屠杀还没有开始，因此，在高级官员中，对武则天十分反感的人也为数不多。在这种情况下，即使徐敬业直接北上打到了洛阳城下，如果没有朝廷大臣们的逼宫，想让武则天交出权力也是不太现实的。

第三个方面的问题来自徐敬业自身条件的局限性。简单地说，就是当时的徐敬业有"两个没有"：一没有大将，二没有威望。

打仗的核心资源就是将领，有高水平的将领才有可能取得胜利。士兵只知道跟谁打、打哪里，影响战争胜负的怎么打、什么时候打、用什么方法打则取决于指挥士兵的将领。但徐敬业手下没有一个高水平的将领，带兵打仗的就那几个决定造反的人。这些人以前都是七八品的小官，没有一点指挥大军作战的经验，打仗对他们来说只能是摸着石头过河了。

徐敬业一直把他的弟弟当成方面军的主将，可这个徐敬猷哪里是打仗的料？兵变之初，徐敬业命他带着五千人沿长江向西挺进，去与江苏相邻的安徽发展地盘。但他这些全副武装的正规军，竟因一个退休的弘文馆学士"帅乡里数百人拒之"而进退维艰。几百个团练乡勇就把五千正规军困得动弹不得，徐敬猷能当指挥几万人进行大兵团作战的首长吗？

徐敬业本人虽然比他的弟弟能干点，但也是个只会"仰望星空"却不知道"脚踏实地"的公子哥,不能准确地掂量自己的斤两。像他这样缺少威望和号召力的人起兵造反,明摆着干的就是鸡蛋碰石头的事。

一般情况下,要想发动兵变,自己必须是手里有枪有兵的军方将领,再加上几个有资历的哥们儿帮衬,推的推,拉的拉,成功的几率才会比较大。而没有一点军方背景,没有一天从军经历,在朝廷官员中的威望值接近于零的徐敬业,怎么可能兵变成功?!还好武则天派来打他的是李孝逸,如果一开始上来的就是黑齿常之,只怕徐敬业早就被打趴下了,哪能撑五十天!

其实,扬州兵败留给后世最大的悬念是骆宾王的去向。关于他的结局,流传着有两种说法:一说他与徐敬业一起被王那相杀死了;一说他流落江湖,不知所踪。《资治通鉴》说:"其将王那相斩敬业、敬猷及骆宾王首来降。"但更多的史料记载骆宾王趁乱脱身,从此隐姓埋名、浪迹天涯,今天的民间故事中还有很多关于这位才子的传说。

但是,也仅仅只是传说。

十、裴炎之死

裴炎是唐高宗钦定的唯一的托孤大臣,但因为他在唐朝政坛展露手脚的时间很短,一无多大政绩,二无多少知名度,所以他并不是一个非常重要的人物。不过,他是李治死后,被武则天杀掉的第一个朝廷高级官员。通过他的死我们可以看到,武则天的心态已经发生了明显变化。他的死,可以说是武则天执政思想发生变化的分水岭。裴炎被杀,标志着唐朝正式进入最恐怖的黑暗统治时期。紧接着,让人不寒而栗的告密风潮和酷吏暴政随之而来。

裴炎是个标准的文化人,年轻时他好好学习、天天向上,在别的同学都去郊游旅行时,他孜孜不倦地"读书不废",然后一帆风顺地考中进士、踏入政坛,成唐中宗李显的重要辅臣。在李治驾崩当晚,裴炎被召到病榻前,"受遗诏辅政"。李显即位后,裴炎便以顾命大臣的身份就任位高权重的中书令一职,从此进入朝廷的权力中枢系统。

不过,李治识人的功夫可比他老子差远了。他爸临终前给他找的长孙无忌和褚遂良,对他可谓忠心耿耿、死而后已。同样是托孤大臣,裴炎的表现与上面两位比起来,差距相当大,他辅政不到两个月就走上了与唐中宗决裂的道路。

原因是李显觉得自己当皇帝了,可以为所欲为了。他不但要提拔自己的岳父当宰相,还"欲授乳母之子五品官"。这两件事都遭到了裴炎的强烈反对,李显被气得暴怒,说出了要把天下送给岳父的话。

裴炎见皇帝怒气冲天,担心他报复自己,便向皇太后武则天打了个小报告。当时这两人一个有锅要补,一个要补锅,于是合谋废黜了李显的皇帝之位。虽然在废黜中宗的问题上两人态度一致,合作愉快,但一个以抓权为乐事的皇太后和一个前朝的托孤老臣,自然不完全是一条心,自然会成为政治对手。事实上,在武则天主政后,裴炎对她并没有唯命是从,而是站在维护李唐利益的立场上,和武则天针锋对立。

睿宗李旦成了武则天的"掌中宝"后,她特别想办的一件事是"立武氏七庙",追尊自己的祖先。可是西周的老祖宗早就按照身份等级定好了宗庙规矩:天子七庙,诸侯五庙,大夫三庙,士一庙。这个绝对不能乱,乱了是要出大乱子的。非帝王之家而建七庙,这在古代是大逆不道的行为。哪个臣下敢干这样的事,结果只有一种:灭族。武则天的行为太离经叛道了。根据规定,皇后之家享受诸侯王之家的宗庙待遇,最多只能建立五庙,建七庙是严重违法的。

作为李家的忠实粉丝,裴炎当然不会同意,他说:"太后母临天下,当示至公,不可私于所亲。独不见吕氏之败乎!"这个批评相当严重,武则天对裴炎恨得牙根痒痒,"裴炎由是得罪"。

由于裴炎的强烈反对,武则天建七庙的想法泡汤了,只好委屈地在自己的老家文水(今山西文水)建了五庙。但这笔账,武则天给裴炎记下了。

扬州兵变之后,又发生了一件让武则天更生气的事情。在东南方刚闹出一点儿动静时,武则天的两个侄子武承嗣和武三思十分害怕李姓亲王趁机而动,便在姑妈面前煽风点火,叫武则天找个借口把皇室中最德高望重的韩王李元嘉和鲁王李灵夔杀掉,以防万一。这两位亲王都是李渊的儿子,辈分很高,特别是李元嘉。在李治死后,为了稳住这位长辈亲王,武则天做的最迅速的一件事情不是料理李治的身后之事,而是给以李元嘉为首的一帮李姓亲王升官。

如果此时能够借机杀掉他们,武则天当然是求之不得,于是她马上召集一班重臣前来商议此事。大家一听这事,个个都跟哑巴似的。虽然众人都觉得李家亲王不应被杀,但慑于皇太后的威权,谁也不敢站出来表示反对。这时,又是裴炎一个人站了出来,明确表示反对。可以想象武则天的心情,这次她不是恨得牙根痒痒了,而是恨得牙根肿胀了:"太后愈不悦。"

看到这里,了解武则天的人都知道,裴炎这回是死定了。裴炎做的这两件事,等于在自己的名字上画上了一个象征死亡的红叉。徐敬业发动的扬州兵变让裴炎快步踏上了死亡之路。

在扬州那边打得火热的时候,裴炎一点也不着急,他清闲冷静得不得了,丝毫不关心南方战事。平时该喝茶喝茶,该搓麻搓麻,该听小曲儿听小曲儿,好像扬州战事与他这个宰相无关似的。

可武则天坐不住了,她主动找到裴炎,问他可有什么制胜妙招。裴炎的一番回答差点把武则天气成了植物人,他对大权在握的武则天说:"皇帝年长,不亲政事,故竖子得以为辞。若太后返政,则不讨自平矣。"这句话最核心的意思是:请太后让权。

这是一句找死的话。这个时期的武则天,最恨的就是别人劝她退休。酷吏周兴为了置自己痛恨的宰相魏玄同于死地，就向武则天诬告魏玄同讲了"太后老矣，当复皇嗣"。武则天气得没核实真假，立即将魏玄同"赐死于家"。

不知道裴炎当时是否已经感觉到，说完了这句话，他的生命也就基本到头了。那么强势的武则天是不可能容忍这样一个与她针锋相对的宰相存在于朝廷和人世的。果然，很快就有善于揣摩圣意的官员很识趣地凑上来告裴炎有谋反之心，说裴炎是前朝顾命大臣，"大权在己，若无异图，何故请太后归政？"听了这话，武则天便下令将裴炎逮捕下狱。

其实这话听起来就有些荒唐不经，逻辑不通。裴炎谋不谋反和太后交不交权根本没有任何内在联系和因果关系，这就是我们现在所说的"有罪推定"，纯属猜测推理。

事后，侍中刘景先、中书侍郎胡元范两位重臣替裴炎向武则天求情，说裴炎是帝国元老，对国家贡献很大，而且尽心侍奉皇帝。两位唐朝的高级干部都说自己愿以脑袋为裴炎担保："臣敢明其不反。"但武则天坚持说："炎反有端，顾卿不知耳。"两人又说："若裴炎为反，则臣等亦反也。"武则天则回答："朕知裴炎反，知卿等不反。"

三个人你来我往地辩说一通，结果俩男的没有说服一个女的，武则天斩钉截铁地一口咬定：裴炎就是想谋反！其实要说裴炎想谋反，别说别人了，就连武则天自己也不会相信。她这么斩钉截铁地认定裴炎想谋反，无非是因为她已经下定决心要把这根眼中钉给拔了。至于裴炎谋反的证据，一句"炎反有端，顾卿不知耳"就行了。

事情发展到这分儿上，裴炎是必死无疑了。尽管"文武间证炎不反者甚众"，但"太后皆不听"。众人的求情从主观上讲是一番好意，客观上却让武则天坚定了斩杀裴炎的决心，加快了裴炎走向死亡的步伐。一向多疑的武则天觉得，老裴同志的群众基础这么好，这样的人将来要是带头搞个罢工罢朝什么的，后面还不跟着黑压压的一片人啊！这样的人留不得！

的确，在武则天面前，有时候替犯人求情反而是催他们速死。在裴炎之后被武则天杀害的中书侍郎刘祎之就是又一个典型的例子。

刘祎之和裴炎一样，本来都是深受武则天信任的人。武则天废黜李显的时候，带兵入宫支持武则天发动政变的四个人中除了裴炎，还有刘祎之，另外两个分别是程务挺和张虔勖。

刘祎之的死因与裴炎一样。这位老兄私下对同事贾大隐说："后能废昏立明，盍反政以安天下？"没想到，贾大隐为了立功，竟然把这话上奏到了武则天那儿了。武则天听到这话能不生气吗？结果可想而知，刘祎之被投进大狱。

刘祎之坐牢后，有个贵人想站出来保释他，这个人就是唐睿宗李旦。因为刘祎之以前曾是李旦的部下，"睿宗以旧属申理之"。

看到皇帝准备出面，刘祎之的家人朋友都特别高兴，因为他们觉得这下刘祎之就有救了。可当刘祎之听到这个消息后，长叹一声说："吾死矣。太后威福由己，而帝营救,速吾祸也!"

刘祎之说得真准,李旦果然没踩住刹车,反而踩到了油门。因为武则天认为,凡是跟皇帝关系好的人,就是跟自己关系不好的人,"死"就一个字。为了给刘祎之定罪,武则天叫人找了不少理由,其中竟然还有生活作风问题,说刘祎之"与许敬宗妾私通"。

把生活作风问题作为刘祎之的死刑定罪原因,太上纲上线了。毫不夸张地说,在唐朝,那会儿根本就不叫个事。那时男女之间搞暧昧、未婚同居的,明的暗的不知道有多少。唐太宗的女儿高阳公主、武则天的女儿太平公主、唐中宗的皇后韦氏和女儿安乐公主不也跟人私通吗?这些人要都是被判了死罪,那还了得?

其实按武则天的说法,裴炎也可以说是死于"私通"之罪——武则天说他私通徐敬业。因此在徐敬业发动兵变二十天后,这位大唐宰相被武则天下令斩首。临死前,裴炎环顾那些受到自己的牵连而被判流放罪的弟兄们,愧疚地说道:"兄弟官皆自致,炎无分毫之力,今坐炎流窜,不亦悲乎!"

裴炎确实是一个清正廉明的好宰相,他从不以权谋私,从不贪污腐败。执法官员在查抄没收裴炎家产的时候,才发现"籍没其家,无石之储"。一个权势煊赫的正二品大员,家里的全部存粮竟然连一石都没有!

关于裴炎之死,有人认为他确实和徐敬业是一伙的,两人准备里应外合,将掌权的武则天赶下台。成书于中唐时期的《朝野佥载》就绘声绘色地记载了裴炎和徐敬业之间交往的故事。

书中说,徐敬业在扬州起兵后,裴炎叫人送了一封信给徐敬业,信里写了两个字:青鹅。后来有人向朝廷告发了此事,可大臣们都不懂这两个字到底是什么个意思。最后还是武则天揭开了谜底,说"青"字拆开来是"十二月","鹅"字的繁体是"鵝",拆开即"我自与",连起来就是"十二月我自与"。

这想象也太丰富了。不过,那时候距唐朝开国已经七十年了,科举制度让很多文学才子脱颖而出,朝廷官员中的状元、进士多到能以连排为单位,类似"青鹅"这样初级水平的密码信,那些才思敏捷、学富五车的学者型官员怎么可能会看不出来呢?那么多文字高手都看不出来的谜面,武则天凭什么就能看得出来呢?

可能会有人说,那些官员都是"拍客",故意装着看不出来的,是想拍武则天的马屁。这个解释在平时是说得过去的,但在当时是讲不通的。因为此事涉及官员谋反,军情紧急,以最快速度破解谜底是当务之急,这时候,任何马屁都是必须靠后的。

所以,《朝野佥载》的记载不足为信。新旧《唐书》和《资治通鉴》中都没有采录"青鹅"说,甚至没有一处文字暗示裴炎和徐敬业有牵连。《通鉴考异》同样对《朝野佥载》的说法持否定态度,说裴炎和徐敬业串谋之事"皆当时构陷炎者所言耳,非其实也"。

从众多史料的记载分析,裴炎谋反绝对是子虚乌有的事,是武则天的欲加之罪。但作为老资格政客,裴炎也不是没有一点想法。他虽然没想过要谋反,但实施兵谏的想法确实在他脑子里产生过。《新唐书·裴炎传》中就记载了一次和裴炎有关的未遂兵谏事件："炎谋乘太后出游龙门,以兵执之,还政天子。"可惜人算不如天算,裴炎把一切准备工作都安排好了,却碰上了连阴雨的天气。雨一直下,气氛不太融洽。在宫室屋檐下,武则天的心渐渐发生了变化——她突然没了旅游的兴致,宣布取消原定行程,不去龙门玩了。想必裴炎在听到这个消息后,脸色一定比阴天还阴沉。好端端的计划被雨淋泡汤了,这都是太阳惹的祸。

从主观思想和客观条件来看,裴炎是具备发动兵谏的条件的。

从主观方面来讲,作为顾命老臣,裴炎肯定不愿意一直在并非天子却比天子还强势的武则天手下讨生活。他知道,自己权力重、威信高,可能会影响太后事业发展,武则天肯定不会给他好果子吃的。所以,为了谋求更安全的政治出路,裴炎肯定希望推翻武则天,扶李旦上台,自己享受拥戴皇帝登基的不世之功。

从客观环境来看,裴炎发动兵谏的条件特别优越。武则天废黜中宗李显时,两名率羽林军入宫控制局面的军方首领程务挺和张虔勖都是裴炎的把兄弟,三个人好得跟"铁三角"似的,只要宰相大哥一句话,两兄弟肯定会操起家伙就上。

由此看来,武则天斩杀裴炎是有意的,也是有原因的,其目的就是杀一儆百。

其实,徐敬业在扬州起兵是武则天没想到的。虽然她是个政坛铁娘子,但国内掀起这么大规模的军事风暴,她还从未遇见过,所以内心有些恐慌是难免的。她当时既担心南方的徐敬业,又害怕李家亲王乘势向她发难。而朝廷资深重臣裴炎对扬州兵变不但不关心,还嚷嚷着要她还政交权。这大概是武则天一生中危机感最强的一段时期。她觉得此时四面楚歌、危机四伏,好像所有人都想图她,她太缺乏安全感了。所以,她觉得在这个非常时期必须用非常手段镇住朝廷大臣,提升自己的威望。杀人就是她认为的最好的树威方法。

在这样的背景下,裴炎成了武则天的第一个祭刀品。他必须死,深谙政治之道的武则天知道,此时要杀就杀大鱼,只有杀大鱼,那些中鱼、小鱼才会害怕。因此,在杀死裴炎这个首席宰相之后,武则天紧跟着又杀掉了程务挺。

程务挺是唐初名将之一,也是突厥的克星,他多次率军把突厥打得找不着家门。只要他驻扎在北方,大唐边境就一点事都没有:"突厥惮之,不敢盗边。"当戍边的程务挺听说裴炎因谋反罪被抓后,派人给武则天送了一封密表,为裴炎说情,希望朝廷能网开一面,饶恕裴炎。

让程务挺没想到的是,这封说情信不但没救了裴炎,还把自己也给搭进去了。武则天觉得程务挺这信来得正是时候,干脆连他一起除掉,一文一武,才杀得够威有够力、够有效果。于是,程务挺便"被谋反"了——武则天说他和徐敬业通谋,是隐藏在革命队伍中随时准备里应外合的奸细。武则天知道程务挺有本事,所以她不敢把深得士兵爱戴的程务挺押回京城问罪,一是怕他手下的将士发动哗变,二是怕程务挺一气之下举起反旗。因此在定完程务挺的罪后,武则天马上派了一个特使"即军中斩之",直接在部队把他给处决了。

武则天杀掉程务挺后很高兴,觉得终于扫除了一个大炸药包,她一直很担心裴炎的好朋友程务挺会找自己闹事儿。其实她还不知道,程务挺死后,最高兴的人不是她,还有比她高兴一百倍的人——程务挺的对手突厥人。《资治通鉴》中有这样的记载:"突厥闻务挺死,所在宴饮相庆;又为务挺立祠,每出师,必祷之。"突厥人对英勇无敌的对手程务挺充满了敬意,这种来自对手发自内心的尊敬应该是对他含金量最高的一种褒奖了。武则天这次自私中夹着愚蠢的枉杀行为产生了严重恶果,使得大唐的北方边境多年不得安宁。没有了令突厥人惧怕的程务挺,突厥兵在很长一段时间内,在长安以北的地区横冲直撞,把唐朝搞得不得安宁。而武则天这种自毁长城的做法也让突厥人深为鄙视,他们打心眼儿里瞧不起武则天。即便武则天后来成了大周的女皇,突厥人也对她嗤之以鼻。

武周期间,武则天为了安抚突厥,曾让自己的侄孙武延秀远赴北方,上门迎娶默啜可汗的女儿为妻。谁知道那位可汗不但根本不拿正眼瞧这位武家小子,还把武则天臭得一钱不值:"我可汗女当嫁天子儿。武氏小姓,门户不敌,罔冒为昏。"

武则天可是正儿八经的大唐天子,武姓属于正正规规的国姓,而默啜可汗却说武是小姓,还说"门户不敌"。显然,这位少数民族大哥是打心底看不起武则天,他拒婚的原因并非是什么门不当、户不对,也绝不是怀疑武延秀的真伪。一切不过只是个借口而已,他对姓武的亮出小拇指,最主要的原因还是鄙视武则天。也许他们觉得,能干出杀死程务挺这样的荒唐事的人,其家族一定是荒唐的。事实也确实如此,从武氏儿男在武则天掌权期间的表现来看,绝大多数武家人做事都很荒唐。

从国家利益上考虑,武则天杀死程务挺这事显然是有百害而无一利的;但从武则天的个人权力斗争立场出发,她的行动的确取得了很好的树威效果。史料中记载的武则天本人的言论也能证明,她之所以斩杀裴炎和程务挺,完全是想以此二人为杀威棒,震慑朝中那些对自己怀有不敬或异心的大臣。

裴、程二人被杀之后,在一次朝会上,武则天曾经以此两人作为活教材对满朝文武官员训话:"受遗老臣伉扈难制有若裴炎乎?世将种能合亡命若徐敬业乎?宿将善战若程务挺乎?彼皆人豪,不利于朕,朕能戮之。"看看这通训话,可谓字字句句都充满了杀气。那些大臣们听到这些杀气腾腾的话语后,不知脊背是发冷还是发热?估计他们个个都是又冷又热,吓得脊背发冷、手心发热。

武则天执掌朝政那么多年都没人敢造反,跟她推行残忍的杀戮高压政策有很大关系。这次恐吓似的训话只是武则天暴力统治的开始,她在讲完这三个人的例子后,又带着警告的口吻对大家说:"公等才有过彼,蚤为之。不然,谨以事朕,无诒天下笑。"她通过三个高干之死,明确地向全体朝臣传递出这样一个信号:敢不跟我一条心、敢跟我作对的,那就跟他们三个去做伴吧!而满朝文武的反应是,"群臣顿首,不敢仰视,曰:'惟陛下命。'"

当初,如果裴炎对武则天也是这个态度,他就不会成为武则天杀人样板工程中的样板了。其实,武则天和裴炎之间的恩怨无所谓孰是孰非,他们本来就是各怀心思,各有各的利益追求。而裴炎的政治锋芒过于锋利,是他引来杀身之祸的最大原因,他在力量完全不对等的情况下,不自量力地与武则天正面硬顶,处处让武则天不如意,怎么可能不被武则天干掉?

武则天是以牙还牙、有仇必报之人。在大唐这辆列车上,武则天觉得裴炎是一个违章携带易燃易爆物品上车的不听话的乘客,不把他扔到车外绝不是武则天的性格。

所以,裴炎的死是必然的。

十一、滴血特产之告密

裴炎之死标志着武则天的思想发生了重要转变。在徐敬业兵变闹得如火如荼的敏感时期,对身份如此特殊的托孤老臣动用极刑,想必武则天经过深思熟虑。她觉得朝廷里存在一股反对自己的风潮,所以必须借裴炎的脑袋一用,震慑朝臣,阻止这股不利于自己的风潮进一步蔓延。

裴炎之死开了武则天朝政治屠杀的先河。之前虽然也有大臣被杀,但与此后有组织、有计划、有目标的系统式屠杀相比,就显得太"温柔"了。

徐敬业的谋反和裴炎的桀骜不驯,让武则天的心态发生了扭曲,她"疑天下人多图己",甚至觉得满朝都是姓徐的和姓裴的。总是戴着有色眼镜看人,哪个人在她眼里会是黑白的呢?她决定像对付那匹无人能够驯服的烈马一样,用剥夺生命为终极目标,对朝臣进行铁腕压制:"欲大诛杀以威之。"她要让诛杀的规模大些,再大些;要让诛杀的范围广些,再广些;要让被诛杀的人员多些,再多些。

她这种疑神疑鬼的心态,把唐朝带入了一个暴戾统治时期。于是,一段满纸鲜血的历史就这样开始了。武周时期最著名的特产——告密与酷吏,从此粉墨登场。

告密这种行为历来都被人所不齿,几千年来,这个词一直和小人、叛徒、卖"某"求荣等恶评联系在一起,今天依然如是。但当时,由于武则天的提倡,在徐敬业发动兵变后的一段时间内,告密歪风席卷全国,上至亲王宰相、下到普通百姓,谁都有可能成为受害者,被抄家下狱,一时间人人自危。

武则天把告密行为推到了一个新的高度。在她之前,从来没有哪个帝王像她这样那么纵容酷吏,让他们随意残杀那么多无辜的大臣和民众。而告密之风的兴起,则是始于那场推翻中宗李显的宫廷政变。

李显被废后,曾参与拥立睿宗李旦的十几个羽林军士兵聚在一起喝酒,其中一名军士抱怨说："知别无勋赏，不若奉庐陵。"他说这句话，是酒后吐真言，想吃后悔药了。不料，就因为这句牢骚话，他的遭遇惨透了。

这位老兄的话音刚落，就有"一人起，出诣北门告之"，跑到了北衙军的总部所在地玄武门，把那位发了点小牢骚的战友给告了。酒席还没有结束，在座的十几个人全部被逮捕下狱。参与这次饮宴的十几个人分别受到了三种待遇："言者斩，余以知反不告皆绞。"这就是连坐。

而那个告密者走了大运，"除五品官"。打一个小报告就被授予五品官，这个高级干部来得也太容易了。不知道为什么，史书没有记录这个告密者的姓名。踩着战友的尸体爬上官座，不知道这位告密者的良心是否会受到煎熬呢？

其实，从某种意义上讲，我们可以把李治看成唐朝被公开的第一个告密者。在二十年前，生出废黜皇后之心的李治面对武则天咄咄逼人的问罪，一句"我初无此心，皆上官仪教我"的推脱之言，就让力挺他的上官仪被满门抄斩。这不是告密是什么？

在武则天提倡告密的年代，所有"杰出"的告密者虽然最后都被武则天榨干剩余价值，统统送上了西天，但在告密风暴刚刚刮起的时候，不少告密者都凭借这一龌龊的行为平步青云，其官职提升之迅速、任职之荒唐，让人叹为观止。

在介绍告密活动中几个代表性跳梁小丑之前，我们先来看看武则天是如何重视告密工作的。

公元686年，告密元年在"盛开告密之门"的武则天的力推下拉开了帷幕。武则天对这项工作高度重视，一直坚持亲手抓、负总责的工作方式。对于告密工作的具体安排，武则天要求全国各地坚持"两化"——将告密工作福利化、常态化。

所谓福利化，就是对告密者实施高福利政策。为了让到京都的告密者免除后顾之忧，武则天想告密者之所想，专门设立了告密绿色通道，诏令地方政府，好生招待一切告密者，规定对上京告密者"臣下不得问，皆给驿马，供五品食，使诣行在"。

总之，千措万施汇成一句话：必须把告密者安全、及时地送到武则天面前。在这一时期，很多告密者都当上了高官，而对那些明显是诬告或者是反映鸡毛蒜皮小事的告密者，武则天的宗旨是"无实者不问"，即使是胡扯的乱告、瞎告，也不会惩罚他们，真正做到了"言者无罪"。

这大概是世界上风险最低而性价比最高、回报率最大的一种投机行为了。任何人，无论你是砍柴的、喂马的还是淘粪的，只要你说一句"我要去告密"，就能享受到高级专车接送的贵宾待遇，一路没有任何阻拦地把你从那遥远的小山村送到大唐的心脏——洛阳。你不用担心没有路费，也不用担心会遭到打击报复，甚至不需要什么正儿八经的告密理由。如果你愿意，到时候随口胡诌一个就行，反正是"无实者不问"，还担心什么呢？这种福利，真真羡煞人也。

说完了福利化，咱们再来讲讲告密常态化的问题。常态化对应的词就是"运动化"。这个我们很熟悉,一项大张旗鼓开展的活动,貌似轰轰烈烈,但没过几天就东风转西风,慢慢地销声匿迹了。不过这次可不一样,武则天的工作思路非常清晰,目标宗旨明确,始终坚持告密工作的常态化,把告密作为一项日常工作来抓。于是,一项"伟大"的发明诞生了。

当时一个名叫鱼保家的大臣向皇帝武则天建议,让她在朝堂门口放置一个大铜匦,"以受天下密奏"。这个用纯铜铸浇的铜匦很有特点,"其器共为一室,中有四隔,上各有窍,以受表疏,可入不可出"。武则天欣然接受了鱼大臣的建议。这玩意儿我们都很熟悉,其实就是类似于意见箱、举报箱那样的东西。现在虽然常见,但在那时候是首创,是可以申请专利的。

这个铜匦的四格受理的内容各不相同,东面的一格叫"延恩",想做官的可以把毛遂自荐的材料丢进这个箱子里;南面和西面的格子分别叫"招谏"和"伸冤",言朝政得失或觉得受了冤屈想上访的材料可分别甩到这两个格子里;北面的叫"通玄",专管接受讲天象灾异和军机秘计的材料。

别看格子不多,分得倒是很清楚,细化到吸收人才、司法公正、建言献策、自然科学,貌似特别有利于社会进步和国家发展。但实践表明,所有的细化内容统统失效,大铜匦变成了一个只接受告密信的大举报箱。更具有讽刺意味的是,上书建议设立铜匦、接受天下告密的始作俑者鱼保家最后竟也死于一封来自铜匦的告密信。

鱼保家是个投机分子,徐敬业在扬州发动兵变时,他曾积极参与其中,带着一帮人夜以继日地"教敬业作刀车及弩",成了徐敬业兵变集团的兵工厂厂长。后来徐敬业兵败,鱼保家不知道用了什么方法,躲过了朝廷的追捕,全身而退。

按说这样一个有案底的人,就应该宅在家里过自己的小日子,别出来抛头露面了。但鱼保家还想投机一回,便给武则天出了这么个馊主意。对他提出的这个方法,武则天是相当高兴。不过鱼保家的仇家很不高兴,于是,铜匦的作用在鱼保家身上很快显现了:"其怨家投匦告保家为敬业作兵器,杀伤官军甚众,遂伏诛。"

有这样一段特殊经历的人,武则天还会留他吗?于是保家同志没能保住自己的性命。他这是典型的作茧自缚,生生把铜匦搞成了自己的棺材,也只能说活该。

活该的不是只有鱼保家一个,与告密有关的作茧自缚者还有一个——郎将姜嗣宗。他的死更像是一幕让人发笑、引人深思的讽刺小品。

裴炎被武则天以谋反罪杀害后,姜嗣宗有一次从洛阳到长安出差。那时候的洛阳实际上已成了唐朝的政治中心,因为早年王皇后和萧淑妃的死亡阴影,让武则天心里对长安很抗拒,她不愿待在长安的宫殿里,就长年住在洛阳。李治死后,武则天就更不愿意回去了,所以干脆把洛阳改称为神都,在洛阳扎下了根。长安那边的事情,武则天全部交给自己特别信任的老臣刘仁轨打理,所以刘仁轨算是常年坐镇长安。这是一位非常正直的朝臣,当时已经八十多岁了,他很清楚裴炎是被冤杀的。在向朝廷使者姜嗣宗询问洛阳相关情况时,姜使者说起了对裴炎谋反案的看法:"炎异于常久矣。"这种马后炮似的语言,想必我们经常听见。但若不分场合、不分对象地乱发马后炮,就只能被炮弹炸伤乃至炸死。姜嗣宗就是被马后炮炸死的。

刘仁轨听他如此胡说,特别生气,便有意问他:"使人知邪?"见刘仁轨这么问他,姜嗣宗便骄傲地答道:"知。"不料,一"知"既出,驷马难追,姜嗣宗的死期已经到了。

第二天,当姜嗣宗要回洛阳的时候,刘仁轨说有道奏表想呈送武则天,麻烦他顺便转交一下。这当然没有什么不可以的。只是姜嗣宗哪里能想到,他就死在了这道自己代交的奏表上。武则天拿到奏表后打开一看,立刻命卫士将姜嗣宗拉出去绞死。

原来,刘仁轨也当了一回"告密者"。他在表章里说:"嗣宗知裴炎反不言。"知道别人谋反却不向朝廷汇报,等同于谋反,所以,姜嗣宗之死也就不值得大惊小怪了。只是这个事件的发展过程相当有意思,有因有果、有情节有内容、有铺垫有高潮,三个人物个性鲜明,真像一部微型舞台剧。

刘仁轨是这样一位德高望重的诤臣,他写给武则天的那道奏折顶多算是"防卫过当",他的"告密"行为与恶意告密是有着本质区别的。

在武则天时代,至少有三大告密魔头,这三个人都是靠告密起家,有着很多相同点,他们残暴、冷酷、阴险、歹毒、没有人性……这三个遗臭万年的恶棍分别是索元礼、侯思止和王弘义。

索元礼是个胡人,他和酷吏来俊臣的残暴野蛮程度不相上下,因此被时人并称为"来索",意思一目了然:来索你的命。当时的人们如果遇到他俩,就等于撞到鬼了。

索元礼是唐朝第一个因告密发家的政坛红人,他的当红得益于两个优势,一是他是武则天的男宠薛怀义的干爹,二是这个人善于揣摩武则天的心思,"知太后意"。他准确而迅速地迎合了武则天"欲因大狱去异己者"的心理,所以深得武则天的信任。

关于索元礼的发家之路,他的传记里说得清清楚楚:"因告密召见,擢为游击将军。"薛仁贵在辽东战场上冒着枪林弹雨冲在队伍的最前面,和敌人面对面厮杀搏斗,用生命才换来一个游击将军。而索元礼竟然只靠一张嘴胡喷乱咬地诬告,就得到了和薛仁贵一样的奖赏。

其实这是武则天有意为之。武则天特意把索元礼塑造成一个自己眼中的典型人物,"数召见赏赐以张其权",故意给他加官、对他示好,让别人看到:啊,原来告密可以使生活更美的!

既然好生活是告密告出来的,那为什么不去告密呢?于是,在索元礼这个告密榜样户的带动下,劣迹斑斑的酷吏来俊臣和周兴粉墨登场了。来俊臣和周兴在历史上的知名度比索元礼高得多,但这两人在索元礼面前还属于后起之"锈",他们的灵感正是来自索元礼。由此可见,索元礼在唐朝告密界中的资格有多老。而资格越老就代表着心灵越龌龊、天性越残忍,索元礼的传记里就说他"天性残忍"。他确实是一个"性本恶"的嗜好杀人的魔鬼,他办案的最大特点可以总结为两个字:冤、毒。

索元礼当时负责制狱审断。所谓"制狱"就是历史上臭名昭著的诏狱。诏狱的后台老板是皇帝,这种另类监狱从汉朝就存在,是皇帝用来打击异己、消灭政敌而特设的。在任何朝代,此类监狱都是凌驾于法律之上、脱离于法律体系之外的,它只为皇帝一个人存在,只为皇帝一个人办案,只对皇帝一个人负责。所以,这样的监狱是制造冤狱的机器,不管你有罪没罪,只要皇帝努努嘴,你就得到号子里享用"免费食宿"。

武则天之所以把这个私家监狱的指挥权交给索元礼,就是授意和怂恿他将告密和屠杀相结合,把案子做大做绝,以便为自己杀出一条登基之路。索元礼不负"武"望,把每个案件都做得上档次、上规模,"讯一囚,穷根柢,相牵联至数百未能讫"。

如果你不幸"被谋反"了,那么很抱歉,经过索元礼的一番审问,你的妻儿老小、同事同学甚至酒友牌友等几百人都会被记入谋反的花名册。这就是明成祖朱棣最喜欢玩的、最没有人性的"瓜蔓抄",即顺藤摸瓜、四处株连。

自古以来,进诏狱的人大都是被冤枉的,而被索元礼抓进诏狱的人更是冤不胜冤了。他利用惨无人道的手法严刑逼供,想要什么口供就能得到什么口供。在整个唐朝的酷吏群中,索元礼杀死的"罪犯"最多,一个人杀死了好几千人。鉴于他的魔鬼行为,改名叫"索命鬼"应该是最合适不过的。

李治即位那年,晋州发生地震,死了两千多人。这位皇帝内心不安,又是进行自我检讨,又是削减伙食费。而死于索元礼之手的人多多了,他不但没有内心不安,反而洋洋自得,觉得杀人越多,功劳就越大。也许,李治和索元礼之间唯一不同的就是人兽之别吧。在审案过程中,索元礼狠毒的兽性会展露无遗。他发明的众多酷刑至今听起来仍让人不寒而栗,最具代表性的是铁笼圈首、大石拽头和凤凰晒翅。

所谓"铁笼圈首",就是把犯人囚禁在一个特制的大铁笼中,把他的脑袋用铁笼顶部的一个孔洞固定住,然后"加以楔,至脑裂死"。"楔"就是钉子,只不过那时的钉子都是木制或者竹制的。

索元礼审案就是以索命为目的,所以他总是喜欢在别人的头上做文章。遇到不肯承认"罪行"的犯人,索元礼就将他们捆绑起来吊在房梁上,然后用绳索捆着一块大石头吊在犯人的头上,把犯人的头当成了秤杆。这就是"大石拽头"。

还有一种更痛苦、更有创意的逼供方法:拿一根木头绑在犯人平直伸开的双臂上,然后不停地旋转木头,像拧毛巾那样使劲地扭绞,很快就能将受刑者的胳膊扭断。索元礼美其名曰"凤凰晒翅"。

索元礼用实际行动告诉我们,人,恶人,大恶人,倘若把心思全放到整人和折磨人上,一定比畜生还畜生。令人心寒的是,在武则天时代,这样的畜生不止索元礼一个,而是一群,一大群。侯思止就是这些"畜生群"中的一员。

侯思止本来和武大郎是同行,最初的职业是卖大饼,是个目不识丁的文盲。虽然和武大郎的职业一样,但这家伙"素诡无赖",比老实巴交的武大郎坏多了。后来不知道怎么一来,这位烧饼哥莫名其妙地成了游击将军高元礼的奴仆。

和索元礼一样,高元礼也不是什么好鸟,他可以说是侯思止事业的指路人。侯思止在武则天面前说的最合她胃口的两句话,都是高元礼教的。

文盲加流氓的侯思止,其富贵之路始于一次诬告,而这次诬告则始于一次挨打。不过挨打的不是侯思止,而是恒州(今河北正定)一个没有留下姓名的小官。这个无名小官因一件案子被刺史裴贞判受杖刑,屁股受了一顿好打。领导裴贞压根儿没想到,如果下级很生气,后果也很严重。这位屁股被打的下级官员怀恨在心,便指使侯思止去向朝廷告密,说裴贞和舒王李元名意图谋反。

当时唐朝的告密工作正开展得如火如荼,只要是告人谋反,基本是一告就灵,最后的结果都一样:原告升官发财,被告下狱抄斩。这次也不例外,裴贞被灭族,全家及亲戚全被杀光;舒王李元名虽说是高祖李渊的儿子,但也未能幸免于罪,他的儿子被杀,自己遭到流放。也正是由于这一告,侯思止飞黄腾达了,武则天提拔他为游击将军。

哪知在面圣的时候,侯思止竟然对武则天说,他的理想不是做游击将军,而是担任御史。这人还真有点个性,把朝廷当成菜市场了,讨价还价来了。

唐代的御史管辖的事务范围很广,今天的监察机关、纪检、法院的职能它都具备一些,比如弹劾处分朝廷官员,监督上朝穿戴不整者或交头接耳者,管理重大刑事案件的复查、审核……御史台在唐朝的政府架构中属于二级机构,在其中任职的官员级别都不高,只有一把手御史大夫的官阶是正三品。

不过,御史的级别虽不高,但管得挺宽的,服侍别人、被别人压迫惯了的侯思止可能对能够颐指气使地管理别人特别向往,他就是喜欢御史那个味儿,所以放着从五品的游击将军不做,偏要做级别较低的御史。

这丫也真敢提要求,烧饼大的字认不了一脸盆,还敢喊着要做御史!要知道,御史可是个技术活儿。秦代以前,御史就跟国王的贴身秘书似的,国王出席什么重大国事都得把御史带在身边,以便他随时记录国王和谁说过什么话、做过什么事。在武则天时代,御史虽然没有了现场记录历史的职能,但这个职位的文化含量并没有因之降低,反而由于管理领域的扩大而对文化素质提出了更高的要求。所以,当文盲侯思止提出想当御史时,武则天也觉得有点不可思议,她说道:"卿不识字,岂堪御史!"

文盲不要紧,只要敢不要脸,就会创造奇迹,侯思止就是一个超级不要脸的家伙。面对武则天惊讶的质疑,他不仅没有脸红心跳,反而振振有词地回复武则天:"獬豸何尝识字,但能触邪耳。"

獬豸是一种独角神兽,据《异物志》记载,这个独角兽有个特异功能:"见人斗,则触不直者;闻人论,则咋不正者。"侯思止因为这句话成功地取悦了武则天,她对这个文盲变得兴趣盎然,于是如他所愿,让他当上了侍御史。一个史上罕见的文盲御史诞生了。

没有做不到,只有想不到。在武则天时代,什么神奇的事情都有可能发生。让女皇没想到的是,侯思止能说出这样讨她喜欢的话,全是他曾经的主人高元礼教的。

高元礼在武则天准备召见侯思止之前就很有预见性地告诉他,如果太后嫌弃你不识字,你就说獬豸也不识字,但它照样能用角去抵撞邪恶之人。高元礼还真是高人,比现在许多押高考题的名师厉害多了。

在提出獬豸理论之后,高元礼又提前对侯思止说,到时候太后见你是个无房户,一定会把没收的罪臣家的府第赏赐给你。在这种时候,你千万不可马上喜滋滋地领受,而应该板着脸痛恨地说,我最讨厌不忠于太后和朝廷的叛逆之人,他们的房子再大再好,我也不愿住进去。

要不怎么说高元礼是个高人呢,这下又被他猜中了,武则天果然如其所言,要把抄没来的房子送给侯思止。侯思止临场发挥得更好,他表现出一副咬牙切齿、义愤填膺的样子,大声对武则天说:"臣恶反逆之人,不愿居其宅。"他的演出很成功,效果特别好,"太后益赏之"。想必武则天听侯思止如此说,会觉得他心眼实在,对自己很忠诚。不过这个恶棍并没有张狂几年,没多久就死于棍棒之下。

咱们再来说说告密恶魔王弘义。王弘义是衡水人,史料上说他"素无行"。事实确实如此,这人不是德行很差,而是根本没有德行。有一次他向自己的邻居瓜农讨要香瓜吃,邻居没给。他便想出了一个损招,偷偷跑到县衙,跟素来喜欢抓兔子的县官撒谎说邻居的瓜田中有白兔。县官一听,马上派了一大帮人前去搜捕白兔,结果可想而知:"践踏瓜田立尽。"

一地香瓜被踩成了一地鸡毛。跟这么一个损人不利己的混蛋做邻居,那户瓜农也算是倒霉到家了。不过,那户瓜农只是损失了一季香瓜,失去的只是身外财物,性命还在,念叨几句"破财免灾"的自我安慰话,心里也就慢慢平衡了。

尝到了当混蛋的甜头,紧接着王弘义就开始了第二次告密。虽然这次与瓜无关,但最后却导致两百多人的脑袋被官府的刽子手像砍瓜一样给砍了。

王弘义有一次经过今天的河北赵县、清河一带时,看到村里许多老百姓聚在一起从事佛教活动,他的告密瘾就犯了,再次跑到官府那儿进行诬告,说那些正在做佛事的普通群众是在商量如何谋反。结果在这个村子里上演了一幕人间惨剧,两百多名群众被无辜杀害,他们到死也不明白自己做佛事做得好好的,怎么突然就变为刀下之鬼了。

说起那时候的告密乱象,真是一言难尽。当时有不少无赖都把告密当做一项实实在在的事业去经营,偷鸡摸狗、打架斗殴的没有了,都投身到滚滚的告密洪流中去了。因为打架武斗随时有可能变成残疾人,而小偷小摸一失手就会被拘留判刑,都属于风险比较大的行业。相对来说,这些"工作"的性价比远远比不上旱涝保收的告密工作。

在告密办主任武则天的纵容下,告密这项工作没有一丝风险。武主任经常亲自召见那些来自全国各地的、可能脚上还沾着泥巴、身上还粘着碎草的告密者。告密就相当于不需投注的赌博：赌赢了，赚个盆满钵满；输了，啥损失没有。在这样荒唐的大环境中，当然是"四方告密者蜂起"。

靠着连续不断地告密行为，王弘义先后得到了游击将军和殿中侍御史的职位。这些职位都是他通过卑鄙的手段得来的，所以靠胡说瓜田里有白兔起家的王弘义被时人讥讽为"白兔御史"。

握有实权后，"白兔御史"王弘义很快变成了唐朝历史上臭名昭著的"恶狼御史"。他一生杀人如麻，且手段残忍，可以说他走到哪里，就把死亡的气息带到哪里。这个人的恶行真可谓罄竹难书，讲起他的杀人手法，其血腥程度真有点少儿不宜。

一次，有人诬告胜州都督（今内蒙古准格尔旗境内）王安仁谋反，武则天便命王弘义审理此案。王安仁在守卫边疆的工作岗位上可谓兢兢业业、恪尽职守，可是别人随随便便给他安了一个谋反的罪名，就让他沦为阶下囚。他很不服，拒不承认自己谋反。王弘义可不管三七二十一，即"于枷上刎其首"。王司令的脖颈上带着枷锁，王弘义当即割断了王安仁的头颅。杀死了王安仁后，他又把正巧赶来探望的王安仁的儿子也给杀了，同样也是割下了脑袋，然后"函之以归"，把这对父子的头颅装在一个盒子里带回洛阳向武则天邀功去了。

王安仁父子的遭遇还不算最惨的，还有比这更残忍更变态的杀人事件。有一次王弘义路过汾州（今山西汾阳），汾州司马毛某设宴招待他。毛先生真是不幸，就在他陪吃陪喝好生伺候着王弘义的时候，无理由无征兆地突然壮烈牺牲了——被王弘义"叱毛公下阶，斩之"。不知道为什么，也许只是因为王弘义当时突然想杀人了，而书上对这桩"无头案"的记载超简单，只有上面的区区七个字。

到这里，王弘义的变态行为还没有结束。他在杀死毛司马后，又"枪揭其首入洛"，把毛司马的脑袋挑在枪尖上，大摇大摆地进入了神都洛阳。沿途所过之处，"见者无不震栗"。看到这种大白天见鬼一样的事情，谁要是不吓得全身发抖，就不是正常人了。能做出这种行为的人，绝对是心理变态。

其实酷吏这职业和太监是一样的，干这行的人心理多少都有点异于常人，这个群体是正常人群中的"牛皮癣"，他们的存在永远让人感到恶心。但让人恶心的东西总是不会存在很久的，王弘义、索元礼、侯思止这三个令人恶心的告密魔头也不例外，他们在嚣张了几年后都被下令处死。

王弘义在延载年间被流放到了遥远的海南岛。这家伙可能是杀人太多，把自己的胆子练大了，在流放期间，他竟然胆大妄为地来了个"矫诏追还"——伪造了一封诏书，以皇帝的口吻宣布赦免自己的一切罪行，自己给自己来了个无条件释放。这可能是史上最牛的假冒证件了，连皇帝的诏书都敢仿冒！

然而好景不长，没多久，造假的王弘义就被一个御史给逮住了，这个御史的名字叫胡元礼。伪造皇帝的诏书当然是死罪难逃，王弘义很怕死，他希望胡元礼能够网开一面，就跟他套近乎说："与公气类,持我何急。"希望胡元礼看在他们曾经是意气相投的同僚加朋友的分上,高抬贵手饶他一命。

都到这个时候了,谁会愿意、谁会稀罕王弘义套的近乎？而且,这个胡元礼也不是像索元礼、高元礼那样的人,他啐了这个恶吏一脸的口水说:"吾尉洛阳,而子御史；我今御史,公乃流囚,何气类为？"在胡元礼看来,王弘义这种套近乎之言虽没有骂人的字眼,却是对他个人品格的贬低和侮辱。胡御史对他执行了死刑——"杖杀之"。这是个让人很痛苦的刑罚,但比起这个恶棍生前所做的诸多残酷的杀戮行为,死于棍棒对他来说应当算最幸福的一种死法了。

死于棍棒的不止弘义一个,那个文盲御史侯思止也是如此。因以武力强娶别人的女儿,侯思止被当时颇具正义感的宰相李昭德下令"搒杀之"。搒杀和杖杀的意思差不多,行刑时都分为两个步骤:先用绳子捆,再用棒子打,啥时候打死啥时候算结束。

头号酷吏索元礼死得没有一点骨气。以前喜欢用"铁笼圈首"这招对付犯人的他,在遭到逮捕后大叫冤枉,结果审讯官员只喊了一句话:"取公铁笼来。"他当场就吓趴下了,乖乖服罪,最后死于狱中。

无数历史事实告诉我们,多数情况下,越是生性残暴的人越怕死,也许这些残暴的怕死鬼们正是想通过制造别人的死亡来为自己壮胆。唐朝这些在任时神气活现、暴戾无比,制造出多得无法统计的冤假错案的酷吏们,在最后面对死亡时,个个吓得脊椎发软、屁滚尿流,没一点爷们儿样——不过,他们本来就和爷们儿相差甚远。

除了这三个告密恶棍,在唐朝告密史上,还有一个人不得不说。这个人有着相当高的知名度,我们很多人都熟悉他或他的诗,这个人就是宋之问。不过在说宋之问之前,咱们得先来说说他的老子。宋之问的老子名叫宋令文,这人不简单,是个跨界明星:"富文辞,且工书,有力绝人,世称'三绝'。"在世人看来,精通诗词书法的人就是书生,而书生大部分都手无缚鸡之力,但宋之问的老爸却力大无穷,能空手搏牛。

有趣的是,宋令文的三个儿子跟均分遗产似的,将老爸的才华一分为三,"皆得父一绝":宋之问是长子,"有文誉"；老二宋之逊,善书；老三宋之悌,有勇力。

宋之问的外甥刘希夷也是一位有名的诗人,甥舅俩都入选了《唐才子传》。唐朝那时候,会写诗的人跟20世纪90年代初的总经理似的,多得数不过来。这对甥舅能在人才济济的唐朝诗歌界写出点名头,说明他们确实是有一点天才的基因和潜质的,要不然,也写不出"近乡情更怯,不敢问来人"和"年年岁岁花相似,岁岁年年人不同"这样的经典名句。可"年年岁岁花相似,岁岁年年人不同"这句国人超熟悉的诗句,却引出了一桩杀人案——舅舅宋之问杀死了外甥刘希夷。

据说这句诗本是刘希夷所作,宋之问看到之后特别喜欢。在确定外甥还没有将这首诗对外公开发布后,宋之问便向刘希夷请求,请他把著作权转让给自己。刘希夷见舅舅开口讨要,便一口应承下来。可谁知道,刘希夷前面答应得好好的,后来却反悔了,"许而竟不与"。但宋之问太喜欢这句诗了,必欲占之而后快。为了将这句诗彻底据为己有,他对外甥刘希夷下了毒手:"使奴以土囊压杀于别舍。"他找人用装满土的袋子压住刘希夷的身体和鼻孔,使他窒息而亡。宋之问这个杀人灭口的方法和酷吏们惯用的手法不相上下。

疯狂的袋子,疯狂的舅舅,疯狂的杀人行为。见过因钱杀人的,看过因色杀人的,也听说过因争夺权力而杀人的,但因一句诗而去杀人,且杀的这个人还是自己的亲外甥,您见过吗?诗人,有时候是挺可怕的。

宋之问是个名副其实的才子,他对唐诗的发展做出过贡献,与著名诗人沈佺期并称"沈宋"。武则天就特别欣赏宋之问出众的诗才。

有一次武则天带着朝臣在洛阳龙门风景区游玩,看到大好河山,女皇兴致很高,当即口谕举行一次现场诗歌大奖赛,第一名赏赐锦袍一件。皇上赏赐的衣服可金贵着呢,所以这件锦袍对大臣们不知有着多大的诱惑力。为了得到锦袍披身的荣耀,此令一出,所有从游大臣都绞尽脑汁、搜肠刮肚地想啊想、写啊写,期望自己的诗作能够在赛诗会上一鸣惊人。

唐朝的才子很多,所以赛诗会的竞争非常激烈,史官东方虬成诗速度最快,第一个交卷。武则天看完东方虬的诗作后很满意,当场就把锦袍赐给了东方虬。不过还没等东方虬从抢得头彩的巨大喜悦中缓过神来,披在他身上的锦袍就易主了。原因就是宋之问来了个"横刀夺爱"。宋之问是最后一个交卷的,但武则天看了他一挥而就的长诗后,连声称绝:"览之嗟赏,更夺袍以赐。"这就是流传千古的宋之问龙门夺锦袍的典故。

宋之问诗写得很好,人品却相当低下,可以称之为唐初诗歌界的巨人、道德上的侏儒。在武则天执政期间,三十来岁的宋之问日思夜想的一件事竟然是成为七十多岁的女皇武则天的男宠!

武则天喜欢蓄养小白脸,大家都知道。为了博得武则天的青睐,使自己成为她的面首团团员,宋之问充分发挥了自己擅长写诗歌的特长,给武则天写了一首献媚诗,诗中的暗示相当露骨:"明河可望不可亲,愿得乘槎一问津。"宋之问把女皇比作自己心中向往的可望而不可即的织女,说自己愿意坐一只木筏,划到心上人的身边。

这首爱情诗其实写得挺美,意境也不错。可想想也挺恶心的,一个青春勃发的熟男情意绵绵地给一个古稀老太婆写情诗,这算什么事儿呀!

其实从相貌来说,宋之问是具备吃软饭的资本的。资料显示,宋先生"伟仪貌,雄于辩"。按说这种类型的帅哥,必然会受到大批美眉的青睐。可武则天就是对这个才貌双全的大帅哥不来电,搞得宋之问连把木筏推进水里的机会都没有。

你也许会觉得很奇怪:为什么武则天对主动送上门的宋帅哥不感冒呢?原因很简单:"之问患齿疾,口常臭。"若不是有这个毛病,也许宋之问真的有可能成为武则天的面首之一。据《太平广记》记载,武则天曾经以非常惋惜的口吻对身边的近臣说:"吾非

第二卷 武周大帝

· 232 ·

不知之问有才调,但以其有口过。"

宋之问这次香艳的自我推销不但没有成功,反而成了笑柄。但他似乎不太在乎自己名声的好坏,只要有政治上的好处,什么出格的事情他都做得出来。于是,在自己成为女皇男宠的计划失败后,宋之问退而求其次,开始巴结女皇的男宠张易之。

张易之、张昌宗兄弟是武则天晚年最宠爱的男宠,在朝中也是红极一时。为了让张易之罩着自己,宋之问对张易之"倾心媚附"。《新唐书·文艺传》中有言:"至为易之奉溺器。"为了升官发财,一个名满天下的诗人竟然为一个吃软饭的"二爷"提尿壶!

对于雄赳赳、气昂昂地提着尿壶的宋之问,说他奴颜婢膝恐怕还不够。如果宋之问只干过为别人提尿壶的"下三路"的事,那被别人鄙夷地骂几句"摇尾乞怜的哈巴狗"也就过去了。但宋之问不止如此,他干出了一件惊天动地的大案子,这位著名诗人也凭借此案成为最遭人唾骂的告密者之一。这是一个真实版的"东郭先生和狼"的故事,故事里的那位慈祥的东郭先生名叫张仲之,他一直都把宋之问当做好朋友。

"五王政变"发生后,武则天被唐中宗集团剥夺了最高权力,张氏兄弟也被诛杀。理所当然,抱张易之的大腿抱得最紧的宋之问也被流放到了泷州(今广东罗定)。但宋之问受不了流放之苦,不久便从位于南方的流放地偷偷跑回洛阳。朝廷钦犯私自逃跑,这跟现在的罪犯越狱差不多,问题是很严重的。若是被朝廷捉住,肯定是从快从严处理,脖子上吃饭的家伙恐怕是不保了。所以,宋之问也十分害怕,他在北上潜逃途中,一路担惊受怕,昼伏夜出如猫头鹰,惶惶似丧家犬。

就是在这段不人不鬼、见不得光的逃亡期间,宋之问写出了那首名诗《渡汉江》:"岭外音书断,经冬复历春。近乡情更怯,不敢问来人。"最后两句应是宋之问的真实心态。接近熟悉的家乡,碰到熟悉的故人,他也不敢上前打听家人的情况,怕被人认出来,怕遭人举报后被官府抓回去。

当时宋之问处境非常凄惨,根本没人敢收留他。一个朝廷逃犯,谁敢收留?这样做不等于往家搬炸弹吗?不过,还真有不怕挨炸的,张仲之就是这样一个人。

其实张先生也并不是不怕挨炸,而是完全是出于对朋友的义气,才收留了无处可去的宋之问。张仲之把宋之问悄悄藏在家中,好吃好喝招待着,跟他说,你就安心在这儿住着吧,有我吃的就有你吃的,有我在就有你在!不料宋之问很快就以实际行动把老朋友张仲之那句掷地有声的话给改了:有我吃的就没你吃的,有我在就没你在!

当时的皇帝虽说是中宗李显,朝政却掌握在韦皇后手中,而韦皇后又与武则天的侄子武三思搅在一起,把朝纲弄得紊乱不堪。因此,忠于李唐皇室的张仲之和中宗驸马王同皎等人密谋,决定发动政变,斩杀武三思。在进行密谋活动的时候,这些人太把宋之问当朋友了,这样绝密的情报也没瞒着他。结果,让他们后悔不及的一幕发生了。

宋之问得知这个消息后,立即叫自己的侄子向武三思告密,期望以此洗白自己,让朝廷不再追究自己越狱潜逃之罪。最后,张仲之、王同皎等人全部被大权在握的武三思处死。宋之问也得偿所愿，因为告密有功，朝廷不但没有追究他的越狱罪，反而给他加了官："由是擢鸿胪主簿。"眨眼之间，宋之问就从一个不敢见光的逃犯摇身一变，成了大唐外交部的官员。

只是，宋之问这种出卖朋友、恩将仇报的无耻之举被永远地钉在历史的耻辱柱上，"天下丑其行"。

宋之问是丑陋的。但在武则天主政的那个时代，丑陋的人和事太多太多了，由于指导思想出现了错误和偏差，很多人的人生价值观都发生了严重扭曲，人性中丑恶的一面被无限纵容和放大，让那些好人吃尽了苦头，受尽了折磨。在那个群魔乱舞的时代，又一群魔鬼粉墨登场了。

十二、滴血特产之酷吏

国人之所以对"酷吏"一词存在着一种憎恶感觉，大概是与武则天朝的酷吏横行有些关联的。唐初的酷吏因为有武则天的撑腰，这个恐怖组织的祸害程度，比其他任何朝代都来得凶猛、酷烈。就连恶名远扬的明朝锦衣卫和东厂、西厂，在武周朝的酷吏面前都得甘拜下风。

其实"酷吏"一词的最初含义并非如我们脑海里想象的严酷拷打、鲜血迸溅那般，而是一个比较正面的词汇。"酷吏"最早出现在《史记》中。司马迁在这部鸿篇巨制中专门辟出一个《酷吏列传》，用来记载汉朝那些执法峻酷、用刑严厉的官吏。《史记》中列出的十名酷吏和《汉书·酷吏列传》中的十三位酷吏，绝大多数都是"虽酷，称其位"的好官。代表人物张汤、董宣等人就是廉洁奉公、不贪不腐的楷模。

与汉朝的酷吏比起来，唐朝的酷吏简直猪狗不如。新、旧《唐书》共记载了二十三名酷吏，这二十三人组成了一个唐朝的魔兽团队。这一群魔鬼与野兽干尽了灭绝人性、丧尽天良的坏事，在他们看来，一切公平、正义、良知、人伦等最美好的东西全是狗屎，能让他们兴奋的只有权力、金钱和别人难以忍受的痛苦。人类所有最可怕的变态暴力都能在这帮酷吏身上找到。古人早就给他们挂上了兽类的商标，《新唐书》说他们在残害忠良大臣时"泽吻磨牙，噬绅缨若狗豚然"；《旧唐书·酷吏列传》中也有"千载之后，闻其名者，曾蛇豕之不若"的评论。

我们主要讲述一下两个最让人作呕的顶级酷吏来俊臣和周兴，通过他们的所作所为，来看看这些猪狗不如的酷吏们的丑恶嘴脸。

如果按照民间骂人的说法，可以将来俊臣归为"杂种"。因为他的身世比较复杂，乱糟糟地竟然有两个爹，而且这俩爹都不是什么正经人。

来俊臣名义上的爹叫来操。来操是个资深赌徒，把赌博当做自己的毕生事业，他和一个同乡赌友蔡本的关系十分密切，最后甚至到了共妻的程度。当然，之所以"共妻"并非因为两人的关系好到了不分你我的程度,而是与赌博有关。

也不知道是蔡本赌技太差,还是来操出老千,蔡本不但把自己的老本都输光了,还欠了来操一屁股的赌债,"负博数十万不能偿"。怎么办呢?赌债也是债,想要赖是不行的,所谓愿赌服输,没钱想办法也得还。可几百缗钱在唐初可是一笔巨款,蔡本身无分文,拿什么还?他家穷得连西北风都留不住,最值钱的"家庭财产"就是"一件衣服"——他的老婆。于是,赌徒蔡本在无钱还债的情况下,把自己的"衣服"脱下来送给了赌友来操。这是《新唐书》中的说法。《旧唐书》在描述这件事情的时候说来操"与乡人蔡本结友,遂通其妻,因樗蒲赢本钱数十万,本无以酬,操遂纳本妻"。如果这个说法是真实的,那来操可真不是个东西,当面和蔡本称兄道弟,背后却和他的老婆私通。

这三人的关系够乱的吧?还有比这更乱的呢!蔡本的老婆在抵债给来操时已身怀六甲,到来家后不久就生下一个儿子,就是来俊臣。因为是在来家生的,所以即便是蔡本的种,也得姓来。从这个意义上来说,来操只是来俊臣的养父,蔡本才是来俊臣真正的爹。不过也不一定,既然来操和俊臣他妈早就有一腿,这孩子也有可能就是他的儿子,不过那会儿也没有 DNA 鉴定,谁搞得清这孩子到底是谁的。

新、旧《唐书》给来俊臣的评语可谓高度一致,一个说他"凶险不事生产,反覆残害,举无与比",另一个讲他"天资残忍,喜反覆,不事产"。这些评语可以综合为三句话:来俊臣生性毒辣、反复无常、游手好闲。借此我们可以了解,来俊臣这家伙就是一个结结实实的"二流子"。

照理说,像来俊臣这种出身于普通家庭的孩子如果脚踏实地,成年后或学门手艺,或老老实实种田,虽说小康生活无从谈起,但在社会相对和平的大环境下,娶个老婆、顾个温饱是没问题的。实在不行,哪怕是在家里开个赌具批发作坊,向老爸的赌友们推销牌九麻将也能凑合养活自己。家里又不是开花店的,还想当花花公子,明摆着是不想有日子过。

但既然是二流子,不干点操蛋的事情怎么能名副其实呢。来俊臣最喜欢干的就是偷窃扒拿。他的业务范围比较广,掏人钱包、拦路抢劫、入室盗窃一类的活儿,碰到什么干什么。不知道是因为在当地人人喊打,实在待不下去了,还是因为被政府通缉,不得逃亡外地,抑或是为了去外地开拓市场,反正最后来俊臣在距离家乡很远的和州(今安徽和县)因偷盗被官府抓捕,关进了监狱。当时的和州刺史是李唐皇室成员:唐太宗李世民的曾孙、东平王李续。

不想在监狱服刑的来俊臣决定采取自救行动,他向东平王上书告密,说要举报重大案件。其实他一个整天东偷西抢的盗窃犯,除了自己能制造重大案件外,哪能有什么重大案件举报?纯粹是狗急跳墙,乱说一气而已。他所举报的内容当然都是查无此事,"续按讯无状,杖之百"。唐朝的杖刑可以按照杖击的多少分为五个等级,"起步价"为六十下,然后分别是七十杖、八十杖、九十杖和一百杖。可以看出,李刺史对来俊臣是从严从重处罚的。但是这个李续在武则天登基后的头两年就被女皇安了个冠冕堂皇的理由,被处死了。

讲到李续之死,还必须再讲一下另一个李唐皇室成员琅琊王李冲之死,因为这两人的死都与来俊臣的发迹密切相关。

李冲是唐高宗李治的兄弟越王李贞的儿子,他死在起兵反对武则天的军事行动中。虽然李冲的反武军事行动只坚持了一个礼拜,但他还真算得上是一个纯爷们儿。李唐家那么多子孙,在江山被外人改朝换代后,都把头缩在衣领里,没几个敢站出来表示反对。而李冲和他的父亲李贞在武则天称帝前夕举起了匡复中宗的大旗,起兵发难,讨伐武氏。尽管他们因为过于鲁莽和操之过急而兵败,但为了李家的利益,轰轰烈烈地流尽一腔热血,也不失为血性男儿。只是李冲万万没想到,他的一腔热血却被来俊臣天衣无缝地利用了一把。

像来俊臣这样一个一无是处、满身疮疤的二流子,如果生在风正政清的贞观时代,是永无出头之日的。但在恐怖政治盛行的武则天时代,越是这样的人物,就越有得道升天的可能。

李续被杀后,来俊臣觉得机会来了,他再次向武则天上书告密,得到了武则天的亲自接见。在这位主宰一切的女皇面前,很会来事的来俊臣巧舌如簧,口吐莲花,"自陈前上琅琊王冲反状,为续所抑"。

他果然是个反复无常的小人,撒起谎来连腹稿都不打,一个谎言套着一个谎言。由于两个当事人都已经死亡,这种以一个谎言证明另一个谎言的事情当然无法被戳穿。武则天听了他的一席话,龙颜大悦,当场就把来俊臣看成为武周王朝的诞生差点献出生命的功臣。既然都成为功臣了,当然得论功行赏:"则天以为忠,累迁侍御史。"来俊臣真会发死人财,就这样,他踩在李家两个郡王李冲、李续的肩膀上一飞冲天,从一个在监狱服刑的罪犯摇身一变成了朝廷的六品侍御史。

也许有人会觉得,武则天怎么那么傻、那么好骗啊,来俊臣吐沫横飞地说几句假话她就深信不疑了?其实武则天是很精明、很有城府的,她这样做不是因为她傻,而是她把来俊臣当成了傻子。

武则天重用来俊臣的时候,正是朝廷中各种矛盾非常突出之时。其时,武则天刚刚通过"和平演变"的手段推翻了李唐政府,创建了武周政权。而当时由于接连发生了徐敬业领导的扬州兵变和李唐皇室起兵反武事件,让刚登上皇位的女皇有点草木皆兵的心理,她特别害怕有人再起来挑头反对自己,所以决心以强硬手段推行高压统治,在朝廷实施一轮"严打",把那些有可能危及自己地位稳固的人全部清洗掉。《旧唐书》中把武则天的这种想法交代得很明白,说武则天"以女主临朝,大臣未附;委政狱吏,剪除宗枝"。而"剪除宗枝"这种活儿需要有得力的执行人,来俊臣这个混混,正是在武则天四处寻觅物色代理人的时候出现的。

来俊臣迅速成为武周朝的当红人物,武则天特别器重他,很快就将他从侍御史提拔为仅次于御史大夫的御史中丞。为了充分利用来俊臣无人能及的酷毒劲儿,她为来俊臣量身定做了一个特别的机构:"诏于丽景门别置狱,敕俊臣等颉按事。"于是,来俊臣带领周兴、侯思止、王弘义、郭弘霸等一帮酷吏,把丽景门诏狱变成了可怕的杀人基地,有数不清的大臣命丧于此。

　　当时,"白兔御史"王弘义根据丽景门的谐音,将丽景门戏称为"例竟门"。竟,尽也。"例竟门"的意思是,凡进入此门者,照例没命。用现在的话讲,就是站着进去,躺着出来。来俊臣就是这样一个大奸大恶之徒。

　　来俊臣受到武则天的重用后,立即开始肆无忌惮地残害朝中大臣。他揣摩武则天的心思,根据武则天的暗示或授意,残害了数不清的无辜生命。来俊臣最突出恶行是滥用酷刑、草菅人命。在这个恶魔眼中,别人的生命轻于鸿毛,杀一个活生生的人比杀一只鸡鸭还简单。

　　最让人痛恨的是,他在审讯所谓的犯人的过程中,手段酷烈到令人发指。为了得到他想要的口供,让犯人招供自己有谋反之心,来俊臣带领手下酷吏,想出了无数常人难以想出的逼供酷刑,光枷刑就有十种,每一种都有一个听上去让人心悸胆寒的名字:一曰定百脉,二曰喘不得,三曰突地吼,四曰着即承,五曰失魂胆,六曰实同反,七曰反是实,八曰死猪愁,九曰求即死,十曰求破家。瞧这些名字取的,不需要任何解释,字里行间分明已透出无边的血腥和恐怖。

　　唐初的酷吏群体完全是一个虐待狂群体,这些酷吏都是思想超级变态的人。他们以杀人、害人、折磨人为乐事。在被虐待对象痛不欲生的惨景面前,他们不但不会生出怜悯同情之心,反而会有高度亢奋、癫狂的快感!

　　来俊臣这帮酷吏们在"研发"酷刑方面的时候,思维超级发达,发明的稀奇古怪的酷刑一个比一个骇人。

　　比如"玉女登梯",这名字够浪漫吧?而事实上现场只有梯子,没有玉女,是一种横竖都要人命的酷刑。具体方法是强迫审问对象爬到梯子上,然后在他们脖子上拴上绳索,再让在地上的人使劲朝后拉绳子。对被审对象来说,结果只有两种:如果抓住梯子不放手,就会被套在脖子上的绳索勒得窒息而亡;如果放手,就会从高空直挺挺地摔下去,也是死路一条。

　　还有一招叫做"驴驹拔橛",就是把人头当成栓毛驴、马驹的木橛来拔。行刑时,先把被告绑在一根固定的柱子上,再将绳索套住被告的脖颈,然后命几个彪形大汉一齐发力向前猛拽绳索。如果被审者不交代出让来俊臣满意的口供,必将出现脖子被生生拉断的惨状。

　　来俊臣让人发指的逼供手法还有很多,如"不问轻重皆注醯于鼻","掘地为牢,寝以匽溺"。"醯"就是醋。甭管是什么样的罪犯,只要进了来俊臣的大狱,都必须从鼻孔里灌醋。"掘地为牢,寝以匽溺",是先在地下挖个大坑,然后注入乌七八糟的粪秽脏水,再把犯人关进去。这可太苦了,一天十二个时辰,犯人浸泡在污水中,无法休息、无法睡觉。这么站上一两天,犯人要是不交代,就会被泡得全身腐烂水肿,最后或因感染生病而死,或因体力不支倒入污水中淹死。

除了疼死、淹死、病死的,来俊臣的监狱内还有许多犯人是被饿死的。来俊臣把他们抓来随便扔进一间监房,然后"绝其粮,囚至啮衣絮以食"。其实吃棉絮谈不上"充饥",因为棉絮无法消化,只能加速人的死亡。凡是被来俊臣抓进监狱的人,"大抵非死终不得出"。

来俊臣得势期间,最主要的工作就是杀人,"前后坐族千余家"。因为来俊臣们的存在,那段时间空气中充满了死亡的气息。除了武则天本人和皇室成员,其他任何人,包括宰相在内,没有人能保证自己不会突然被酷吏逮捕、被杀。因为来俊臣、索元礼等人有这样的权力,只要有人密告朝臣有危害朝廷的不轨行为,来俊臣就有权以危害国家安全罪随时将其逮捕下狱。不管你是二品的三省首长还是三品的六部部长,统统都会栽倒在由四品御史中丞来俊臣主持的丽景门诏狱中。

大臣们都知道进了丽景门意味着什么,所以他们感觉入朝上班十分危险。对于当时朝廷中的恐怖气氛,史书中有详细的记载:"故每入朝者,必与其家诀曰:'不知重相见不?'"所有大臣都战战兢兢地工作,个个噤若寒蝉,生怕因言惹祸,同事朋友相互碰面都不打招呼,不致问候:"朝廷累息,无交言者,道路以目。"

所谓"鹰犬搏击,纵之者人"。酷吏们再狠,也不过是武则天手上的鹰犬。如果主人不打开笼子、不松开绳子,鹰犬再凶猛也只能是扑腾几下或者干号几声。武则天时代,酷吏之所以呈现出井喷状态,完全是武则天有意纵容或者说故意培养的结果。《新唐书·酷吏传》说:"呜呼!非吏敢酷,时诱之为酷。"

谁诱之?当然是武则天。当人治代替了法治、当领导者个人的决断凌驾于国家权力之上时,一切就会自然而然地变得荒诞不经。这时候,荒唐的土壤就成了罪恶发酵的温床,所有匪夷所思的罪恶之花都会茁壮地成长起来。来俊臣就是武则天栽培起来的一朵浑身长满罪恶之刺的罂粟花,他的毒液都倾注在了一本书上,这本书的名字叫做《罗织经》。

《罗织经》可以说是一本真正的"大毒草",是一部集邪恶理论之大成的歪书,是一本专门介绍如何罗织别人罪名的"经验"之书。这本书可称为中国文明史上的一个永远散发着恶臭的脓疮。形象地说,《罗织经》就是一本讲述刑讯逼供的教材和专著。书中详尽地告诉酷吏们该怎么诬陷别人,怎么让没罪的人自己承认有罪,如何在审讯时让被审者生不如死地乖乖招供,如何将案件由小做大,将涉案人员由少变多,等等。这本书的主创人员就是来俊臣和他的手下朱南山、万国俊等人。

看看《罗织经》的内容,不得不让人感到愤怒、痛恨和鄙夷。《罗织经》共分为十二卷,每卷都有一个主题,如"事上卷"教人如何像羊一样温顺地讨好皇上,"治下卷"教人如何像狼一样凶狠地对付下属,"问罪卷"教人怎么无中生有地给"犯人"定罪,"瓜蔓卷"则是教人怎么顺藤摸瓜地害人……

在刑讯逼供方面,《罗织经》的经验之言是:"死之能受,痛之难忍,刑人取其不堪;士不耐辱,人患株亲,罚人伐其不甘。"这里是告诫酷吏,不要让犯人痛痛快快地死掉,要想使他们认罪,就得"取其不堪",从他们不能忍受的薄弱处下手,慢慢折磨他们,让他们疼痛难忍,他们自然就会问什么招什么。在邀功请赏方面,《罗织经》的观点更是骇人听闻:"事不至大,无以惊人;案不及众,功之匪显。"意思是要把案子弄大,弄得越大越好;要把案犯往多了抓,牵连的人越多越好。

在如何定罪和如何整人方面,《罗织经》的方针是"人皆可罪,罪人须定其人";在阿谀逢迎、揣摩领导意图方面,《罗织经》的标准是:"上不容罪,无谕则待,有谕则逮。"对这些酷吏们来说,每一个人都可以"被有罪",只要先确定具体对象就行了。皇上看不顺眼的人,如果皇上不发话,绝不对其下手;一旦皇上作出批捕的决定,那就要毫不犹豫将其逮捕。

翻翻《罗织经》,我们不得不惊讶于这帮千年之前的酷吏们邪恶的"智慧"。他们为了扳倒一个无罪的官员,大搞"钓鱼执法","招集无赖数百人,令其告事,共为罗织,千里响应"。而且这些来自不同地区的告发状纸"事状不异"。大家所告发的事情都相同,这样就让局外人不产生怀疑。他们把假的做得比真的还真。

据说武则天后来看到这本书,喟然长叹道:"如此机心,朕未必过也。"柏杨在《中国人史纲》中将《罗织经》定义为"人类有史以来第一部制造冤狱的经典"。其实他还是说得谨慎了一点,《罗织经》不仅是"人类有史以来第一部制造冤狱的经典",也是唯一的一部,空前绝后。

在对待犯人时,来俊臣是魔鬼;在对待女人时,来俊臣也是鬼——色中饿鬼。

来俊臣自己的身世来历不明,他的妻妾也来路不正。他的娇妻美妾跟蚊子身上的血一样,都是别人的。来俊臣娶妻纳妾特别简单,不需要媒人聘礼,他看上谁,谁就得乖乖跟他走,不管是待字闺中的黄花大姑娘还是别人的老婆。如果他看中的人家拒不送人上门,那就会遭殃了。他会命人罗织各种罪名,把对方全家逮捕下狱或者满门抄斩,然后强行将他看中的那位美女弄到家里。当时很多朝廷官员就是这样被他害得家破人亡的。《资治通鉴》对来俊臣夺人所爱的恶行记载得很清楚:"士民妻妾有美者,百方取之;或使人罗告其罪,矫称敕以取其妻,前后罗织诛人,不可胜计。"有个叫段简的帅哥就倒了霉。

段简在情场上颇为得意,妻子不但美若天仙,还是太原王氏王庆诜的女儿。王氏在北魏时期就和崔、卢、李、郑一起被朝廷定位为一等大姓,其后几百年里一直大红大紫。到隋唐时期,虽然王氏家族已经淡出政坛,但在当时讲究姓氏尊卑和门第等级的社会环境中,以崔、卢、王、谢为首的名门之女选择郎君的起点还是很高的,有时候李唐皇室他们都看不上眼。因为在他们眼中,刚取得政权不久的李氏就是一个没有贵族气息的政治暴发户而已。

来俊臣很想与太原王氏通婚,王庆诜的女儿长相俊美,是个合适的人选。虽然王女已经是段简的老婆,在正常情况下,可能都不会拿正眼瞧来俊臣这样不入流的小姓人家,但是没关系,只要是来俊臣看上的女人,就没有他弄不到手的。

抢夺过程再简单不过了,"俊臣矫诏强娶之"。来俊臣总喜欢胡扯,净干给别人上色的事情:把黑锅使劲往武则天背上挂,将绿帽子批量往别人头上扣。段简也知道诏书是他胡诌的,但慑于酷吏的淫威,他不敢不从,只好把老婆献上。可王女进入来家不久就因受到刺激,上吊自杀了。

这个美女自杀了,没关系,段简那儿还有没自杀的美女呢。来俊臣简直把段简家当成美女供应基地了,他又看上了段简美丽的小妾。

这次来俊臣故技重演,派心腹到段家放出风声,说自己很中意段简的美妾。这招效果相当明显:"简惧,以妾归之。"

来俊臣得势后期,因罪被武则天赶出朝廷,贬任同州(今陕西渭南境内)参军。贬官后的来俊臣仍然狗改不了吃屎,还是贪淫暴虐。见同为参军的同事之妻貌若天仙,他竟干出了"夺同僚妻,又辱其母"的猪狗不如之事。

从同州调回朝廷后,来俊臣变得更加狂妄,抢夺别人的妻妾如家常便饭。他听说投靠唐政府的西突厥酋长阿史那斛瑟罗家有一个年轻貌美、能歌善舞的婢女,便想据为己有。为了得到这位美人,来俊臣"令其党罗告斛瑟罗反,将图其婢"。他准备分三步把别人的妻妾弄到自己家里来,第一步,派人告他谋反;第二步,把他的家人下狱斩首;第三步,把看中的女人抢到家中。

可这一次,来俊臣极其罕见地没能如愿,他的计划在第一步就搁浅了。那些野性十足的番将可不是那么好惹的,他召集了好几十个少数民族酋长,一起"割耳剺面",去朝廷喊冤。这件事的政治影响太大了,演变为大规模的群体事件了。在武则天的干预,阿史那斛瑟罗"乃得不族",避免了被灭族的命运。

对来俊臣这样一个超级流氓来说,他最该怕的应该是流氓头子。但在武周时代,流氓头子就是武则天,她对帮她除去了无数眼中钉、肉中刺的来流氓关照着呢。所以,无所顾忌的来俊臣在杀人整人的问题上,真正做到了随心所欲,怎么高兴怎么来。他想让谁从世上消失,谁就不可能不消失。最无聊的时候,不知道杀谁的来俊臣竟然用甩飞镖来决定先干掉谁:"题缙绅名于石,抵而仆者先告"。

不过,在那个酷吏遍地的时代,即使没有来俊臣,也还会有和他一样残暴透顶的酷吏。周兴就是这样一个顶级酷吏。

周兴的身份和"专业"使他不像其他酷吏那样无知无畏,他是真正的政府官员,据说"少以明习法律"。具有讽刺意味的是,熟悉法律法规的他,没有拿起法律之盾去帮助别人维护权益,而是化盾为矛,干起了荼毒生灵之事。拥有这样的法学背景,周兴害起人来驾轻就熟。虽然他杀人的数量比不上来俊臣,但说出来也足以让人倒抽凉气:"兴、元礼所杀各数千人。"名声很好的史官江融就死在周兴手下。

为了向上攀爬,周兴告密说江融与发动扬州兵变的徐敬业是同谋,结果江融被斩于市。临刑前,江融请求面见皇上陈述冤情,遭到拒绝。江融愤怒地叱骂周兴说:"吾死无状,不赦汝。"这其实就是一句气极了的诅咒,因为鬼怪神仙当然是没有的。不过江融死时的情景大大与众不同,《新唐书》记载,江融的头颅被刽子手砍下后,"尸奋而行,刑者蹴之,三仆三作"。

另一个被周兴害死的忠臣是魏玄同。魏玄同可不是一般人,他是武则天时期的宰相。这样的高官都能被酷吏陷害捕杀,可以想见武周时代的乱象。周兴害死魏玄同纯粹是狗咬吕洞宾不识好人心的以怨报德。

周兴与魏玄同之间的纠葛,说起来有些年头了。唐高宗年间,担任县令之职的周兴被朝廷列为拟提拔干部,这可把七品芝麻官周兴高兴坏了。他屁颠屁颠地来到京城,天天在朝堂门口等候消息。不曾想事情发生了变化,周兴没有通过唐高宗的政治审查,被取消了提拔资格。

提拔动议被皇帝亲自否决了,当然是没戏了。按理说,周兴该打道回府,继续回地方去当自己的县令。可不知怎么的,那些早就知道这个消息的宰相们没有一个人把这个情况告诉周兴,任凭周兴每天在朝堂门前望眼欲穿,也没人搭理他。

魏玄同见他每天都在眼巴巴地等着天上掉委任状,便好心地对他说:"明府可去矣,毋久留。""明府"是唐代对县令的尊称。照理说,宰相大人对周兴讲话这口气已经是很客气了,没有直呼其名,而是用了尊称,言语中明显还带着同情安慰的口吻。因为涉及组织机密,魏玄同当时不能直接对他说,皇上已经把你"枪毙"了,你别指望什么了,快回去吧。如果魏玄同这样说了,那就是泄露国家机密。

宰相以为这句点到即止的话语能让周兴意会而退,没想到好人做不得,若干年后,魏玄同因为这一句善意的提醒,付出了生命的代价!就因为这句话,周兴不可救药地恨上了魏玄同,而且恨得绵久漫长。他一根筋地认定,就是这位宰相大人黑了他将要到手的官。要不为什么别人都不叫他走,只有姓魏的叫他走呢?肯定是他在自己的升职路上使了绊子。

多年后,当周兴成为炙手可热的酷吏时,便向魏玄同伸出了报复的魔爪。魏玄同和裴炎特别要好,两人自始至终都保持着很深厚的友谊。周兴用这对老朋友的关系做了篇诬陷文章,他跑到武则天面前告密说,魏玄同曾经对裴炎说过"太后老矣,须复皇嗣"的不敬之语。

当时武则天还没有登基称帝,只是把本应该属于儿子的皇权紧紧抓在手中不放。

听到魏玄同说要她还政给儿子,气得火星子掉到了地雷上,立刻就爆炸了,很快就将魏玄同"赐死于家"。当时有位监刑御史知道魏玄同很冤枉,便劝他说:"丈人何不告密,冀得召见,可以自证!"其实这个建议是可行的。因为在那时候,不管是谁,只要你说要向朝廷告密,就有机会得到武则天的亲自接见。这位御史的意思是要魏玄同先以告密的名义得到武则天的召见,再趁机向她面陈实情,为自己洗冤。但魏玄同拒绝了这一曲线救命的策略,他大义凛然地说:"人杀鬼杀,亦复何殊,岂能作告密人邪!"这种从容就死的气节和周兴在死亡面前卑躬屈膝的表现,真是有着天壤之别。

魏、裴两位宰相果然是一对意气相近、气节照人的良友。裴炎被逮捕下狱时,也有人劝他向太后服个软、认个错,给武则天一个台阶,将他释放。但他在死亡面前表现得铁骨铮铮,平静而又冷静地说:"宰相下狱,理不可全。"

武则天时代的政治气氛那么肃杀,但政权没有发生混乱,这其中除了武则天个人的铁腕控盘能力超群的因素之外,还与朝廷有一大批像魏玄同、裴炎、魏元忠、狄仁杰这样品行刚直、一心为公的忠臣有很大关系。

周兴在唐初这群狼心狗肺的酷吏中间,是学问最深、职务最高的,他曾担任过秋官侍郎,也就是刑部第二把手,掌管天下狱制。这太有讽刺意味了,这样一个以诬陷、告密、制造冤狱为能事的人竟是大唐司法长官。这样的人若能秉公执法,那天下的乌鸦都能变成白色的了。

不过这位高官酷吏最终还是被黑吃黑,他被比他更黑的黑老大来俊臣黑掉了。这次黑吃黑的过程想必大家都很熟悉,这两个多次狼狈为奸的黑老大、黑老二最后一次合作演出,创造出了一个使用率颇高的成语——请君入瓮。

公元691年新年伊始,就有人告发周兴与宫廷高级将领丘神勣合谋,意图谋反。丘神勣大家可能不太熟,他也是大酷吏,前太子李贤就是被他逼迫自杀的。丘神勣一生同样杀人无数,不过他杀的不是敌人,而是自己人。

公元688年,琅琊王李冲在山东起兵反武时,武则天派丘神勣前去围剿。但丘神勣从京城开拔不久,李冲就被当地的民兵武装给解决了。丘神勣率领朝廷军队到达事发地点时,当地官员带着众多民众恭恭敬敬前来迎接朝廷大军。这时,丘神勣却突然下令军队"挥刃尽杀之"。原因就是他要以这些平民的人头冒充军功,回朝廷复命时可以向武则天吹嘘,说自己率领天军勇破反贼,大获全胜,斩获反贼首级若干个。

当时周兴还不知道自己已经成了被告,他和往常一样,与来俊臣处理完公事后,有说有笑地一起吃饭。推杯换盏之间,来俊臣愁眉不展地问:"囚多不承,当为何法?"对付拒不认罪招供的犯人,周兴的办法太多了,他当场以法学专家的身份给来俊臣支了一招:"此甚易耳!取大瓮,以炭四周炙之,令囚入中,何事不承!"

来俊臣对周兴的方法很感兴趣,马上命人现场如法炮制。当大瓮在火中被烧得吱吱作响时,来俊臣突然冷冷地对周兴说:"有内状推兄,请兄入此瓮!"周兴一看这阵势就明白是怎么回事了,立即吓得"惶恐叩头伏罪"。

虽然有自知之明的周兴最终没有被丢进瓮中,但这种酷刑还真有人使用过。明宣宗朱瞻基就把那个一直觊觎自己皇位的叔叔朱高煦罩在一口几百斤重的大铜缸里,然后在周围点燃柴炭,把铜缸和朱高煦一起烧成了液体。

被定了谋反罪的人无论如何难有机会再活在世上,于是丘神勣被诏令处死,周兴比丘神勣多活了几天,武则天没有杀他,而是格外开恩,把他流放到了岭南。其实这种开恩并不见得是真的开恩,情形可能与当年李渊流放王世充差不多。这俩皇帝都很狡猾,他们知道,即使赦免他们,他们也会因为作恶多端、仇家太多而小命不保。事实正是如此,与王世充一样,周兴"在道,为仇家所杀"。

就在丘神勣和周兴死的那一年,另外两大酷吏索元礼、傅游艺也先后被下狱处死。一年之内杀掉四大著名酷吏,可见武则天觉得酷吏们闹得太过分了,必须打压一下他们的嚣张气焰。自酷吏之风兴起以后,民愤很大,朝廷很多耿直人士,如狄仁杰、陈子昂、周矩等人均冒死进谏,请求武则天制止酷刑,宽仁治天下,以免激起民变。

武则天是个智商和情商都超级出众的政治人物,她对政坛形势拿捏得十分准确,当锅里的开水沸腾得快要掀起锅盖时,她会适时地从锅底抽出一把柴薪,或者往锅里兑上一瓢冷水。于是,在初期疯狂的告密和酷吏之风后,武则天适时地踩了一下刹车,杀了一批民愤极大的酷吏,向天下作出了交代。在武则天逐步掌权登基的过程中,十几名酷吏就是武则天政治棋盘上的十几颗棋子。在通往皇位的道路上,根据需要,她一路前行,一路丢撒棋子。别看酷吏们个个不可一世,但他们每一个人其实都是这个不动声色的女人的一次性用品。

武则天是很精明的,酷吏再酷,永远都在她的掌心之中。她与酷吏间的关系和明朝皇帝与宦官之间的关系类似,任你蹦跶得再高,任你权力再大,皇帝不耐烦的时候,只需用小指头轻轻一按,就能把他们从空中压到坑中。

如果仔细分析,我们会更清楚地发现,武则天、酷吏和朝臣三者之间的关系,就像渔夫、鸬鹚和鱼的关系。酷吏就是脖子上套着颈环的鸬鹚,武则天就是优哉游哉的渔夫,她居高临下地监视着一群鸬鹚在水中扑腾着逮鱼。小鱼,她任凭鸬鹚吞进腹中;大鱼,她取下来放进鱼筐里;而对那些珍稀鱼种,无论大小,武则天一律禁止鸬鹚吞食,即使扑咬到了也要全部放生。当时朝中宰相魏元忠、刑部郎中徐有功、监察御史严善思等正直朝臣,就是武则天眼中的珍稀鱼种。因此无论酷吏如何诬陷这些人,武则天始终都只对他们进行降职或贬黜处理,绝不下令处死他们。

魏元忠被酷吏所诬,"前后坐弃市流窜者四",他四次被判流放斩首。有一次他甚至已被押上刑场准备执行死刑了,但在最后关头,武则天还是派快马传敕,将其赦免。徐有功作为周兴的下级,在单位领导周兴已将别人定为死罪的情况下,仍坚持法律原则,将其当庭释放。在被周兴告黑状后,武则天只是暂时罢免了他的官职,不久就重新提拔使用。严善思因为打击告密乱象,将八百五十多名虚假告密者绳之以法而成为酷吏集团的眼中钉。但即便是众多酷吏联合向武则天诬陷严善思,武则天也只是象征性地将他流放了一小段时间后就再次起用。

从这些事例可以看出,在唐初那场看似混乱的政治屠杀中,武则天始终是很清醒的,她只杀想杀的人,只杀和她不是一条心的人,只杀她认为对她有威胁的人。所以,这场杀戮虽然持续多年,但并没有伤及唐朝政权的统治根基。因此,本着客观的态度,我们固然可以说武则天是阴险的,但也不得不承认,武则天是聪明的。

由于武则天的特别"关照",在这场浩劫中,李唐宗室成员的伤亡最为惨重,李渊、李世民、李治三代皇帝的儿子,除了极个别以外,全被清洗殆尽。而周兴就是杀害李唐宗室成员最多的酷吏。

唐初的酷吏政治最终以来俊臣的死画上了句号,而来俊臣的死因只有两个字:野心。这个顿顿只配吃野菜的酷吏竟然有了野心,而且是政治野心,他想当皇帝!《新唐书·酷吏传》说来俊臣"知群臣不敢斥己,乃有异图,常自比石勒"。

这真是太令人觉得好笑了。来俊臣这样一个除了残暴、好色,在其他方面一无是处的酷吏竟想成为一朝天子! 人家石勒那是有真本事,他在疆场征伐,所向披靡;纵横捭阖,一呼百应。而来俊臣有什么呢?来俊臣的这种想法就是极为典型的得意忘形,是忘乎所以的昏想。这一次,在武周朝大红大紫的来俊臣连灰不溜秋的机会都没有了,野心膨胀的他很快便一命呜呼。

来俊臣一心想成为另一个石勒,他开始暗暗策划,精心准备,打算制造一次天字号大案,铲除一切阻挡自己成为石勒的障碍。《资治通鉴》中记载了这件大案的内容:"欲罗告武氏诸王及太平公主,又欲诬皇嗣及庐陵王与南北衙同反,冀因此盗国权。"

看看来俊臣的这份诬告名单,不得不说这人真是一个政治疯子。告状的告密的打小报告的,这事我们在史书上见得多了,但像这样的诬陷告密者,在历史上绝对找不出第二个。他的一张黑名单几乎把唐朝所有人都给告了:皇帝武则天家的所有武姓王爷、皇帝的爱女太平公主、皇帝家两个硕果仅存的儿子李显、李旦。皇帝最亲近的家属、亲戚全都榜上有名。来俊臣说,他们个个都想谋反。

他不仅把武则天的家人全部罗列进了谋反的名单,还考虑得很周到,将南北衙禁卫军也写进名单中。南衙、北衙指的是驻防于皇城南、北两面的禁军部队,是专门负责皇帝和皇宫的安全以及京城防卫、治安的两支军队。这两支军队如果要谋反,那不是直接就要了皇帝的小命了吗?来俊臣鬼得很,他大概是想借机要了南北两衙军方领导的小命,然后换上自己的心腹去坐这个要害位置,这样的话,他做石勒的梦想就成功一半了。这事捅出来以后,太平公主、武家那些子弟个个恨得牙根痒痒。这两家皇亲国戚一发难,来俊臣就算彻底玩儿完了。诸武和太平公主联合起来,向武则天揭发来俊臣的谋逆行为,结果这个唐朝最大的酷吏被"系狱,有司处以极刑"。

恶有恶报这句俗语终于在恶魔来俊臣的身上得到了体现,他不但被武则天下令执行死刑,而且还被特别"关照"——弃市。即犯人被处决后不得收尸下葬,任其暴尸街头。不过来俊臣根本没机会暴尸街头,因为他干的坏事太多,民愤太大,"国人无少长皆怨之,竞剐其肉,斯须尽矣"。这个记载还算是比较平和的,有的书籍对这一场面描述得惊心动魄:"仇家争唉俊臣之肉,斯须而尽,抉眼剥面,披腹出心,腾踏成泥。"

来俊臣的死讯传出后,朝野一片欢腾,"士民皆相贺于路曰:'自今眠者背始帖席矣'。"这可真苦了唐朝的百姓们,在来俊臣活着的时候,很多人从来都没睡过一个囫囵觉,要不就睁着眼睛,要不就竖着耳朵,只要有风吹草动,立即飞跑逃命。

更好笑的是,来俊臣的死还引发了武周朝政府官员的一股自首热潮。自首的原因让武则天有点哭笑不得。原来在来俊臣当权之日,吏部在选拔官员的时候,因不敢拒绝来俊臣的招呼和条子,每次都会违规选拔数以百计被来俊臣关照的关系户。来俊臣一死,官员怕朝廷怪罪下来,就主动交代问题,希望皇帝能从宽处理一下。

武则天相当生气,狠狠地责备痛骂了这些弄虚作假的官员。但当那些被批评的官员对武则天说了句发人深省的话语之后,武则天马上爽快地赦免了他们。他们委屈地对武则天说:我们确实辜负了皇帝陛下,该当死罪,但"臣乱国家法,罪止一身;违俊臣语,立见灭族"。这句无奈的辩解起了关键作用。这句话让武则天很震撼,她没料想到来俊臣竟然如此恶毒、如此被天下人所憎恶,便诏告天下谴责来俊臣:"宜加赤族之诛,以雪苍生之愤,可准法籍没其家。"

武则天在来俊臣死后如此立场鲜明、大张旗鼓地高调谴责他,其实只是一种政治表演而已,她无非是想借此抚慰民心、平息民愤,把滥杀的责任全部推到酷吏身上。这是政治人物冒充纯洁、推卸责任、收买人心、平息众怨的惯用手法,这种手法是武则天在酷吏横行时期一贯着力坚持的原则。

那些酷吏的剩余价值都被善于驾驭他们的武则天利用到了极致,当眼中钉、肉中刺已经被拔光了的时候,酷吏们也就该退场了。武则天多精啊,她可以给酷吏阳光,但绝不允许酷吏阳光灿烂;可以给酷吏火种去烧别人,但绝不让酷吏拿着这星星之火去干燎原的事情;可以允许酷吏走进她的世界,但绝不允许酷吏在她的世界里走来走去。那些拿着火种就以为自己很火的酷吏,其实从他们开始告密或者被提拔的那天起就已是引火上身,他们的命运到最后都一样:玩火自焚。

讲完了来俊臣、周兴等著名酷吏,再来讲一个特色酷吏:郭霸。他的同事给他取了个外号:吃屎御史。这一点也不冤枉他,他确实吃过别人的屎。他的外号还不止一个,另一个叫"四其御史",这个外号算是他自己取的。

有一年朝廷考察干部,郭霸为了向武则天表达自己的忠心,当面对武则天说:当年徐敬业造反的时候,自己曾对天发誓:"愿抽其筋,食其肉,饮其血,绝其髓。"这纯粹是扯淡,当年他有没有发誓,鬼才知道。再说了,在胜者面前猛踩败者的狠话,谁都会讲,就是朝死里吹呗。但武则天就爱听这种马屁表忠话,听郭霸这样一讲,马上将其升为侍御史。此后,"四其御史"的外号便叫开了。

在唐朝,要想成为一个合格的酷吏,必须具备三个特征:品行差、心肠毒、脸皮厚。这"三件宝"郭霸样样不缺,尤其在脸皮厚方面,唐朝很可能无人能及。我们这就来看一下他在宰相魏元忠面前令人作呕的表演。

有一次魏元忠生病了,朝中很多大臣前往魏家探望,郭霸当然也去了。他见到魏元忠的第一件事是"请视便液,以验疾之轻重"。元忠同志也很纳闷:他这葫芦里卖的什么药呀,怎么一进门就要看人的大小便呢?

接下来,史上最让人恶心的一幕出现了,郭霸在看到元忠同志的大便后,"即染指尝"!他尝了之后喜形于色地祝贺魏元忠:"粪味甘,或不瘳。今味苦,当即愈矣。"跟评价美味似的,郭霸对宰相的大便评价得头头是道,搞得自己像一个非常有经验的老中医似的。这就是唐朝的酷吏,什么恶心事都能做出来。不过郭霸这一马屁行为适得其反,刚直的魏元忠不仅没有为之感动,反而"恶其媚,暴语于朝",把他这一过分谄媚的肉麻行为在朝廷中说了出来,于是"吃屎御史"便成了郭霸的外号。魏元忠的态度表明,郭霸这屎是白吃了。

看来领导生病也是块试金石。有人说试真金用烈火,试女人用金钱,试男人用女人。按照这种调侃的说法,可以再加一句:试人品用领导。

十三、"后来居上"

公元690年九月初九,武则天终于夺下了傀儡皇帝儿子李旦的皇冠,向天下宣布废除唐朝国号,建立大周政权,改元天授,成为中国历史上唯一一位女皇帝。

武则天的一生创造了太多的第一,她不仅是史上唯一一个女皇,也是中国历史上即位时年龄最大的皇帝。武周革命那年,武则天已经六十七岁了。在此之前,登基时年龄最大的皇帝是三国时期蜀汉政权的创立者刘备。一般人在六十岁时已经退休了,而这俩人却在六十岁时开始主宰天下。看来,皇帝确实不是一般人。

经过数十年如一日的苦心经营,武则天终于成功地颠覆了大唐号专列,成功吃掉了唐朝的李子,如愿以偿地实现了自己的理想,登上了权力之巅。

武则天称帝的过程是缓慢的。在高宗死后的六年中,她一直把持着朝廷的最高权力,却没有建元称帝。这并不代表她没有做女皇的野心,反而更能让人从中读出她急切想成为皇帝的心理。这六年可以看做是武则天为武周革命留出来的缓冲时间,在此期间,她排除异己、剪除宗室、威恩并施、取悦天下……把一切准备工作都做完了。在改唐易周前夕,武则天还煞费苦心地进行了一番半推半就的表演,不过这番表演是在别人的主动配合下无声无息地完成的。武则天正式称帝前的所有表演,都可以用一个关键词概括之——糊弄。

纵观历史，我们可以得出这样一个结论：所有以非正当手段谋求帝王之位的人在即位前都会进行一番声势浩大的思想舆论准备。武则天也不例外，她利用的是佛教。佛教在唐朝有着广泛的群众基础，武则天一直想利用佛教为自己称帝寻找理论根据。

唐初最有影响的两大教派是道教和佛教，由于李唐认道教创始人老子为祖先，佛教一直干不过道教，始终被道教压着一头。这一次，佛教界认为自己翻身的机会来了。他们费尽力气，在浩瀚如海的佛经中找到一部《大云经》，这部经书对武则天太有用了，因为里面有"即以女生，当王国土"的经语。武则天得知这个情况后高兴坏了，觉得这下可找着女人可以成为君王的依据了，佛教圣典上都这么说呢。

这样一个有炒作价值的重大新闻，武则天当然不会放过。她为了推广《大云经》，专门下诏要求长安、洛阳所属的每个州都必须兴建一所寺庙，每所寺庙都要收藏《大云经》，同时她还公派许多高僧到处讲解《大云经》，着重宣扬女子可以为王的思想，给唐朝民众提前打预防针：女人当皇帝，没什么大惊小怪的。

这时候，武则天已经有了第一个男宠薛怀义。薛怀义更是把糊弄发挥到极致，他干脆找人伪造了一部佛经，说武则天是弥勒佛转世，是上天派来取代李唐的。不少和尚附和薛怀义，力挺武则天，"言太后乃弥勒佛下生，当代唐为阎浮提主"。没想到，和尚中也有如此缺乏职业道德的。

跟西方总统竞选一样，拿了和尚们政治献金的武则天，当选后肯定会对支持自己的和尚们给予很多奖励。她上台后即将佛教的地位升于道教之上，而且明文规定，即使是平时走路，道士也必须走在和尚、尼姑的后面。

为了使姑妈这枚火箭尽快升天，武承嗣积极主动，充当火箭助推器。他偷偷摸摸找来一块石头，在上面凿出"圣母临人，永昌帝业"八个大字，为了让字迹看起来像是天然形成的，以"紫石杂药物填之"。做好之后，武承嗣把石头交给一个叫唐同泰的人，让他把石头作为祥瑞之物进献给武则天，要他谎称是在洛水中发现的。

武则天得到石头后十分高兴，心想这不是上天要我当圣母、成帝业嘛！她马上把这块石头命名为"宝图"，还大张旗鼓地搞了个拜受宝图仪式，领着一大帮人对着一块破石头顶礼膜拜，那场面真够滑稽。对进献石头的唐同泰，武则天的赏赐也是相当阔绰，提拔他为游击将军。

这才刚刚开了个头，无情的事情跟着就来了。武则天听说这块宝石是在洛水中发现的，便下令洛水"禁渔钓"。她觉得生出宝图的洛水为自己立了大功，得好好奖赏它，就封洛神为显圣侯，加特进。

同样让人郁闷的，还有一条在嵩山"禁刍牧"的禁令：任何人不得在嵩山打柴割草放牧。别的皇帝都对泰山崇敬有加，武则天却对嵩山情有独钟，她在位期间封禅都是在嵩山进行，这在皇帝当中显得特别另类。为了表示自己对嵩山的敬仰之情，武则天又像封洛神一样,封嵩山为神岳,封嵩山山神为天中王、太师、神岳大都督。

但是,因为这些荒唐的理由就不许人民下河捕鱼捉虾,不准群众上山放牧砍柴,这不是想让老百姓饿得躺在地板上吗?确实如此,这两项禁令颁布后,在当地产生了严重的影响,饿死了很多百姓。后来在众多大臣的劝谏下,武则天才下令取消禁令。

武则天对山河湖泊的封赏都如此慷慨,对那些对她有用的或讨她喜欢的人的封赏更是不在话下。最具代表性的就是四时仕宦傅游艺。四时仕宦,是指傅游艺一年四季连着不停地升官。

天授元年(690年),也就是武则天称帝的第一年,傅游艺奇迹般地从一个九品小官跃升至三品高官,并进入宰相行列。按照唐朝的官服制度,八品、九品官员着青色衣服;六品、七品为绿色;四品、五品穿红色;一品到三品官的地位最为尊贵,着紫色服装。

这四种颜色的官服很多人一生都穿不上,特别是紫色,对绝大多数人来说是可望而不可即的,因为要做到三品以上的高官太难了。而傅游艺却"期年之中历青、绿、朱、紫"。也不知道武则天制定的是什么干部提拔机制,不问工作经历、不问从政经验、不问业绩成果,一年时间内就拔萝卜似的把一个科级干部直接提成了总理一级的官员,也无怪乎人们惊叹不平、揶揄讽刺地称其为四时仕宦了。其实傅游艺的升官秘诀就在于他会见风使舵、溜须拍马。

公元690年九月初三,傅游艺率领九百多名不明真相的群众前往皇宫向武则天递交奏表,请求武则天登基为帝,取代大唐,改国号为周。据傅游艺讲,这个奏表代表着最广大人民群众的呼声和心声。这当然是他在睁着眼睛扯谎,那九百多名老百姓哪知道奏表里写的是什么,他们都是群众演员。

随便一想就知道傅游艺这次劝进活动是经过精心策划的,根据一些细节判断,总导演极有可能是武承嗣和武三思,而且这事绝对是得到了武则天默许的。因为如果武则天登基,武承嗣和武三思就是最大的受益人,在武氏宗族中,这两人与武则天的血缘关系最近,将来是有可能问鼎太子的。事实也确实如此,武则天登基后,将武家子弟全部封王,其中两人为亲王,十一个人封郡王,两位亲王就是魏王武承嗣和梁王武三思。

听说人民群众请愿游行请自己当皇帝,武则天貌似很有原则地摆了摆手、摇了摇头。刚做完这些虚伪的动作,她就把傅游艺从侍御史提拔为给事中。一场中小规模的请愿活动下来,傅游艺的职务就从六品变成了正五品,这馅饼也太大个儿了吧。

结果大家一看,这事有戏呀,咱也去向皇后表白几句,免得到时候她当了皇帝想不起我。于是第二天,"百官及帝室宗戚、远近百姓、四夷酋长、沙门、道士合六万余人,俱上表如游艺所请"。好家伙,真服了唐朝这些人,个个都是气象学家呀,太能看风向了。

皇帝李旦是一个很面的男人,这个亦步亦趋地紧跟在母亲身后的玩偶也是这六万多请愿者中的一分子:"皇帝亦上表自请赐姓武氏。"李唐皇帝都哭着喊着要跟妈姓,唐朝也到了山穷水尽的地步了。后来,武则天登基后果真赐儿子姓武。

劝进的大戏还没有落幕,因为武则天再次拒绝了大家。紧接着,劝进的压轴大戏开始了。九月初五,文武百官联名上奏,说看见好几万只凤凰聚集在皇宫内的梧桐树上,然后又一齐向东南方向飞走了。这就是所谓的祥瑞。祥瑞这东西一直和改朝换代如影随形,但凡新旧政权交接,这东西必须有。没有?造也得造出来。

几万只凤凰聚集到树上,然后还来了个孔雀东南飞,这不是糊弄鬼吗?但这对武则天而言确实是个大大的好消息,因为凤凰是与女性联系在一起的。既然凤凰祥瑞都出现了,那就说明天意如此,武则天该做凤姐啦!

祥瑞这玩意儿没有单个的,一般都是成系列的,有第一个就会有第二个、第三个……反正本来就是瞎扯,谁扯得最离奇谁就有可能升官发财,因为这时候皇帝多半不太会计较真假,只是计较有无。

长寿元年(692年),有人向女皇献上一块"白石赤文"的石头,即石头是白色的,上面的一道道纹理却是红色的。当他在朝堂上拿出这块石头时,那些朝堂高官都不解地询问这块石头奇在何处、瑞在哪里。那人理直气壮地回答道:"此石赤心,故以献。"原来这位老兄把石头的红色和赤胆忠心绑在一起了,真是"奇瑞"呀!宰相李昭德觉得这是荒唐奇闻,便火冒三丈地反问献石者:"此石赤心,它石尽反邪?"

有一个叫胡庆的人也来献祥瑞。他"以丹漆书龟腹曰'天子万万年'",然后献给武则天,说乌龟的肚子上长出一条爱国标语!还是李昭德,他找来一把刀,三下五除二就把龟腹上的油漆刮得干干净净的,龟壳却完好无损。不用说,这字肯定是写上去的。李昭德要求司法部门追究胡庆的责任,却被武则天下令释放,理由是:"此心亦无恶。"

由此可知,武则天是支持和鼓励民众进献祥瑞的。不过,她可不是老糊涂,她精着呢。她知道所谓的祥瑞多半是鬼扯和牵强附会。她曾以祥瑞之事试探过朝臣的反应。

有一年秋天,可能由于气候反常,宫里的梨树竟然开花了。武则天把宰相们召集到朝堂,而后"出梨花一枝以示宰相"。宰相们在确定她手里拿的是真的梨花后,"皆以为瑞"。只有杜景俭说:"今草木黄落,而此更发荣,阴阳不时,咎在臣等。"其实杜景俭所言也没有什么科学根据,梨花开花与否只和温度、湿度有关,干他何事?但他的回答自有可贵之处,因为他敢于坚持原则,有敢于扫皇帝兴致的勇气,在国家最高领导人面前硬是把一篇表扬稿写成了检讨书,难能可贵。

没有人料到,武则天这次梨花展是一次试探。就在其他宰相都认为杜宰相必定会遭殃的时候,武则天却高兴地夸奖他说:"卿真宰相也!"这样出人意料、峰回路转的结果充分表明,武则天没有老糊涂,七十岁的她比那帮儿孙辈的宰相们还精明三分呢,任何臣下想糊弄或者忽悠她,门儿都没有。

公元690年九月初三到初八,在全国人民火热的献瑞热潮和貌似狂热的请求下,武则天终于急人民之所急,想群众之所想,于象征"久久"的重阳节这天问鼎天下,成为中国历史上独一无二的千古女皇。

九月她称帝,一帆风顺;十月她施政布局,政令畅通,这令她十分高兴。她心血来潮,下令把当年的十一月改为正月。就因为她的一句话,每年就从十一月开始算了。

这是一个无法理解的决定。武则天执政期间,带有浓厚的女性特征——善变。她跟王莽有点像,都超喜欢改革。武则天似乎想把李唐的一切都改得落花流水,想把一切都推倒后重来。下面咱们就挑几件比较有趣味性的小事,来了解一下女皇那与众不同的改革。

武则天在登基当月就下诏,将全国政区的名称更改,改州为郡;州领导也不叫刺史了,改称太守。唐朝的驿路非常发达,每隔三十里就设一个驿站,朝廷文书很快就能被传到目的地。但这个改名的命令刚一发出,就有大臣提醒女皇说:"陛下始革命而废州,不祥。"这句话是说,"州"和"周"同音,武则天一上台就要"废州(周)",她这皇帝还能当得长久吗?谐音这事是十足的扯淡玩意儿,但武则天很相信,听臣下这么一说,她赶紧发加急电报,派人快马加鞭地把改名诏书追回来销毁。

最后政区的名字没改成,武则天把自己的名字改了。她以前叫武珝,后来改叫武曌。这个字是武则天向仓颉学习的成果,是她专门为自己打造的,其意思与"照"相同,象征着自己日月当空,照耀着世界,为世间万物带来了光辉。

除了"曌"字,武则天还创造了几十个新字。比如她把"人"字改造成上下结构,上面一横,底下一个"生"字;"臣"字的改造方式与"人"字相同,上面一横,底下一个"忠"字;"日"字改得有意思,跟产品的商标似的,一个圆圈里面加个"~";"星"字最简单,就是一个〇,不认字的文盲都晓得怎么写……武则天改这改那,改东改西,最后把李唐政权使用了半个多世纪的鱼符都给改了。

但是作为一国之君,武则天可以说是称职的,而且值得后人称道。由于男权社会的偏见,一直以来,武则天在民间的形象是反面多于正面。人们总是津津乐道她养男宠、找面首的风流艳事,总是把她定格为毒子杀女、残暴冷酷,为了权力不顾一切的另类女人。这些确实也是事实,而且武则天为权力泯灭亲情、制造冤情的行为,在历代帝王当中也并不多见,"世上最毒妇人心"这句话用在武则天身上一点也不冤枉。所以,她的品德分肯定是不及格的。

然而评价历史人物,我们应该将他放到社会和历史的大环境中去考察。具体到武则天身上,我们就不能光看她的德,也要看她的才以及她对社会、历史的贡献。我们无法否认,这个女人是有才的,而且是相当有才。显而易见,武则天不是一个德才兼备的封建帝王,而是标准的有才无德型。她的缺德给许多人带来无可挽回的灾难,但她并不是个嗜杀的昏庸帝王,她运用自己的政治智慧把国家治理得井井有条、欣欣向荣。

客观地说,武周时代可以称得上盛世,人民的幸福指数是相对较高的。在武则天统治期间,唐朝边境稳定,没有持久的战事发生,国家的农业、文化、经济都得到了快速发展,人民生活安定,一派和平繁荣景象。

永徽三年（652年），唐朝全国总户数是三百八十万户，到武则天退位时的公元705年，全国的总户数增加到六百一十五万户。粗算一下，在这长达半个多世纪的时间里，唐朝年均增长户数为四万四千户。

唐朝总户数最多时出现在公元754年，是九百零七万户。武则天交出权力后的五十年间，唐朝户数总共增长了两百九十一万，平均每年增长五万八千户。开元、天宝时期是公认的封建社会高峰之一，而这个数字说明，即使站在历史的高峰旁，武则天也不逊色。所以，如果单就治国之道而言，武则天是有让后人仰视的理由和资格的。

也许有人会说，仅凭人口数量指标就断定一个朝代盛衰的看法有失偏颇。这种质疑当然不无道理。但在生产力落后、自然经济占绝对地位的封建时代，人口增长的快慢是判断一个国家是否发达强盛的重要标志。即使在近现代社会，人口的增减幅度仍然是衡量一个国家是否安定、繁荣的较为重要的参考指标。

在武则天时代，不仅人口增长很快，而且基本实现了物质文明和精神文明双丰收。长安、洛阳、扬州、广州等城市的商业相当发达，城市与城市之间的商品交流十分频繁。据《旧唐书》记载，当时淮河、运河等重要河流上"弘舸巨舰，前轴万艘，交贸往返，昧旦永日"。无数装载着各种物资的巨型船只，天不亮就在水道上穿梭往来，可见当时的商品贸易量之大。而如此顺畅的水上贸易只能说明当时社会稳定、治安良好。若是在乱世，谁敢开着船走四方，路迢迢水长长地做生意？

另外，武周时期国家粮食储备也是很充足的，《唐会要》说："太原蓄巨万之仓，洛口积天下之粟。"1971年，考古学家在洛阳发掘出一座大型唐代粮仓，出土了许多登记粮食入库的铭砖，砖上凿刻的天授、长寿、圣历、万岁通天等年号全是武周时期用的，说明这是武则天时代的粮仓。据专家测算，这座仓库共有两百九十个仓窟，每窟可储藏的粮食超过五十万斤，整体储量可以达到一亿五千万斤。唐朝时的一斤相当于现在的六百六十一克，请大家自己算算这个粮仓能存多少吨粮食吧。

从这些史料中，我们可以看出当时仓廪实、经济活、人民安。按照这种情况，我们完全应该把武则天归为明君。其实，咱们可以从英明、创新、可爱这三个方面，对女皇武则天的帝王政事进行系统的梳理。

英明的武则天。

英明的皇帝都是相似的，每一个英明的皇帝在执政期间的所作所为无非是奖励农耕、轻徭薄赋、纳谏求才、任贤用能这类事情。但这些事情说起来容易做起来难。总的来说，武则天在英明帝王必备的几大硬件方面做得还是比较成功的。

我们在赞扬中国纳谏皇帝第一人唐太宗的时候，总少不了一个词——从谏如流。一个至尊帝王，听到臣下逆耳的批评，不仅不气急败坏，还虚心接受，有则改之，这是一种非凡气度、胸怀与修养的体现，也是明君必须具备的基本条件之一。而武则天当政时，虚心纳谏的胸襟也是有目共睹的。在她的政治地位稳固以后，她表现得尤其出色，对于朝臣的进谏,她多半都能虚心接受,以至后世不少人在这方面都将她与唐太宗相提并论。晚年的武则天在纳谏方面甚至比晚年的唐太宗做得还好,因为在贞观后期,唐太宗走的是下坡路,而武则天恰恰相反。

武则天对臣下进谏的重视并非只是玩玩形式,而是实实在在地体现在了行动中。她曾在自己编撰的《臣轨》一书中专门列出《匡谏》一章,指出"君有过失而不谏诤,将危国际殒社稷也",要求文武官员"外扬君之善,内匡君之恶"。在她的大力倡导下,这一时期出现了狄仁杰、魏元忠、陈子昂、朱敬则等一大批敢于直言进谏的朝臣,扭转了自唐高宗以来进谏之风几近销声匿迹的恶劣局面。

武则天是个佛教徒,她热衷于铸造佛像,而铸造佛像所需的铜铁价格昂贵,所以这是项挺烧钱的活儿。这么多钱从哪里来呢?武则天想到了一个好办法。久视元年(700年),"欲造大像"又差钱的武则天"使天下僧尼日出一钱以助其功"。

宰相狄仁杰听说这事后,马上上疏谏阻。他倒不是同情僧尼,而是担心贫下中农因此而增加负担。他给武则天分析说,不事生产的僧尼怎么会有钱财呢?天上不掉,水里淌不来,他们的钱财最终还是来自最底层的老百姓的口袋。狄仁杰的意思是,寺庙里的和尚、尼姑会堤内损失堤外补,在捐款之后,借化缘和做法事从百姓香客的口袋里多掏银子。所以他建议皇帝不要干这种间接加重人民负担的事情。他还拿梁武帝、简文帝父子俩亡国的事例来警醒女皇,说这俩皇帝天天兴建寺庙,不问国事,结果在国家危亡时刻,寺庙里的和尚也没一个来勤王的。

武则天听了这番话后,一点也没怪罪狄仁杰,反而愉快地接受了他的建议:"公教朕为善,何得相违!"一场强制捐款事件就这样被狄仁杰谏没了。武则天的表现也真不错,能够知错即改。

狄仁杰很厉害,经常毫不客气地给武则天提意见。他跟魏徵是同一类人,属于得理不饶人的主儿。要不是因为男女有别,估计狄老先生在得不到满意答复时会像魏徵一样,在金銮殿上扯住皇帝的衣袖不让皇帝下班。史籍上说他"好面引廷争,太后每屈意从之"。从这句话里可以看出,武则天特别尊重他。

强制捐款的事还发生过一次。延载元年(694年),官居内史的豆卢钦望想发起一项向朝廷献礼的捐款行动:"请京官九品已上输两月俸以赡军。"

其实豆卢钦望根本不是倡议,而是欺骗。他先拿着一个空白的奏折要所有官员在上面签名,大家虽然不知道他会写什么内容,但碍于面子,不好意思不签。名字签好后,他们才知道是要捐款。一下子捐出俩月的工资,谁不痛得跟割肉似的?但已经签字画押了,等于是自愿认捐了,再反悔那不成诈捐了吗?所以朝臣个个都郁闷得跟哑巴吃黄连似的,有苦说不出。这时一个九品小官说了出来,他就是王求礼。王求礼生气地质问豆卢钦望说:"明公禄厚,输之无伤;卑官贫迫,奈何不使其知而欺夺之乎?"

也不能怪王求礼生气,因为他所言非虚。当时三品官每月的俸禄差不多是九品官的五倍。史料显示,其时三品大员的月工资是五千一百文钱,再加上伙食津贴一千一百文及杂用钱九百文,每月收入超过七千文,而九品官每月到手的收入才一千五百文。

不过,豆卢钦望懒得搭理这个跟自己差好多级的芝麻官,坚持把大家集体签名要求捐款支持国防建设的奏折递了上去。没想到王求礼也是个牛脾气,他居然直接跑到皇帝武则天面前进谏,抗议这次捐款活动:"陛下富有四海,军国有储,何藉贫官九品之俸而欺夺之!"王求礼进谏的言辞相当犀利,但武则天并没有为难他,而是诚恳地接受了他的批评,当场宣布取消这次的捐款活动。

连欺骗、强夺这样激烈的字眼都敢当面锣对面鼓地对当朝天子说,可见此时官员们的言论自由程度,也能证明武则天时代言者无罪的良好氛围。武则天曾经多次下诏,鼓励全国官员上疏"极言时政得失"。所谓"极言",就是大胆地说,放开了说,只要是为了国家,骂谁都没关系,不会以言论治罪。

她即使在执政初期、重用酷吏的时候,也没有杜绝进谏之路。陈子昂、朱敬则、周矩等人就曾多次上表,批评朝廷无理由、无原则的滥杀政策。对这些敢于冒死直言的谏臣,武则天没有打压、迫害他们,而是逐渐接受了他们的建议,并对他们给予提拔、赐物等奖赏。这些人在进谏时把话都说得很重,像侍御史周矩的谏章中竟有"今满朝侧息不安,皆以为陛下朝与之密,夕与之仇,不可保也"这类言语。这等于说皇上就像一只反复无常的母老虎,随时都会因兽性发作而将人撕碎。武则天没有将周矩撕碎,她觉得周矩的言语虽然刺耳,但不无道理,于是"颇采其言,制狱稍衰"。在谏臣们不断进谏的情况下,武则天开始逐步调整政策,有针对性地对酷吏和随便告密的行为进行打压,使朝廷没有出现臣下以暴抗暴的危险局面。

现在看来,武则天应该是受到了唐太宗纳谏之风的影响。当年她和唐太宗在一起的那段时光,完全可看做她的实习期。武则天虚心纳谏的美德贯穿于她主政的始终。圣历年间,她打算把每年例行举办的讲武活动时间从冬季挪到春季。消息一出,就有臣下上疏劝谏,认为春季是农忙时节,如果把讲武活动安排在春天会耽误农时、影响生产。武则天接到进谏奏章后,觉得言之有理,就打消了这个念头。

到了执政后期,武则天对谏臣的态度变得更加宽容。当时人们都知道女皇喜欢帅哥,所以不少长相俊美的男子纷纷自告奋勇,要求成为供女皇消遣的男朋友,有的甚至在外面公开炫耀自己,希望借此博得帝国最高领导人的青睐。朱敬则在谏书中说,陛下的内宠有张易之、张宗昌兄弟两人足矣,不要太博爱了,搞得外面风风雨雨的,负面影响很大。武则天不但没有因为臣下干涉自己的私生活而恼羞成怒,还赏赐给朱敬则一百匹绸缎,作为他大胆进谏的奖励。

不过,最能体现出武则天纳谏胸怀的事当属苏安恒事件。

苏安恒乃武邑县(今河北武邑)一个没有任何背景的普通百姓。可是他太牛了,胆子大到没边,于 701 年、702 年连续两次向武则天上书进谏,要求女皇退位,希望"年德既尊,宝位将倦"的女皇趁早主动把皇位让给"春秋既壮"的太子。苏安恒的这种行为,在旁人看来无疑是自杀举动,因为好几个宰相级的重臣都死在了劝武则天让位这件事上。因此,知道池水深浅的大臣在这个问题上都是绕道而行。

苏安恒上奏后,大家都以为他必死无疑,没想"太后召见,赐食,慰谕而遣之"。武则天不但没有举起屠刀,还亲自召见了苏安恒,请他吃饭喝酒,温言暖语地安慰了他一通,最后派专车把他送回了武邑老家。

不料半年后,苏安恒又来了,这次他的谏书的标题是《请复位皇太子第二疏》。第二疏的言辞比第一疏更激烈,严厉的质问如排山倒海般而来:"陛下贪其宝位而忘母子深恩,将何圣颜以见唐家宗庙,将何诰命以谒大帝坟陵?"在当时那个没有男女平等概念的社会,苏安恒提出这些问题,武则天确实不好回答,因为不管她怎么答都是不及格。苏安恒不仅毫不留情地质问武则天,而且说武周朝"运祚将衰",说武则天即将"钟鸣漏尽"。这等于提醒现任皇帝要提前安排后事,你的政府快要垮台了,你自己也一大把年纪了,干脆自觉点把皇帝宝座让出来吧!

苏安恒真是一个不怕死的牛人,敢这样诅咒杀人如麻的女皇。要是搁早年,被砍头算便宜他,不判个腰斩、灭族什么的算赚大了。其实苏安恒也做好了准备,奏疏中"臣何惜一朝之命,而不安万乘之国哉"一句就明确表明了他必死的决心。

但武则天此时冷静、理智了很多,对这样的极言谏臣,她也不动刀子。苏安恒把她骂得眼睛都睁不开了,她"亦不之罪",既没有给他送刀子,也没有给他送绳子、小鞋之类的东西。

以上说的都是武则天虚心纳谏的事,但衡量一个帝王是否英明,不仅要看他能否虚心纳谏,还要看他能否发现人才、培养人才、任用人才。只有人尽其才,才能使国家迅速走上康庄大道。而武周朝的繁荣昌盛就与武则天所采取的人才政策密切相关。

武则天很了解人才对于政权的重要性,所以她特别重视人才,对人才也特别有好感,最有力的证据之一便是她对骆宾王的态度。当年扬州兵变时,骆宾王在《为徐敬业讨武曌檄》中把武则天骂得简直不是人生父母养的,而武则天的第一反应不是想把这个人捉住千刀万剐,而是批评宰相没有发现这么一个大才子。

其实,武则天对人才的重视程度在中国数以千计的皇帝中亦属少见。在皇帝的岗位上,她找到了好多人才。在武周时代,如果你是个实打实的人才,被埋没的几率几乎为零,因为武则天给了人才很多种脱颖而出的机会。武则天在执政期间多次下求贤诏书,面向全国征求人才。她要求各级官员以举贤荐贤为己任,深入寻找和发现人才,特别命令"文武官五品以上,各举所知"。当然,这个政策可能会让有些不想忙累的官员叫苦,会敷衍女皇说:您老英明盖世,贤人都已才尽其用,民间没有人才了。以前李治求贤的时候就有大臣这么说过,后来唐玄宗求贤时李林甫也这么说。不过这个可糊弄不了武则天,她在诏书中以"十室之邑,忠信尚存;三人同行,我师犹在"堵住了别人的嘴巴。她告诫这些官员们都别玩虚的,"会须搜访,不得称无"。这是硬任务、死命令,没有讨价还价的余地。所以,武周时期官员经常下基层,个个跟星探似的,走村串户地搜罗人才。史书形容当时的情形是:"天下选残明经、进士,及下村教蒙童博士,皆被搜扬。"人才几乎被一网打尽,绝对没有漏网的大鱼。

有人可能会问了:万一有的人才不巧没被发现呢？没关系,还有自荐这条路。武则天充分鼓励官民自荐其才,史书上关于这方面的武则天语录有很多:"内外文武九品以上及百姓,咸令自荐","有才者均可自举以求进用"……任何人觉得自己怀才不遇或者英雄无用武之地,都可以毛遂自荐。那时候的用人环境就是"不拘一格降人才",最突出的特点就是"破格"。女皇用人只看重实际能力,什么家世、文凭、年龄、背景,都见鬼去吧,只要你是毛遂,只要你有金刚钻,皇上马上给你派发瓷器活,让你成为有权有势的人民公仆。

武则天重视人才的实例多得可以用箩筐装,此处只举一例,以达窥一斑而知全豹的效果。

武则天一直希望狄仁杰给她推荐一个高级人才,就推心置腹地问他:"朕欲得一佳士用之,谁可者？"

狄仁杰听说皇帝想找人才,便问她:"未审陛下欲何所用之？"

皇上曰:"欲用为将相。"

狄仁杰推荐了时任荆州长史的张柬之,并打包票说:"其人虽老,宰相才也。"

张柬之确实很老了,当时已经七十六岁了。唐朝本来执行七十岁退休的制度,官员到了这个年龄就卸职回家,张柬之不知道怎么回事,年龄这么大了还在岗,而且还只是个六品官。

武则天得到狄仁杰的推荐后,立即将张柬之调任洛州司马。这与他之前担任的职务级别差不多,基本属于平级调动,不过由于洛州是国都所在地,实际上是得到了升迁。过了一段时间,武则天又要狄仁杰推荐人才。这次狄仁杰直接把皇帝顶回去了,说:"前荐柬之,尚未用也。"

武则天对狄仁杰解释说:"已迁矣。"

狄仁杰的回答绝对是武则天没想到的:"臣所荐者可为宰相,非司马也。"这位狄爷真牛,敢这么拿话冲皇帝,可见两人当时的关系绝对是没的说。

武则天见狄仁杰如此看重张柬之,就把他提拔为刑部侍郎,几年后又任命张柬之为宰相。张柬之拜相时已经八十岁了,和姜子牙一样,是中国历史上仅有的几个耄耋之年拜相者。

狄仁杰是著名的伯乐,他向武则天推荐的几十个人才,后来都被提升任用,而且个个都是名臣,如姚崇、桓彦范、敬晖等人。时人盛赞他说:"天下桃李,悉在公门矣。"

不过,从狄仁杰推荐的人员来看,他应该是有私心的,因为他所举荐的人和他一样,多是亲李唐人士。这些人后来成了帮助李家重新夺回天下的中坚力量。在推翻武则天的"五王政变"中,起决定力量的张柬之、桓彦范、敬晖都是狄仁杰推荐的。所以,基本上可以这么说,没有狄仁杰,就没有李唐的复辟。他对李唐皇室的重要性可与中唐时期的郭子仪相媲美,郭子仪有"再造唐室"之功,狄仁杰则被誉为"唐室砥柱"。只不过"五王政变"是一个和平的政变,而政变发生时狄仁杰已经去世,所以他的作用和影响力被忽视了。

武则天用人是很讲究原则的,绝大多数时候唯贤唯才,是否有真才实学是条硬杠子。在她手上,干部队伍建设是一潭活水,干部能上能下、快入快出已经常态化:"进退皆速,不肖者旋黜,才能者骤升。"官场的大门对任何人都平等地开放着,只要你有才,丑小鸭摇身一变就成了白天鹅。不过,如果被任用后没有做出什么实绩,必须立刻走人;造成重大损失的,或判刑或杀头。武则天主政期间亲自提拔了六十多名宰相,其中不乏家道"衰微破落"、身份"役同厮养"的地位卑微人士。

《资治通鉴》对武则天高明的用人策略给予了很高的评价,说她"挟刑赏之柄以驾驭天下,政由己出,明察善断,故当时英贤亦竟为之用"。明代大思想家李贽也曾对武则天的人才政策赞不绝口:"试观近古之王,有知人如武氏者乎?亦有专以爱养人才为心、安民为念如武氏者乎?"中唐宰相李绛讲得最为实在,他说:"及开元中,致朝廷赫赫有名望事迹者,多是天后所进之人。"这是大实话,在开元盛世,曾辅佐唐玄宗的中坚人物姚崇、宋璟、张说等人都是武则天提拔起来的。

武则天还与李白有着非同寻常的关系。尽管武则天驾崩的时候,李白还是个四岁的孩子,尽管他们未曾见面,但两人之间确实存在着扯不断的关系。这事还得从安西四镇说起。

安西四镇是唐王朝在西域边疆设立的四个军事重镇,分别是龟兹、于阗、疏勒和碎叶,它们对确保"丝绸之路"的畅通、对西北边防的意义非常重大。这地方因离唐朝本土很远,经常受到异族骚扰,唐高宗时期,四镇被吐蕃占领了。武则天登基后,对吐蕃采取了强硬政策,决心夺回安西四镇。她力排众议,派大军远征西域,最终击败了吐蕃军,强势收回安西四镇。

在唐朝多如牛毛的战争中,这只是一次极为普通的军事行动,但因为李白,这次军事行动变得极不普通。

唐军收复安西四镇是在692年,九年后,伟大的浪漫主义诗人李白出生在碎叶城(今属吉尔吉斯斯坦共和国),706年他随父迁至今天的四川江油。

试想,如果武则天没有收回安西四镇,李白就不可能有机会进入内地,无法接受系统的汉文化教育,自然也就写不出出神入化的浪漫诗篇了。因此,我们可以这样认为:如果没有武则天,就没有伟大的诗人李白!

创新的武则天。

武则天不仅仅是一个与时俱进的人,因为她不是与时代一起前进的,而是走在时代的前列。她以旁人所没有的创新精神,走了很多别人从未走过的路。有人说,创新是一个民族的灵魂。毫无疑问,武则天就是那个时代的灵魂,她的创新思维体现在工作的各个方面。

科举中的武举便是武则天的首创。武周朝之前,科举考试只有文科,没有武科。公元702年,武则天开天下之先河,下令开设武举,面向全国选拔军事人才。从《新唐书·选举志》上看,当时的武举考场热闹非凡,开考的项目很多,肩扛手举、骑马射箭,五花八门。武举从确立时开始,就成为科举制度不可分割的一部分,在中国延续了一千多年。其后的朝代,除了五代和元朝,都是通过武举来选拔军事人才。

武则天对科举制的创新还有一项,那就是在她正式登基的第一年就开始进行的殿试。唐朝的科举考试以前一直是两级考,州试和省试。先由各州组织考试,优胜者到京城参加由礼部主持的全国统考。通过州级考试的考生称为贡士,相当于明清时期的举人。唐高宗初年,获得国家承认的有官员任职资格的人数比朝廷实际需要的人数多出两倍以上。要是上面没人,不去进贡,哪有缺编会轮到你?

史籍记载,公元690年,武则天"策贡士于洛城殿。贡士殿试自此始"。所谓殿试就是在皇宫宝殿内由皇帝亲自主持的考试,这是真正的"高考"——由国家最高领导人主持的国内最高水平的考试。这一后来被历代皇帝沿用,科举也由州、省两级考试制度演变成了州、省、殿试三级制度。

殿试拉近了皇帝和考生的距离。没有殿试之前,通过省级考试的优秀考生,由吏部直接授予官职。现在不行了,皇帝要亲自过问,谁文章写得好,谁政策水平高,谁该授什么官,皇帝直接决定。所以,这些佼佼者也就成了所谓的"天子门生"。这样一来,那些主考官们就只能干瞪眼了,因为按照官场潜规则,每一届录取的及第者都会自觉认主考官为恩师,此后便相互关照。殿试成固定制度后,这些弊端没了,状元、榜眼、探花都可以自豪地说:我是皇帝他老人家亲自录取的,是如假包换的天子门生,我谁的大腿都不抱,就抱皇帝的两只脚。

不过这些有关殿试的分析,说的都是宋太祖之后科举考试的情况。武则天时代没有这么复杂,那时候科举兴起不久,而且朝中也没有敢跟武则天搞对立的政治小团体,所以武则天设置殿试没有任何政治意义,纯粹是为了选拔人才。她第一次的殿试工作量比较大,"数日方了"。为了人尽其才,她连轴转了好几天,一个六七十岁的老人的爱才之心尽显。

武则天还有一个流传后世的创新制度,就是试官。试官,就是代理某职。另外,现在应用广泛的试卷密封制度,也是武则天创造的。《隋唐嘉话》记载:"武后以吏部选人多不实,乃令试日自糊其名,暗考以定等节。判之糊名,

糊名制虽然不能彻底杜绝考试中有人出老千,但武则天的思路不得不令人佩服,

她总是先知先觉,走在那个时代的最前沿。一千年过去了,沧海桑田,天翻地覆,女皇武则天似乎已经离我们很远,似乎又与我们的生活紧密相连。

可爱的武则天。

也许没有任何一位史学家会把"可爱"这个词送给武则天,但我认为,武则天身上虽然有可怕的魔鬼的一面,也不乏可爱的天使的一面。我对她的定义是:一个女强人,一个有可爱之处的女强人。

其实女人或多或少都有可爱的一面。武则天的可爱之处也不少,下面就举三个事例。我们先从武则天创立的"试官"制度讲起。

为了选拔人才,武则天在称帝当年就向全国派了十道存抚使,命他们巡视各地,寻找才干突出之人。第二年,存抚使们向女皇提交了一大批他们认为是人才的人员名单。他们以为武则天会从其中筛选出一部分任用,没想到女皇照单全收,"无问贤愚,悉加擢用",一个不落地全部任命为给事中、侍御史、补阙、拾遗、校书郎等官职,级别最高的达到了正五品。不过,这些人的官职都是代理的,也就是试官。中国历史上的试官制度就是从这次任命开始的,那个"吃屎御史"郭霸也在名单之中。

如此大规模地提拔官员,在唐初历史上从未有过。当时很多人都觉得,官场怎么跟批发市场一样啊,一下子批发出这么多官帽,于是有人写了一段顺口溜:"补阙连车载,拾遗平斗量。杷椎侍御史,碗脱校书郎。"这四句讽刺诗流传开来后,有位叫沈全交的贡士又在后面加了这么两句:"糊心存抚使,眯目圣神皇。""圣神皇"即武则天,她登基后给自己加了一个封号:圣神皇帝。

这可是相当严重的政治问题呀!说存抚使糊里糊涂、没心没肺没关系,暂且算你是批评朝政,言论自由;但你影射当朝天子有眼无珠、瞎了眼睛,这不是公开侮辱国家最高领导人吗?这绝对属于现行反革命,是要被捆起来打入天牢。真不明白,是唐朝人胆子忒大,还是舆论环境太宽松,怎么一个秀才都敢拿帝国最高领导开涮呢?

沈全交的"点睛"之笔果然点出了大问题,御史纪先知派人刑拘了他,"劾其诽谤朝政,请杖之朝堂,然后付法"。其实抓他并非因为他诽谤朝廷,核心问题还是他讽刺了当朝天子,御史大人觉得可以借题发挥,向皇帝表示自己对工作负责、对皇帝忠诚。

不过,武则天的反应出乎很多人的意料。她听了纪先知的汇报后,并没有勃然大怒,反而哈哈大笑,对纪御史说:"但使卿辈不滥,何恤人言!宜释其罪。"李贽看到这一节,不禁拍案叫绝,兴奋得提笔写下了十字批注:"胜高宗十倍,胜中宗万倍!"

武则天可能也觉得一次提拔的官员确实太多了,她的大笑应该可以看做自我解嘲。哈哈大笑时的武则天,一定像个慈祥的老奶奶,面对臣民的无心之讽,她一笑置之。此时此刻的武则天应该算得上可爱的人吧。

第二个例子,咱们就来说一个与坐牢有关的事。

唐中宗李显被皇帝老妈降为庐陵王后,被贬到房州关了十几年。他虽然不是真的进监狱、蹲号子,事实上却相当于蹲了号子。武则天担心他搞复辟活动,对他采取了严密的防范措施,大约除了拉撒睡,任何事情都逃不开便衣的监视。但是到了武周晚期,在众多重要朝臣的建议下,武则天决定将皇位传给李显,便重新立其为太子,派人将李显从房州接回来。

在所有提出建议的大臣中,宰相狄仁杰表现得最为积极,正是因为他太积极了,才被武则天"耍"了一把。

迎回太子属于朝廷最高机密,所以这项工作得悄悄进行。狄仁杰虽然贵为宰相,但也只知道李显会回来,具体哪一天到,他不知道。在李显到达皇宫后,武则天和狄仁杰玩儿起了捉迷藏,"匿王帐中"。她将李显藏好之后,马上"召仁杰上语庐陵事"。

两人具体的谈话细节无从得知,但从狄仁杰"敷请切至,涕下不能止"的反应可以推断出,武则天一定是假惺惺地对狄仁杰说:经组织研究,决定不迎回李显同志。就在狄仁杰涕泪交加时,武则天把藏在帐后的李显叫了出来,然后对狄仁杰说了一句让人感慨万千的话:"还尔太子!"不知道大家有没有从这个情节中看到武则天可爱的一面。我们可以根据当时的情景,推测出武则天脸上丰富生动的表情。

武则天当时已经七十多岁高龄,却饶有兴致地和六十多岁的狄仁杰玩起了躲猫猫的游戏,还故意把狄仁杰逗哭,又把他逗笑。请问有多少人见过两个年龄加起来一百四十岁的老人玩捉迷藏?有几个七十五岁的老人还能有未泯的童心呢?

最后一个能表现武则天可爱的事例,却与一项不可爱的政策和一个不可爱的人紧密相连。这项不可爱的政策就是公元692年,在称帝的第三年,武则天下诏"禁天下屠杀及捕鱼虾"。

以前那个禁令还有地区性和局限性,只是不准老百姓在洛水捕鱼捉虾、在嵩山上砍柴放牧,在其他地方爱咋咋的,不受限制。这次倒好,在任何一条河流都不许捕鱼捉虾,而且不光是水里游的,连地上跑的动物也不许动了——全国实行零屠宰。猪羊狗鹿、鸡鸭鹅兔、两腿的四足的,一律不准宰杀,否则就是犯法。这大概是史上最让人感到莫名其妙的《动物保护法》!

武则天禁止天下人杀生是因为她笃信佛教。这种不切实际的禁令除了害苦了百姓,没有任何积极意义。禁屠令下达当年,江淮地区因大旱引发了严重的饥荒。所谓"一网鱼虾一网粮",本来江淮百姓可以靠水吃水,下河捕些鱼缓解饥馑,但由于禁屠令的存在,"民不得采鱼虾,饿死者甚众"。

这项禁令出台后,她手下不少为民请命的大臣都急得捶胸顿足,多次呼吁女皇取消这条"基本国策",给百姓一条活路。终于,在公元700年,武则天下令解除实施了七年多的禁屠令。不过,在这项可恨的政策实施期间,后人认识了一个可恨的人,这个人叫杜肃。杜肃是朝廷官员,他的同事张德添了个大胖小子,高兴之余在家大摆宴席,请关系不错的朋友到家同乐。为了让同僚们吃好,张德不顾女皇下达的禁令,偷偷杀了一只羊,请大家喝羊汤吃羊肉。这在当时可是一件不得了的事,开"羊"荤,打牙祭,赴宴的朋友们打心眼儿里感觉倍儿美。

杜肃也是赴宴者之一。别人吃了羊肉后都朝张德竖起了大拇指,说味道好极了。这位杜先生可好,他没竖大拇指,而是干了件足以让所有人朝他竖小拇指的糗事:"怀一馂,上表告之。""馂"就是肉饼。这家伙偷偷往怀里藏了块肉饼,回家后就写了封举报信送到朝廷,说张德知法犯法,杀羊吃肉,应该严惩。为了表示自己所言非虚,他还随信附上了从张家顺来的那块肉饼。

第二天,武则天在朝会上对张德说:"闻卿生男,甚喜。"听到皇帝的祝贺,张德虽然觉得有些意外,但想想亦属情理之中,所以便高兴地向武则天拜谢。没想到,皇帝接下来的一句话把他吓得魂不附体,武则天问他:"何从得肉?"估计这句话一出,不仅张德一个人脑袋一轰、眼睛一黑,朝堂上那些赴宴的大臣一定也吓得眼睛一黑、脑袋一轰,外加冷汗涔涔。因为假如主犯张德被治罪的话,那么当天所有给张德随份子送红包的也脱不了干系。

张德一看这架势,知道这事兜不住了,就老老实实地叩头认罪。张德以为这次要栽在杜肃手上了,看来要在牢里等着那出生才几天的儿子给自己送牢饭了。让人没想到的是,武则天又显示出了她本性中可爱的一面。她出人意料地拿出了杜肃的举报奏表,展示给已被吓得半死的张德看,说:"朕禁屠宰,吉凶不预。然卿自今召客,亦须择人。"这两句话一句是宣布请客的张德无罪,一句是鄙夷告密的杜肃无耻。

那么,谁是最可爱的人?对张德来说,此时此刻,最可爱的人不是他的老婆,也不是刚出生的儿子,而是宽恕了他的女皇武则天。这一时刻的武则天确实挺可爱的,她的表现让整个事件变得极富戏剧性,使悲剧变成了喜剧。其实武则天所讲的"朕禁屠宰,吉凶不预"之言完全是她即兴发挥,禁屠令中根本没有这条司法解释。如果真有这一条,张德何至于偷偷摸摸地请大家吃羊肉呢?

也不晓得杜肃这哥们儿以后在朝中还怎么混得下去,谁还带他玩儿啊!人可以卑微,但不可以卑鄙。杜肃就属于卑鄙一族,吃了人家的羊肉嘴一点不软,拿了人家的肉饼手一点不短,他得到的报应是"举朝欲唾其面"。

能够证明武则天可爱的事例就讲到这里。不过既然说到吐口水,就再说一个与禁屠令、吐口水有关的典故吧。这个典故的主角是武周时期的宰相娄师德,还因此衍生出了一个成语:唾面自干。

娄师德深得武则天的信任,他能力出众、清廉刚直、豁达正派,是武周政坛上的当红任务。不过这些都不是娄师德身上最突出的特点,他最突出的特点是忍。

娄师德的弟弟被任命为代州(今山西代县)刺史,临行前,宰相哥哥给刺史弟弟出了一道思考题:"吾备位宰相,汝复为州牧,荣宠过盛,人所疾也,将何以自免?"

在古代政坛,提升官阶相对容易,靠皇帝一句话就能从基层直调中央,但危险度也很高,如果一不小心被皇帝降罪,那就不光自己一人倒霉了,全家都得跟着遭殃。因此,很多高官都有伴君如伴虎、如履薄冰的危机感,想必娄师德就属此类。

他的弟弟长期受到哥哥的影响,给出了一个得分相当高的答案:"自今虽有人唾某面,某拭之而已,庶不为兄忧。"不料娄师德听弟弟这么讲,急得差点哭了,说,这正是让我最为担忧的地方啊!

真是奇怪。按说他弟弟这样回答至少能得九十分呀!可娄师德不满意,他给出了一个满分答案:"人唾汝面,怒汝也;汝拭之,乃逆其意,所以重其怒。夫唾,不拭自干,当笑而受之。"

这个答案太有创意了。不过娄师德提出的这种生活方式虽然有利于社会和谐,却太委屈自己了。他的忍让的精神可以推广,但过度隐忍的行为不值得提倡。

最后再讲一个与娄师德有关的禁屠故事。

据说在武则天禁止民间一切杀生行为时,时任监察御史的娄师德到基层州县考察工作。吃饭时,厨子给他上了一盆羊肉。羊肉在当时可是违禁品,虽然香味诱人,但作为朝廷要员,娄师德觉得必须旗帜鲜明地表明自己的立场,他便沉着脸问厨子:这羊肉是从哪里搞来的?厨子答:"豺咬杀羊。"娄师德听说羊是被豺狗咬死的,觉得并没有违反朝廷的禁屠令,不属于杀生行为,便放心地大快朵颐。

过了一会儿,厨子又端上一盘鲜鱼,娄师德又厉声喝问:这鱼是哪来的呀?厨子答:"豺咬杀鱼。"这厨子的回答逻辑有点乱。娄师德生气地责骂那个厨子:"智短汉!何不道是獭?"这个小故事在民间流传较广,不少人在写文章时还经常把它写出来,将娄师德作为腐朽的封建官员代表大加挞伐。不过这则故事是后人编出来的。娄师德任监察御史是在上元初年(674年),离颁布禁屠令还有二十年呢。在武则天称帝时,娄师德的职务已经不是御史了,而是负责京都皇宫的治安保卫工作的左金吾将军。武则天是在长寿元年(692年)五月颁布天下禁屠令的,而娄师德在长寿二年(693年)元月就被任命为宰相,即便这中间的几个月他担任御史并且下基层检查工作,也不大可能去干这种风险很大的事情。

其实娄师德是个大好人,大名鼎鼎的狄仁杰就是他不声不响推荐给武则天的。所以咱们还是应该为娄师德平反正名,不应该让这么好的人永远背着黑锅。

十四、女皇的"喜之郎"

大家一看标题大概就明白了,这一章咱们就来说说武则天称帝后的感情生活。

一提到武则天的私生活,大家的脑海中就会蹦出很多贬义词来。因为一直以来,无论是正统史书还是民间野史,都对这个中国历史上唯一的女皇帝的私生活大加批判,认为她不知羞耻、不守妇道、荒淫贪色……直到今天,人们对她的看法依然如故,电视剧、电影、小说等文艺作品更是对她的宫闱秘事大加渲染,以吸引观众和读者的眼球。武则天和秦始皇、汉武帝、唐太宗、康熙、乾隆等高知名度的皇帝一样,为中国的文艺事业的繁荣作出了突出的贡献。如果没有他们,估计我们的电视屏幕就得"开天窗"了;如果没有他们,那些想象力已经退化到石器时代的庸才导演们拍什么啊?因此,我们要向这些皇帝致以十二分的谢意:谢谢你们大公无私地"牺牲"了自己,娱乐大众!

书归正传。成为人主后的武则天,感情生活到底如何,是不是真的好色无度、贪婪荒淫呢?从现在开始,让我们摒弃一切偏见,戴上客观的眼镜,走进武则天真实的感情世界,探寻团团迷雾之后的真相。

武则天的男宠中,见于史载的有薛怀义、沈南璆和张易之、张宗昌兄弟俩。这四个可是具有不同特点的"喜之郎"。这里,作者按照他们得宠的顺序逐一讲述。

1. 薛怀义

其实这不是他的原名,他原名叫冯小宝。冯小宝曾经和一位公主有关系,这位公主有个中国人都很喜欢的封号:千金公主。这事发生在冯小宝认识武则天之前。

千金公主可不是一般人,她是唐高祖李渊的女儿。李渊共有十九个女儿,千金公主是小十八,姐姐一大串,妹妹就一个。

在唐高宗李治驾崩、武则天掌控了天下大权之后,李唐势力进入冰川期。在这段白色恐怖时期,李唐皇室成员要么被杀,要么被流放,余下的也都被监禁了起来,整天过着提心吊胆的日子。千金公主是唯一一个活得很滋润的皇室成员,因为她比较会来事儿,跟武则天的关系好。而她和女皇的关系好,主要是因为她够奴颜婢膝,真的放得下架子,面不改色心不跳地喊武则天"妈"!

那时候,别说是认武则天当妈,就是哭着喊着想叫她奶奶、太奶奶、祖奶奶的都大有人在,不足为奇。奇怪的只有这位千金公主。

她是李渊的女儿,也就是李治的姑妈,而武则天是李治的媳妇,按辈分,武则天是她的侄媳妇。她倒好,写了一封奏章给皇帝,"抗疏请以则天为母"。姑妈强烈要求认侄媳妇当妈,这看着就是病句的话见证了这位千金公主的病态。

武则天看她对自己这么忠诚,于是赐她姓武,改封延安大长公主。从这个封号来看,武则天并没有接受千金公主身份"倒挂"的想法,仍然待她以长辈之礼。因为只有比皇帝长一辈的姑妈才有资格称大长公主,皇帝的姐妹只能叫长公主。因此,有人说武则天很高兴地采纳了千金公主奏章中的建议,是不准确的。

准确地说,冯小宝在跟千金公主有关系之前,又是先和她的侍女有关系的。

以冯小宝的工作,放到现在,他定会时刻被城管撵着屁股追——他是个跑江湖卖大力丸的,天天在洛阳城摆个一地摊儿,口沫横飞地对一群不明真相的围观群众抱拳作揖道:各位老少爷们儿,小宝我初到宝地,请多关照!有钱的捧个钱场,没钱的丢俩鸡蛋我拿回家去自己换钱……

这场景大伙多少都熟悉点儿,尤其是那开场白,老少爷们儿没几个不会背的。冯小宝就是干这个的。

我实在不大明白,就这样一个连营业执照都没有的江湖游医,居然能使公主、女皇逐后尘,把一大帮高贵的宫廷老少美妇弄得神魂颠倒的。不知道到底是他的手段高,还是贵妇们的眼光低?要是搁现在,他冯小宝请女生喝茶恐怕都没人愿意赴约,没房没车、职业不稳定不说,美女们还担心他往茶里下蒙汗药呢!

不过,对女人来说,冯小宝身上有个致命的诱惑——帅。据《旧唐书》记载,冯小宝"伟形神,有膂力",诗歌标准的帅哥。于男人而言,这评价很高了,相当于现在的高大魁梧、身材匀称、气质不凡、力大无比等词,绝对挺男人,纯爷们儿。

不得不承认,长得帅就是一种优质资源。同样在街上卖烧饼,我们小区门口那位满脸褶子的老大爷炕了二十年烧饼也没几个人认得他,而长沙一个80后"烧饼帅哥"没卖两年就妇孺皆知了。不是因为他的烧饼好,而是因为他长得帅。要是他的脸长得跟烧饼似的,谁会想到把他的工作照贴到网上呀?所以,尽管心灵美、内在美很重要,但我们也不得不承认:帅,也是一种天生的优势。

很快,"大力丸帅哥"冯小宝的天生优势就发挥了作用——"得幸于千金公主侍儿"。于是,他很高兴地被千金公主的侍儿"潜规则"了。一个靠摆地摊儿糊口的江湖游医,能和公主的服务员攀上关系,真是天上掉烧饼了。他没有想到,正是因为这位女服务员,他开始了长达十年的荣华富贵之路。从此,天上再也不掉烧饼了,掉的全是黄灿灿的金饼,把他砸得幸福得晕头转向,不辨东西。

因为侍女的关系,冯小宝接着被名门瘀女——千金公主给"潜规则"了。公主"试用"过冯小宝后大喜,觉得这帅哥很厉害,可以作为贡品进献给女皇,便将其推荐给武则天,且推荐词特别暧昧:"小宝有非常材用,可以近侍。"

"有非常材用",这几个字史官写得相当含蓄,只可意会,不可言传。于是乎,冯小宝来了个漂亮的三级跳:从侍女到公主再到女皇。这三个级别不同的美女对冯小宝的评价都是五星级:我好他也好,大家都说好。

于是冯小宝的身份固定下来,成了女皇的御用情人,和武则天开始了一段名副其实的偷"天"情缘。

自从认识了冯小宝,武则天每天都和他黏在一起。对于他们是如何相识交往一事,权威唐史的记载是一致的:千金公主推荐。但我听过一种说法,说武则天和冯小宝是老相好,俩人在武则天当尼姑时就好上了。而且说的人还煞有介事,说什么冯小宝当时是和尚,和尼姑武则天于水井边相识,武则天担不动水,冯小宝就帮她担,接着两人便干柴烈火般滚到一起。

写到这里,顺便驳斥一下这些谬论。说实在的,把这种多发生在知识青年上山下乡时的故事情节乾坤大挪移到唐朝是很可笑的。武则天在庙里当尼姑时,冯小宝还没生出来呢,这是历史常识问题。就算把这个忽略不计,我们也不应忘记另一个常识:武则天出家的寺庙是李唐的皇家寺庙,作为先皇嫔妃,她是不需要干打水这种粗重体力活的。别看她每天有事没事就得坐在那儿念经,福利待遇可比上班族好多了!除了男人不可以有,其他的什么都可以有。

咱们接着说武则天和冯小宝。一个身份低微的男人日夜出入宫禁之地,和高贵的女皇厮混,这事传出去未免有失大体。为了方便和情郎交往,武则天决定让冯小宝改头换面,对他重新包装。她首先往出身寒微的冯小宝身上贴金,将他和太平公主的丈夫——驸马爷薛绍合为一族,抬高他的身份。

冯小宝这次可占了大便宜,不仅跃升为皇亲,还白赚了个驸马侄儿,因为武则天"命绍以季父事之"。翻译成现代话就是,岳母武则天对女婿薛绍说:"以后这人就是你叔了,你们要以叔侄相称。"估计薛绍同志很郁闷,心里说:俺妈是皇帝的姐姐,俺老婆是皇帝的女儿,俺老丈人和丈母娘也都是皇帝,啥时候冒出个在大街上卖大力丸的药贩子叔叔啊!

既然成了薛家人,冯小宝这名字便用不得了,武则天早就嫌他这名土气了——大名取得跟小名似的,改,姓薛名怀义。

身份改了,简历当然也要一并改掉。以前冯小宝的简历上,职业一栏写的是药摊摊主。这个不大好看,改。女皇说,你出家为僧吧!僧人好,可以打着讲经做法事的旗号自由进出宫廷,以工作的名义约会,可以多快好省地谈恋爱,非常好!

就这样,贫民冯小宝摇身一变,成了贵族薛怀义、和尚薛怀义。这才是个正宗的花和尚,《水浒传》里的那个鲁智深应该把这个称号拱手让给薛怀义才对。从此,花和尚薛怀义开始了他的花"天"之路。

虽然民间流传着无数武则天和薛怀义的风流韵事,但我们只知道是女大男小,年龄差很多,具体相差多少岁,不知道,因为史料上找不到薛怀义的年龄记载。不过,我们可以推算出这个女皇首席面首的大概年龄。

唐史史料上第一次出现薛怀义这个人物是在垂拱元年,这一年是公元685年,武则天已经六十一岁了。这一年,那个喊薛怀义"叔叔"的薛绍多大呢?抱歉,这个我也不知道。关于薛绍,我们现在只知道他的卒年,不清楚他的生年,但可以参照他的老婆太平公主的年龄来推算一下。这一年太平公主大约十五岁,薛绍应该和她相差不大。而武则天让薛绍称薛怀义为小叔,说明薛怀义比薛绍也大不了多少,不然她定会叫女婿称其为伯父、仲父。可见此时薛怀义也就三十岁左右。

好家伙,六十岁的女人泡三十岁的男人,听上去让人觉得不可思议。耳闻"女大三,抱金砖"的说法,没想到武则天在这个"三"的后面又乘上十。

对于这个数字,肯定会有很多人觉得奇怪或半信半疑,因为正常的六十多岁的女人,荷尔蒙冲动已基本为零,对男女性事应该是没有任何要求了。为什么武则天却与众不同，不但在六十一岁时兴致勃勃地找了个小帅哥侍寝，甚至到了七十三岁，还意犹未尽地包养了两个花样小美男呢？

只怕今天也没有人能准确地回答这个问题。离我们一千多年前的武则天不像离我们六十多年的爱因斯坦，研究人员在他死后研究了他的大脑，知道他那么聪明，是因为大脑顶叶异常发达。武则天没有任何可供现代人研究的生理切片，所以对于她异乎常人的生理欲望，我们无法从科学上加以解释，那就只好从逻辑上作个简单分析。

从历史典籍的记载来看，已过花甲之年的武则天的确不同于一般的老太太。

公元692年冬，武则天已经快六十九岁了。这时的她是什么样子呢？《资治通鉴》是这样说的："太后春秋虽高，善自涂泽，虽左右不觉其衰。"意思是说，别看女皇虽然虚了，由于她善于化妆打扮，即使频繁和她近距离接触的侍女、大臣都感觉不到她的衰老，说白了就是六七十岁的年龄，四五十岁的外貌。可见岁月神偷并没有偷走武则天的容貌，她还那么不显老，六七十岁扎个粉红蝴蝶结，照样对得起那张脸，简直就是一个妖精级的美容教主呀！

这还不算完呢！据史书记载，女皇不但外表不同凡人，身上的零部件也异于常人，近七十岁时还换了牙呢——公元692年，武则天"齿落更生"。公元699年，武则天身上又出现了一种奇特现象："太后生重眉，成八字，百官皆贺。"不得不佩服武奶奶的生命力，怪不得百官齐声祝贺呢！也不知道她这"生重眉"和长寿眉是不是一回事，但那"成八字"绝对说的是眉毛的形状。《通天帝国》中刘嘉玲饰演的武则天就是八字眉，还是个倒八字，跟两把刷子似的，粗俗难看，很多观众都说那眉毛把自己雷翻了。

观众的审美是符合历史史实的。其实，《通天帝国》里那种短阔浓黑的雷死观众不负责的倒八字眉是9世纪初开始流行的，和武则天时代差了一百多年呢。而且，武则天也不可能长那样两撮人见人嫌、花见花凋的天下无敌丑眉毛，不光与五官不协调，皇帝还可能还会认为她克夫，不会将她选进宫。

不过，武则天到底长什么样，没人见过，现在我们能见到的最久远的武则天画像是明朝人画的。明朝人离武则天虽然比咱近个几百年，但至少也有七八百年，女皇长什么样，他们也是隔皮猜瓜，连想带猜的。所以，香港导演徐克能给武则天贴上一对八字眉，就算不错的了。

以上简单交代了几个发生在武则天身上的不同寻常的生理现象，是想借此表明，我们不能以看待常人的眼光去看武则天，她是个极为特殊的个例。我们夸一个超级天才时可能会说，这样的人一个世纪才出一个；而武则天比一个世纪出一个的天才还牛，她正儿八经是中国历史上几十个世纪才出一个的女皇。

哲学概念上有特殊规律和普遍规律之分，世间所有物质都逃不开这两种规律。武则天应该属于特殊规律中的特殊部分，所以对发生在她身上的任何特殊事情，我们都不应该感到过分惊讶。

自从傍上女皇后,薛怀义的生活发生了巨大变化,他很快便被权力魔杖顶到了高空,忘乎所以地俯视着那些像狗一样巴结奉承他的人。这些人在他没有和武则天发生关系之前,连不小心瞧他一眼都嫌污染眼睛。这就是权力的魅力,即便是一坨屎,一旦附着在权力魔杖上,立刻就会有无数人说,那不是一坨屎,而是一堆黄金。

冯小宝变成薛怀义,就相当于一坨屎变成了一堆黄金,不能再去摆摊卖药了。为了让情郎开心,武则天一掷千金,将洛阳的白马寺重修扩建,然后任命薛怀义为该寺住持。白马寺是汉明帝命人建造的,它是佛教自西汉末年传入中国后,由官方投资兴建的第一座寺庙。因为当年印度僧人是用白马驮载着佛经、佛像,不远万里来到洛阳的,为了表彰纪念驮经的白马,汉明帝便将这座寺院命名为白马寺。

此后的十年,白马寺便成了薛怀义的大本营。他在寺内为所欲为,把一座佛教文化底蕴深厚的古寺弄成了一个乌烟瘴气、藏污纳垢之所。

我总结了吃软饭的薛怀义在得宠期间的具体表现,觉得可以用三种角色来形容他:狂人薛怀义、工程师薛怀义和幸运星薛怀义。

第一,狂人薛怀义。

狂妄多半是基于无知和权力。对于无知导致的狂妄,我们应当给予可怜和同情。而薛怀义的狂妄则是基于权力,这种狂妄是小人之为。

自从被女皇包养后,薛怀义就变成了一个狂人。他永远摆出一副"我是皇帝的情人我怕谁"的架势,像只螃蟹,在洛阳城内横行霸道。每当他出行,百姓"遇之者皆奔避,有近之者,辄挝其首流血,委之而去,任其生死"。

不过,碰到这个花和尚的普通百姓还不算倒霉,最倒霉的是碰到他的道士们。薛怀义一看见道士就想当拳击手和理发师,"见道士则极意殴之,仍髡其发而去",不但打得更狠,而且缺德地把道士的头发全部剃光,跟和尚一样。这种行为绝对是不正当竞争,他自己是光头,就见不得蓄发修行的道士,恨不得天下没道士,全是和尚。

真可怜了那些被剃了光头的道士们,那时他们也弄不到假发,可以想象,没有头发的道士的职业生涯定是相当难熬吧!

光打没有背景的百姓和道士还不能完全显示出薛怀义的狂妄,就连右台御史这样专管城市治安的朝廷官员他也照打不误。

薛怀义招收了不少无所事事的地痞流氓,把他们剃度为僧,训练成自己的打手,在洛阳城内到处寻衅滋事、横行不法。广大群众对他们的行为敢怒不敢言。

右台御史冯思勖是个尽职尽责维护社会治安的好官员,他不惧权贵,按章办事,对薛怀义的喽啰"屡以法绳之",于是薛怀义恨上他了。

有一次,薛怀义带着一帮人在路上遇到了冯思勖。这下冯御史可倒霉了,薛怀义"令从者殴之,几死"。执法的黑猫警长差点被报复的老鼠当场打成烈士,这家伙不是狂人,谁还能算狂人?

被武则天万般宠爱的薛怀义的确有狂的资本。女皇给了他很多特权，比如"出入乘厩马，中官侍从"。"厩马"是皇宫专用御马，"中官"就是宫廷宦官，薛怀义不但进出宫都骑着御马，身边还有皇帝专派的太监服务员。薛怀义的身份其实跟如今那些贪官包养的二奶们差不多。

总之，帅哥"二爷"薛怀义红得发紫，说他是"一人之下，万人之上"也不为过。大家都知道明朝有个"九千岁"魏忠贤吧，薛怀义那谱儿摆得可跟他不相上下，许多朝臣见了薛帅哥跟见了皇帝一样，"匍匐礼谒"，就差喊"吾皇万岁万万岁"了；连武则天的两个侄子武承嗣、武三思也对他"执僮仆之礼以事之，为之执辔"。

武家兄弟多狂呀，眼睛都是冲天长的，可在薛怀义面前，乖孙子似的自愿变身马前卒，为他牵马开路——喂，前面的快让让，开水来了，烫死不管啊……这哥儿俩喊得嗓子冒烟，可那盆坐在马上的"开水"是什么反应呢？"怀义视之若无人"。

皇帝的侄子如此大献殷勤，薛怀义却视若无睹，连"承嗣、三思同志辛苦了，休息一下吃根冰棒润润嗓子吧"这样的场面话都不说一句，果然狂得有个性。

不过狂人薛怀义也曾因狂妄吃过一次大亏。

垂拱二年（686年）四月的一天，薛怀义在朝堂遇到了工部尚书苏良嗣。苏良嗣当时官居正三品，而薛怀义这个"三陪先生"属朝廷编外人员，按规矩，见到苏良嗣，他应当行礼。但薛怀义心想：皇帝我都睡了，还怕你这个小三品吗？不但没行礼，还骄横地拿白眼珠子翻了苏良嗣几眼。

苏良嗣是个不惧权势的正直之士，在皇帝的情人面前，他非但没有"匍匐礼谒"，反而"命左右捽曳，批其颊数十"。

苏良嗣应该是故意要教训一下薛怀义的，大约他很看不惯这种吃着软饭还为非作歹的狂人。薛怀义犯在他手上只能自认倒霉，打了也白打，因为苏良嗣打他的理由很正当，属于正常执法。当时皇宫分为南北两城，北城属于内宫，是皇帝和皇后、妃嫔及宦官居住的地方，也就是我们常听说的"大内"，武侠小说中所谓的"大内高手"就是在这里护卫深宫的。而南城则是朝堂，政府各部的办公室都设在这里，宰相、部长们都在这里处理公务，属于机关重地，闲人免进。薛怀义就是在这里被苏良嗣当闲人处置，合理合法地被收拾了一顿。

薛怀义这口气岂能随便咽下，他哭哭啼啼地跑到武则天那儿告状，絮絮叨叨地请武则天为他做主报仇。不料武则天没替他做主，而是送给他一句忠告："阿师当于北门出入，南牙宰相所往来，勿犯也。"从这件事上看，在男宠问题上，武则天此时还比较冷静，没有过分纵容偏袒，这与她后期对薛怀义及张氏兄弟言听计从、极度袒护形成了鲜明对比。

第二，工程师薛怀义。

说薛怀义是工程师，肯定会有人觉得奇怪：这都哪儿跟哪儿呀，姓薛的跟工程师扯得上关系吗？

不用怀疑，也不用扯，他还就是一个工程师，而且是当时很多超大超高建筑和雕塑的总指挥、总监理。只不过那会儿没有职称一说，不然以他在这方面的工作成果，评个高级职称绝对易如反掌。

在讲薛怀义在工程设计方面的工作成绩前，我们先来看一个能间接证明这个论点的实例。《资治通鉴》上有这么一句话："太后托言怀义有巧思，故使入禁营造。"这是武则天宠幸薛怀义时对臣下说的，意思就是薛怀义这人心思灵巧，为了才尽其用，特意调他去后宫负责工程设计。

谁都知道这是武则天爱情三十六计中的"借口计"，调薛怀义到后宫负责营造是假，方便幽会才是真。

这就是问题的关键所在了。面对那么多鬼精鬼精的朝臣，武则天为什么不说调薛怀义进宫是为了办个宫廷制药坊或是百家讲经坛，而是说让他去搞工程设计呢？这就说明搞工程设计这个借口最充分，虽然是假的，但这个借口最接近真的。此事足以说明，薛怀义还是很有这方面的特长的，至少能让武则天拿出来当遮掩障目的由头。

不过，也有臣下将了她的军，有位大臣就上书说："陛下若以怀义有巧性，欲宫中驱使者，臣请阉之。"

古人可真生猛，我们现在气急了也就骂几句他妈妈的、你姥姥的，他们倒厉害，动不动就要割男人的命根子。这事想来挺好笑的，不知道这位大臣是不是为了讽刺武则天才故意这么说的。他难道单纯得连那点男女之事都不知道？也太不了解领导的爱好和意图了吧！要是真把薛怀义阉了，女皇还要他这个第三性干吗？打周朝起，宫里最不缺的"土特产"就两样：一是女人，二就是阉人。

不过，她的地盘她做主，薛怀义就这样成了大唐建立以来，第一个不分白天黑夜、随时可以自由出入内宫的非李姓男人。对于男人出入宫禁之地，各个朝代的规矩都是一样的，即后宫不得出现纯爷们儿。唐太宗时期，有一个叫罗黑黑的男乐工，琵琶弹得非常好，李世民想让他进宫给宫女们当琵琶课老师。为了不坏规矩，太宗皇帝就先把罗黑黑阉了才让他进宫。

史料上没有提到薛怀义在工程建造方面的本领是谁教的，但从他监理施工的几个大手笔来看，他的确是一个工程建筑专家，尽管那些工程无一不是劳民伤财。

武则天在皇帝任期内所兴大工程，监工几乎都是薛怀义。最早的工程是垂拱四年（688年），武则天下令建造明堂。明堂就是超豪华的皇家大会堂，帝王可在其中会见臣下、祭祀天地祖先及宴请臣民等，相当于现在的多功能会议厅。

这项楼堂馆所规模巨大，花费人力财力物力无数，"凡役数万人"。那时候没有砖头水泥，建造宫殿用的全是巨大的木材，而且都采自离城市较远的山林，几个人才能合抱的大树，仅运输就是个大问题。那时也没有什么运输工具，只能拿绳子吊、用滚轮拖。在树下垫许多圆形金属管,让巨大的树干在滚轮上一步一步地慢慢向前挪动。拖拽一根沉重的木料,都是千人大会战,《旧唐书·薛怀义传》说:"曳一大木千人,置号头,头一喊,千人齐和。"场面何其壮观!

经过十个多月的施工,几万人的汗水终于凝造出一幢雄伟的建筑——明堂。这座全木结构的明堂即使与用混凝土浇筑而成的摩天大厦相比,也毫不逊色。

明堂共分三层,高二百九十四尺,三百尺见方。唐代的一尺和今天的一尺相差不大,每尺只比现在少两厘米多。估算一下,这座建筑净高达九十米,相当于三十层楼那么高! 武则天还给它取了个很牛气的名字:万象神宫。

这万象神宫相当于唐朝的"小蛮腰"高塔,在当时没有哪座建筑比它更高了。同时,这座明堂的高度也是史上明堂之最,是中国古代最宏伟的木质结构建筑之一,只可惜后来被薛怀义一把火烧了。

其实想想也没什么可惜的,即使薛怀义不烧,后来的安禄山、黄巢也会往里面甩火把的。滕王阁不就被你来我往地烧了好几十次吗?不过话说回来,为什么唐朝的方孔铜钱今天到处都有,而木质建筑留存下来的几近于无呢?不是因为唐人建造的木楼都是豆腐渣工程,而是中国像豆腐渣那样的人渣太多了。他们对焚烧建筑的兴趣比一些官员喜欢拆迁房屋的兴趣还大,而且最热衷玩付之一炬的毁灭性游戏。那个叫项羽的,离开关中时,把咸阳宫殿烧成了一把焦土;那个叫成吉思汗的,灭掉金国后,也把豪华的金中都烧得不成样子;还有那个姓李名自成的,在兵败退出北京城时,一把大火把这座著名古都烧得伤痕累累。这么一比,还是清朝的领导聪明,直接卷着铺盖住进了明朝皇帝的紫禁城,要是他们也发神经地烧将起来,那就没有今天的故宫了。

言归正传,大家也不用惊异于万象神宫的高度。要知道,没有最高,只有更高。这座宫殿完工后,薛怀义继续自己的建筑事业,在万象神宫北边建造了一座更高的天堂。

天堂共分五层,"至三级则俯视明堂矣"。大楼刚建到三楼,就把九十米高的明堂踩在了脚下,请大家想想吧,这天堂得有多高!

可是薛怀义造这么高的楼,到底是干什么用的呢? 是准备装观光电梯、开旋转餐厅,还是玩高空蹦极? 答案你根本想不到——是用来当仓库的! 不过,这仓库有点特殊,它不是用来存放粮食物资的,而是专门用来存放一尊巨大的佛像的。

说它巨大,当然是有根据的。这佛像大到什么程度呢? "其小指中犹容数十人"。它的一根小指头就能容下好几十个人! 按这个比例推算,这佛像可比"天下第一大佛"乐山大佛还要大许多!

让人大跌眼镜的是,这一百多米高的佛像仓库刚竣工就"为风所摧",一场台风就把天堂吹倒了。不过,房子倒了怕什么,武则天没倒薛怀义就不会倒,大不了从头再来,重新造,继续建!

于是,这项庞大的工程持续了好几年,真正是劳民伤财。每天都有上万人辛苦劳作,国库里的钱像流水一样哗哗往外淌,"所费以万亿计,府藏为之耗竭"。

薛怀义可不担心没钱花,因为他的工程没有预算,想花多少就花多少。在雄厚财力的支持下,这个花和尚在建筑方面的花招迭出,想象力之丰富让人不得不喝彩。

比如,有一次在万象神宫前举行有无数民众观看的佛事活动,薛怀义想到了一个奇巧新颖的点子:他先让人造几尊佛像,又叫人在地上挖了个五丈深的大坑,把披金挂彩的佛像放进坑中,然后在坑中安装了各种机关。在活动过程中,他悄悄启动机关,让佛像从深坑中缓缓升到地面。表演结束后,薛怀义向众人吹牛说,这是佛祖升天,佛像是自己从地下涌出的。

这大概算是最早的升降舞台了,这种升降舞现在仍然很常见,在大型晚会演唱会上都能看到它的身影。

第三,"幸运星"薛怀义。

说薛怀义幸运并不是指情场上,而是在战场上。别以为薛怀义没打过仗,和战场无关,在军事方面,他的幸运星一颗接着一颗,没见到敌人长什么样都能立功受奖。

武则天称帝前夕,为了给情人薛怀义一次建立军功的机会,特地任命他为北征军总司令,率领大军北上打击不断进犯唐境的突厥军队。

突厥是个马背上的民族,能征善战,虽然当时的整体军事实力比不上唐朝,但唐军缺少能统领全局、独当一面的大将,再加上吐蕃不停骚扰唐朝西部边境,唐军两面受敌,很是疲惫。所以,在条件对等的情况下"唐突"硬打,唐军是占不到便宜的。况且这个买药出身的薛怀义根本没有战争经验,更别说指挥作战了!如果突厥这次出动主力骑兵,在边境以逸待劳,薛怀义的军队极有可能陷入难以预料的不妙局面。

然而,薛怀义什么军情也没遇到。要不怎么说他是"幸运星"呢!当时他带领唐军大摇大摆地由南向北,一直推进到今天内蒙古境内的浑河流域,别说一个带弯弓长刀的突厥兵了,连一根马毛羊毛都没瞧见。天苍苍,野茫茫,风吹草低没牛羊。也不知道突厥是给薛怀义面子,还是他们集体拉肚子,反正就是看不见一个突厥人影儿。

这哪是去打仗呀,简直是到北方大草原上武装越野、公费旅游了一把,想买票参观一下突厥人长啥样都找不着售票点。

薛怀义觉得一定是自己神威远扬,把突厥人吓跑了,认为应该记录下这个"重大胜利",便命人在今天的呼和浩特市北部立了一块石碑,"刻石纪功而还"。

古代人最喜欢玩刻石,最早玩刻石游戏的名人当属秦始皇。老秦在位晚期到浙江会稽山旅游时,看到江山如此多娇,一时兴起,命人立碑刻石,在石碑上凿了一通歌颂自己丰功伟绩的大秦社论。后来,这东西便成了各个朝代文臣武将们的保留吹牛节目。文人还好,他们只是高兴或不高兴、喝醉或没喝醉时在宾馆旅店的墙壁上、亭台楼阁的立柱上写那么几首诗词而已。真正将这个游戏发扬光大的是武将们,他们在战场上打了胜仗就会在那儿弄个碑,以资纪念,霍去病的"封狼居胥"、窦宪的"燕然勒石"都是这意思。其实这种刻石游戏和现代游客在旅游景点写"到此一游"的动机差不多,稍显不同的是,前者表示老子在此打过仗,后者则表示本人在此照过相!

虽然薛怀义根本没在那儿打过仗,但他在碑上说了,此事无仗胜有仗。汉语很奇妙,关键看怎么措辞。一场战斗下来,没死人就说领导英明、指挥有方,无人阵亡;假如死了一千人,同样也可以写领导英明、指挥有方,后面再加上一句"仅阵亡一千人"就行了。一个"仅"字四两拨千斤,这和曾国藩向皇帝汇报战况时将"屡战屡败"改成"屡败屡战"的原理一样。

薛怀义凯旋了,他在武则天面前吹得嘴巴都差点歪掉,说什么自己威名震天下,突厥一听到自己的大名就吓得魂不附体,藏得连老鼠都找不到。这下武则天可逮着给小情人光明正大地加官晋爵的机会了,重赏自然不在话下,封薛怀义为鄂国公,加辅国大将军。辅国大将军是二品官,比这个武衔高的就剩一品骠骑大将军和天策上将了。武则天的这一封赏,让薛怀义成了中国历史上军衔最高的和尚。

薛怀义,一个和尚,从北方出了趟差回来就尊贵到这种程度,除了武则天的有意栽培,最重要的是他运气好。宿敌不见踪影,军队没费一兵一卒,全数而回,虽说战果是0比0,但对外可以吹成10比0甚至是100比0。

所以,我们得承认,在战场上,薛怀义真的是个幸运星。你看飞将军李广,多英勇啊,一生杀敌无数,让对手闻风丧胆,可幸运星就是砸不到他头上,最关键的几次能封侯晋爵的重大战役都没赶上,不是以少量偏师遇到匈奴的绝对主力,就是在茫茫戈壁大漠中迷了路。

不过,在薛怀义这颗宇宙超级无敌幸运星身上,这事算不上是最幸运的,还有比这幸运得多的事呢。

三年后,突厥又开始在北方边境闹腾,女皇再次将薛怀义推到军事前台,任命他为兵团总司令,率军北上。这次的阵势比上次大多了,不仅北征军的十八名将军全归大和尚薛怀义管,武则天还指定了两名宰相给薛怀义当作战秘书和作战参谋:李昭德为行军长史,苏味道为行军司马。

李昭德大家都知道,这个苏味道还真是挺有味道的。因为害怕承担责任,他曾就为人处世发表过一番高论:"决事不欲明白,误则有悔,模棱持两端可也。"这就是成语"模棱两可"的来源。他是史上最著名的滑头之一,人称"模棱"宰相。

这个由二十位高级将领和宰相组成的庞大军团正在准备物资粮草时,前方突然传来情报:突厥兵撤退了。估计薛怀义自己都弄不清楚,为什么他总是这么幸运。又一次不战自退,又是他任统帅,这下他又可以大肆吹嘘一番了。

薛怀义吹什么,武则天都相信,这就是所谓的情人眼里出西施吧。在宠爱薛怀义的那几年,武则天对这个"喜之郎"是很关照的,自己的权力大伞时时事事都罩着他。

根据历史分析,我们不难发现,超乎寻常地关爱、关照或者说偏袒情人是女皇武则天的一个重要特点。她对薛怀义及张氏兄弟都十分袒护,甚至到了违反原则、违反法律的程度。张氏兄弟的情况我们后面再讲,先看看她是怎样袒护薛怀义的。

在和女皇同居的那段富贵风流的日子里,薛怀义活得逍遥自在,整日无所事事,他当时最喜欢做的一件事就是"选有膂力白丁度为僧,数满千人"。可见,那时想当和尚也得是身强力壮的小青年呀!不过,从这个数字我们可以看出薛怀义有多富,除了寺庙的日常开支,他还养着一千多个每顿都能轻松扒拉几大碗饭的壮小伙,每天光伙食费得多少银子!

作为一个和尚,薛怀义是从哪儿弄来这么多钱的呢?关于这个问题,史料上说得很明白:"怀义用财如粪土,太后一听之,无所问。"一切花费都由武则天实报实销。可见,武则天对这个情郎的日用花费没有具体限制,他爱怎么花怎么花,国库就是他的POS机,花多少刷刷卡就行了,没有对账单,还不用还款。传说中的帅得能当卡刷的现实版就是这位薛帅哥了。没有人搞得清楚薛怀义为什么要招那么多和尚,对于他这样做的目的,正史也没有任何说明,所以后世都怀疑他有造反的目的和打算。

我认为这种猜想挺三八的,从薛怀义的所作所为来看,他只是个四肢发达、头脑简单的江湖卖药的,没有任何远大理想和政治目标。当然,作为一个男宠,我认为没有政治野心不是缺点,因为这样就没有丢命的风险。

大家也许没注意到,薛怀义其实是个很另类的男宠,他丝毫没有参与政治权力纷争,这是极为特殊和罕见的。在中国漫漫的历史长河中,掌握国家最高权力的女人或明或暗都有面首。秦始皇的老妈、北魏冯太后、辽国萧太后等都有情人,她们的情人个个都有不同程度的干政行为。而薛怀义称得上是绝无仅有的政治清白的面首。

薛怀义从头到尾被武则天宠幸了十年。这么长的时间,如果他有政治神经,通过自己的特殊身份拉拢大臣,经营自己的势力,可能会对这一时期的唐朝政权走向产生一定的影响。但他只闷在自己的白马寺里,没有把触角伸到朝廷,所以,在政治斗争和阴谋诡计上,这个花和尚是比较干净的,史籍上也没有任何他卷入权力纷争的记载。武则天后来宠爱的张易之、张宗昌兄弟就明显有向政治渗透的行为,只是由于得宠时间太短才没有造成恶劣影响。

不过,当时有人怀疑,薛怀义把寺庙弄得跟军营一样,是有图谋的,侍御史周矩就是其中之一。他怀疑薛怀义想耍坏心眼儿,便向女皇上奏,要求逮捕薛怀义,但武则天没有批准。周矩锲而不舍地多次上书,强烈要求缉拿这名犯罪嫌疑人。武则天被这位尽职尽责的侍御史弄得没法子,于是在又一次接到他的奏折后说:"卿且退,朕即令去。"意思是你先回去准备准备,我马上命令薛怀义到警署投案自首。

周矩警官前脚刚到办公室,薛怀义后脚就跟来了:"矩至台,薛师亦至,乘马蹋阶而下,便坦腹于床。"当时薛怀义红得发紫,没人敢叫他的名字,都尊称他为"薛师"。

薛师鸟得很,来投案自首还骑着高头大马,可见他没有一丝怕意。他上面有人,怕谁呀！而且薛怀义一下马就无所谓地坐在周矩的凳子上，还解开衣服露出肚皮。这个细节表明，薛怀义当时很热，不知道他有没有抱怨御史台的办公条件很差劲，也不搞个电风扇空调什么的凉快凉快。

周矩一看薛怀义来了，挺高兴，心说，哟，这和尚挺爷儿们的，敢作敢当，说来就来。于是周矩大喊，来人，把这位嫌犯给收押起来。《旧唐书·薛怀义传》对这个情节的描述是："矩召台吏，将按之，遽乘马而去。"

这场面太有意思了。一群唐朝警务人员冲出来，要抓薛怀义进监狱，风云突变，薛怀义迅速跨上宝马，一溜烟跑了。可以想象，这一幕绝对出乎在场所有人的预料，应该没有人想到他会做出调戏警方人员的举动。

周矩当然很生气，便跑到武则天那儿告状，强烈谴责加严重抗议薛怀义这种无视国法的行为，并提出严正交涉，要求缉捕犯罪嫌疑人。

女皇武则天对周矩的抗议深表遗憾，她对周矩讲："此道人病风，不足诘，所度僧，唯卿所处。"用现在的话说就是，这个出家人有精神病，不值得你去审问，他所剃度的那些僧人随便你怎么处置。

周警官可是白忙了，想必事后他明白了，这场"警局自首"是武则天和薛怀义导演的一曲双簧。而且这演戏的痕迹忒明显了点儿，不是两人事先商量好的才见鬼。

估计在武则天要周矩回办公室等候的时候，薛怀义就躲在朝堂的屏风后面呢，否则在那个没有无线通话的时代，住在寺庙里的薛怀义怎么可能和周矩前脚跟后脚地出现在周矩的办公室呢？之所以这样做，就是要让周矩来不及准备。而且武则天肯定特别交代薛怀义要做出一些不合常理的行为，这样就好说他的精神不正常了。可不是嘛，正常人谁会这么干？武则天导演的这场偏袒情郎的双簧戏是以情理代替法理的不理智行为。其实，那些被薛怀义剃度的僧人都不是什么好鸟，仗着薛怀义的势力，经常在民间为非作歹，这也是周矩屡次要求法办薛怀义的重要原因之一。所以，武则天这样做是违反原则的，但如果抛开法制上的是非观点，单纯从男女感情的角度上说，武则天为了保护自己的情人费尽心思，是相当有良心的表现，这一点比现在那些包养情人的贪官高尚多了，那些大老爷们儿对自己的情人什么下三烂的手段都使得出来。虽然薛怀义后来也被武则天处死了，但他的所作所为确实过于疯狂，是在找死，而且他的死和武则天的另一个情人沈南璆有关。

沈南璆是武则天的私人医生。这种关系发展成情人太正常了，今天把脉，明天量体温，一来二去，沈御医就被女皇看上了。

有了新相好，老相好自然就靠边了。和沈南璆好上后，武则天对薛怀义的宠爱逐渐减少，"后有御医沈南璆得幸，薛师恩渐衰，恨怒颇甚"，这可打翻花和尚的醋坛子了。

薛怀义生气也是人之常情，被女朋友晾在一边睡冷板床，当然有脾气了。不过，这个大和尚的脑子确实比较简单，不能准确定位自己的地位和身份。

皇帝的爱情面板不停刷新是正常的，主页不可能老是那一个。薛怀义如果能明白自己不过是女皇"诚征室友"活动中的室友之一就不会生气了。自古以来，皇帝情人的命运都一样，辉煌都不过三五年。薛怀义牛多了，辉煌时间都过了"一五"，直奔"二五"了。他应当明白，这么长的时间，女皇对他产生审美疲劳是正常的现象。

女皇的"三五帅哥规划"里虽没有他的名字，但他如果顺其自然、内敛克制地接受这个结果，武则天后来也不至于恨他恨到咬牙切齿。

女皇厌烦你了，你喝杯忘情水回家蒙头睡他个七天八夜，然后起床宣布：失恋到此结束，把皇帝当成前女友就算了，还气愤吵闹什么呀。可薛怀义没有蒙头大睡，也不喝忘情水，而是经常逮着女皇问："你到底爱不爱我，爱不爱我？"如果搁到现在，把这事往网络论坛上一发，估计网友回帖都是那么一句："楼主脑残，鉴定完毕。"或者送他四个字："兰州烧饼。"

这还真不冤枉薛怀义，他真干了件脑残和"烧饼"的事：妒火中烧的他把曾经的爱悠悠变成了现在的恨幽幽，在一个冬夜，他一把怒火把竣工不久的天堂给烧了。当时是十一月，天干气燥，火势迅速向旁边的明堂蔓延，于是，造价昂贵的两座建筑"并为灰烬"。史书记载，当时的场面是"火照城中如昼"，直到天亮才慢慢熄灭，可以想象当时的火势有多大。这么大的案子如果皇帝追究下来，始作俑者有多少脑袋都不够砍的。而奇迹发生了，纵火犯薛怀义平安无事，因为武则天帮他捂住了。

原因大家都能理解："太后耻而讳之。"女皇要面子，不想让人知道这冬天里的一把火是因自己的前情人和现情人争风吃醋而起。于是她就"火烧门"事件发布了一个官方说明：由于装修工人违规操作，把寺里的粗麻佛像烧着，从而引发了这场火灾。那时候没有临时工、无证电焊工什么的，只能这么说了。

武则天之所以扯谎，是想保护自己的隐私。她虽然做了许多不要面子的事，却希望面子里子一个都不少。这挺互相矛盾和掩耳盗铃的。为面子"掩耳"，武则天没干过，但为面子"掩口"，她却真做过。

垂拱四年（688年），武则天以谋反罪判处大臣郝象贤灭族。她之所以下此毒手，完全是公报私仇，根子在郝象贤的爷爷郝处俊身上。

郝处俊是高宗朝的宰相，高宗当政后期被多种疾病折磨得心力交瘁，对权力也失去了兴趣，打算把皇位禅让给皇后武则天。这事被郝处俊谏阻了，他义正词严地说："天下者，高祖、太宗之天下，非陛下之天下。"郝处俊把家事国事天下事说了一大通，中心思想就是，这皇位你得自个儿坐，绝对不能让人。他提醒李治，这大唐天下你只有半产权，作为现任皇帝，你有经营天下的权力，但没转让天下的权力。那皇帝宝座你得老老实实地坐着，完了交给你儿子，儿子交给孙子，李家子子孙孙无穷尽才是正道。

经过这么一劝，李治打消了这个想法。武则天知道后，对郝处俊恨得牙根痒痒。郝处俊死后，她就把在胸中发酵了很多年的一腔怒火全撒到了郝象贤的身上。

这孙子算倒了大霉了,平白无故全家死光光。不过这位受爷爷连累的孙子在死亡面前表现得挺爷们儿的。临刑前,郝象贤豁出去了,狂飙怒发,在刑场上"极口骂太后,发扬宫中隐慝,夺市人柴以击刑者",上演了一出大闹刑场的舞台剧。

这哥们儿原本是太子通事舍人,天天跟在太子后面,一直待在权力核心周围,武则天那些男男女女的事儿他哪一样不晓得?结果刑场变成了大礼堂,大家津津有味地听着郝象贤的大喇叭广播故事会。

郝象贤这种以牙还牙的还击让武则天颜面尽失,女皇的风流艳事很快传遍全国。为了保护自己的隐私,避免此类事件再次发生,武则天下令,以后"法官每刑人,先以木丸塞其口"。弄一段木头塞进犯人嘴里,连吐痰的机会都不给你,看你还怎么骂。薛怀义犯了这么大的罪,武则天没有立即怪罪他,可能除了念及十年的感情外,可能也有点担心这个大和尚在公开场合乱骂,丢了自己的面子,毕竟他知道太多的内幕。看来,古往今来都一样,包养情人的领导干部有一个共性:天不怕,地不怕,就怕情人大嘴巴。

明堂、天堂烧毁后,武则天大手一挥,下令重建,并且"仍令怀义充使督作"。

这项任命可谓意味深长。从后来发生的事分析,武则天应该在颁布这项荣耀的任命状时,就已经作出了要处死薛怀义的决定,这项任命只不过是为了稳住薛怀义,故意向他伸出的一个橄榄枝而已。

其实,明堂被烧,武则天很是痛心疾首。花了那么多金钱和工夫造出来的"世界之最",还没有门票收入就被大火吞噬了,而且点火者还是跟自己好了十年的老情人,换了谁都会心疼。

这并非是凭空推测,是有佐证的。

明堂被烧后,有个一直特别得武则天信任的老尼姑成了女皇的出气筒。那老尼姑经常在武则天面前吹嘘自己神通广大,能预知未来吉凶,把笃信佛教的武则天骗得一愣一愣的。大火发生后,老尼姑跑到宫里去安慰武则天。武则天见到她,气不打一处来,劈头盖脸地一顿痛骂加责问:"汝常言能前知,何以不言明堂火?"

这老尼姑吹牛时用力过猛,被武则天抓住了把柄。正在气头上的武则天把本该发到薛怀义身上的火全部倾泻到老尼姑身上,命人她逮捕法办,没为官奴。

从这件事可以看出,明堂、天堂被毁,武则天是窝了一肚子火的,她不可能不痛恨放火者薛怀义。

另外,大火发生之后才半个月,薛怀义就死于非命,而处死他的命令是武则天直接下达的。纵火者的死亡时间和宫殿失火的时间相隔如此之短,足见武则天对他的恨意之深,显然是必欲杀之而后快。

史书讲到这个花和尚的死因时,说薛怀义"益骄恣,太后恶之"。这个观点显然比较牵强。半个月的时间,薛怀义就变得那么骄横和恣意妄为,不可容忍吗?即便这个理由成立,以前十年都能忍,现在十天都不能忍吗?如果武则天真的一点也不恼恨他,怎么可能这么快就弄死他？

所以说，薛怀义是引火烧身，他在点燃明堂的同时也开始了自焚。之所以焚烧了半个多月，是因为武则天要利用这段时间从容地安排和布置这一切，以确保一击致命，避免发生郝象贤那样的尴尬事。

关于薛怀义的死法，史料上有好几个版本。《资治通鉴》持"殴杀说"。具体情节是武则天安排侄儿武攸宁带着一队武士在洛阳宫里的瑶光殿埋伏好后，派人通知薛怀义快来约会。薛怀义如约而至，武士们一拥而上，乱棒将其打死，然后"送尸白马寺，焚之以造塔"。

与《资治通鉴》不同的是，《旧唐书》持"缢杀说"，而且太平公主也参与了处死薛怀义的全过程。书中说，武则天发现薛怀义越来越狂后，怕他威胁到自己的安全，命女儿太平公主"择膂力妇人数十"组成一支宫廷"女子别动队"，专门贴身保护自己。太平公主的乳母张夫人是别动队的重要成员，薛怀义出现时，就是她"令壮士缚而缢杀之"。

这个乳母厉害，怪不得喝她奶汁长大的太平公主在政坛上那么生猛。乳母真正是靠胸脯吃饭的，通俗说法就是奶妈。皇家的孩子都有奶妈，皇后和嫔妃都只管生，不管养，至于给孩子喂奶，那更是天方夜谭了。皇家的这种习惯催生出一种非常特殊的职业——宫廷乳母。

这是一种很摧残人性的职业，一旦入行即不得婚配，不得有性生活，终其一生陪伴皇子公主。不过，乳母不婚无性也不是绝对的，唐中宗就曾亲自做媒，将自己的老婆韦皇后的乳母嫁给了大臣窦怀贞。

当然，如果哪位能幸运地成为"太子奶"——太子的乳母，那就是熬出头了。吃水不忘挖井人，喝奶不忘供奶者。太子登基后，乳母就会跟着身价飙升，享尽荣华富贵，家人也得以鸡犬升天。自东汉以后，不少皇帝的乳母都被封了显赫爵位。像唐朝中宗、玄宗的奶妈都被封为"某国夫人"。韦皇后乳母的封号就是莒国夫人。不过，这位乳母的结局很凄惨，在一心想步武则天后尘成为国之女主的韦皇后势败后，她的老公窦怀贞做的第一件事就是"斩妻献其首"。

唐朝命运凄惨的皇家乳母不只是韦皇后之乳母，之前讲过的李元吉的乳母陈善意，仅仅是劝花花阔少李元吉不要作恶，就被白眼狼李元吉命人活活打死。还有唐懿宗的爱女同昌公主的乳母，在同昌公主病死后，懿宗竟然强迫公主的乳母殉葬。

薛怀义比殉葬的乳母还惨，他是死无葬身之地。

武则天有名有姓的四个男宠，三个都死于非命，只有御医沈南璆的结局相对好点。关于沈南璆的资料，史籍上鲜有记载。至于他和武则天相处了多长时间、两人之间交往的细节，更是不得而知。

在薛怀义死后的第二年，武则天最后的两个情人张易之、张昌宗登场了。

张易之、张宗昌是一母所生的亲兄弟，他们并非普通百姓，两人是唐高宗时代非常得李治重视和钟爱的宰相张行成的侄孙,背景相当深厚。张易之就是靠着这层关系做到了尚乘奉御(从五品上)一职。

唐朝有尚食、尚药、尚衣、尚乘、尚舍、尚辇六局,六局的长官都叫奉御,尚食局的负责人称尚食奉御,尚药局的负责人称尚药奉御,余下四局同此。这六局是专门为皇宫服务的,看名字就能知道个大概,干的是衣食住行、看病坐车的活。尚乘奉御就是汽车班班长,只不过那会儿都是用马,皇宫里所有的马都归他管。

张易之二十出头就当上了五品的汽车班班长,这说明他的工作能力还是不错的。虽然靠门荫入仕,但他的父亲只是地方政府管户口的小科级干部,而他在父亲已经去世的情况下当上了司局级官员,很显然,多半靠的是他自己。

事实上,这哥儿俩各方面素质(政治素质除外)都不错,不像薛怀义,只是长得帅气。虽然没有照片,但能把女皇迷得那么昏天黑地、不辨东西,不用说,这俩人的外形肯定没的说,绝对是标准的帅哥。《旧唐书》对张易之的外貌评价是"白皙美姿容"。史书虽然对张昌宗的外貌没有具体描写,但他比张易之先一步得到武则天的宠爱,想必不比张易之逊色。尤为可贵的是,这对帅哥组合都有点文化修养,《全唐诗》里还收录有哥儿俩的诗作。更值得一提的是张易之,他不仅会写诗,而且"善音律歌词",可称全才。这是正儿八经的偶像派兼实力派,就凭这"两面派"的功夫,那时候若有超男快男之类的比赛,第一名非他莫属。不过,这两兄弟最后都被武则天给钓去了。张氏兄弟同侍女皇,还是太平公主推荐的。

通天二年(697年),十分了解母亲心思的太平公主见母亲身边的男主角席位空缺,便推荐张昌宗进宫。

张昌宗的名字第一次出现在史书中就是这个时候,之前他是做什么的以及他和太平公主是否做过什么,正史没有明说,只是说"太平公主荐易之弟昌宗入侍禁中"。

武则天一见到张昌宗就喜欢得不得了,张昌宗又向武则天推荐自己的哥哥张易之,说,我哥长得比我帅,本领比我强,保您一见忘不了! 武则天马上召见张易之,一看果如其言,说,留下吧,别回去管马了,以后你们哥儿俩就一起管我吧! 从此,武则天就跟这两个嫩得跟果冻一样的喜之郎开始了纸醉金迷的上层贵族生活。

武则天宠幸张氏兄弟时已经七十四岁了,如此高龄还对花样美男感兴趣,这应当算是一个生理学奇迹吧。武则天对这两个年龄小自己半个世纪的情人的宠爱程度远远胜过薛怀义,刚交往就给他们封了无数官职。具体名称就不一一列举了,都是很生疏的名词,其中最显耀的是"赐防阁"。就是给他们配备警卫保镖,弄一帮大内高手形影不离地保护他们的安全,不许别人朝他们扔破鞋、砸臭鸡蛋或甩西红柿。

张氏兄弟真是比烧好的大虾还红,武家人都想主动巴结他们,太平公主也不例外。为了向张氏兄弟示好,太平公主曾联合太子及相王李旦"上表请封昌宗为王"。一般情况下,古代皇帝是不会加封异姓臣子为王的,要不怎么会有刘邦心事重重的那句

十四　女皇的"喜之郎"

"非刘姓而王,天下共击之"的语录呢？历史事实表明,异姓将领得到王爵的最好机会是烽烟四起的乱世,韩信、彭越、吴三桂、尚可喜等人就是这样,在皇帝最需要帮手时,他们能够凭实力及时出手相救。所以,什么齐王、梁王、平西王、智顺王,皇帝很舍得,因为皇帝知道,这跟丢肉包子似的。他丢出去有数的肉包子,能得到无数做肉包子的面粉和肉馅。大唐开国皇帝李渊在建国初期也天女散花般地到处丢肉包子,吴王杜伏威、楚王朱粲都是被肉包子砸中后毙命的。把天下真正收入囊中之后,李渊就再也没有丢过肉包子。像太平天国那样王爵封得比工厂班组长还多的荒唐事,只有洪秀全那样的半吊子皇帝才干得出来。

太平公主这奏折荒唐得跟太平天国有一拼,一个对国家无寸尺之功的"三陪先生"也能封王？不得不承认,人在拍马屁的时候,什么无耻的话都敢说,什么无耻的事都敢做。虽然武则天没有准奏,但封了张昌宗为邺国公,张易之为恒国公。

这俩小子,真划得来。国公可牛着呢,是从一品,跟魏徵、房玄龄、李靖、尉迟敬德这些人对比一下,就知道他们占了多大的便宜！这些老同志哪一个不是经天纬地的国家栋梁？为国家操劳一生、奉献一生换来的爵位,这俩三陪先生轻而易举就得到了。看来陪男皇帝玩和陪女皇帝玩的效果是不一样的。

二张以陪女皇玩为荣,很多人却以陪二张玩为荣。

史料中有这样的记载："武承嗣、三思、懿宗、宗楚客、宗晋卿候其门庭,争执鞭辔。"这些人不是武则天的侄子就是外甥,平时在别人面前都拽得不像样,但在二张面前,他们都是一副小瘪三样,争着抢着为张氏兄弟拿马鞭、牵马绳,那场面是相当可笑。

不是东西的不止这帮纨绔子弟,当朝宰相杨再思也对张氏兄弟极尽拍马溜须之能事。跟人们当年称呼薛怀义为薛师相同,二张当红时,很多巴结他们的人都不叫兄弟俩的官职和姓名,而是亲切地称哥哥张易之为五郎,弟弟张昌宗为六郎。这五、六正是他们在弟兄中的排行。至于"郎",则是一种尊称。在唐代,门生或晚辈称他们的主人为"郎"。很显然,叫张氏兄弟五郎、六郎的人都是主动谄媚地把自己归为二张的门生。

一次,一群官员门生组团恭维张昌宗的长相说："六郎面似桃花。"张宗昌很受用,喜形于色。就在这时,杨再思却语出惊人："不然。"

要是电视剧,这时候就可以插播一段广告了。观众们就想了:为啥呢？为啥就他一个人不拍领导的马屁呢？其实啊,他是想把马屁拍得独辟蹊径而已。

在张宗昌问他为什么的时候,这位宰相一句话雷翻了现场所有人："再思以为莲花似六郎,非六郎似莲花也。"真服了这个马屁精。

不过,武周时代独具特色的超级马屁精不少,有个叫阎朝隐的官员比杨再思的拍功还高。有一回武则天驾临嵩山,突然感冒发烧,便命阎朝隐到少室山替自己祈福祷告。阎朝隐很是厉害,他"自为牺牲,沐浴伏俎上,请代太后命"。

"牺牲"是古代进行祭祀祈福活动时必不可少的祭品,即牛羊一类的牲口,宰杀后盛放在鼎啊盘子啊之类的器物中。这位老兄先是洗刷一番,然后跳到用来盛放祭品的礼器中,把自己当成"牺牲",说是愿意代替女皇承担病痛,求上天把她的病全转移到自己身上,让她赶快好起来!这马屁功夫可真不是一般的绝!

两人得道,鸡犬升天。两兄弟得宠后,整个张氏家族成员都跟着沾了光。他们的父亲张希臧已经去世,仍被武则天追封为襄州刺史,母亲臧氏被封为太夫人。对于二张的母亲,武则天还有一项人性化的奖励:"敕凤阁侍郎李迥秀为臧氏私夫。"

可能女皇觉得张母与自己是同病相怜,觉得没有男人的日子不是女人过的,便下诏以组织的名义命令李迥秀去当情人母亲的情人。凤阁就是改名后的中书省,侍郎是这个重要政府机构的二把手,属于部长级高官。这道诏令极其独特搞怪,李侍郎竟然是"奉旨偷情"。

听说过"奉旨填词"、"奉旨乞讨"的,也听说过"奉旨骂街"(清朝的"传旨申饬"即是,皇帝要是看着哪个臣下来气,就会命太监当面斥骂,李鸿章就曾被慈禧派人骂得一脸唾沫星子的),但"奉旨偷情"确实稀罕。

这臧氏和李侍郎偷情倒是情有可原,毕竟他们都是被动的,臧氏的另一个儿子张昌仪倒开始积极主动做起事来。

张昌仪本是洛阳县令,一个从六品的小官。他官小不要紧,两个哥哥官大呀,靠着这层硬关系,张昌仪干起了政治掮客的生意。谁有什么难事搞不定的,谁想当个什么官的,只要给他送钱,都能搞定。当时张昌仪的路子很野,号称"请属无不从",凡送钱求他办事的,没有不答应的。有一次在去上朝的路上,一个姓薛的候选官员拦住了张昌仪的坐骑,递给他五十两黄金和一份请求任职的报告,请他帮忙买个官做。张昌仪收下金子,到朝堂后就把姓薛的"求职报告"交给了吏部侍郎张锡,请张锡同志阅办。

按照规矩,对于张县令的吩咐,分管大周人事的组织部副部长张锡都是一阅就办,但这次他阅不了也办不了——他把那封报告弄丢了。这就成问题了,写报告的人是谁?他要当什么官?

于是张锡找到张昌仪,小心翼翼地向他询问那个写报告的人是谁,结果被张昌仪好一顿臭骂:"不了事人!我亦不记,但姓薛者即与之。"

原来他也不知道那人叫什么名字,只知道姓薛。从六品的县令对正四品的侍郎吆五喝六的,侍郎还得唯唯诺诺,连嘴都不敢还,这相当奇怪。按照官员级别,县令和侍郎相比就像孙子和爷爷,但孙子却在爷爷面前颐指气使、盛气凌人。其实大家都知晓原因,并不是爷爷宠孙子,而是爷爷畏惧这孙子有两个权势煊赫的哥哥。

最后为了把事情摆平,张昌仪吩咐张锡,"索在铨姓薛者六十余人,悉留注官"。凡是等候安排职位的候补官员,只要是姓薛的,一律授予官职。那位姓薛的绝没想到,他的五十两黄金不仅为他买到了官职,同时还帮六十多个人买到了官职。

喜欢做"帅哥之友"的武则天大概觉得自己赚到了,所以对给自己带来快乐的小情人极尽回报。

圣历二年（699年），武则天任命张易之为控鹤府一把手——控鹤府监。控鹤府可不是养鹤的地方，而是养男人的。它本是朝廷亲卫营，里面全是负责皇帝安保工作的近卫亲兵。控鹤府监的级别很高，属于正三品，和宰相平起平坐。武则天却将控鹤府变成了安置张氏兄弟的纯玩乐机构。

有人可能会问，张氏兄弟不是有从一品的国公爵位吗，怎么还在乎这个正三品呢？

这里我们应该弄清楚，二者是有区别的。从一品的国公只是虚衔，正三品的控鹤府监则是实职。而且，在当控鹤府监的时候，张氏兄弟还没有被封为国公。

圣历三年（700年），武则天把控鹤府改名为奉宸府，任命张易之为奉宸令。这种安排是武则天有心给小男友派发红包。张氏兄弟在这个机构中什么事情都不用做，如果一定要做的话，那就是玩儿，陪武则天疯玩儿。不过对外面可不能这么说，对外得说这俩年轻人有理想有抱负，在干事业。

为了把这个谎扯圆，武则天花了不少心思，"诏昌宗撰《三教珠英》于内"，让这两人在奉宸府做学问、编书。

《三教珠英》中的三教指的是儒教、佛教、道教。这是一部多达一千三百多卷的诗歌选集，但到今天已经散佚殆尽了。编纂这部书确实是当时的一件文化盛事，不过张氏兄弟完全是挂名。别看他们的名字排在编纂者名单的最前面，事实上是没有参与具体编纂工作的。这点和现在学术界的情形有些相似。

当时武则天召集了许多文人才子到奉宸府当差，任命他们为"奉宸供奉"，让他们执笔编纂《三教珠英》。不过，编纂组里有不少气节不高的文人，像阎朝隐、宋之问、沈佺期、杨再思等。但也有一些品行高洁之士，员半千就是其中的代表人物。

和许多艺人一样，员半千这名字也是后来改的。他原名叫员余庆，老师觉得他非常有才，说这样的拔尖天才乃是"五百年一贤"，就将他的名字改为员半千。

员半千觉得二张就是俩奶油二百五而已，武则天让他当奉宸供奉是侮辱他的人格，很不爽。于是他"以古无此官，且所聚多轻薄之士，上疏请罢之"。

半千先生请求解散这个机构的愿望是美好的，但这个愿望肯定是要落空的。看完他的奏折，女皇就把他从正谏大夫贬为水部郎中。就你话多，还喜欢发口水帖，那就去干大禹治水的活吧。

员半千不了解情况，其实武则天当时的心态跟沉浸在恋爱中的纯情小女生差不多，对这一对小情郎是百依百顺，宠爱有加。她把张易之、张昌宗当成了随身听，走到哪儿带到哪儿，不可或缺。这是热恋中的女人的心态，也是一种娱乐至死的心态。

在生命的最后几年里，武则天把奉宸府当成了自己的情色快乐大本营，换着花样和二张日夜玩乐，饮酒、赌博、玩闹、调情，真正是鬼混唐朝。除了张氏兄弟，她还下令"多选美少年为奉宸内供奉"。从武则天的行为来看，她的私生活是比较放荡的，身边的男人像走马灯,不停地换来换去,她的情人应该不止史籍上公开的这四个。

见女皇如此喜欢帅哥,很多人为了投其所好,成了女皇的床上用品,个个跟勇闯夺命岛似的,干出了许多恬不知耻的龌龊事,闹得宫里乌烟瘴气的。

尚舍奉御柳模大概是想升官想昏头了,他公开宣扬自己的儿子柳良宾长得特别帅气、肤白貌美、浓眉大眼,希望儿子能成为奉宸供奉。

这位老爸力荐儿子的做法挺无耻下流的吧?不过跟侯祥的毛遂自荐比起来,他还算是绅士的,顶多也就算一个时刻准备着的道貌岸然者。

侯祥可是朝廷公务员,职务是左监门卫长史,是皇宫安全保卫部队的一名干部。这位老兄赤膊上阵,满世界向别人宣扬自己"阳道壮伟,过于薛怀义",如此无脸无皮地炫耀自己的生殖器,就是想"求为奉宸内供奉"。

在文明即将进入高度发达时代的盛唐,侯祥这种兽行是这个光辉朝代彩页上的霉烂黑斑,是历史上打着灯笼也难找的荒唐人物。

荒唐人物的产生必定有适宜其成长的土壤。当时,武则天对张氏兄弟无限度的宠爱封赏、无原则的宽容袒护就是促使一切荒唐行为疯长的土壤。侯祥是这种畸形土壤培育出来的异于常人的畸形典型,而这种畸形的典型归根结底还是源于对无上权力的渴望。对权力病态的崇拜让侯祥以突破人类道德底线的方式,期望执掌最高权杖的女皇能让自己爬上她的床、成为她的恋人,这样他就可以站在女皇的床头柜上,抓住使人癫狂的权杖,狐假虎威,为所欲为。

在人类社会,权力永远是兴奋剂,任何当权者都不能滥用它,否则必将遭到取消成绩甚至禁赛的后果。而武则天就是把张氏兄弟当成了刺激自己的兴奋剂。

从公元697年到公元704年,作为帝国最高领导,武则天出于宠爱,在对待张易之、张昌宗的问题上,经常是权为张所用、情为张所系、利为张所谋,不遗余力地把精力投入到袒护张氏兄弟上,这给武周后期的朝政带来了不小的负面影响。

一向聪明绝顶的武则天如此没有原则,我们可以理解为女皇老了,有点糊涂了;也可以理解为,恋爱中的女人总是傻傻的。对比之后我们可以发现,武则天对张氏兄弟的保护程度甚于薛怀义,这点从她处理张氏兄弟迫害魏元忠一案就可以看得很清楚。

魏元忠是德高望重的正直宰相,多次弹劾二张贪污受贿等不法行为,是二张最为头痛的几个大臣之一,两兄弟总想使坏干掉魏元忠。

有一次武则天生病了,张昌宗找到机会便借病发挥,居心叵测地给女皇编起了故事,说魏元忠在女皇生病期间对别人说:"太后老矣,不若挟太子为久长。"

可别小看这句话,简简单单的十几个字威力很大,足以致人死罪。因为它至少向武则天传达了两条信息:一是魏元忠在朝廷搞政治小团体,皇帝都忌恨大臣们私下搞串联、拉同盟,因为皇帝最怕臣下联合起来对抗他;另一条更严重,魏元忠这是在咒皇帝早死呀!武则天当时七十多岁了,对这个问题非常敏感:我有个头痛发热的,你们就以为我会一病不起,到阎王那儿报到啊!这还得了,把他抓起来!

转眼之间,宰相变囚犯,魏元忠被投进监狱。

幸好这是长安三年(703年),酷吏时代已经结束,武则天给了他一次解释的机会——让他和张昌宗当面对质。不然老魏同志可就惨了。

武则天之所以安排这次公开对质,可能主观上并不是为了让魏元忠洗脱罪名,而是为了帮衬张氏兄弟,想通过治魏元忠的罪给他们俩长脸。想长脸,你至少得有脸吧,这一举措反倒使没脸的张氏兄弟更丢脸了。

张昌宗为了能在当堂对质中稳操胜券,不惜将没脸进行到底。他偷偷找到中书舍人张说,"赂以美官",让张说帮他作伪证。

张说和姚崇、宋璟一样,都是辅佐唐玄宗开创开元盛世的重要人物,此时这三人还只是政坛上无足轻重的二三线人物。

张说当时是正五品,一听张昌宗要帮自己升官,便满口应承下来。于是,一场悬念迭出、高潮迭起的对质大戏上演了。

这天,文武众臣齐集朝堂,原告张昌宗和被告魏元忠各执一词,就到底有没有说那句话争论起来。

一个讲:你说了!我亲耳听见的……

另一个辩:我没说!你诬陷好人……

张昌宗因为手中有王牌,看上去比魏元忠更理直气壮、胸有成竹。他对武则天说:"张说闻元忠言,请召问之。"

魏元忠看见张说真的上堂作证指控自己,心里有点发慌。只要张说点头确认,他的身份立马就会从犯罪嫌疑人变成犯人。

这时,老魏急忙提醒审判长武则天:"张说欲与昌宗共罗织魏元忠邪!"那是当然了,本来两人就说好要整他的。

但张说不承认魏元忠的说法,他大声反驳老魏同志:"元忠为宰相,何乃效委巷小人之言!"你魏元忠身为宰相,怎么能说出这种只有陋巷小人才会说的话呢!张昌宗一听,嘴巴都高兴歪了,"从旁迫趣说,使速言",急切地等待张说开口指证。

此刻,事情的发展突然出现了戏剧性的转变,在场的所有人都没料到证人张说会对武则天说出下面这段话:"陛下视之,在陛下前,犹逼臣如是,况在外乎!臣今对广朝,不敢不以实对。臣实不闻元忠有是言,但昌宗逼臣使诬证之耳!"

张说在朝堂上的公开"演讲"等于对张昌宗反戈一击,他就着张昌宗咄咄逼人的口气对女皇说,皇上您看到了吧?在您老人家面前,张昌宗都这么旁若无人地逼迫我,何况在您看不见的朝外呢!今天当着诸位朝臣的面,本人丝毫不敢说谎,我实在没有听到魏元忠说过那句话,是张昌宗逼我出面,让我为他作虚假证词的!

可以想象当时的情景,围观的朝臣们肯定都惊讶得张大了嘴巴,魏元忠也会捶打着自己的脑袋纳闷:这小子都把枪口对准俺的心脏了,咋突然嘭的一下朝那小子开火了呢？张昌宗就更别提了,肯定是歇斯底里,彻底抓狂了。

见张说实话实说,张昌宗又气急败坏地诬告起张说来:"张说与魏元忠同反!"这话完全是不过脑子的疯话,张说若是和魏元忠一起谋反,那你为什么还要喊他出来作证？你这是故意藐视法庭呢,还是故意藐视皇上？这事儿若是认真追究起来,不又是一件抄家灭族的人命案？

不过武则天是不会追究小情人的,反而对他袒护有加。她知道张说谋反是件没影儿的事,不好拿来做文章,但可以用其他借口治张说的罪。武则天认为张说是"反复小人,宜并系治之"。

只不过说出了真实的情况,怎么就被定性成反复无常了呢？这就是标准的"皇帝逻辑",毫无道理可言。看来在偏爱面前,真相是没有市场、不受欢迎的。

张说入狱后,武则天又两次派人提审张说,希望他能说出有利于张氏兄弟的证词,但每次审问的结果都一样,"说所执如初",没有就是没有。

由于关键证人张说的坚持,这件案子始终无法做大。为了安慰张氏兄弟,武则天最后不顾朝中的反对之声,分别将魏元忠、张说贬职流放。

魏元忠一案的处理过程和结果虽然不乏荒唐之处,但张氏兄弟好歹还策划伪装了一番,搞出了所谓的证人证言。相比魏元忠案,崔贞慎案则完完全全是二张嚣张露骨地诬陷了,什么证人证言,甚至连原告是谁都不知道。

事情还是因魏元忠而起。

话说老魏同志德高望重,人缘相当好。他被贬出京时,大臣崔贞慎等人在城外设宴为其饯行。张易之得知后,"诈为告密人柴明状,称贞慎等与元忠谋反"。用现在的话来说就是,张易之怀着不可告人的目的给自己注册了一个假名"柴明",然后以柴明的名义给武则天写了一封举报信,举报崔贞慎等人联合魏元忠密图谋反。

张易之这小子挺恶毒的,动不动就告人谋反,无缘无故地把人往死里整。武则天似乎知道这是怎么一回事。在接到柴明的举报后,她立即派监察御史马怀素主抓这件案子,并当面对马怀素说:"兹事皆实,略问,速以闻。"领导打招呼了,状子上指控之事全部属实,大概审问一下就可以了,要尽快把处理意见报给她。

除了给专案组长打招呼,女皇对此案更是表现出了超乎寻常的关心,"顷之,中使督趣者数四",似乎铁了心要替两个"喜之郎"打赢这一仗,一会儿工夫,武则天就派出了好几批宦官来催问案件的处理结果。宦官使者对马怀素的表现很是不满,多次责骂他说:"反状昭然,何稽留如此？"谁知这个马怀素是个秉公执法的良吏,根本不听武则天的使唤,他向武则天要求找来举报人柴明与崔贞慎当面对质。

面对案件主审官这一合情合理的请求,武则天的回答让人觉得她像一个昏君:"我自不知柴明处,但据状鞫之,安用告者？"面对主审官的要求,她竟然理直气壮地说:我怎么知道柴明在哪里？你只需按照状子上告发的事实审问就行了，为什么一定要找那个告状者呢？

按照武则天的思路，崔贞慎被砍了头，那个让崔贞慎掉脑袋的人到底长什么样、家住哪里、在哪个单位工作等基本资料却一无所知。这不是犯傻是什么？

马怀素可没傻，他说既然柴明查无此人，就不能给崔贞慎判罪。武则天很生气，后果很严重。她严厉地呵斥道："卿欲纵反者邪？"这句话带着明显的威胁警告意味。

对于臣下而言，皇帝的这种严厉责问其实就是一种隐形的强制命令：如果你不想得个包庇反逆之罪，就给我老老实实判他谋反罪名成立！

但马怀素的脖子比头还硬，无论皇帝怎样施压，他都坚持依法办事，说这只是魏元忠的几个亲朋好友为魏元忠送行而已，无关谋反。对于皇帝一定要定其谋反罪的要求，马怀素硬着脖子把皮球顶给了武则天："陛下操生杀之柄，欲加之罪，取决圣衷可矣；若命臣推鞫，臣不敢不以实闻。"

好一个马怀素！在能主宰自己命运的皇帝面前，他守法护法，坚决不屈从，这种只遵法律不畏强权的理念实在是令人羡慕、让人感叹！反观现在，能在法律面前坚持原则、视领导为无物的司法人员是不是已经寥若晨星了呢？在历史面前，我们不应只是遥望和敬佩，更应该思索和拷问。

看着和自己顶牛的马怀素，武则天也知道想判崔贞慎谋反是不太可能了。她决定退而求其次，本着"不求死罪，但求有罪"的心态再问马怀素："汝欲全不罪邪？"她这时的口气已经由命令改成了商量，话里话外透出的潜台词无非是：我也不强迫你判他谋反罪了，你随便给他定个罪，要不我在"柴明"面前很没面子的。

马怀素就是马怀素，他还是重复那句话："臣智识愚浅，实不见其罪。"武则天看他实在是油盐不进，最后也没再追究下去，于是这件案子成了一件不了了之的烂尾案。可见，武则天还没到昏头的地步，虽然她有意偏袒情郎，但遇到硬骨头的诤臣挡路，她还是自觉绕道而行，不像有些昏君，遇到硬头硬脑的，统统大锤伺候。

唐代硬头硬脑的官员特别多，宋璟也是杰出代表之一，他比马怀素还硬，搞得张易之、张昌宗兄弟不但想抢他抢大锤，还想对他动刀子。兄弟俩曾经打算趁宋璟办婚宴时，派杀手去行刺他，最后因为宋璟提前得到消息，躲到其他地方才幸免于难。

张家兄弟为什么如此仇恨宋璟呢？其实他们之间就是君子和小人的仇恨。

张易之、张昌宗兄弟在武周朝太红了，两兄弟及其家人仗势干了许多贪赃枉法的事，成了许多正直大臣嫌之恶之的"苏丹红"。刚正不阿的宋璟尤其讨厌他们兄弟。

也不知道因为什么，一贯高高在上的张氏兄弟对官位很低的宋璟一直敬畏有加，多次主动讨好结交宋璟，宋璟却懒得搭理他们。不搭理也就罢了，宋先生还总是瞅机会在公开场合嘲笑讽刺二张。

有一次，武则天设宴请朝廷高级官员到宫中吃饭。中国人吃饭时候的座位次序是很有讲究的,按照长幼尊卑,谁坐哪一桌,谁坐哪个座,都是有规矩的,这种所谓的饮食文化一直流传至今。张氏兄弟当时和宋璟一桌,并且是宋璟的座位在下首,二张的座位在上首。因为当时宋璟的官阶是五品,和三品的张易之、张昌宗差着不少。

张易之一向看到宋璟就有点发毛,现在看到他坐在自己下首,想讨宋璟高兴,便主动恭维起了他:"公方今第一人,何乃下坐?"说完让出了自己的位置对宋璟作揖说,来来来,咱俩换个位置吧。

宋璟这就问他了:"才劣位卑,张卿以为第一,何也?"请注意,宋璟称呼张易之为"张卿",而不是"五郎"。

其实张易之夸宋璟是天下第一才子只不过是顺口说说而已,真要回答为什么称他是天下第一,张易之还不好现编。宋璟这句反问其实也是将了张易之一军,似乎想看看张易之是怎么出丑的。

就在张易之不好接话的时候,吏部侍郎郑杲用奇怪又带着点责问的语气问宋璟:"中丞奈何卿五郎?"这个组织部副部长平时五郎长五郎短叫得亲亲热热的,听见宋璟叫他张卿,就好像听到有人直呼他老爸的名字一样,觉得很刺耳。

不过郑杲这次吃了个大亏,反应机敏的宋璟一句话便把他揶揄得灰头土脸:"以官言之,正当为卿。足下非张卿家奴,何郎之有!"

宋璟的回击像一颗子母雷,把郑杲连带张易之一起给炸了,大伙刚塞进嘴里的酒菜差点儿都笑喷到地上。

这点小恩怨咱就不提了,真正让张易之、张昌宗欲置宋璟于死地的导火索是宋璟担任了张氏兄弟谋反案的主审官。

谋反,又是谋反。一向喜欢告别人谋反的张氏兄弟在长安四年(704年)被人告发意图谋反。

这年武则天已经八十一岁,她时常生病,躺着的时间比站着、坐着的时间多得多,一代女皇的生命已经接近尾声。然而,她不是一个普通的老太婆,她是一个帝国的最高领导,她的死亡会带来最高权力的更替,所以在这个敏感时刻,围绕着敏感的权力,一系列敏感问题随之而出。

武则天生病时,病房是全面戒严的,任何人不得靠近,大臣都见不到武则天本人,"唯张易之、昌宗侍侧"。在这种情况下,"屡有人为飞书及榜其书于通衢",说张易之、张昌宗意图谋反。"飞书"就是匿名信。话说唐代人民群众的政治觉悟挺高的,有写匿名信反映二张谋反的,有将张氏兄弟将要谋反的大字报贴到闹市大街上的,目的似乎只有一个:提高警惕,保卫皇帝。

我想,那些写匿名信、大字报的人应当是有人安排指使的。老百姓哪有闲心管皇帝的情人谋反不谋反?再说了,深宫里的那些政治斗争,普通老百姓哪会知道得那么清楚?因此,说张氏兄弟谋反的,一定是他们的政治对手派人故意向外散发的。

有资料表明,张氏兄弟在得宠后的确曾将触角伸进了政治领域,但触及很浅,绝没有达到谋反的程度,因为他们没有可以谋反的政治和军事资本。两人当时虽然很红,但也就是无人不知、走到哪儿大家都不敢惹的皇帝的"二爷"而已。他们没有形成势力庞大、能控制朝政的政治集团,围在二张身边的多是些没有实权的文人,这些文人当中还有许多是随风而舞的墙头草。军事势力就更别提了,没有枪杆子,拿什么谋反啊?

张氏兄弟触及政治,其实更多是为了自保。武则天那么大年纪的人了,说不准哪天眼一闭就不睁了。他们害怕武则天死后其他人找自己麻烦,所以这兄弟俩就在武家和李家这两大派系之间寻找有利于自己的机会。

《新唐书·狄仁杰传》中记载了张易之亲口向狄仁杰请教"自安之计"的过程,他向狄仁杰请教,怎样才能在女皇驾崩之后确保自己的生命安全。当时以武三思为首的武家和李唐皇家集团正在为立谁当太子而明争暗斗。狄仁杰对张易之说:"唯劝迎庐陵王可以免祸。"让他劝皇帝把庐陵王从房州接回京城,这样就万事大吉了。

之后,张氏兄弟在立太子一事上确实站在了李唐皇室这边,"屡为太后言之",替相王李旦说好话。虽然后来他们在"五王政变"中被杀,但在他们死了四十多年后的天宝九载(750年),唐玄宗答应了宰相杨国忠的请求,为张易之、张昌宗平反,下诏肯定"易之兄弟迎中宗于房陵有功,复其官爵"。

唐玄宗亲身经历了"五王政变",是政变的当事人之一,对当时的情况是很了解的,所以他作出这一平反决定,其公信力是不容置疑的,这应当跟唐玄宗宠信杨国忠以及杨国忠是张易之的外甥(一说儿子)关系不大。

很多史家把《资治通鉴》中"易之、昌宗见太后疾笃,恐祸及己,引用党援,阴为之备"这句话作为张氏兄弟谋反的重要证据之一。其实这很正常,张易之、张昌宗见武则天病情似无痊愈迹象,担心她死后自己大祸临头,病急乱投医般地到处找救命稻草,这只是一种本能的自卫反应,不能上升到谋反的高度。

事实上,他们的担心并不是多余的。从一些真实案例来看,只要是皇帝过度宠爱且死在皇帝之后的情人,无论男女,下场基本都很惨。

那个漂亮的戚夫人,刘邦多喜欢她呀,打仗都带在身边,可皇帝一死,娘儿俩不久就死于非命;汉哀帝的同性恋人董贤,二十岁就成了掌管国家最高权力的大司马,哀帝迷恋他甚至到了心甘情愿、无怨无悔无条件地把皇位禅让给他的地步,哀帝一死,他也被逼得跟着去了。

二十来岁的张氏兄弟可不想跟着八十来岁的武则天去当地下工作者,只是他们太嫩了,不知道他们找到那些微薄力量,无异于螳臂当车。

当时许多大臣都说他们将要谋反,并且接连上书,要求武则天下令逮捕二张。这次集体倒张的朝臣们要求严惩张氏兄弟的一个重要理由是,张昌宗私招江湖术士给自己看相,并且术士说他有天子之相。这个问题很严重。

迫于舆论压力,武则天只得命令对张昌宗立案调查,任命宋璟负责审理此案。宋璟很快就把案件调查结果奏报上来:情况属实。根据案件性质,他建议立即启动下一步行动,并提出了具体的处理意见:"法当处斩破家。"

武则天听完汇报后,"久之不应"。半天不说话的武则天是在思考对策,从这时候开始,女皇为了自己的情郎,和御史中丞宋璟展开了一场针尖对麦芒般的对峙!

宋璟催促:"倘不即收系,恐其摇动众心。"

武则天说:"卿且停推,俟更检详文状。"她动用帝王否决权,命令宋璟暂时停止审理这件案子,等她仔细看看案卷文书后再做决定。这是女皇的缓兵之计。

不久,武则天又使出了一招调虎离山计,想把硬头硬脑的宋璟调离京城,不让他再过问这件案子。于是,她对宋璟说,你快去扬州审理案件吧,那里更需要你。

宋璟拒绝道:"按州县,才监察御史职耳。"——派监察御史去查办就可以了。

武则天又说,那你去幽州处理幽州都督屈突仲翔贪污案吧。

宋璟再次拒绝:"御史中丞非大事不出使。"一个司令员贪污,根本不需要我这个国家纪委副书记出马。

武则天又给他换了个差事,说要不你做宰相李峤的副手出使陇蜀,怎么样?

宋璟还是不答应,说:"陇右无变,臣以中丞副李峤,非朝廷故事。"我司法调查独立,宰相官品比我高,我们俩不是一个系统的,再说朝廷也从来没这规矩。

这一说一拒就像两位武林高手过招,最后是见招拆招的宋璟略胜一筹。其后又经过几番交锋,武则天没办法,只好同意了宋璟的意见,让张昌宗前往御史台接受审讯。消息传出后,满朝大臣都高兴得不得了,倒张事业终于成功,等着看斩首抄家吧。

张昌宗到了御史台后,宋璟马上在机关大院里设立了临时法庭,审讯张昌宗。

这时候,类似薛怀义自首那样让人笑喷的历史情节再次重演。

主审法官宋璟正问得起劲呢,突然一个宦官来到庭审现场,拿出一张纸读了起来。宋璟有点头大,这咋回事啊,我的宣判文书还没打印呢,你读的是什么呀?

人家读的是皇帝的敕书。

宋璟知道他是白忙活了:"太后遣中使召昌宗特敕赦之。"武则天以国家元首的名义颁布了特赦令,下令赦免张昌宗。特赦令一下,一切原罪一笔勾销,任何人不得以任何理由任何方式再追究,否则就是违宪。宋璟以为他赢了,其实他还是高兴早了,武则天又用娴熟高超的骗技把他忽悠了。

一个八十多岁的老人,在自己病魔缠身之际,为了自己情郎的生命安全,费尽心思地为他出主意、想办法,并最终在没有激化各方矛盾的情况下成功使自己的心上人虎口脱险。不要再讲什么大义凛然的道理,单凭这一点,我们就应该对这个叫武则天的女人报以热烈的掌声!

武则天这个女人越到晚年,生命里慈祥、人性的东西越多。若是在她杀气升腾的年轻时代,像这种事情,她处理的结果不外乎两种:一种是放弃主审法官,一种是撒手自己的情人。经过岁月的洗礼,武则天逐渐变得淡定和宅心仁厚起来,这从她去世前为包括情敌王皇后、萧淑妃家族在内的一切遭受她迫害之人平反也能看出来。

一个人要进行自我否定是需要很大勇气的,平时夫妻俩吵架后在谁先道歉这个问题上都要反复鼓起勇气,一个帝王要主动推翻自己授意、督办的案件结果,更是罕见。根据历史规律,多数情况下即使皇帝知道自己冤枉了别人,也不会在在位或在世时认错,得等他们的子孙替他们擦屁股,有的连子孙都没有勇气主动认错。唐高宗李治当年在和褚遂良交锋时,因为政治斗争的需要,打算替在贞观末年被冤杀的宰相刘洎平反,然而手下大臣的一句"今雪洎之罪,谓先帝用刑不当乎"的质问,就让他打消了这个念头。他要是替刘洎平反了,不就等于向天下人诏告他老爸办了件冤假错案吗?

由此可见,武则天是个少有的明白人,否则,宋璟大约在劫难逃。

武则天知道宋璟是个人才,一直有意识地保护着他。史料说视宋璟为眼中钉的二张对宋璟"常欲中伤",而武则天心里跟明镜似的,无论张氏兄弟怎么中伤,她都不相信。就武则天的这一良好表现,明代思想家李贽有一段精彩的自问自答式的评论。

问:"宋璟刚正嫉邪,屡与二张为仇,武氏亦不过也。何也?"

答:"贤人君子,固武氏之所深心爱惜而敬礼者也。"

虽然武则天晚年对情郎的偏袒相当过分,但总体上分寸还是拿捏得挺准的,对于真正的人才,她不会轻易动刀。这正是区分明君和昏君的最重要的指标之一。

张昌宗的全身而退让宋璟特别有挫败感,他追悔莫及地说:"不先击小子脑裂,负此恨矣。"他觉得应该在张昌宗刚到御史台时就宰了他,然后再慢慢搜集其犯罪证据。这是个很鲁莽、很危险的做法,北魏冯太后的例子摆在那儿呢。献文帝拓跋弘瞒着冯太后把她最宠爱的面首李奕杀死后,冯太后的反应如山呼海啸般,立即将拓跋弘赶下皇位,并在不久后将其毒死。如果宋璟真那么做了,病中的武则天也许会像一只暴怒的母狮,撕碎很多人,产生一系列意想不到的严重后果。若真如此,"五王政变"就可能会推迟或者根本不发生了,那历史这个小姑娘就不知道又被人打扮成什么模样了。

不过,强势的女皇终究还是没能保护好自己的情人。公元705年,在她病重时,宰相张柬之与太子李显、太平公主等人联合发动政变,将张易之、张昌宗杀死在长生殿上。至此,武则天的感情生活画上了句号。十个月后,女皇在被软禁的落寞中死去。

武则天死后,她的私生活被后人广泛诟病。多数人认为她作为一个女人,竟然包养面首,太不可饶恕了。王夫之在《读通鉴论》中大骂武则天,将其斥为"嗜杀之淫妪";著名作家林语堂在他的《武则天传》中,也将武则天称为"老淫妇",甚至在对武则天创造的"曌"字进行意解时,将"空"字和女性的私处联系起来。古往今来,类似这样对武则天的生活作风问题深恶痛绝的男人太多了。

但我和他们的看法不一样,我觉得武则天找男宠的行为合理、合法且符合人性,不应该受到这么多的谴责。

批判武则天的人大都嫌武则天为老不尊,七八十岁了还找男人,而且是年轻的小男生。可是,对于爱情来说,年龄不是问题。谁规定恋爱只是年轻人的专利?

看到这里一定会有人说,武则天养男宠只和色欲有关,与爱情无关。可是,爱情和色欲是密不可分的。哪对爱情男女之间没有性的传递和表达?只是我们都不愿意把"色欲"这个词和爱情搅在一起罢了。"色欲"只是个中性词,本身并没有错,关键看我们把它放在哪个位置。

另外,武则天的这四个男宠都是在丈夫去世后找的,这里面除了沈南璆的婚姻状况不明外,其他三人都是未婚。而武则天当时的个人状况是什么呢?按照现在的说法,就是单身丧偶。

一个单身丧偶的女人好想好想谈恋爱,难道不是正常的吗?没有老公的女人和没有老婆的男人交往、同居难道不是正常的吗?这种异性相吸的感情难道不叫爱情吗?

也许有朋友会问,既然是爱情,为什么武则天在没和薛怀义分手的情况下,又挂上了沈南璆?她为什么要和张氏兄弟搞"一凤二龙"的三角恋呢?

其实,看看中国历史上的成年男性帝王,除了极个别人,哪一个的女人不是多到用卡车装、用火车拖?同样作为帝王,武则天却只有区区四个。如果我们抱着客观的态度,就会觉得这个数字一点也不过分。清代学者赵翼就说:"人主富有四海,妃嫔动千百,后既为女王,而所宠幸不过数人,固亦未足深怪。"

确实不足深怪。历史上很多比武则天权势小得多的女人,男宠却比武则天多得多。西汉那个无敌丑女贾南风,是真正的玩弄男人,她把漂亮男人带进宫,玩儿厌了就杀掉;南朝的山阴公主硬逼着皇帝弟弟送给她三十名帅哥作为自己的性伴侣;至于未央宫里的那个弱柳扶风的赵飞燕,更是生猛如狼,不管是大臣、服务生还是仆人,统统拉进自己的香闺"红楼",通吃。她们才是真正的淫妇,如果把武则天和她们归为一类,显然是很不正确、很不公平的。

李贽对武则天的盖棺定论为:"武氏之罪种种,不容诛矣,独秽德彰闻一罪,差为可原。"即她的嗜杀罪行是严重的,但那点风花雪月之事,忽略也罢。

十五、有这样一位老人

让我们根据条件提示,一起来猜一位历史人物。

他不是年轻人,是一位老人;

他是特别善于发现和推荐人才的伯乐;

他是欧美家喻户晓的中国英雄人物,被西方读者誉为"东方福尔摩斯";

他历经唐高宗和武则天两朝,被后人称为"唐室砥柱";

他是时下热播电视剧《神探狄仁杰》里的主人公。

这位神一般的老人就是狄仁杰。

无论在当时还是后世,狄仁杰都是个有着传奇经历的人物,他通过科举入仕,当过行政领导(刺史),做过法律人士(大理丞),干过军区司令(都督);他上过战场打过仗,被下放到农场干过活儿,在监狱里吃过牢饭,还曾因唐高宗要随意处决死刑犯在金銮殿上挺着脖子和皇帝对着干。

俱往矣,这些都是他年轻时的风采,这里咱们要着重讲述一下老年狄仁杰的故事。

狄仁杰是唐朝的刑侦专家,直到今天民间还流传他查案、判案的故事。也有不少带有娱乐性质的臆想,比如电影《通天帝国》中刘德华饰演的狄仁杰,他有万夫不当之勇,一把亢龙锏使得出神入化。

事实上绝对没那回事,狄仁杰百分之百不会武功。他虽然是个天才,但还没达到像曹操、李世民、辛弃疾那样文武兼备的全才级别。狄仁杰的突出才能不在武功,而在断案上。史书说他在担任大理丞期间,"周岁断滞狱一万七千人,无冤诉者"。这成绩太难得了,能把一万七千碗水端平,能让一万七千人都无异议,这就不光是业务能力高低的问题了,最重要的是他拥有一颗不偏不倚的天平心。不仅如此,他的这颗心还充满着正直和善良。

垂拱年间,越王李贞在豫州(今河南汝南)起兵后,武则天在派出宰相张光辅等人率军前往镇压的同时,又派遣狄仁杰去担任豫州刺史。

狄仁杰上任时,张光辅还赖在豫州没走。他根本不想走,他把这趟外出当成了发财之旅,在豫州杀人勒索、吃拿卡要,坏事做绝。其实张光辅率领的朝廷军队到豫州时,李贞的造反运动已经被地方武装打得偃旗熄火了。他们不仅没有平乱,反而添了不少乱。张光辅为了向朝廷夸耀军功,竟纵兵杀害无辜百姓,拿百姓的人头回去领赏。

这样无良的官员遇到一个新上任的地方官,当然想诈他一笔。于是张光辅授意手下将士向刺史狄仁杰索要钱物,没想到遭到狄仁杰的严词拒绝。

领导张光辅很生气,他火冒三丈地用威胁的口气责问狄仁杰:"州将轻元帅耶?"这句话跟曾经的网络流行语"我是交通部派下来的"有异曲同工之妙:你这个小小的地方州政府领导,竟敢轻视我这个朝廷大元帅?!

刚直善良的狄仁杰并没有因张光辅的显赫身份而有所让步,反而用比张光辅责问他时更严厉的口气回击对方:"乱河南者,一越王贞耳。今一贞死而万贞生。"

张光辅见狄仁杰把自己臭得比乱党反贼还凶猛一万倍,认为狄刺史侵犯了自己的人格和名誉,拉着他要他把话说清楚并向自己道歉。

狄仁杰不但懒得搭理他,甚至连宰了这个宰相的心都有了,他以恨恨的语气对张光辅说道:"如得尚方斩马剑加于君颈,虽死如归。"

这话多直截了当呀!

不过,狄仁杰也就是过过嘴瘾。他真要是有尚方宝剑在手,张光辅也不敢在豫州瞎混了。用尚方宝剑把一个瞎混的人给斩了,那是不需要负刑事责任的,死了也是白死,因为那人不是持剑者杀的,而是皇帝杀的。

在武周最黑暗的酷吏时代,皇帝武则天天天月月在杀人,她通过酷吏成批成批地杀死那些她看不顺眼或看她不顺眼的人。狄仁杰也差点被一个看他不顺眼的酷吏假皇帝之手杀死,这个酷吏就是来俊臣。

长寿元年(692年),狄仁杰、魏元忠等七人被来俊臣告发谋反。狄仁杰当时官居宰相,平时勤勤恳恳、兢兢业业,一心扑在工作上,来俊臣却告他谋反,这不是扯吗?

在帝制时代,谁如果沾上了谋反,别说家里活着的人了,连死了多少年的八辈祖宗都得跟着倒霉。所以,一个根本没有谋反企图的人被人诬告谋反,他肯定会把头摇得比拨浪鼓还快,怎么也不肯承认的。因为一旦承认,就等于是替整个家族买好了通往地狱的单程门票,那些骨头很硬的大臣在被诬以谋反罪时,往往宁愿被砍头也不愿承认自己谋反。比如先后当过隋朝杨勇、唐朝李建成、李承乾三位"半截太子"的老师的著名学者李纲的孙子李安静,在被来俊臣逼问谋反口供时,就抱定必死之心呵斥对方:"以我唐家老臣,须杀即杀!若问谋反,实无可对。"

多男人呀!可惜李安静是李纲的孙子,若是李纲的儿子就好了,只要对着酷吏来俊臣大喊一声"我爸是李纲",估计来俊臣真不一定敢杀他。

在这次被告发谋反的七个人中,有六个人和李纲的孙子李安静一样,打死都不承认自己犯了谋反罪,无论酷吏们在狱中使用何种审讯手段,他们都一个劲儿地摇头说不。只有狄仁杰与众不同,他一开始就把头点得像小鸡啄米似的。

面对头号酷吏来俊臣的谋反罪指控,狄仁杰承认得特别痛快:"大周革命,万物唯新,唐室旧臣,甘从诛戮。反是实!"

一个根本没打算谋反的人,在遭到诬告时不是尽力为自己辩解洗脱,而是爽快无比地说:此诬告属实。难道狄仁杰先生他是厌倦红尘,不想活在世上了吗?非也。狄仁杰之所以忙不迭地承认自己谋反,正是因为他不想冤屈地被酷吏陷害而死。

来俊臣见狄仁杰已在谋反案卷上签字画押,便不再对他使用逼供酷刑。狄仁杰成了来俊臣诬告生涯中唯一一个没有动用逼供手段就得到满意口供的谋反当事人。估计狄仁杰的竹筒倒豆子把一向以酷刑折磨审问犯人的来俊臣搞得一脑子问号:这次一点没有用力,怎么比以前用力过猛的效果还好呢?

他当然不知道,狄仁杰使的是缓兵之计,而且效果很好。

狄仁杰认罪之后,看守的狱吏对他的监管便松懈下来。狱吏知道,重罚判决书马上就会送到他手上,这人不死也得掉层皮,所以对他也就有一眼没一眼的。

机会来了。

狄仁杰趁看守不注意的时候,悄悄地把被面撕下一块,然后在上面写好冤情陈述,塞进自己穿的棉衣里。一切弄好之后,狄仁杰将棉衣脱下交给判官王德寿,对他说:"天时方热,请授家人去其绵。"这个理由很充分。

就这么着,这件案子的主审法官王德寿免费为狄仁杰客串了一回送鸡毛信的海娃,将棉衣送到了狄仁杰的儿子狄光远手上。狄光远在拆棉花时发现了父亲的喊冤状,立刻拿着状纸向武则天申冤。

武则天接到这封状纸后,马上对案件展开复查。几经波折,女皇决定召见狄仁杰,当面听取他的申诉。

这次来之不易的面君机会给七个"谋反者"带来了翻身的机会。要知道,来俊臣办的都是诬陷案,都是靠酷刑使涉案者不得不承认有罪。这种情况下,当事人是没有机会和皇帝面对面交流案情的,一交流,姓来的恶行不就暴露了吗?

别说是向皇帝喊冤的,就是想向自己的同事申诉,来俊臣也不允许。在大将张虔勖谋反案中,张虔勖在死不承认自己谋反的同时还向当时的清正法官徐有功申冤,结果被来俊臣当场灭口,"使卫士乱斫之",张虔勖直接被警卫们乱刀砍死。

从武则天情愿在百忙之中召见狄仁杰的行为上,我们可以看出,武则天对这位老臣是很重视的,足见其在女皇心目中不同寻常的地位。

武则天和狄仁杰两人的这段对话为我们揭开了他承认自己谋反的真正谜底。

武则天:"卿承反,何也?"你既然说你没有谋反,为什么向来俊臣亲口承认自己谋反了呢?

狄仁杰:"不承,则已死于拷掠矣。"

这句话是狄仁杰承认谋反的总因所在。熟悉来俊臣办案作风的老狄仁同志明白,如果自己在狱中嘴硬,拒不承认谋反,这把老骨头会像之前的很多人一样,被来俊臣严刑拷打至死的。

当时大周有一条规定:"一问即承反者得减死。"头脑活络的狄仁杰充分利用了坦白从宽政策,使自己成为这条司法条款的最大受益人。

最终,武则天替狄仁杰洗脱了关系到好几个家族生死的谋反罪名。

狄仁杰是武则天执政晚年最为看重和信任的臣下,武则天给予狄仁杰的各种待遇是"眷礼卓异,时无辈者",无论在政治待遇、生活待遇还是礼节待遇上,在当时都无人可与之比肩。

我归纳了一下,发现武则天对狄仁杰有"四个不一样"。

第一个不一样:称呼。

帝制时代,臣下对皇帝的称呼是固定的,基本上都是皇上、圣上、陛下这些上上下下的,但皇帝称呼臣下就随便多了,可以喊小张、大姚、老吴,也可以喊钱尚书、冯侍郎、杨刺史,完全按规矩或心情好坏而定。

女皇武则天是怎么称呼臣下狄仁杰的呢?"常谓之国老而不名。"武则天从来不叫他狄仁杰、老狄或狄爱卿，而是称他为"国老"。这种称呼充满了尊敬，七十多岁的武则天把六十多岁的狄仁杰当成了国宝。

第二个不一样：礼节。

除了皇帝的父母，任何人见了皇帝都得参拜行礼，这是必需的。但武则天对狄仁杰特别优待："入见，常止其拜。"就这个问题，武则天曾推心置腹地对狄仁杰说："每见公拜，朕亦身痛。"

这似乎是武则天对狄仁杰说的安慰话，意思是你不必对此事有心理负担，不让你参拜我，不是我给你面子，而是你给我面子，为了我的身体健康，求你以后别参拜我了。

第三个不一样：上班。

据史料记载，唐朝实行的是七十岁退休制。按照规定，朝廷在任高官晚上要轮流在衙门值班，且通宵不准回家，待在办公室处理各种突发事务。

但是狄仁杰就不需要值夜班，倒不是因为他找医生开了张"忌熬夜"的处方请假条，而是武则天特批"免其宿直"。

优待不止于此，武则天还告诫狄仁杰的同僚说："自非军国大事，勿以烦公。"像哪个地方的官僚又对上访百姓说了些混账话、哪个地方发生跳楼讨薪、强拆自焚这样的小事，都不许再向国老汇报，以免使他血压升高，影响他的情绪和健康。

这样一来，狄仁杰基本上成了一位退居二线的一线宰相，没啥事情可做了。那时的所谓军国大事，无非是国内民众造反、国外大举入侵、文臣试图推翻政府、武将密谋军事政变这类的劲爆事件。但武周时代，国内外环境都相当不错，这类极端事件发生较少。因此，有必要向狄仁杰汇报的工作就少之又少了。

第四个不一样：服装。

狄仁杰的官服和其他人区别很大，武则天特地赐给他一件紫袍，并亲自在袍上题写了"敷政术，守清勤，升显位，励相臣"十二个金字。

可以想象穿上这么一件有当朝皇帝亲笔签名的独一无二的衣服该是多么的拽了。烦请朋友们考证一下，这件衣服算不算是中国历史上第一件"文化衫"呢？不过，这样的衣服虽然没有和别人撞衫的可能，但作为文化衫，字数也好像太多了一点。

武则天对狄仁杰不一样，甚至想把早年曾经举报过他的人告诉他。在狄仁杰成为宰相后，武则天对他说："卿在汝南，甚有善政，卿欲知谮卿者乎？"

她竟然问狄仁杰想不想知道当年偷偷向领导打他小报告的人是谁！这种行为太不地道、太没原则了，可见女皇的革命纪律性相当不好。

武则天可能以为狄仁杰听了这话后一定会感动万分地追问那个人的姓名，事实却不像她所料。

狄仁杰淡定地回答她说："陛下以臣为过，臣请改之；知臣无过，臣之幸也，不愿知谮者名。"

十五 有这样一位老人

他根本不想知道那个在背后举报他的人是谁。看看现在那些挖地三尺也要把举报自己的人给找出来的领导，我们怎能不感叹狄仁杰宽广的胸怀和高洁的品德！

高风亮节的操行正是武则天看重狄仁杰的重要原因之一。狄仁杰的正气让武则天觉得他是一个值得信赖的人，所以在不少大事上，他的态度会对武则天的决策产生一定程度的影响，这一点在女皇选择皇位接班人问题上表现得尤为明显。

"铁娘子"武则天在创立大周王朝后，最纠结的问题就是立谁当太子。谁当了太子，将来的天下就是谁的。自登基那天起，皇位继承问题就一直困扰着武则天：到底是立姓武的还是立姓李的？

就武则天当时的处境来看，这的确是个问题。立儿子李显或李旦为太子，自己这刚刚从儿子手上抢过来的皇位，不就物归原主了吗？但立侄子武承嗣或武三思为太子，这俩孩子一来不大精明，二来姑侄血缘又亲不过儿子。

这事一度让女皇觉得非常犹豫伤神，她无法像QQ对付360那样很快就作出"一个非常艰难的决定"，在到底卸载掉谁的问题上，她踌躇了很久。

毋庸置疑的是，在武则天即位初期，武家子弟占有明显优势。

这一时期，刚刚称帝的武则天雄心勃勃、豪情万丈，想要创建一个万世流传的武家王朝。在这种心理的支配下，武则天对李家子孙进行了全面打压，将包括李旦在内的众多李姓子孙幽禁在深宫高墙之内，强迫他们在家当个与世隔绝的"宅男"；而对武氏子孙，则全部封王授官。李、武两族的政治和生活待遇真是冰火两重天。

最能体现武则天弃李捧武思想的事件，是长寿二年（693年）在万象神宫举行的一次祭祀大礼。

当时武则天从儿子李旦手里夺过帝王才四年，李旦的身份还是皇嗣，即法定的皇位继承人。但在举行祭祀大典时，武则天在第一个出场拜祭天地祖先之后，并没有按照正常礼仪让皇嗣李旦作为跟在自己后面祭拜的亚献，而是让两个侄子武承嗣、武三思分别作为亚献和终献。在重大公开场合把皇嗣晾在一边，这当中蕴含和释放出的政治信号不言而喻。

如果说这件事还不太具有说服力，那么另一件事更能证明武则天的意图。

一次，有一个叫王庆之的官员得到武承嗣的暗中授意，纠集了好几百人以群众的名义给武则天联名上书，要求废黜李旦，立武承嗣为太子，说武承嗣能代表广大人民群众的根本利益；不立武承嗣，广大人民群众嘴上不答应，心里不痛快。

可想而知，这几百个人一定都领到了武承嗣发的饭票、购物卡什么的。如果不搞"贿选"，没有谁会主动去给武家子弟捧场的，当时的真实情况是人心思唐思李。

武则天接到这封上书后，马上召见了王庆之并当面责问他说："皇嗣我子，奈何废之？"她的这种质问与其说是责问，不如说是请问，似乎巴不得王庆之给她提供一个冠冕堂皇的理由，好名正言顺地废黜李旦。

王庆之的回答在武则天看来能得九十分:"今谁有天下,而以李氏为嗣乎!"这正合彼时武则天的心意:既然姓武的坐了天下,怎么能再把天下给姓李的呢!

王庆之所言纯粹是为了博取政治利益,但武则天不仅没有驳斥他,反而送给他一张盖有皇帝宝玺的特别通行证,并告诉他:"欲见我,以此示门者。"

这东西可好使,有了它,王庆之往后进宫找皇帝反映问题就方便了。只要拿出来朝宫廷值班警卫一亮,立刻就能从贵宾通道进入女皇所在的内廷。武则天给亲武派人士发放这么重要的通行证,显然是认同他的建议并鼓励他继续在此问题上保持一贯的观点和立场。只是这个王庆之太不识好歹了,天天拿着这个大内通行证去求见武则天,把武则天搞得不胜其烦,气怒交加地命宰相李昭德把他拉出去杖击。

李昭德和狄仁杰一样,是拥李派的代表人物之一。他把王庆之拉出宫外,给执行杖击的人员丢下一句话:"此贼欲废我皇嗣,立武承嗣。"

这句话像一颗地雷,引爆了执法人员的愤怒,他们一拥而上,将王庆之活活打死。这件人命案也充分体现了当时人心思唐思李的迫切程度。

虽然民心思李,但女皇的内心更多地想着武家。历史事实表明,武则天在称帝初期,对太子的选择态度确实有点"宁要武家草,不要李家苗"的倾向。她对被她踢下皇位的儿子李旦防范很严,限制他和外界接触,有两个大臣还因为"私谒皇嗣"的罪名被武则天下令腰斩于市。

其实所谓的"私谒皇嗣",不是这两位大臣白天趁人不备偷偷翻墙或晚上乔装打扮悄悄进村那样避人耳目,他们是在众目睽睽之下进入皇嗣李旦的宫殿拜谒的。但武则天说,没经过她批准就跑到皇嗣那儿请安、打招呼、侃大山是严重违法行为。虽然唐朝法律中并没有这一条,不过皇帝想整死谁,那还不跟吃饼干一样简单?

表面简单,内里却很复杂。武则天这样杀人,杀这样的人,对李家意味着什么?就算是糊涂人都能从中看出明白来。既然皇帝这么不待见李家,那希望就在武家那边了,这是必然的,因为这是一道非李即武的单项选择题,不存在第三种可能。

这样一来,抱武家大腿献媚、对李家落井下石的人就多了起来。很快就有人向朝廷告发皇嗣"潜有异谋"——说李旦想秘密造反。

不用说,这肯定是诬告。但武则天还是命令来俊臣去审理此案。

来俊臣办案,从来都是用法西斯手段逼问口供。他将李旦身边的工作人员全部抓来严刑拷打,索要李旦的谋反证据。就在李旦的秘书、警卫员、服务员、炊事员们快坚持不住,要随口乱招供时,一位叫安金藏的官员挺身而出,挽救了李旦。

忠于李唐皇室的安金藏干了件"感人肺腑"之事,他对催逼甚急的来俊臣说:"公既不信金藏之言,请剖心以明皇嗣不反。"说完他就在来俊臣面前"引佩刀自剖其胸,五藏皆出,流血被地"。

这一刀下去,安金藏就没想着要活。他希望能以自己的死换来所效忠的对象平安无恙。这种行为虽然令人佩服，却一点也不理智。因为在来俊臣这样缺乏善良情怀的恶人面前，这种死谏丝毫无用，你就是朝身上戳一百刀、死一千次，他想把审讯对象弄死的心都不会发生任何改变。

不过，虽然这一刀无法改变来俊臣的想法，却改变了武则天的态度。

女皇听说这一消息后，十分感动，身上沉睡已久的母性被激发出来了。她亲自前往事发现场看望慰问安金藏同志，感叹不已地对他念起了检讨书："吾有子不能自明，使汝至此。"

这几乎是武则天掌权期间唯一的一次自我批评。安金藏的这次血性之举让她真正感到了惭愧，让这个母性缺失了很多年的女人第一次觉得自己是个不称职的母亲。

大家请不要紧张，那个抱定必死之心、有着大无畏献身精神的安金藏并没有死。武则天命人将他小心翼翼地抬入后宫，下令御医要不惜一切代价进行抢救，一定要把他的生命保住。

唐朝的御医也真牛，人都重伤到开膛破肚的程度了，用桑皮线缝缝补补，竟然还能救活。

经过这番折腾，不仅安金藏没有了生命危险，连李旦也脱离了杀机四伏的危险境地。武则天立即要求来俊臣停止审理这个案件。此后她逐渐改变了对两个儿子的态度，这在一定程度上为她四年后召回下放房州劳动的庐陵王李显铺平了道路。

当然，对武则天来说，决定召回李显担任太子是一个长期、缓慢的思想转变过程。这中间既有李家群众基础好、武家子孙素质低、朝廷官员拥李派多等因素的影响，更因为狄仁杰起到了不可或缺的重要作用。

狄仁杰是李唐家的铁杆粉丝，全力支持唐家三少李显进位太子，强烈反对武则天属意的武承嗣。他多次苦口婆心地劝武则天立李显为皇位继承人，并最终取得了触龙说赵太后般的效果，成功地说服了武则天。

武则天当政后期，狄仁杰的意见是很有分量的。晚年的武则天把薛怀义、二张当成生理上的朋友，把狄仁杰当成心灵上的朋友。她有什么掏心窝子的话，都愿意和狄仁杰唠，连自己做梦梦见什么都跟狄仁杰说。

有一次，武则天对狄仁杰说，她经常梦见自己下棋输了。这可让国老逮着借梦发挥的机会了。狄仁杰说，输棋就是失掉了棋子，而棋子和"其子"同音，这是上天警示皇上不能失去皇子。

真是难为老同志了，联想得很到位啊。不过，那时候人们不能科学地认识梦，所以拿梦来做忽悠文章是比较容易出工作成果的。以今人的眼光来看，这其实也是忽悠。

忽悠还在继续。

武则天又对狄仁杰说，她晚上梦见一只大鹦鹉的两个翅膀折断了。

狄仁杰的狄公解梦更明朗了，他把鹦鹉的"鹉"和武则天的姓联系起来，把鹦鹉的两个翅膀和武则天在世的两个儿子李显、李旦联系起来,说这是上天在告诉她,如果她立武家人为太子,那她两个儿子的命运就会像鹦鹉那两个折断的翅膀;只有起用他们,鹦鹉才能振翅高飞。

《资治通鉴》上说,狄仁杰这个精辟的解释促使武则天坚定了立李家子孙为太子的信念,"太后由是无立承嗣、三思之意"。也就是说,狄仁杰的这个释梦彻底将武家子弟的政治前途牢牢堵死了。

这也许有点夸张,但这件事对一贯奉行唯心主义的武则天的心理影响确实不可小觑。如果说此事对武家尚不足以造成毁灭性打击的话,那么接下来的这件事绝对是对武家子弟的封喉一剑。这次讨论的不是女皇的梦,而是女皇一睡不醒之后的事。

在与李家子孙争夺太子冠名权时,武承嗣、武三思打出的口号是"一笔写不出两武字"。我们是亲亲热热的一家人,相亲相爱的一家人,姑妈,您姓武的可不能不帮姓武的。这俩兄弟提醒姑妈说:"自古天子未有以异姓为嗣者。"

这话既一点没错,又错得一塌糊涂。

确实,自夏启以后,皇帝屁股底下的那把椅子都只在同姓间传递,一世皇帝姓什么,二世三世N世一定都姓什么,即使皇帝没有亲生子,那也会从同姓旁支中过继一个小子来坐那把椅子,绝不可能自觉自愿地把椅子让给一个外姓人坐。

但问题是,自古天子阵容中有过女皇帝吗?在中国古代,女人生的孩子是不可能跟女人姓的。所以,二武这是在偷换概念,跟姑妈玩偷梁换柱的把戏。姑妈被侄子的姓氏传位法弄得有点心动,有将心动变成行动的意图。

关键时候,狄仁杰拯救了岌岌可危的李家儿郎。他针对武则天的这个想法,一语中的地点醒被忽悠的女皇:"姑侄之与母子孰亲?"

他这么问只是个伏笔,核心的是后面与之有关联的内容。狄仁杰又说,如果你立儿子为太子,"则千秋万岁后,配食太庙,承继无穷";如果立侄子,"则未闻侄为天子而姑于庙者也"。

正是这句话真正震动了武则天的心。她知道,将来武姓侄子登基后,一定会和自己登基时一样,追封自己的祖先,为自己的父母修建祀庙。至于和妈妈只有一字之差的姑妈,顶多只能在庙门外拣点庙里的贵宾吃剩下的饭菜渣子而已,想在庙里谋个座次,那是断无可能的。正如狄仁杰所说,还没听说过哪位皇帝把姑妈的牌位摆放在太庙里供奉的。

古代的皇帝都相信有天堂神仙和阴曹地府,所以他们对死后的待遇问题非常在意。狄仁杰的这番话正好击中了武则天最敏感的那根神经,使武则天结束了在立太子这个问题上长达七年多的纠结,也使她的决定变得不再艰难。《新唐书·狄仁杰传》中说,听完了狄仁杰这番话,"后感悟,即日遣徐彦伯迎庐陵王于房州",拟任太子。

其实,姑妈和妈妈到底谁更亲这个直接命中关键目标的关键问题并非狄仁杰首创,原创者是宰相李昭德,李昭德最先用这句话奉劝武则天弃武立李。但同样的话,李昭德说的时候,武则天没有感觉;狄仁杰说的时候,女皇却如醍醐灌顶。这件事证明,狄仁杰在武则天心目中有着特殊的地位。

在这个问题上,李昭德算是为狄仁杰做了回嫁衣裳。现在很多人说这句话时都只讲狄仁杰,对真正的版权所有者李昭德提都不提。没办法,谁让狄仁杰名气大呢,就像那句让人心潮激荡的"明犯强汉者,虽远必诛"的爷们儿名言。其实这话并不是汉武帝说的,而是他手下不怎么出名的将军陈汤说的。

狄仁杰是帮助李唐顺利恢复政权的极为重要的人物,如果他当时倒向武家,在武则天耳边帮武家讲话的话,李家天下会有很大的麻烦。他在当时是一个很有威望的传奇人物,就像国共两党都敬重国父孙中山一样,武周和李唐政权也都很尊重狄仁杰。尤其是武则天,简直把狄仁杰当成了自己事业上的参谋。

狄仁杰死后,武则天哭得特别伤心,面对着满朝文武,她视若无人地长叹:"朝堂空矣。"在她眼里,那些毕恭毕敬地站在自己面前的大臣根本不存在,真的是"我的眼里只有你,没有他"。

细想一下,武则天对狄仁杰的感情很像李世民对魏徵的感情。李世民在征高丽无功而返后感叹爱进谏的魏徵去世太早的情形,在武则天身上也曾发生过。狄仁杰去世后,每当朝廷有大事而不能迅速做出处理决断时,武则天总要唉声叹气地说:"天夺吾国老何太早邪!"

可见,她对狄仁杰充满了怀念。其实,不是狄仁杰走得太早,而是武则天走得太迟。狄仁杰是七十岁时去世的,这样的年龄在唐代已经算是寿星了。但武则天似乎是枚安装了聚能环的超级电池,生命能量十分强大,寿星狄仁杰的寿龄在她面前就太小菜了。她的生命从公元624年开始,到705年结束,横跨了两个世纪,在中国所有帝王中排名前三。在她前面的,只有清高宗乾隆和梁武帝萧衍。遍览中国历史,活过八十岁的帝王只有五个人,另外两人分别是宋高宗赵构和元世祖忽必烈。

狄仁杰作为中国司法人物的代表,在西方国家同样具有很高的知名度。荷兰著名汉学家高罗佩以狄仁杰为官断案、与民除害的历史故事为蓝本,创作出一百多万字的著作《狄公案》,在国外大受欢迎,风靡了整个西方世界。狄仁杰在欧美民众眼中成了最大牌的华人神探。很多西方人甚至说,他们了解中国就是从高罗佩的《狄公案》开始的。没想到狄仁杰的文化价值这么高,一千多年后还能为咱们国家的文化输出作贡献。